utb 5564

Eine Arbeitsgemeinschaft der Verlage

Böhlau Verlag · Wien · Köln · Weimar
Verlag Barbara Budrich · Opladen · Toronto
facultas · Wien
Wilhelm Fink · Paderborn
Narr Francke Attempto Verlag / expert verlag · Tübingen
Haupt Verlag · Bern
Verlag Julius Klinkhardt · Bad Heilbrunn
Mohr Siebeck · Tübingen
Ernst Reinhardt Verlag · München
Ferdinand Schöningh · Paderborn
transcript Verlag · Bielefeld
Eugen Ulmer Verlag · Stuttgart
UVK Verlag · München
Vandenhoeck & Ruprecht · Göttingen
Waxmann · Münster · New York
wbv Publikation · Bielefeld

Carl Hehmsoth

Dr. Carl Hehmsoth ist Heil- und Sonderpädagoge. Seine Tätigkeitsschwerpunkte liegen in inklusiven Settings in den Fachbereichen Lernen und Emotionale / Soziale Entwicklung sowie in der Fortbildung von Mitarbeitern*innen in Bildungseinrichtungen zum Themenbereich Trauma und Schule. Er arbeitete in Einrichtungen in den USA und der Schweiz sowie für Forschungsprojekte im Irak.

Carl Hehmsoth

Traumatisierte Kinder in Schule und Unterricht

Wenn Kinder nicht *wollen* können

2., durchgesehene und aktualisierte Auflage

Verlag Julius Klinkhardt
Bad Heilbrunn • 2024

Online-Angebote oder elektronische Ausgaben zu diesem Buch
sind erhältlich unter utb.de und elibrary.utb.de

Die Deutsche Bibliothek – CIP-Einheitsaufnahme
Die Deutsche Nationalbibliothek verzeichnet diese Publikation in der Deutschen Nationalbibliografie; detaillierte bibliografische Daten sind im Internet über http://dnb.d-nb.de abrufbar.

Satz: Kay Fretwurst, Spreeau.
Abbildung Umschlagseite 1: © Lightspring / Shutterstock.
Einbandgestaltung: Agentur Siegel, Stuttgart.

Druck und Bindung: Friedrich Pustet, Regensburg.
Printed in Germany 2024.
Gedruckt auf chlorfrei gebleichtem alterungsbeständigem Papier.

utb-Band-Nr.: 5564
ISBN 978-3-8385-6336-7 digital
ISBN 978-3-8252-6336-2 print

Inhalt

Wenn Kinder nicht wollen können

Stellen Sie sich ein Stadion vor, in dem gerade ein Leichtathletikwettkampf stattfindet. Es ist schönes Wetter, eine leichte Brise weht und bricht die Hitze des Tages auf. Die Bedingungen sind gut. Ihr Sandwich liegt neben Ihnen zum baldigen Verzehr. Tomate-Mozzarella!

Sie sitzen auf der Tribüne und sehen die Wettkampfrichter und Trainer. Dann begutachten Sie die 25 Teilnehmer am Rand und trauen Ihren Augen nicht.

Neben einigen Wettkämpfern, die sich dehnen und strecken, sehen Sie weitere Teilnehmer: Einer hat eine schlimme Brandwunde am Bein und humpelt, ein Athlet einen großen Verband um den Knöchel, ein weiterer blutet. Der Teilnehmer neben ihm ist ausgemergelt und kann sich kaum auf den Beinen halten, sein Nachbar hat einen Ausschlag auf dem ganzen Körper, der ihn derart juckt, dass er kaum laufen kann. Einem weiteren fehlt ein Arm, dem Wettkämpfer daneben ein Bein und ein anderer sitzt im Rollstuhl.

Das kann doch nicht sein, denken Sie. Diese Menschen sollen an einem Leichtathletik Wettkampf teilnehmen?

Sie hören den Wettkampfrichter, der die Teilnehmer erinnert, dass nicht nur Sportlichkeit und Technik entscheiden, sondern auch die Eleganz der Durchführung zählt. Er läuft dabei streng durch die schwankenden Reihen, hebt Zeigefinger und Augenbraue.

Sie sind verwundert. Was geschieht hier? Wie soll das gehen?

Die Sommerhitze wird plötzlich unerträglich, ihr Sandwich ungenießbar.

Übertragen Sie dieses Beispiel auf das Leben in einer Schule: Lehrkräfte verlangen von Schülern gute Noten und die rege Teilnahme am Unterricht, Interesse für Inhalte und eine motivierte Haltung während sie so stark verletzt sind, dass sie gar nicht *wollen können*. Dieses Buch beschäftigt sich mit diesen Kindern, mit den Lehrkräften und der Schule, in der Sie unterrichten (werden).

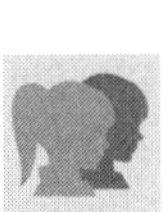

Cleo, 11, wird regelmäßig geschlagen. Sie bekommt nur unregelmäßig zu essen und teilt sich ihr Zimmer mit ihrer Schwester. Sie riecht, als ob sie sich nur sehr selten wäscht.

Mohammed kommt aus Syrien und ist über das Mittelmeer mit seinen Eltern geflohen. Er hat gesehen, wie andere Menschen ertranken. In Syrien konnte er Bomben fallen sehen, hören und fühlen.

Torbens Eltern haben sich vor Kurzem scheiden lassen. Eine Welt bricht für ihn zusammen.
Ninas Eltern sind drogensüchtig. Sie sagen ihr, dass sie dumm und wertlos sei.
Joosts Mutter ist psychisch krank und erkennt ihn häufig nicht.

Gewalterfahrungen haben viele Gesichter, Formen und Ausprägungen, sie werden unterschiedlich aufgenommen und verarbeitet. Manche trifft es mehr, manche weniger. Aber eins haben sie alle gemeinsam: Sie *verletzen* Menschen. Kinder. Jugendliche. Mädchen, Jungen, Babys, alte Menschen. Sie fügen ihnen Wunden zu und machen sie zu Opfern, zwingen sie in die Hilflosigkeit. Gewalt macht etwas im Inneren der Menschen kaputt, das nie verletzt werden darf.
Trauma als *Verletzung* wird in der Schule kaum wahrgenommen. Schwere Belastungen, fügen Kindern Wunden zu, die langsam bzw. schwer heilen und weh tun. Sie entzünden sich häufig. Traumata in der Schule sind immer noch sehr diffus beschrieben, kaum wahrgenommen und ignoriert. Dabei sind sehr viel mehr Kinder schwerer belastet als Lehrkräfte denken. Warum also werden seelische Wunden nicht als Verletzungen erkannt, die das Lernen verunmöglichen? Warum wird nicht entsprechend gehandelt?
Viele Lehrkräfte haben sicher schon die Erfahrung gemacht, dass es kaum noch Schüler in ihrer Klasse gibt, die „normal" sind. Normal, das heißt, unauffällig und fleißig sind, gute Leistungen zeigen.
Sie haben Schüler in ihren Klassen, die stark auffälliges Verhalten zeigen, den Unterricht stören und sprengen, nicht lernen, frech und renitent sind, Chancen nicht wahrnehmen, sie ärgern und frustrieren. Lehrkräfte haben möglicherweise das Gefühl, dass Sie kaum „richtigen" Unterricht machen können, weil es ständig überall brennt. Sie wissen eventuell, dass viele von den betroffenen Kindern schwierige Biografien haben und Schlimmes erleben mussten. Sie kommen aus Wohngruppen, Pflegefamilien, haben Scheidung, Flucht und Krieg erlebt und leben in Armut. Diese Informationen sind Lehrkräften möglicherweise nicht wichtig oder sie überfordern sie. Sie sind ja schließlich Lehrende und keine Sozialarbeiter.
Es ist Zeit für einen Paradigmenwechsel. Denken Sie an das Beispiel am Anfang zurück: Würden Sie diesen Wettkampf unter diesen Umständen durchführen? Würden Sie Unterricht durchführen oder woanders beginnen? Würden Sie nicht zuerst versuchen, zu *heilen,* zu *versorgen*? Lernen wird keinen Erfolg haben, wenn Sie nicht umdenken und die Stabilisierung von Jugendlichen in den Fokus rücken. Das heißt, dass Hilfen mindestens *im*, bestenfalls *vor* dem Unterricht ansetzen müssen, um Kinder überhaupt zu befähigen, an diesem teilzunehmen. Es lohnt sich!
Als Student oder Studentin sitzen Sie vor diesem Buch und erarbeiten sich das Wissen darin. Vielleicht für eine Hausarbeit über Traumapädagogik? Sie werden feststellen, dass dieses Werk fundiertes Wissen für Ihre wissenschaftlichen Arbeiten bereitstellt und aktuelle Ergebnisse und Entwicklungen einbezieht. Es ist wichtig,

Situationen, in denen schwer belastete Kinder Akteure sind, mit bereits vorhandenem Wissen zu begegnen. Sie sollten sich dieses Buch als eine Art persönliche Präventiv-Strategie vorstellen. Wissen, dass Sie sich jetzt aneignen, wird mit Ihrer späteren Erfahrung verknüpft werden. In Ihrem Kopf wird es häufig „klick" machen. Sie schützen damit nicht nur die Kinder, die sich später in Ihrer Obhut befinden werden, sondern auch sich selber. Denken Sie daran: Sie haben noch viele Berufsjahre vor sich.

Weiterhin stellt dieses Buch erstmals neue Ansätze für die Implementierung traumapädagogischer Standards in die schulische Praxis und Theorie vor und zeigt dringend benötigte (Hehmsoth 2017) interdisziplinäre Verknüpfungen auf, die Sie so gut wie möglich auf Ihr Berufsleben vorbereiten.

Ihr Leben als Referendar oder Referendarin wird stark erleichtert, wenn Sie traumapädagogisch agieren können. Ungeliebten Unterrichtsstörungen während Ihrer Besuche können Sie damit nicht nur theoretisch in ihrem didaktischen Teil begegnen, sondern auch praktisch im Unterricht. Ihre Handlungen werden sicher(er), weil Sie einen erprobten Hintergrund haben und einem Programm folgen. Nicht nur Ihre Prüfer werden das wohlwollend zur Kenntnis nehmen, sondern auch Ihre Schüler. Sind Sie noch in der Ausbildung, also im Studium oder Referendariat, so sind Sie nun Teil einer modernen und neuen Entwicklung, die sich in der Pädagogik vollzieht. Sie sind Mitgestalter oder Mitgestalterin einer starken internationalen traumabezogenen Bewegung und haben noch sehr viel Spielraum in Ihrer beruflichen Karriere. Nutzen Sie diesen, um sich Wissen über psychische Belastungen, Traumata, und ihre Folgen anzueignen.

Dieses Buch wird nicht sonderlich bequem. Trauma ist nicht gemütlich, nicht gefällig, nicht schön. Denken Sie zurück an das Beispiel der verletzten Leichtathleten, eine Wunde, die nur schwer heilt, weil sie eitert: Nur mit viel Pflege wird sie sich schließen. Wenn Sie das verstehen, dann können Sie sich selber schützen und sind vorbereitet, Kindern zu helfen, die Sie mit großen, traurigen oder kleinen wütenden Augen anstarren. Und ja: Ihre Hausarbeit wird stark von der Lektüre dieses Werkes profitieren.

Sie müssen nun anfangen, umzudenken. Kinder neu denken. Wenn Sie auf dieses Buch als Lehrkraft in der Praxis gestoßen sind, dann haben Sie mit hoher Wahrscheinlichkeit schon alles versucht, was Ihnen bekannt ist, sind möglicherweise belastet, wütend und enttäuscht, frustriert und ratlos. Nur sehr wenige kaufen sich dieses Buch als Unbetroffene. Wenn Sie schon alles versucht haben, warum nicht das hier? Lesen Sie dieses Buch als Studierender oder Studierende, so wird Vieles neu für Sie sein oder gar erschrecken. Haben Sie Mut! Sie werden dieses Wissen brauchen: Die Zeiten haben sich geändert. Krieg, Flucht, Armut, Medien überfordern und belasten unsere Kinder zunehmend und immer schwerer und Sie sind es, die mit diesen Kindern und Jugendlichen arbeiten werden und sie versorgen müssen.

Dieses Buch wird ihnen zeigen, dass es gilt, mit den *Ursachen für Traumata* zu arbeiten. Ein Kind, das Lehrkräften schadet, tut dies nicht aus Bosheit (wirklich nicht!). Ein Kind, das Lehrkräfte als renitent und faul empfinden, zeigt dieses Verhalten aus einem Grund.

> Wenn Kinder nicht lernen, so tun sie dies,
> weil sie nicht *wollen können.*

Den Betroffenen fehlt die Fähigkeit zum Wollen, fehlt die Kompetenz, Ihre angebotenen Hilfen umsetzen zu können, weil sie so schwer verletzt wurden und kaum Ressourcen zur Verfügung haben.

Die Kenntnis von Ursachen für dieses Unvermögen, die Folgen davon und welche Möglichkeiten es gibt, zu intervenieren sind Kompetenzen, die Lehrkräfte beherrschen lernen müssen. Wenn sie erkennen, dass Kinder *verwundet* sind, Angriffe nur auf ihre Rolle als Lehrkraft und Repräsentantin des Schulsystems ausgerichtet sind, dann können Erfolge und Selbstschutz erreicht werden. Besonders Junglehrer und Junglehrerinnen haben mit Angriffen und „Tests" zu kämpfen. Sie sind häufiges Ziel von Spott, Häme, Beleidigungen, Verweigerung. Kinder „drücken rote Knöpfe" und wissen genau, wo diese bei Lehrkräften liegen. Dies hängt zum einen damit zusammen, dass diese Berufsanfänger (meistens) noch jung sind, wenig Erfahrung haben, aber vor allem daran, dass sie noch nicht *sicher* in ihrem Handeln sind. Diese Sicherheit wird durch traumasensibles Handeln erzeugt.

Kinder verstecken sich unter Stühlen, auf Schränken und kommen auch nicht wieder heraus bzw. herunter. Sie schlagen andere Kinder und „verführen" sie, stiften sie zur Unruhe an. Wenn der eigene Unterricht konstant gestört wird, sagt das Bauchgefühl nicht „Mitgefühl" sondern „Sanktion", um wieder eine Lernatmosphäre zu schaffen, in der zumindest die anderen Kinder ungestört lernen können. Gerade dies jedoch führt im Zweifelsfall zu einer Verschlimmerung der Situation, weiter fallenden Noten, noch auffälligerem Verhalten der Kinder, mehr Klassenkonferenzen, mehr Besprechungen, mehr Stress für alle. Eine Verbesserung des Classroommanagements oder eine Erhöhung der inklusiven Anstrengungen sind hilfreich, greifen aber zu kurz, da es sich um schwer belastete und traumatisierte Kinder handelt, die mit herkömmlichen Methoden nicht mehr zu beschulen sind. Es sind keine Förderschüler, sondern psychisch gestörte Kinder, Überlebende (Gillece 2017) einer Gewalttat.

Vielleicht erkennen Sie sich in diesen Beispielen. Vielleicht kennen Sie Lehrkräfte, die von diesen Fällen berichten. Vielleicht haben Sie in einem Praktikum oder als Referendar solche Situationen erlebt. Es gibt an jeder Schule solche Kinder. Genau genommen gibt es nach Hochrechnungen mindestens 2-3 „klassisch" traumatisierte Kinder *pro Klasse*. In Sprachlernklassen mit Kindern mit Migrationshintergrund werden Sie mitunter feststellen, dass *alle* Kinder traumatisiert sind!

Kein Therapeut würde ein solches Setting betreten. Kein Arzt würde allein mit einer Gruppe von mehr als 15 schwerkranken Menschen gleichzeitig arbeiten, nicht mit dem Ziel, zu genesen, sondern diesen Menschen unter Notendruck Wissen zu vermitteln.
Bedenken Sie dabei, dass diese Psychotherapeuten, Psychologen, Psychiater für die Behandlung ausgebildet wurden. Lehrkräfte sind es nicht. Mehr noch, vielleicht befinden sie sich gerade erst in einem Praktikum oder sind Referendare, Junglehrer.
Umso erstaunlicher ist es, dass es bisher kaum konkrete und konzeptionell umgesetzte, evidenz-basierte Hilfen gibt. Lehrkräfte und Schulen werden sich selbst überlassen. Es gibt das eine oder andere Gespräch im Lehrerzimmer, Hilfen von Sonder- und Sozialpädagogen, doch die Situation müssen Lehrkräfte letztendlich selbst bewältigen. Hinzu kommen die Belastungen durch die Inklusion. Nicht nur Kinder brauchen Hilfe, die traumatisiert sind, sondern ebenfalls solche, die in ihrer kognitiven und seelischen Entwicklung eingeschränkt sind, also „Förderschüler" sind. Sind sie „nur" traumatisiert, so greifen inklusive Hilfen gar nicht, da sie meistens keine Diagnose erhalten. Häufig kommen diese Dinge zusammen. Lehrkräfte fühlen sich alleingelassen und überfordert, dabei könnte Schule durch das schiere Zeit- und Betreuungsvolumen eine enorm hohe Wirksamkeit erzielen.
Dieses Buch hilft dabei, traumatische Situationen als solche zu erkennen, und Kindern dabei zu helfen, sich soweit stabilisieren zu können, dass sie Ihrem Unterricht folgen können. Vor allem wird es dabei helfen, Stress für alle Akteure zu reduzieren. Es wird weniger Unterrichtsstörungen geben und Kinder, die motiviert an Ihrem Unterricht teilnehmen.
Die folgenden Kapitel geben Aufschluss darüber, wie Sie das Thema „Trauma" anpacken können, ohne als Lehrkraft in Mehraufwand zu versinken oder sich als Studierender durch dieses unübersichtliche und fachwissenschaftlich kaum erschlossene Feld kämpfen zu müssen. Es zeigt Ihnen einen Leitfaden durch den Dschungel der Traumapädagogik und gibt Ihnen einen Überblick. Sie werden in diesem Band zum ersten Mal interdisziplinäre und internationale Ansätze erläutert bekommen, die Ihnen helfen, den komplexen Bereich der traumsensiblen Hilfen in der Schule zu erschließen.
Um dieses Buch überhaupt schreiben, also Ihnen fachwissenschaftliche Hilfen an die Hand geben zu können, muss zuerst klar werden, warum wir überhaupt traumapädagogische Hilfen in der Schule brauchen. Dann muss geklärt werden, woher diese Hilfen kommen sollen, aus welchen Bereichen, aus welchen Perspektiven sie entstehen, welche Helfer und Unterstützer, welche *Akteure* überhaupt beteiligt sind. Wenn es zum Beispiel heißt, dass Sie ein Trauma unter anderem daran erkennen, dass das Kind Vermeidungsverhalten zeigt, stark erregt wirkt, von Albträumen berichtet, so müssen Sie wissen, dass diese Ansätze (ursprünglich) aus dem medizinisch-psychologischen Bereichen, genauer, der klinischen Psychologie oder der Psychotraumatologie stammen. Ist von Einflussfaktoren aus dem Umfeld die Rede

und wie diese anzugehen sind, ist möglicherweise ein (interaktions-)pädagogisch oder ein sozialpädagogisch geprägter Ansatz gemeint, wird das Verhalten beschrieben, ein eher pädagogischer Ansatz.
Damit gliedert sich dieses Buch in vier große Teile:
Zuerst werden Ihnen die Grundlagen der Traumapädagogik erläutert. Diese sind sehr wichtig für dieses Buch, da ihre Ideen und Ansätze sehr vielversprechend sind und das Fundament für dieses Werk bilden. Hier werden zum ersten Mal auch die amerikanischen Ansätze übersetzt und erklärt („Trauma-Informed-Approach"), da diese zum Teil sehr viel weiter sind, als die deutschen. Den zweiten Teil bilden die Erläuterungen zu den beteiligten Unterstützern, hier „Akteure". Diese sind in ihrer Gesamtheit noch nicht abgebildet worden, spielen aber, besonders in Kooperation miteinander, eine sehr wichtige Rolle für die Bewältigung von Traumata. Dieses Buch spricht alle Lehrkräfte, Referendare und Studierende an. Sonderpädagogen jedoch, die sich in Zeiten der Inklusion in einer starken fachbezogenen Selbstfindungsphase (2020) befinden, mögen die folgenden Ausführungen besonders interessieren. Hier finden sich außerdem die Grundlagen zu Psychotraumata, da diese aus psychologischen Betrachtungen entstanden.
Für einen weiteren Baustein des traumasensiblen Handelns werden in diesem Werk die Einflüsse des Umfelds genauer betrachtet. Ursprünglich als Risiko- und Schutzfaktoren bekannt, werden sie hier als Wirkfaktoren bzw. „Impactfactors" etabliert, um Kindern mit schweren Belastungen gerecht zu werden. Sie wurden derart ausführlich in Bezug zu Psychotraumata und schweren Belastungen noch nicht erläutert. Ihre starke negative und positive Wirkung auf das Wohlergehen der betroffenen Kinder und Jugendlichen macht ihren Einbezug für jedes traumasensible Wirken zwingend erforderlich.
Haben Sie sich das Wissen um Einflüsse und das Umfeld des Kindes angeeignet, beginnen die direkten Hilfen für Lehrkräfte, Referendare und andere an der Schule Tätigen. Hier werden nicht nur Ansätze für den Unterricht beschrieben, z.B. eine erstmals erfolgte Bezugnahme zu den zehn Merkmalen guten Unterrichts, sondern auch amerikanische Modelle und Impulse („TIA"), die übersetzt und erläutert werden. In diesem Kapitel lernen Sie außerdem mehr über das effektivste Werkzeug des traumasensiblen Handelns: Sie selbst. Ihre Haltungen, Einstellungen, Fähigkeiten zur Beziehungsgestaltung und Kommunikation werden in diesem Kapitel geschult.
Alle Fallbeispiele sind so verändert, dass sie nicht wiedererkennbar sind. Die Namen der Beteiligten wurden geändert.

1 Traumapädagogik

Die Traumapädagogik etabliert sich als Ansatz, der viele (sozial-)pädagogische Bereiche miteinander verbindet und interdisziplinär erschließt. Sie soll im Folgenden erläutert werden, damit wir eine gemeinsame Grundlage für die kommenden Überlegungen haben.

Was ist die „Traumapädagogik"?

In den letzten Jahren ist Ihnen wahrscheinlich schon häufiger der Begriff „Traumapädagogik" untergekommen. Dieser Begriff bezeichnet einen Paradigmenwechsel der Hilfen für traumatisierte Kinder und Jugendliche. Ihnen wird nicht mehr nur in geschlossenen, d.h. „klinischen" Settings durch Traumatherapeuten geholfen, sondern nun auch in sozialpädagogischen und vermehrt auch in schulischen Umgebungen. Die Pädagogik hat letztendlich erkannt, dass Trauma nicht an der Praxistür aufhört, traumatisierte Kinder nicht nur in Wohngruppen leben, sondern auch in der Schule sitzen und lernen müssen.

Der Vorteil an diesem neuen Ansatz ist, dass eine Anwendung keine Schäden bei Kindern verursacht, leicht umzusetzen ist und wenig Mehrarbeit kostet. Im Grunde genommen ist es, übertragen auf die Schule, einfach besonders gute Lehre, die Resilienz stärkt, negativ aufgeladene Wirkfaktoren minimiert und sich an Stärken und Ressourcen des Kindes orientiert.

Haltungen und Kommunikation spielen eine wichtige Rolle, aber besonders eigene Modelle, wie der „sichere Ort" oder der „sichere Dialog" (Kühn 2011). Es sind unter anderem Ansätze, die aus der Psychotraumatologie genommen und übersetzt wurden. Das Kind braucht „verlässliche, einschätzbare und zunehmend zu bewältigende Lebensraum- und Alltagsbedingungen" (Kühn 2011, 35). Der Schutz aller Beteiligten ist zentral und schützt vor Burnout und Überlastung, eigener Traumatisierung und schlicht zu viel Stress. Ein wichtiger Faktor im hektischen und herausfordernden Schulalltag.

Traumapädagogik hat im Kern den Grundsatz, dass eine gesunde seelische Entwicklung und die Herstellung guter Bedingungen dafür *vor* dem Lernen stehen. Traumapädagogik ist die Grundlage für dieses Buch. Die Ideen, Konzepte und Übersetzungen stammen mehrheitlich aus diesem Ansatz.

Was also ist die Traumapädagogik? Woher kommt sie? Welche Ziele hat sie und wohin will sie? „Quo Vadis, Traumapädagogik" (Weiß 2015)?

Nur wenig andere Bewegungen haben so viel Potential und setzen sich so konsequent über gängige Definitions- und Einordnungsrahmen hinweg und pochten auf interdisziplinäre und übergeordnete Anwendung. Zwar wird immer wieder betont, dass die Traumapädagogik vor vielen Fragen steht (Weiß 2015), dass es eine offene Fachrichtung ist, die Weitblick behalten sollte (Rothdeutsch-Grazer/Weiß/Gahleitner 2015, 176), aber wirklich eingeordnet, verortet wird sie nicht. Der Wunsch nach einer „fachlichen Debatte auf Augenhöhe" (Weiß 2016, 21) ist dabei ebenso stark, wie die Frage des „wohers" und dem Streben nach einer Theoriebildung (Rothdeutsch-Grazer/Weiß 2018, 40). Folgende Ausführungen sollen einen weiteren Schritt in diese Richtung gehen.

Entstehung

Ende der 80er Jahre entstanden die ersten Grundzüge der Traumapädagogik. Pädagog*innen in Kinder- und Jugendhilfeeinrichtungen begannen, sich für bessere Möglichkeiten einzusetzen, schwer belasteten Kindern und Jugendlichen Unterstützung anbieten zu können. Mitte der 90er Jahre stieg das Interesse an den Auswirkungen traumatischer Erfahrungen und der Begleitung von Mädchen und Jungen (Weiß 2016, 21f).

2002 entstanden erste Bücher und Konzepte, die die Traumapädagogik konkretisieren konnten, erste Umsetzungen in Einrichtungen wurden angeregt. Martin Kühn und Volker Vogt eröffneten ein Diskussionsforum, Fortbildungen in diesem Bereich wurden angeboten. 2003 entstand das wegweisende Buch „Philip sucht sein Ich" von Wilma Weiß (2003) und weitere Veröffentlichungen von Kühn und Bausum. 2008 gründeten Kühn und Weiß die Bundesarbeitsgemeinschaft, die 2011 in Zusammenarbeit mit der DeGPT nicht nur Standards veröffentlichte, sondern auch Fort- bzw. Weiterbildungen konzeptualisierte und festlegte (Weiß 2016). Traumapädaogogik wird als Graswurzelbewegung bezeichnet. Das heißt, sie wurde aus der Praxis entwickelt und besitzt (noch) keinen ausreichenden theoretischen Bezug, bzw. theoretische Fundierung. Hierfür hilfreich können die folgenden Ausführungen sein.

Inhalte

Die BAG Traumapädagogik brachte (BAG TP 2011) eine Veröffentlichung heraus, das Standards für die Traumapädagogik festlegte. Es war ein Meilenstein und das Ergebnis zähen Ringens um Deutungshoheit, Einstellungen und Haltungen zwischen Psychologen und Sozialpädagogen.

Die Inhalte der Traumapädagogik lassen sich auf einige wenige Dinge beschränken, die verbindlich sind.

Im Folgenden wird versucht, einen Überblick über die verschiedenen Ansätze der Autoren zu geben, die ähnlich relevante Aussagen zu Standards und Vorgehensweisen getroffen haben.

Die Traumapädagogik entwickelte Standards, mit denen begonnen werden soll.

Die BAG Traumapädagogik beschreibt 5 Grundhaltungen:

1. Annahme des guten Grundes
2. Wertschätzung
3. Partizipation
4. Transparenz
5. Spaß und Freude

Diese Grundhaltungen sind die zentralen Elemente der Traumapädagogik. Sie beschreiben die Grundlage für alle Interventionen und präventiven Maßnahmen. Diese Haltungen sind nicht zu unterschätzen, sind es doch auch jene, die die Traumapädagogik in herkömmlichen Bereichen wie z.B. der, Psychologie, der Sozial- und Sonderpädagogik vermisst, weil diese nicht auf Settings übertragen werden können, die außerhalb des Therapieraumes bestehen. Natürlich muss angenommen werden, dass Therapeuten und Therapeutinnen diese Grundhaltungen in ihrer täglichen Praxis beherrschen. Die Traumapädagogik möchte diese jedoch ergänzen bzw. erneuern (BAG Traumapädagogik 2011 5ff).
Die **Annahme des guten Grundes** spiegelt die Grundhaltung der Traumapädagogik wieder. Sie verdeutlicht, dass die Verhaltensweisen von Kindern einen guten Grund haben und logisch als Überlebensstrategien gesehen werden sollten. Kinder können nicht wollen, weil sie einen guten Grund dazu haben, weil es eine Ursache gibt. Weitere wichtige Begriffe sind Wertschätzung, Partizipation, also Teilhabe, Transparenz sowie Spaß und Freude. Weiterhin werden vier pädagogische „Leitlinien zur Orientierung und Sicherung“ (Schirmer 2018, 439) vorgestellt: So wird die Selbstwirksamkeit/-Bemächtigung der Kinder, Jugendlichen und jungen Erwachsenen in den Fokus gerückt, institutionelle Standards zum Qualitätsmanagement und Personalentwicklung sowie interdisziplinäre Vernetzung und Kooperation. Eine gute Sache! Baierl (2016) beschreibt Haltungen und Einstellungen, die für die Traumapädagogik zentrale Bestanteile sind.
Betreuer sollten durch **Autorität** Sicherheit geben, als „stark und mächtig“ erlebt werden (Baierl 2016, 47). Er führt weiterhin aus, dass die Macht zum Wohle aller eingesetzt werden solle (ebd. 49). Es herrscht einige Unsicherheit, wie diese Ausführungen gemeint sind. Machtgefälle zu beschreiben scheint eine gute Idee, aber sie derart einzusetzen? Betreuer und Lehrkräfte zeigen Anerkennung, eine **positive Absicht** und würdigen die Arbeit des Betroffenen. Eine positive Absicht heißt nicht, etwas schönzureden (ebd.). Betreuer und Lehrkräfte sollten die **Wirklichkeit** der Jungen und Mädchen verstehen lernen. „Meine Wirklichkeit ist, was auf mich wirkt und auf was ich wirke“ (ebd. 50). Jedes Kind hat **Ressourcen** und Stärken, die erkannt und genutzt werden sollten. Besitzen Betreuer*innen und Lehrkräfte Wissen über die Dynamiken von Traumafolgestörungen, so werden sie nicht persönlich betroffen, bleiben länger gesund und können besser und schneller helfen. Sie besitzen dadurch die Fähigkeit Zusammenhänge **sachlich** betrachten zu können. **Kooperation** sollte offen und wert-

schätzend erfolgen. **Lebensfreude** ist ein Konzept, dass immer öfter in traumapädagogischen Kontexten erwähnt wird. Es ist sehr typisch für die Traumapädagogik einen nur ungenügend operationalisierten Gegenstand als „Grundhaltung, Transportmittel und pädagogisches Ziel" (ebd.54) zu verwenden. Lebensfreude scheint ein wichtiger Faktor zu sein. Lebensfreude ist jedoch auch ein vielversprechender und wichtiger Ansatz, der dringend einer weiteren Exploration bzw. Operationalisierung bedarf.
Baierl beschreibt weiterhin das Konzept des äußeren, sicheren Ortes (Baierl 2016). Dieser besteht aus folgenden Aspekten:

- Schutz vor Übergriffen
- Sicherheit bei sich selbst
- Behütet von spirituellen Mächten und Gefühl der Geborgenheit
- Ausblenden der äußeren Gefahr und Bilder
- Zuflucht im inneren sicheren Ort

Weiterhin beschreibt er mehrere übergeordnete Kategorien für die Bestimmung der Traumapädagogik:

- Äußerer sicherer Ort
- Personaler sicherer Ort
- Professionelle Nähe
- Das Selbst als sicherer Ort
- Spiritualität als sicherer Ort
- Innerer sicherer Ort

Im Folgenden sollen Aspekte der Sicherheit näher ausgeführt werden. Sie beschreiben viel von den zentralen Aussagen der Traumapädagogik.

Äußerer sicherer Ort
Alle Grundbedürfnisse der Betroffenen sind gut abgedeckt.

- Zurverfügungstellung möglichst vieler Resilienzfaktoren und Reduktion von Risikofaktoren;
- Menschen, bei denen sie sich wohl, geliebt und geborgen fühlen;
- Lebensbedingungen, die Behaglichkeit, Beheimatung und Lebensfreude vermitteln;
- Transparenz, Vorhersehbarkeit, Berechenbarkeit und Kontrollierbarkeit nach innen und außen, was unter anderem flexibel-stabile Halt gebende Strukturen und Möglichkeiten der Partizipation erfordert;
- Ein pädagogisches Milieu, das schützend, versorgend, stärkend und fordernd ist (Baierl 2016, 56f).

- **Personaler sicherer Ort**

Betreuer und Lehrkräfte können einen sicheren Ort darstellen, wenn Kinder und Jugendliche sich bei ihnen sicher und geborgen fühlen. Zentral hierfür ist der Aufbau von Beziehungen, die langfristig, verlässlich, wertschätzend und wohlwollend sind (ebd.58).

- **Professionelle Nähe**

Professionelle Nähe kennzeichnet die zentralen Haltungen der Traumapädagogik, wo andere Fachrichtung nach Entfernungen fragen, wie weit man vom Klienten weg stehen muss, damit man nicht gefährdet wird, fragt die Traumapädagogik, wie nah man heran muss. Nähe ermöglicht Beziehungsgestaltung (ebd. 65). Folgendes Beispiel von Baierl soll in seiner vollen Länge abgedruckt werden, es verdeutlicht gut die Relevanz dieser Punkte:

> „Wenn mir ein Jugendlicher ins Gesicht spuckt, hilft es eventuell, zu wissen, dass dies eine traumakompensatorische Handlung (z.B. Angst machen statt Angst haben) war, dennoch läuft die Spucke an meinem Gesicht herunter und es ekelt und ärgert mich (nicht nur den Pädagogen). Professionelle Nähe erlaubt, mich zu fragen, welches Verhalten und welche Beziehungsgestaltung bei dieser persönlichen Betroffenheit in dieser Situation hilfreich sind. Dies kann ebenso das klare Aussprechen meines Ärgers und entsprechende Grenzsetzung sein wie das vorläufige Herunterschlucken des Ärgers, um möglichst wenig beängstigend auf den Jugendlichen einzuwirken. Habe ich überwiegend aus persönlicher Betroffenheit reagiert, etwa zurückgespuckt oder dem Jugendlichen vor das Schienbein getreten […], ist dies natürlich ein Fehler, aber keine Katastrophe. Die Frage ist dann, welches Verhalten und welche Beziehungsgestaltung jetzt, wo ich einen Fehler gemacht habe, hilfreich bzw. heilsam sind […]“ (ebd. 65f).

- **Das Selbst als sicherer Ort**

Schafft man es, traumatisierten Kindern und Jugendlichen die Erfahrung zu geben, dass sie selbstwirksam werden, sich schützen können, wertvoll zu sein, so sind dies sichere Orte, an denen sich Kinder ausprobieren können, Fehler machen und um Hilfe bitten können (ebd. 68).

- **Spiritualität als sicherer Ort**

Glaube ist nach Baierl ein Resilienzfaktor, der in herkömmlichen pädagogischen Interaktionen nicht als Einfluss gesehen wird. Dies geschieht zum Beispiel durch die „persönlichen Überzeugungen der Mitarbeiter“ (ebd. 69). Hier schließt er sich einem der führenden Psychotraumatologen, Van der Kolk, an, der dies ebenso erwähnt (2007, 7).

- **Innerer sicherer Ort**

Dieser innere sichere Ort wird von den Betroffenen selber gesucht. Sie können an diesem Ort Zuflucht finden, sollten äußere Einflüsse zu stark werden (Baierl 2016, 70).
Baierl führt weiterhin mehrere Hauptziele und Methoden auf:

1. Etablierung objektiver und gefühlter Sicherheit
2. Akzeptanz der Notwendigkeit zur eigenen Veränderung
3. Beziehung aufbauen und Beziehungsfähigkeit stärken
4. Gemeinsames Verstehen entwickeln
5. Stabilisierung und Rückkehr der Eigenmacht
6. Körperliche Stabilisierung
7. Stabilisierung und Kontrolle von Gefühlen

8. Förderung eigenmächtigen Verhaltens
9. Entwicklung neuer Wahrnehmungs- und Denkmuster inklusive eines neuen Selbst- und Weltbildes
10. Integration traumatischer Erfahrungen
11. Spiritualität
12. Lebensfreude
(Baierl 2016, 80f)

Kühn ist ein wichtiger Akteur in der Entwicklung der Traumapädagogik. Auf ihn gehen große Teile des Fundaments dieses Ansatzes zurück. Im Folgenden soll sein Ansatz dargestellt werden. Er gliedert sich in drei Teile:
1. Der „sichere Ort“
2. Der emotionale Dialog
3. Die geschützten Handlungsräume

Das Schaubild (Abb. 1) zeigt die Verbindung der drei beteiligten Akteure Einrichtung, Kind und Lehrkraft in der Herstellung des sicheren Ortes.

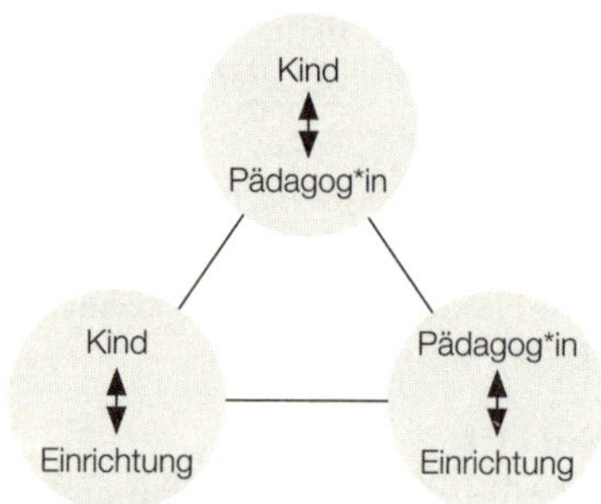

Abb. 1: Die Pädagogik des sicheren Ortes (Kühn 2011)

Es weist auf den Umstand hin, dass alle drei Akteure in einer Beziehung zueinander stehen und auf eine Kooperation angewiesen sind. Das Kind braucht „verlässliche, einschätzbare und zunehmend zu bewältigende Lebensraum- und Alltagsbedingungen“ (Kühn 2011, 34). Der Schutz aller Beteiligten spielt eine wichtige Rolle und schützt vor Burnout und Überlastung, traumatischen Situationen und schlicht zu viel Stress. Ein wichtiger Faktor im hektischen und herausfordernden Schulalltag.
„Der erfahrene Verlust von Sicherheit in der äußeren Welt als einem ‚sicheren Ort‘ zerstört die Wahrnehmung eines inneren Sicherheitsgefühls des individuellen Selbst nachhaltig“ (Kühn 2011, 33). Um diese Sicherheit wiederherzustellen, möchte Kühn Traumapädagogen bzw. traumasensible Mitarbeiter zu „Sicherheitsbeauftragten“ (ebd. 34) machen.
Dem emotional – orientierten Dialog wird zugrunde gelegt, dass Kinder Überlebensstrategien entwickelt haben, die entwicklungslogisch handeln, das heißt, eine

Handlung ist eine logische Konsequenz auf das Erleben von Gewalt, wie z.B. Vermeidung (von Schule, Lehrkräften, Lernen) oder Verteidigung (Angriffe von Lehrkräften, Mitschülern, Erinnerungen). Dies einzubeziehen ist im Gespräch mit Kindern und Jugendlichen wichtig, da z.B. kognitive Appelle wenig bewirken und eher eine Haltung gefragt ist, die Behutsamkeit und Geduld ausdrückt (Kühn 2011).
Im geschützten Handlungsraum haben die Fachkräfte die Möglichkeit in einem sicheren Rahmen zu arbeiten. Durch den hohen Anspruch an die Arbeit der Mitarbeiter und Mitarbeiterinnen sind sie nicht selten belastet. Ein sicherer Handlungsraum entlastet und unterstützt sie bei ihrer Arbeit (ebd. 2011).

Methoden

Die Traumapädagogik besitzt noch keine etablierten evidenz-basierten Methoden, die effektiv in der Schule angewendet werden können. Zimmermann möchte seine Vorschläge als Anregungen und nicht als Handlungsanweisungen verstanden wissen (2017, 118). Gleichzeitig soll die Basis der Handlungsstrategien das Fallverstehen sein. Der Ursprung der traumapädagogischen Methodik, sofern es diese überhaupt gibt, liegt in der Gestaltpädagogik, der interkulturellen Pädagogik und der Sozialpädagogik. Traumapädagogik ist eine „Haltungspädagogik" (ebd.128). Genannt werden folgende Bereiche:

- Sichere Beziehungsgestaltung
- Imagination des sicheren Ortes
- Wahrnehmung des Inneren und Äußeren
- Selbstwirksamkeit/Selbstbemächtigung

(ebd.)

Entwicklungsaufgaben der Traumapädagogik

Die Traumapädagogik ist erstens aus der Praxis entstanden und zweitens noch sehr jung. Sie ist äußerst modern und hilfreich in der Unterstützung von Kindern und Jugendlichen. Ihre fehlende Reife und der Praxisursprung führen jedoch dazu, dass diese Bewegung fachwissenschaftlich noch nicht so fest im Sattel sitzt, wie sie es tun sollte, damit weitere Forschung und eine Weiterentwicklung dieses Ansatzes möglich werden. Hauptsächlich zwei Bereiche sind hierbei von besonderer Bedeutung: Die *Verortung* der Traumapädagogik verbunden mit der Frage, wo sie hingehört und die Frage nach dem *Begriff* „Traumapädagogik", der auf den zweiten Blick irreführend ist, wie ein wenig später ausgeführt wird.

Verortung

Gahleitner et al. beschreiben einen Prozess der Bildung neuer Inhalte, in dem sie diesen als Kreislauf bezeichnen, der immer neue Fragen aufwirft, die wiederum der Forschung und Theoriebildung zugute kommen (Gahleitner/Brandstifter/Schmid

2018, 424). Wie sieht dieser Kreislauf aus? Was meinen die Autoren mit „Theoriebildung"? Meinen sie damit die theoretische *Fundierung* der Traumapädagogik? Die Traumapädagogik möchte keinem Fach, keiner Fachrichtung, keiner Disziplin angehören. Sie sieht sich als universell einsetzbar.
Selber kann sie sich nur schwer einordnen, weil sie nicht nur aus unterschiedlichen Fachdisziplinen stammt, sondern auch Uneinigkeit darüber besteht, aus welchen denn genau. So beschreiben Gahleitner et al. einen psychotraumatologischen Einfluss, die Sozialpädagogik und die Sozialarbeit (2018, 425), Baierl fügt die Psychotherapie hinzu (2016), Rothddeutsch-Garzer et al., beschreiben interdisziplinäres Denken mit Erziehungswissenschaften, Psychoanalyse, Bindungs- und Resilienzforschung, verschiedene therapeutische Disziplinen und die Neurobiologie. Sie sehen die Wurzeln in der Reformpädagogik nach Korcak, der Heilpädagogik (Deinhardt), der Psychanalytischen Pädagogik (Anna Freud), der Milieutherapie (Wineman) und der Pädagogik der Befreiung (Freire) (Rothdeutsch-Grazer/Weiß/Gahleitner 2015, 172f).
Die Traumapädagogik steckt in einer Sackgasse. Sie folgt vielen verschiedenen Ansätzen, Modellen, Schulen, Konzepten und wirft diese Dinge nicht nur inhaltlich sondern auch formal durcheinander. Was ist ein Ansatz? Ein Modell? Was ist ein Konzept, eine Fachrichtung oder Disziplin? Wo möchte und muss sich die Traumapädagogik einordnen? Die Traumapädagogik muss ankommen, damit sie sich weiterentwickeln kann. Das heißt, wir benötigen eine fachwissenschaftliche Einordung und Ausdifferenzierung, bevor es weiter mit der (erfreulichen) Exploration der Praxis geht. Praxis ohne Theorie ist blind!
Wir brauchen verbindliche Ausgangspunkte, die auf einem theoretischen Fundament ruhen, damit sich die Traumapädagogik weiterentwickeln kann. Dies sieht man auch an den vielen verschiedenen Konzepten, die Weiß gefunden hat:

- Pädagogik des sicheren Ortes
- Pädagogik der Selbstbemächtigung
- Die „traumazentrierte Pädagogik"
- Emotionsregulation
- Traumapädagogische Gruppenarbeit
- Stabilisierung und (Selbst)Fürsorge für Pädagog*innen als institutioneller Auftrag
- Traumapädagogik in der Schule
- Milieutherapeutische Konzepte
  (Weiß 2015, 636)

Diesen Konzepten gemeinsam ist die „Annahme des guten Grundes", wie es auch unter den Grundhaltungen der BAG Traumapädagogik zu finden ist.

Begriff

Die Trauma*pädagogik* ist keine solche. Eher ist es ein pädagogischer Ansatz, der psychotraumatologische, also medizinisch-psychologische, klinische Grundlagen nimmt und diese in (sozial-)pädagogische Bewältigungsfelder überträgt. Recht erfolgreich, möchte man sagen. Die Traumapädagogik möchte im (sozial-)pädagogischen Bereich tätig werden, hat aber große Schwierigkeiten, sich von der Psychologie zu lösen, da sie keine (oder nur unzureichende) eigene Verortung betreibt. Sie ist somit eher eine „Traumapädalogie", also eine Mischung aus Pädagogik und Psychologie. Das wäre vom Grundgedanken gar nicht einmal schlecht, nur stehen einige Hürden davor.
Pädagogiken sind anders *ausgeformt,* als die Traumapädagogik es ist. Pädagogik folgt einem formalen Aufbau aus Subdisziplinen (z.B. Systematische Pädagogik, Vergleichende Pädagogik, Berufspädagogik, etc.), Fachrichtungen (Interkulturelle Pädagogogik, Friedenspädagogik, Verkehrspädagogik, etc.) und Praxisfeldern (Friedenserziehung, Gesundheitserziehung, etc.) (Stein 2017, 12f). Die Traumapädagogik hat daher noch einen langen Weg vor sich, wenn sie sich tatsächlich als *Pädagogik* etablieren möchte. Sie müsste auf einer Ebene tätig werden, auf der die Hauptakteure noch zu unverbindlich forschen: Der theoretischen, evidenz-basierten Bezüge, möglichst international, wissenschaftlich immer nah an der Verortung und Fundierung. Die Amerikaner verwenden für die Traumapädagogik einen anderen Begriff: Sie nennen es den „Trauma-Informed Approach (TIA)" (SAMHSA 2019). Dieser Begriff hat drei Vorteile:

1. Er verwendet nicht den Begriff „Pädagogik". Dieser Begriff impliziert Erziehung und Bildung und macht ihn unzugänglich für Systeme deren Kernziele an anderer Stelle liegen, wie zum Beispiel in therapeutisch gefärbten Angeboten oder wirtschaftlich orientierten Bereichen. Er beinhaltet also mehr und ist z.B. Organisationsentwicklungswerkzeug. Ganze Schulen, Firmen, Behörden können traumasensibel bzw. „trauma-informed" gestaltet werden.
2. Der TIA verwendet den Begriff „informed", was soviel heißt, wie „informiert", also ausgestattet mit dem nötigen Wissen, um professionell handeln zu können. Es beschreibt einen niedrigschwelligen Ansatz, in dem die Beteiligten keine Experten sein müssen.
3. Der TIA verwendet weiterhin den Begriff „approach", was „Annäherung" oder „Ansatz" meint. Beides ein unverbindliches Konstrukt, dass universell einsetzbar ist, eine Erweiterung zu verschiedenen Handlungsfelder z.B. guter Lehre.

Warum nicht diesen Begriff verwenden? Viele englische Begriffe haben Einzug in die Wissenschaft und Praxis genommen. Besser noch: Es gäbe einen Austausch und Forschungskooperationen.
Schauen wir uns den amerikanischen Ansatz ein wenig näher an.

Was ist der Trauma-Informed-Approach (TIA)?

Um die Entwicklungen der traumsensiblen Hilfen in den Vereinigten Staaten zu beschreiben, wird zuerst eine Klärung der Bezeichnungen und vor allem Abkürzungen vorgenommen. Sie sind sehr verwirrend, unter anderem, da sie relativ neu sind. Nach diesen Erklärungen folgen eine kurze Aufführung der wichtigsten Eckdaten der Entstehung dieses Ansatzes sowie eine Erläuterung der wichtigsten Inhalte. Auch die Amerikaner sind, wie die deutschen Traumapädagogen gut im Aufstellen von Zielen, Leitlinien, Grundhaltungen.

Begriffe

TIA: Trauma Informed Approach. Dies ist der zentrale Begriff für traumasensible Hilfen und Strukturierungen ganzer Bereiche nicht nur in Bildungseinrichtungen.

TIC: Trauma Informed Care. Wird synonym mit dem Begriff Trauma Informed Approach verwendet.

NCTIC: National Center for Trauma-Informed Care and Alternatives to Restraint and Seclusion. Diese Organisation tat sich 2010 mit SAMHSA zusammen, da sie gemeinsame Ziele teilen. Sie wurde 2005 aus Impulsen der „Dare to Vision"-Konferenz und der „Dare to Act" Konferenz gegründet (SAMHSA 2012). Diese Organisation bietet Beratung und das Training von Fachberatern im „Trauma Informed Approach" an (Gillece 2017), ähnlich, wie es viele Institute, Vereine und Organisationen in Deutschland tun (z.B. das Traumapädagogische Institut Norddeutschland). NCTIC ist ein ganzheitlicher Ansatz für Traumafolgestörungen, spielt eine führende Rolle in der Entwicklung neuer Anwendungen, nutzt einen pragmatischen und Stärken-basierten Ansatz und verwendet Ressourcen strategisch, um Kollaborationen voranzutreiben (SAMHSA 2012,1).

„Dare to Vision"-Konferenz: Eine wegweisende Konferenz in den USA, die 1994 stattfand und zum ersten Mal die Wirkung von traumbezogenen Auslösern auf die Entwicklung von Kindern beschrieb. Nach dieser Konferenz begann die Bewegung traumsensibler Hilfen.

„Dare to Act": Eine Konferenz, die von SAMHSA organisiert wurde, um Fachkräfte im Kontext Trauma zusammenzuführen (Carter 2005, 4).

SAMHSA: Substance Abuse and Mental Health Services Administration. Eine (Regierungs-)Organisation, in der die Forschung, Anwendung, Ausbildung von Fachberatern konzeptualisiert, geplant, durchgeführt und evaluiert wird.

SAMHSA Concept of Trauma and Guidance for a Trauma-Informed Approach: Das „Dach" des TIA. Es bietet eine Rahmung, wie eine Organisation, ein System oder eine Dienstleistungssektor traumasensibel gestaltet werden kann (SAMHSA-HRSA 2020). SAMHSA hilft bei der Kooperation und Kommunikation verschiedener Systeme und Einrichtungen. Sie gliedert sich in drei Teile: „Trauma – focused research", „practice generated knowledge about trauma interventions" und

die Erfahrung der Überlebenden („Survivors"). Es hat mehrere Initiativen hervorgebracht, die zusammenarbeiten:
SAMHSA's trauma-focused grants and initiatives und SAMHSA's National Child Traumatic StressInitiative, SAMHSA's National Center for Trauma Informed Care, SAMHSA's: Jail Diversion Trauma Recovery grant program; Children's Mental Health Initiative; Women, Children and Family Substance Abuse Treatment Program; and Offender Reentry and Adult Treatment Drug Court Programs und andere (SAMHSA 2014).

ACE: Adverse Childhood Experience. Diese wichtige Studie zeigte, dass Menschen, die traumatische Erlebnisse in ihrer Kindheit hatten, ein erhöhtes Risiko haben, körperlich oder physisch zu erkranken, eher süchtig werden und selbstmordgefährdet sind (SAMHSA-HRSA 2020). Für diese Studie wurden 17.000 Menschen untersucht und Langzeiteffekte beobachtet (SAMHSA 2012, 8).

ACE Connection: Die ACE Connection ist ein Netzwerk, ähnlich wie die BAG Traumapädagogik, das versucht, den starken Einfluss von traumabezogenen Kindheitserfahrungen zu beschreiben und darauf aufmerksam zu machen (SAMHSA-HRSA 2020).

TLIP: Trauma and Learning Policy Initiative. Diese Initiative ist wegweisend für die Implementierung traumasensibler Hilfen in Schulen (TLPI 2020)

Definition

Der TIA wird durch SAMHSA, das entwickelnde Organ, wie folgt beschrieben:

> "A Trauma-Informed Approach, often referred to as trauma-informed care (TIC), is a promising model for organizational change in health, behavioral health, and other settings that promotes resilience in staff and patients" (SAMHSA-HRSA 2020).

Der Ansatz der Amerikaner geht weiter, als bisher in Deutschland geschehen. Es verwundert stark, warum diese Bewegung nicht schon längst in Deutschland etabliert ist. Sie beschreibt anhand von ausführlichen Konzepten die Strukturierung von Institutionen wie Schulen und Heimen, kann aber auch auf viele andere übertragen werden. Im Kern geht es darum, Traumasensibilität *anzuwenden*. Schutz vor Übergriffen, die Schulung von Mitarbeitern hinsichtlich der Symptome, die Anpassung von Haltungen und die Arbeit mit traumatisierten Kindern sind Themen, die strukturiert und planvoll umgesetzt werden. Die so gestaltete Institution kann überaus effektiv agieren, da alle Beteiligten an einem Strang ziehen und koordiniert werden, bzw. alle auf einer Grundlage arbeiten können. Diese Projekte werden unter anderem vom „Department of Mental Health" der Staaten Ohio und Massachusetts gefördert. Das heißt, dass der Staat schon von Anfang an in die Prozesse eingebunden wurde und werden kann.

Entwicklung

Die Sensibilisierung für traumabezogene Hilfen begann mit der Dare To Vision Conference 1994 und stärkerer Aufmerksamkeit für Gewalt gegen Frauen „Co-Occurring

Disorders and Violence Study Exploration". Aus diesen beiden Veranstaltungen gingen sehr viele Impulse hervor, die zur Gründung verschiedener Organisationen führte, wie der NCTIC oder SAMHSA.
2001 gründete sich die National Child Trauma Initiative. Gleichzeitig rückten die Erfahrungen der sogenannten „Trauma-Überlebenden", wie traumatisierte Menschen genannt werden, in den Vordergrund. Sie sind Grundlage für viele verschiedene Ansätze und Forschung, da viele Betroffene genaue Aufzeichnungen über ihr Erleben gemacht haben. Damit unterscheidet sich dieser Ansatz von den deutschen Opfer-Paradigmen erheblich. Mittlerweile implementieren Organisation traumsensible Hilfen nicht mehr „nur" im Gesundheitswesen, also Kinder- und Jugendhilfeeinrichtungen, Krankenhäusern sondern auch in Gefängnissen (SAMHSA 2014, 5). Die Bereiche, in denen TIA bereits Anwendung findet, sind zahlreich und drücken seine universelle Handlung aus. So ist das Jugendamt traumasensibel, das Vollzugssystem, im Bereich der Entwicklungsstörungen, in Fällen häuslicher Gewalt, in der Schule und weiterführenden Schulen, der Gesundheitsfürsorge, der psychischen Gesundheit, bei Substanzmissbrauch, im Militär, bei Flüchtlingen, Sozialpädagogischen Familienhilfen, bzw. Erziehungsbeiständen und im Bereich von HIV und AIDS (Gillece 2017, 6).

Inhalte

> "A program, organization, or system that is trauma-informed realizes the widespread impact of trauma and understands potential paths for recovery, recognizes the signs and symptoms of trauma in clients, families, staff and others involved with the system; and responds by fully integrating knowledge about trauma into policies, procedures and practices, and seeks to actively resist re-traumatization" (SAMHSA 2014, 9).

Grundsätzliche Haltungen und ein starkes Leitbild kennzeichnet den TIA. Wissen und Vorgehen richten sich nach den Erkenntnissen und dem neuesten Wissenstand. Dem TIA liegen daher folgende Konzepte von Trauma zugrunde (ebd.,6), das auch Fischer und Riedesser ähnlich benannt haben (2009):

Die drei „E's"

1. „Event" beschreibt die Bedrohung, die physische oder psychische Verletzungen zur Folge hat, wie zum Beispiel Naturkatastrophen, Vernachlässigung.
2. „Experience", also Erfahrungen und das Erleben dieses Ereignisses, helfen zu bestimmen, ob es ein traumatisches Ereignis war. Wie es wahrgenommen wird, hängt von vielen Faktoren zusammen, z.B. dem Entwicklungsstand, kulturellen Aspekten und der der sozialen Unterstützung (ebd.)
3. „Effect" bezeichnet die Kurz- oder Langfristigkeit der Folgen des Erlebens traumatischer Ereignisse.

Mit den drei „E's" wird auf den Umstand eingegangen, dass es bisweilen schwierig sein kann, Ursache und Erfahrung voneinander zu trennen.
Im Trauma-Informed-Approach gibt es verschiedene Unterteilungen, so zum Beispiel **die vier „R"**.

1. Realization
2. Recognition
3. Response
4. Resistance

„Realization“ beschreibt den Umstand, dass alle Beteiligten in der Organisation eine gemeinsame Grundlage haben, um Traumata wahrzunehmen und entsprechend handeln können. Sie verstehen, wie Traumata Familien, Gruppen, Organisationen, Kommunen, Individuen beeinflussen können (SAMHSA 2014, 9).
„Recognition“ bezeichnet die diagnostischen Möglichkeiten, bzw. Möglichkeiten zur Erkennung von Symptomen durch Mitarbeiter. Diese sind geschlechtsspezifisch, abhängig vom Alter, vom Umfeld (ebd.).
Im Bereich der **„response“**, werden die TIA Prinzipien eingesetzt. Mitarbeiter müssen fortgebildet werden, ein Budget eingeräumt und das Arbeitsumfeld frei von psychischen und physischen Gefahren sein. Der Begriff **„resistance“** bezeichnet die notwendige Fähigkeit, Retraumatisierung zu wiederstehen.

> “Staff in every part of the organization, from the person who greets clients at the door to the executives and the governance board, have changed their language, behaviors and policies to take into consideration the experiences of trauma among children and adult users of the services and among staff providing the services” (SAMHSA 2014, 10).

Die sogenannten „Keyprincipals“ oder TIA Prinzipien sind folgende:
1. Safety
2. Trustworthiness and Transparency
3. Peer Support
4. Collaboration and Mutuality
5. Empowerment, Voice and Choice
6. Cultural, Historical and gender Issues (ebd.13)

Sicherheit ist besonders zentral und wirkt sich auf alle Handlungsrichtungen, -ausformungen, -konzepte, -entwicklungen aus. Vertrauen und Transparenz sind Begriffe, die in der Traumapädagogik zentral sind und besondere Grundhaltungen zur Voraussetzung haben. Die Unterstützung durch Peers ist ein Aspekt wie auch kulturelle, historische und geschlechtsspezifische Aspekte. „Voice and Choice“ gibt es bei uns schon in der einen oder anderen Form nur ohne den schmissigen Namen. Es bedeutet, dass Kinder über bestimmte Themen entscheiden, ihre Stimme geben können und somit eine Wahl haben. Bei uns heißen sie Kinderparlamente oder Klassenräte.
Erstaunlich ist ebenfalls, dass Aspekte wie Wärme, Empathie und eine Haltung gegen Vorurteile Bestandteil dieses Ansatzes sind. Dies sind Dinge, die in unserem pädagogischen Selbstverständnis irgendwie vorausgesetzt werden, aber kein Bestandteil der Ausbildung sind. Dabei sind genau diese Fähigkeiten Kernkomptenzen einer jeden Lehrkraft, wenn es vor einem traumatisierten Kind steht.

Ein Beispiel für die Implementierung in Organisationen ist im Folgenden aufgeführt.

Key Principles					
Safety	Trustworthiness and Transparency	Peer Support	Collaboration and Mutuality	Empowerment, Voice and Choice	Cultural, Historical and gender Issues

10 Implementation Domains	
Governance and Leadership	• How does agency leadership communicale its support and guidance for implementing a trauma-informed approach? • How do the agency's mission statement and/or written policies and procedures include a commitment to providing trauma-informed services and supports? • How do leadership and governance structures demonstrate support for the voice and participation of people using their services who have trauma histories?
Cross Sector Collaboration	• Is there a system of communication in place with other partner agencies working with the individual receiving services for making trauma-informed decisions? • How does the organization identify community providers and referal agencies that have experience delivering evidence-based trauma services? • What mechanisms are in place to promote cross-sector training on traumainformed approaches?

Abb. 2: SAMHSA 2014, 14f

Der TIA zeigt, wie regelgeleitet Systeme traumsensibel gestaltet werden können. Immer wieder wird betont, wie die Traumapädagogik sich interdisziplinär vernetzen möchte, Kooperationen wagt. Warum aber nicht mit jenen kooperieren, die genauso vorgehen, gleiche Haltungen zeigen, mit ähnlichen Herausforderungen zu kämpfen haben und diese zum Teil schon überwunden haben?
Klienten, also Schüler und Schülerinnen, sollten genauso geschützt werden, wie Mitarbeiter und Mitarbeiterinnen. Die Schule als Organisation kann genauso traumatisierend wirken wie eine Person. Alle Aspekte haben zum Ziel, das Wohl des Kindes zu schützen und zu fördern. Ist dies die pädagogische Basis für eine Organisation wie z.B. einer Schule, so wird sie höchst effektiv bei der Umsetzung ihrer primären Ziele sein, wie z.B. dem Vermitteln der Inhalte des vorgegebenen Curriculums. Die vorgestellten Konzepte sollten als Leitfäden betrachtet werden. Ist die pädagogische Basis traumasensibel, wird der Wunsch nach solchen Verankerungen, z.B. im Leitbild, stärker geäußert, um Verbindlichkeiten festhalten zu können.

Was bedeutet „Traumasensibilität"?

Traumasensibilität bezeichnet eine Weiterentwicklung der Traumapädagogik und richtet sich an Betreuer, Lehrer und Bezugspersonen, die niedrigschwellig mit traumatisierten Kindern arbeiten und keine Weiterbildung zum Traumapädagogen haben oder wollen. Sie bezeichnet vor allem eine Haltung, eine Sensibilisierung von Menschen, um Kindern helfen zu können und feinfühlig auf die Bedürfnisse einzugehen, Warnzeichen zu erkennen, Sicherheit zu bieten. Traumasensibilität kennzeichnet auch die ersten Schritte der „Übersetzung“ von traumabezogenen Hilfen der stationären und ambulanten Kinder- und Jugendhilfe in schulische Settings. Diese Bezeichnung ist einfacher in die schulische Realität zu übertragen, deren gefühltes Alleinziel die Wissensvermittlung ist. Dieser Schritt ist nicht zu unterschätzen, denn beide Systeme, Schule und „Trauma“, unterscheiden sich erheblich auf unterschiedlichsten Ebenen. Weiterhin kommt er dem Begriff „Informed“ nahe, der eine allgemeine und niedrigschwellige Implementierung möglich macht.

Warum brauchen wir traumasensible Hilfen?

Warum sollte die Schule traumasensibel agieren können? Genauso gut könnte die Schule weitermachen wie bisher. Den #Aufschrei gab es noch nicht. Das große Wundern, wie es so hatte kommen können, auch noch nicht. Unsichtbar vollzieht sich ein Wandel, dem Schulen begegnen müssen. Gewalt nimmt immer mehr Formen an, die bekannt werden und einen immer stärkeren Einfluss auf die Schule nehmen. Lehrkräfte sind allein gelassen und hilflos der gesamten traumabezogenen Dynamik von Jugendlichen ausgesetzt (Weiß 2015, 648).

Dabei zeigen immer mehr Kinder starke Belastungssymptome durch stärkere Wirkfaktoren bei steigenden gesellschaftlichen und sozialen Anforderungen und einem schnelleren gesellschaftlichen Wandel, an den sich Kinder und Lehrkräfte anpassen müssen. „Schülergewalt, Cliquenbildung, Mobbing, Ausgrenzung nach Migration, Alkohol und Tabakkonsum, Gesundheitsprobleme, Magersucht, selbstverletzendes Verhalten, problematische Lebenssituationen, Problemklassen, übermäßiger Medienkonsum, häusliche Gewalt, Gewalt beim Fußball und Straßengewalt, sexueller Missbrauch und vieles mehr“ (Steinebach, et al. 2016, 160) sind Ereignisse, die im Leben eines Schülers oder einer Schülerin auftauchen können. Schwere Krisen gehören immer mehr zum alltäglichen Bewältigungsbild einer Schule. Schüler drohen, an diesen krisenbedingten Entwicklungsaufgaben zu scheitern. Das gesamte System Schule hat kaum Möglichkeiten, diese Entwicklungsaufgaben adäquat zu unterstützen. Pädagogische Hochschulen setzen vergleichsweise wenig Schwerpunkte in der Psychotraumatologie, der Belastungs- bzw. Stressforschung von Kindern und Jugendlichen. Studenten haben nur eine geringe Anzahl Möglichkeiten, sich über die gesamte Bandbreite dieses spannenden und äußerst relevanten Feldes zu informieren. Warum ist das so?

Ein Grund für wenig traumabezogene Forschung und Praxis und ihre Vernetzung kann im sich immer schneller vollziehenden Wandel unserer Gesellschaft zu finden sein, in technologischer Hinsicht: Medien nehmen zunehmend Ausformungen an, die Lehrkräfte, Forscher und Dozenten überhaupt nicht mehr nachvollziehen können. Schule als Verwaltungseinrichtung kommt da nicht mit und reagiert viel zu langsam. Schulen reagieren und innovieren nicht flexibel und schnell genug. Treten zum Beispiel vermehrt Probleme mit Flüchtlingen auf, ihrer (psychosozialen) Versorgung und vieles mehr, so gelingt es dem Staat nicht, eine Antwort darauf zu finden, schnell und unbürokratisch. Dabei ist die Zahl der Flüchtlinge besorgniserregend,

wenn man die Zahl, die Reaktionszeit und Angemessenheit der vorhandenen Hilfen gegenüberstellt. Gleiches gilt für die Versorgung von Studierenden mit diesem Wissen. Ist die Relevanz für Traumata in der Schule in Gremien nicht verstanden, die Studiengänge konzipieren, so werden diese auch nicht angeboten.
Es scheint, dass die Mittel der neuen Generation von sehr viel mehr Rohheit und Direktheit geprägt sind. Es gibt kein Feigenblatt mehr vor dem Geschlecht sondern harten Porno, kein Piepen mehr bei Schimpfwörtern sondern das Hochhalten von vulgärer (und unvollständiger, fehlerhafter) Sprache in der Musik und im Alltag. „Snuff“-Videos von abgeschlagenen Köpfen kursierten vor einiger Zeit auf deutschen Schulhöfen, Kinder werden über WhatsApp gemobbt und psychisch misshandelt.
Ebenso wenig überblickt wird die Vielfalt, Vielschichtigkeit und Vernetzung der Einflüsse auf Kinder in der Obhut der Schule. Nehmen wir Medien als Beispiel, so haben wir früher entscheiden müssen, ob wir „Computer spielen“ oder nach draußen gehen, uns unterhalten oder einfach langweilen wollen. Heute machen Kids das alles gleichzeitig, mit ebenso vielen negativen Folgen, die *vernetzt* auftauchen. Gewalt, psychisch und physisch, macht auch hier nicht halt. Schüler und Schülerinnen nehmen diese mit in die Schule, tragen ihre Erfahrungen in den Unterricht und konfrontieren Lehrkräfte damit auf die eine oder andere Weise.
Gewalt, Sex und Drogen werden von Kindern verharmlost, bevor überhaupt irgendjemand eine Ahnung hat, dass diese Dinge in ihrer Welt und damit in der Schule sind. Bilder vom männlichen Genital, die jungen Mädchen von meist älteren Männern geschickt werden, sind kein Angriff auf die eigene Integrität, sondern Normalität, eklig zwar, aber schnell gelöscht.
Kurz: Gewalt als Auslöser von schweren Belastungen und Traumata scheint roher, direkter, häufiger, globaler, normaler, unterschwelliger und vielschichtiger geworden zu sein.

Welche Vorteile haben traumasensible Hilfen?
Die Herausforderungen für Schulen hinsichtlich des Unterrichts für schwer belastete Kinder und Jugendliche sind hoch, wie man anhand der Aufzählung sehen kann. Wie kann man diesen Problemfeldern begegnen? Wie kann Kindern und Jugendlichen geholfen werden, die in der Schule nicht *wollen können*? Die Traumapädagogik, bzw. traumasensible Hilfen bieten eine Fülle von Vorteilen, die im Folgenden aufgeführt werden sollen:

- **Sicherheit für alle beteiligten Schüler und Lehrkräfte**

Eines der wichtigsten Ziele der Traumapädagogik ist die Herstellung von Sicherheit. Dies werden Sie auf den nächsten Seiten noch sehr viel genauer erfahren. Sicherheit besteht aus vielen Aspekten, die Beteiligte beherzigen sollten, wie zum Beispiel der Aneignung von traumabezogenem Wissen. Dies schützt die Lehrkräfte vor einer eigenen psychischen Belastung, der sie ausgesetzt sind. Traurige Biografien, das Leid von Kindern und Jugendlichen, die vielleicht eigene traumatische Spuren aktivieren, können Lehrkräfte beeinträchtigen und ebenso traumatisieren, wie die Kinder es selber sind. Traumatisierte und schwer belastete Schülerinnen und Schüler finden Sicherheit, indem Trigger vermieden werden und vor allem ein Schutz vor Tätern besteht. So werden belastete Lehrkräfte durch unüberschaubare Beziehungsdynamiken unter Umständen zu Tätern und möglicherweise ebenso zu Opfern, weil sie schwer belastet werden. Schule wird dann negativ von Betroffenen bewertet und ist keine Unterstützerin mehr. Das muss nicht sein, wenn alle an einem sicheren Strang ziehen.

- **Schnelle und professionelle Reaktion auf Krisen und zügige Stabilisierung**
Krisen entstehen jederzeit, an jedem Ort der Schule. Bei Überforderung, bei Frustration, bei Gewalt. Immer ist der Jugendliche oder das Kind enormem Stress ausgesetzt und leitet diesen nach außen oder nach innen ab. Beherzigt Schule als System diese Handlungslogik, so kann Krisen nicht nur schnell begegnet und diese deeskaliert werden, sondern auch präventiv diesen vorbeugen.

- **Engere Kooperation mit externen Hilfen, Interdisziplinarität**
Schafft die Schule es, traumsensible Hilfen zu implementieren, ist eine engere Kooperation mit Fachkräften, wie Psychotraumatologen, Psychiatern und Psychotherapeuten unausweichlich und ausdrücklich erwünscht. Diagnosen und Hilfen können besser und effektiver ausgeführt werden. Kooperation setzt auch interdisziplinäres Denken voraus. Traumasensible Hilfen dürfen nicht „stehenbleiben“, sondern müssen sich durch interdisziplinäre Kooperation weiterentwickeln (Rothdeutsch-Grazer/Gahleitner 2015, 172).

- **Effektivere Bewältigung der Traumafolgestörung**
Kinder, die traumasensibel beschult werden, stabilisieren sich in der Regel schneller. Das heißt, der Weg zur Bewältigung des Traumas ist einfacher, weil sie die Schule unter anderem als sicheren Ort wahrnehmen.

- **Bessere Diagnosesysteme, einfacherer Einschätzungen**
Traumasensibel agieren heißt auch, ein Kind durch die „Traumabrille“ anschauen zu können. Lehrkräfte können ein Kind traumsensibel betrachten, Wirkfaktoren miteinander verknüpfen und durch Kooperation mit der Psychotraumatologie exakte Diagnosen der Störung anbieten. Die Kombination aus der Einschätzung der Lehrkraft und Diagnose des Psychotherapeuten wäre eine unschätzbare Hilfe bei der Planung und Umsetzung von traumasensiblen Hilfen in der Schule. Schulen haben bisher jedoch keine Fachkräfte, die die traumasensible Einschätzungen vornehmen können. Dies sollte aber in allen Bereichen der Schule möglich sein (Baierl 2016, 77).

- **Bessere Noten**
Schüler und Schülerinnen, die sich sicher fühlen, die vertrauen haben und Freude empfinden, sind bessere Lerner und Lernerinnen. Sie verfügen über mehr Ressourcen und höhere Frustrationstoleranzen für Misserfolge, weil sie wissen, dass Scheitern nicht verurteilt wird. Deshalb werden Kinder besser in der Schule werden,

bessere Noten schreiben. Sie beginnen, Inhalte und Verknüpfungen zu verstehen und Transferleistungen zu bewältigen.

- **Schule als Helferin und nicht als Täterin**
Schule kann durchaus Täterin werden, wenn sie die Bedürfnisse der Schüler und Schülerinnen nicht erkennt, sie überfordert und straft (siehe „Wirkfaktoren"). Durch diese Prozesse wird die Bewältigung der traumatischen Erlebnisse enorm erschwert, es kommt zu Krisen, Konflikten, Beziehungs- und Bildungsabbrüchen. Wird die Schule als verständnisvoll, auffangend und wärmend empfunden, in dem sie auf Stress und schwere Belastungen professionell reagiert, so können traumatische Dynamiken unterbrochen werden und die Schüler und Schülerinnen besser lernen. Institutionalisierte Gewalt, wie sie die Schule, bzw. die Schulbehörde ausüben kann, trifft nicht nur Schüler und Schülerinnen, sondern auch Lehrkräfte.

- **Weitere Erforschung und Implementierung in Studiengängen**
Die Annahme, dass Schule mit traumasensiblen Hilfen ausgestattet werden muss, führt zu einer fachwissenschaftlichen Exploration dieses Feldes, einer Anerkennung und dem Bedürfnis, Traumapädagogik, bzw. traumasensible Hilfen für die Schule zu professionalisieren. Es ist eine Chance, die bisher kaum wahrgenommen wird. Es erfordert Mut zur interdisziplinären Forschung und Kooperation und dem Engagement von Hochschulen, sich diesem neuen Paradigma zu widmen. Studierende würden hiervon sehr profitieren, wenn z.B. „Psychotraumatologie" neben Soziologie und Philosophie als für Pädagogen benötigte Randkurse stehen würde.

- **Umgang mit Gewalt**
Besitzen alle Mitarbeiter traumasensible Kompetenzen, so sind die Gefahren der eigenen starken Belastung minimiert, da alle Mitarbeiter, also Lehrkräfte, Hausmeister, Sekretärinnen, Reinigungskräfte, Integrationshelfer, externe Kooperationspartner wie Psychologen, Ergotherapeuten an einem Strang ziehen, alle arbeiten in einem sicheren Umfeld, das Scheitern zulässt, Krisen bewältigen kann und die Belastungsmomente psychosozialer Arbeit mitdenkt (Jedodtka/Luitjens 2016, 203). Hierfür sind „Supervision, Weiterbildungen, kontinuierliche gemeinsame Konzeptentwicklung, angemessene Bezahlung, dem Bedarf entsprechende Personalausstattung und Möglichkeiten der Konfliktmoderation" (ebd. 204) unerlässlich. Weiterhin gilt es, sich mit der beruflichen Identität auseinanderzusetzen (ebd.) und in den Diskurs zu gehen. Was bedeutet es, Lehrkraft zu sein? Welche Aufgaben können und welche Aufgaben sollten übernommen werden?
Traumasensibiltät ermöglicht Lehrkräften, dass sie die destruktiven und potenziell zu Gewalt führenden Möglichkeiten direkter Traumasymptomatiken oder traumakompensatorischer Verhaltensweisen (Baierl 2016, 61) kennen, präventiv handeln und bei Grenzüberschreitungen deeskalierend eingreifen können. Weiterhin heißt es, dass Lehrkräfte gezielt eine Burn-Out Prävention angehen können und Zeit haben, für sich selbst zu sorgen (Heber/Grimm/Lotto 2016, 282f). Hier kann die

Hochschule ein wichtiger Partner sein! Die Konzeptualisierung und Umsetzung von Weiterbildungen könnten aus dieser Hand besonders fundiert weitergegeben werden.
Die angeführten Gründe zeigen, dass Schule traumasensible Kompetenzen benötigt. Eine Einführung dieser schadet nicht und hält alle Beteiligten gesund, eine fehlende Einführung jedoch führt zu mehr negativen Folgen, nicht nur für die Schule, sondern für das gesamte Bildungs- und Sozialsystem. Die Spätfolgen von Traumata beeinflussen Biografien äußerst negativ und lassen die Kinder als Erwachsene aus vielen verschiedenen Gründen scheitern.

2 Welche Akteure sind beteiligt?

Wenn Sie über traumatisierte Kinder forschen oder mit ihnen arbeiten, so werden Sie sich mit ihren Umfeldern beschäftigen müssen. Sie werden feststellen, dass dieses sehr komplex ist. Wird ein Kind in der Schule unterrichtet, das schwer belastende Ereignisse erlebt hat, so ist es wahrscheinlich, dass dieses mit mehreren Dutzend Unterstützern aus verschiedenen Berufsfeldern und Fachbereichen in Kontakt kam. Ein traumatisiertes Kind fällt vorrangig nicht dadurch auf, dass es traumatisiert ist, sondern weil es einen Förderbedarf hat, eine Klassenkonferenz bekam oder in anderer (negativer) Hinsicht auffällig wurde. Folgendes Schaubild verdeutlicht die Vielzahl der Akteure und Bereiche, die betroffen bzw. beteiligt sein können.

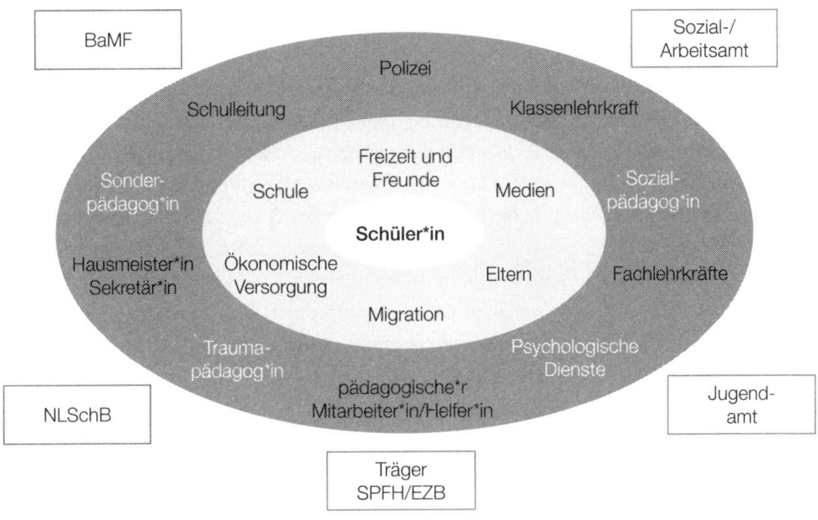

Abb. 3: Beteiligte Akteure

Dieses Schaubild zeigt verschiedene Arten von Akteuren. So sind in der Mitte eher Bereiche zu finden, die eine direkte und konstante Wirkung auf das Kind haben. In der zweiten „Schale“ finden sich die beteiligten Berufsgruppen, die in der Schule zu finden sind, mit dem Kind arbeiten und unterschiedliche Ausbildungen genossen haben. Die äußere Schale bilden die Ämter und Verwaltungen, mit denen ein Kind

Kontakt hatte. Die Wirkung dieser Schale ist nicht zu unterschätzen, regelt sie doch den Unterstützungsbedarf, die Art der Unterstützung und das Ausmaß dieser.
Dieses Schaubild hat keinen Anspruch auf Vollständigkeit. Es wird vielmehr angenommen, dass die beteiligten Bereiche zahlreicher und vielfältiger sind. Trauma muss individuell betrachtet und im Kontext des jeweiligen Kindes gesehen werden. Für dieses Werk muss eine Auswahl getroffen werden, um den Rahmen dieser Arbeit nicht zu sprengen. Deshalb beschränken wir uns auf jene Bereiche, die am wirksamsten in der Unterstützung von traumatisierten Kindern sind, bzw. den meisten Einfluss auf sie haben und auf Berufsgruppen, die am ehesten mit Lehrkräften in Kontakt kommen, bzw. die besten Voraussetzungen für eine Umsetzung traumpädagogischer Hilfen inne haben. Hierfür werden die inneren Schalen als sogenannte Wirkfaktoren erläutert (Peers, Bildung, Medien, Geld, Herkunft, Familie und Wohngruppe) und die beteiligten Fachbereiche (Sozialpädagogik, Sonderpädagogik E/SE und L, Traumapädagogik und (klinische) Psychologie bzw. Psychotraumatologie) im Kapitel Akteure exploriert.
Um zu verdeutlichen, wie diese Akteure im Umfeld eines Kindes zu finden sind, sei nachfolgend ein Beispiel aufgeführt. Nehmen wir an, eine Lehrkraft übernimmt eine neue 5. Klasse.

In dieser Klasse befindet sich Jeanette, sie fiel schon in der Grundschule auf, in dem sie andere Mitschülerinnen ärgerte, stahl, log und Anweisungen der Lehrkräfte ignorierte. Jeanette hat seit der 2. Klasse einen Förderbedarf „Lernen". Hinzu kam in der vierten Klasse ein Förderbedarf Emotionale und Soziale Entwicklung. Hierfür bekommt sie im Idealfall die Unterstützung von zwei Sonderpädagogen oder Sonderpädagoginnen. In der Klasse der neuen Lehrkraft wird ihr Verhalten aber nicht besser. Fachlehrkräfte und Klassenlehrkraft sind überfordert, finden aber nach mehreren Konferenzen langsam einen gemeinsamen Weg. Sie besucht regelmäßig den Schulsozialpädagogen, der mit ihr Gespräche führt. Ihre Wohngruppe schickt sie einmal die Woche zu einem Therapeuten. Das Jugendamt leistet finanzielle Unterstützung und führt regelmäßige Hilfeplangespräche durch. Das Sozialamt gewährt Hilfen für die Mutter, die in einer Wohnung lebt. Eine pädagogische Mitarbeiterin für die Schule wird für Jeannette bestellt. Zuvor musste ein Gutachten vom Psychologen und dem Arzt erstellt werden.

Durch diese Falldarstellung wird schnell deutlich, wie viele unterschiedlich ausgebildete Kräfte mit dem Kind arbeiten. Meistens tun sie das nicht zusammen, sondern getrennt voneinander und von unterschiedlichen Prämissen ausgehend. Der Psychologie behandelt die Störung in einem Therapiesetting, der Sonderpädagoge E/SE versucht, das Verhalten des Kindes mit Verstärkern auszugleichen, der Sonderpädagoge Lernen hilft dem Kind, dem laufenden Unterricht zu folgen oder bietet ein zieldifferentes Programm an, beide kämpfen zusätzlich noch mit der Inklusion. Der Schulsozialpädagoge wird das Umfeld des Kindes genauer unter die

Lupe nehmen, die Wohnsituation, die Eltern, die Freunde. Er ist stark mit Ämtern vernetzt. Der Regelschullehrkraft bleibt nur übrig, so guten Unterricht wie möglich zu machen und die Störungen von Jeanette auf einem Minimum zu halten. Die Lehrkraft hat meistens keine Ahnung davon, welche Hilfeprozesse neben ihrem Unterricht stattfinden. Sie wäre aber in einer guten Position, die Hilfen zu bündeln und vor dem Hintergrund einer schweren Belastung, bzw. einer Traumafolgestörung durchführen zu lassen. Sie kann dieses Wissen direkt in ihrem Unterricht anwenden. Deshalb ist es so wichtig, dass sich Lehrkräfte in der Schule *auskennen*. Sie können ihr Wissen nicht nur auf Unterricht beschränken, sondern müssen über den Tellerrand hinausschauen (können). Dieser Ansatz bedient die Forderungen der beteiligten Bereiche nach Interdisziplinarität. Diese ist im besonders im Hinblick auf Traumafolgestörungen gefragt. Im Folgenden soll deshalb ein Einblick in die Arbeitsweise der am stärksten beteiligten Fachdisziplinen gegeben werden. Die folgenden Kapitel sollen zeigen, wie sich die beteiligten Akteure (Psychologie, Sozialpädagogik und Sonderpädagogik) auf ihre Art dem Problemkomplex „Trauma" nähern. Unter jedem Abschnitt finden Sie einen Bezug zur Schule, zu Lehrkräften und pädagogischen Settings in einem Kasten. Dieses Werk unterscheidet sich deshalb von anderen, weil es die beteiligten Akteure nicht nur als Helfer und Unterstützer, sondern auch als Wirkfaktoren einbezieht.

Akteurin: Psychotherapie und Psychotraumatologie

Ohne fundiertes Wissen aus diesem Bereich wird kein Ansatz, kein Modell, kein Konzept wirksam sein. Hierzu gehört die Einordnung in die gängigen Systeme wie die ICD-10 bzw. 11 und das DSM 5, die Art und Weise, wie Traumata entstehen, Symptome, die Behandlung von Traumata und nicht zuletzt der Begriff der „Störung", der in pädagogischen Settings immer wieder kontrovers diskutiert wird. Lehrkräfte begegnen diesem Bereich nur indirekt. Die Lehr-Lernforschung zieht große Teile aus der pädagogischen Psychologie, auch die Sonderpädagogik Emotionale und Soziale Entwicklung bezieht Teile aus der Psychologie. Es gibt einige weitere Überschneidungsbereiche, die aber nur selten wirklich wahrgenommen werden. Die Psychologie spielt eine wichtige Rolle im Unterricht, z.B. im Wissenserwerb von Schülern, eine noch größere spielt sie jedoch in Hinblick auf schwere Belastungen und Traumata, wird jedoch kaum für den Unterricht „übersetzt". Deshalb soll dieses Gebiet im Folgenden erläutert werden.

Kontakt zur Schule

Die Akteurin Psychotraumatologie ist eher unsichtbar. Lehrkräfte werden kaum mit Psychologen Kontakt gehabt, kaum kooperativ mit ihnen gearbeitet haben. Sie behandeln Kinder meist außerhalb der Schule. Meist stößt man auf sie in Form von Gutachten in Akten von Schülern. Selten ist hier aber von Traumafolgestörungen die Rede, sondern von Lernstörungen, wie Dyskalkulie oder Legasthenie. Häufig finden sich in diesen Gutachten kaum für Regelschullehrkräfte verständliche Verklausulierungen, die eine hohe Zugangsschwelle bedeuten. Die Psychologie ist aber, wie auch die (klinische) Psychologie, Psychotherapie, Psychotraumatologie eine der Hauptakteurinnen im Bereich der pädagogischen Umsetzung von traumasensiblen Hilfen in der Schule, weil sie die Grundlage nicht nur für die Traumapädagogik sondern für das gesamte traumabezogene Wirken bildet.

Einordnung

Psychische Störungen, die wir heute auf das Erleben von Gewalt zurückführen können und als Psychotraumata bzw. Anpassungsstörungen klassifizieren, wurden früher auf eine körperliche Ursache zurückgeführt. Der Arzt Erik Erichsen behandelte 1867 Bahnarbeiter, die in einen Unfall verwickelt waren. Sie litten unter Schlafstörungen, Albträumen, Angst, Konzentrations- und Gedächtnisstörungen. Erichsen führte diese Symptome auf eine Rückenmarksverletzung zurück und nannte das Krankheitsbild „Railway-Spine-Syndrome". Im ersten Weltkrieg wurden Soldaten unfähig zu handeln, weil sie die typischen Symptome einer posttraumatischen Belastungsreaktion zeigten. Heute kann eine klare Verbindung zwischen der Gewalt in Kriegen und der Belastung der Psyche gezogen werden. Früher wurden diese Soldaten als Verweigerer und das Störungsbild als „Schützengräbenneurose" oder „Schreckneurose", „Shell Shock" gesehen (Beckrath-Wilking et al. 2013; Seidler 2013). Das Erleiden psychischer Störungen wurde somit als Charakterfehler gesehen, statt „das Entsetzen zu berücksichtigen, das angesichts explodierender Bomben oder tiefer Trauer erlebt wurde" (Levine 2011, 55).

Eine erste Änderung vollzog sich während des 2. Weltkriegs durch die Benennung dieser Zustände als Kriegsneurose und Kampfmüdigkeit. Kriege sind stark an der Entwicklung und Erforschung dieses Störungsbildes beteiligt, vielleicht, weil Gewalt im Kontext Krieg so offensichtlich und gesellschaftlich anerkannt ist, bzw. mit Sterben und Töten in Verbindung gebracht wird. Der Koreakrieg (1950-1953) und der Vietnamkrieg (1955-1975) sind zentrale Marker dieser Entwicklung. Letzterer führte zu einer Einordnung in offizielle Systeme, wie dem DSM, als „posttraumatische Belastungsstörung" im Jahr 1980. Danach begann die Erforschung dieses Bereiches, auch bei Kindern. Erst zehn Jahre später (!) erfolgte die Aufnahme dieser Krankheit in das ICD. „Es dauerte 50 Jahre, ausgehend vom 2. Weltkrieg, bis die Diagnose PTBS in der BRD Anerkennung fand" (Hehmsoth 2017).

Die Ausführungen zeigen, dass erst die Aufnahme in offizielle Systeme, man möchte sagen, „Schubladen", zu einem Paradigmenwechsel geführt hat: Das Verständnis der Tatsache, dass Menschen durch Gewalt nicht nur körperliche Folgen erleiden, sondern auch psychische, hat sich etabliert. Was uns heute nur logisch erscheint, war damals neu und bedeutete einen gesellschaftlichen Wandel. Die Gesellschaft musste sich eingestehen, dass Kriege nicht nur Gegnern schaden, sondern allen

Beteiligten. Krieg und Gewalt haben nichts Heroisches, nichts Gutes oder Schönes. Sie sind nicht edel oder besetzt mit Ehre. Sie verursachen Leid, Kummer und Schmerz bei Zivilisten und Kämpfern.
Die beiden Diagnosesysteme ICD-10 und DSM V sind unterschiedlich. Sie legen verschiedene Kriterien an. Nicht alle Symptome sind bisher erfasst. So fehlen Rache- und Schamgefühle, Trauer, emotionale Taubheit und Abflachung der allgemeinen Reagibilität im ICD-10. Ebenso betroffen ist der Einbezug der Umwelt, der kaum Erwähnung finden.

! Warum müssen Sie wissen, wie Traumata in der Klinischen Psychologie erfasst und kategorisiert werden?
Schwere Belastungen der Psyche gibt es zwar schon seit es die Menschheit gibt (Hausmann 2006), sie werden aber erst seit kurzem als solche erfasst. Sie sollten wissen, wie dieser noch recht junge Bereich um Psychotraumata entstanden ist, um zu verstehen, wie stark dieser für die Schule noch umrissen werden muss.

ICD

Die ICD-10 (International Classification of Diseases) teilt sich in verschiedene Bereiche. „Psychische Verhaltensstörungen" werden mit einem „F" markiert. Hier sind unter anderem Schizophrenie (F20-F29), Persönlichkeits- und Verhaltensstörungen (F60-69), affektive Störungen (F30-39) und einige andere zu finden. Unter F40-48 „Neurotische, Belastungs- und somatoforme Störungen" stößt man zuerst auf Phobien (F40), auf Angststörungen (F41), Zwangsstörungen (F42) und schließlich, unter F43, auf „Reaktionen auf schwere Belastungen und Anpassungsstörungen". Diese gliedern sich in (DIMDI 2018):
F43.0 Akute Belastungsreaktion
F43.1 Posttraumatische Belastungsstörung
F43.2 Anpassungsstörung
F43.8 Sonstige Reaktionen auf schwere Belastung
F43.9 Reaktionen auf schwere Belastungen, nicht näher bezeichnet

Die neue Version, das ICD-11 wird sehr viel klarer in seiner Definition. Unter Punkt 06 „Mental, behavioural or neurodevelopmental disorders", Disorders specifically associated with stress" (DIMDI 2020) führt es unter 6B40 Symptome auf: Wiedererleben, Vermeidung und die andauernde Wahrnehmung von Bedrohung. Neu ist außerdem, dass dieses Störungsbild mit Stress in Verbindung gebracht wird. Erste Kritiken werden aber auch hier schon laut: Vergleicht man das DSM 5 und das ICD 11 so benötigt das Symptom „Wiedererleben" eine stärkere Rahmung (Schellong et al. 2019). Weiterhin wichtig zu erwähnen ist die Erweiterung dieser Diagnose um die Komplexe Posttraumatische Belastungsstörung, die definiert ist als Störung aufgrund einer besonders schweren und wiederholten bzw. langanhaltenden Traumatisierung

und im ICD-111 kaum Erwähnung findet. Differentialdiagnostische Schwierigkeiten bestehen in der hohen Komorbidität mit psychischen Störungen.
Wichtig für uns als pädagogisch Tätige und Forschende sind alle und zugleich keine Diagnosen dieses Bereiches. Lehrkräfte können keine Posttraumatische Belastungsstörung diagnostizieren. Noch können sie die Schwere der Belastungsreaktion einstufen, das heißt erkennen, ob es sich um eine akute Belastungsreaktion handelt oder schon um eine Posttraumatische, oder gar komplexe Posttraumatische Belastungsreaktion handelt. Es ist jedoch äußerst hilfreich zu wissen, dass sehr viel mehr zu einem Trauma gehört, als Lehrkräfte annehmen. Dies verdeutlicht die recht unscharfe Definition im ICD-10: Die Posttraumatische Belastungsreaktion

> „entsteht als eine verzögerte oder protrahierte Reaktion auf ein belastendes Ereignis oder eine Situation kürzerer oder längerer Dauer, mit außergewöhnlicher Bedrohung oder katastrophenartigem Ausmaß, die bei fast jedem eine tiefe Verzweiflung hervorrufen würde" (DIMDI 2018).

Diese Beschreibung enthält nur wenig operationalisierte Faktoren. Was ist eine Katastrophe? Was ist eine außergewöhnliche Bedrohung? In therapeutischen Settings ist diese verknappte Ursachenbeschreibung durchaus möglich, da in Gesprächen und mit eingehender Diagnostik ein tieferes Verständnis der Schwere der Belastung und damit der Schwere der Ursache gefunden werden kann. In pädagogischen Situationen ist dies jedoch nicht immer möglich. Pädagogen benötigen mehr Klarheit zu Ursachen und Einordnungen.

! Warum sollten sich Lehrkräfte mit Ursachen und ihrer Einordnung beschäftigen?
Lehrkräfte benötigen eine stärkere Kompetenz zur Einschätzung von Traumafolgestörungen. Hierbei ist eine offizielle Klassifikation, wie im ICD oder dem DSM richtig und wichtig. Pädagogen, zumindest Sonderpädagogen, sollten diese verstehen können. Das DSM-5 und das ICD-11 sind auf einem guten Weg, diese Grundlage zu bieten. Die Traumapädagogik dient bereits als Übersetzerin in vielen Bereichen.

AWMF-S3 Leitlinie

Unbedingt empfehlenswert ist die Lektüre der Leitlinie, die vom AWMF (Arbeitsgemeinschaft der Wissenschaftlichen Medizinischen Fachgesellschaften), dem Portal der wissenschaftlichen Medizin, verfasst wurde. Es wird ein wenig kompliziert, denn Pädagogen haben in diesen Bereich normalerweise keinen Einblick. Dieser ist aber äußerst interessant! Die Vorgänge, die in der Medizin geschehen, haben eine direkte Auswirkung auf den unterrichtlichen Alltag. Wenn es keine umfassenden Diagnosen der Mediziner gibt, bekommen Lehrkräfte im Alltag keine Hilfen, wie Integrationshelfer, Nachteilsausgleiche, Förderbedarfe, kann traumasensible Hilfe nicht stärker umrissen werden, wird das gesellschaftliche Verständnis nicht wachsen. Die AWMF hat es sich zum Ziel gemacht, gegebene fachliche Situationen zu untersuchen, neu

zu bewerten und Empfehlungen auszusprechen. Die AWMF hat die Beschreibung im ICD-10 der Post-Traumatischen-Belastungsstörung kritisiert und eine eigene Veröffentlichung zu dieser Störung verfasst. Hier sind alle Inhalte aufgeführt, die man im ICD-10 vermisst (Flatten et al. 2011). So sind die Symptome differenziert und die Häufigkeit der Erscheinung der Störung (Epidemiologie) aufgeführt. Diese Leitlinie zeigt einen Überblick über die traumareaktiven Entwicklungen.
Das Schaubild zeigt, wie Trauma entsteht und wie die Diagnose des ICD (Anpassungsstörung und Akute Belastungsreaktion) einzuordnen sind. Weiterhin zeigt dieses Schaubild komplexe posttraumatische Bezüge und verweist damit auf notwendige Erweiterungen der ICD.

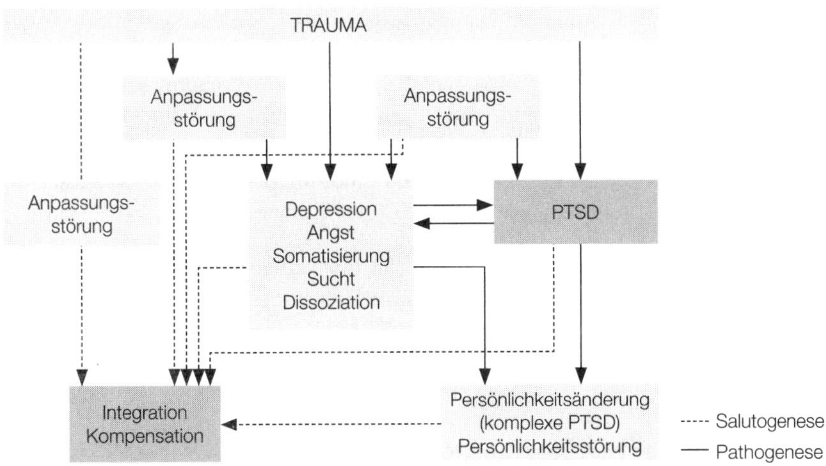

Abb. 4: Überblick traumareaktiver Entwicklungen (Flatten et al. 2011)

Warum sollten sich Lehrkräfte in der Medizin auskennen?
Medizinische Forschung folgt eigenen Gepflogenheiten und (Forschungs-)Wegen. Diese zu kennen ist keine Pflicht für Pädagogen, aber sehr hilfreich, wenn mit dem Umfeld der Schule, wie Psychologen und Ärzten, effektiv in Kooperation gearbeitet werden soll.

DSM

Das DSM-5, also das amerikanische Äquivalent zur ICD, unterteilt die Posttraumatische Belastungsstörung in 5 Kriterien bzw. Achsen (A-F).
Im Kriterium A wird die Ursache beschrieben, bzw. das auslösende Ereignis. Dieses unterteilt sich in direkt erfahrene Ereignisse, die Zeugenschaft davon, die Traumatisierung durch eine Berichterstattung oder Hilfe, z.B. bei Ersthelfern.

B bezieht sich auf das Symptom „Intrusion“, also das Wiedererleben der Ereignisse, wie zum Beispiel in Form von Träumen oder dissoziativen Reaktionen.
Im Kriterium C wird auf die Vermeidung von stressbezogenen Stimuli eingegangen. D beschreibt die Veränderungen im Denken und Fühlen. E zeigt auf, dass Menschen zu Verhaltensänderungen neigen wie Aggression, Unvorsichtigkeit, extremer Wachsamkeit. F beschreibt die Dauer der Störung, G die signifikante soziale Einschränkung oder Einschränkung der Arbeitsfähigkeit, H den Ausschluss von Suchtkrankheiten. Weiterhin wird der Bereich der Dissoziation einbezogen und das verzögerte Auftreten von Symptomen.
Besonders auffällig ist, dass das DSM sich mehr Mühe gegeben hat, die Kriterien enger zu fassen und überhaupt aufzustellen. Im ICD muss man dies immer noch dem Fließtext entnehmen. Durch die Traumapädagogik und den Einzug der traumasensiblen Hilfen in pädagogische Kreise sollten diese Systeme aber so einfach wie möglich gehalten werden und möglichst wenig Interpretationsspielraum vorhanden sein. Auch Lehrkräfte, zumindest Sonderpädagogen, die sich immer wieder stark am medizinischen Bereich entlanghangeln, sollten in diese Systeme Einblick erhalten können, nicht zu Diagnose, aber zu Informations- und Einordungszwecken. Dafür müssen sie verständlich gemacht werden, wie es das DSM schon angefangen hat.

! Warum muss man sich mit den USA beschäftigen?
Die Amerikaner sind weiter in ihrer Forschung im Bereich „Trauma“ als es die deutsche Entwicklung ist. Das DSM-5 zeigt, wie unterschiedlich diese Störung ausgeprägt ist und wie viele Bereiche beteiligt sind. Sie differenziert stärker, wie es Lehrkräfte im Alltag mit traumatisierten Kindern ebenso tun sollten.

Entwicklung der Psychotraumatologie

In den 80er Jahren begannen sich differenziertere Behandlungsmethoden, unter anderem durch den Einbezug in das DSM, verschiedene Kriege und ein erhöhtes Bewusstsein für die Wirkung von Gewalt auf Menschen zu etablieren. So entstanden Präventions-, Akut,- und Nachbetreuungsprogramme (Hausmann 2006, 15). Ende 1990 „erschienen erste Übersichtsdarstellungen der Psychotraumatologie im deutschen Sprachraum“ (ebd.). Fachgesellschaften (z.B. die Deutschsprachige Gesellschaft für Psychotraumatologie (DeGPT)) und Sektionen in Berufsverbänden sowie notfallpsychologische und psychosoziale Akutbetreuung wurden gegründet und gestartet.
„Psychotraumatologe bzw. Psychotraumatologin“ ist in Deutschland eine Fachberaterausbildung, also eine Weiterbildung. Genauer wird sie unter der DeGPT geführt. So gibt es *Weiterbildungen* für „Spezielle Psychotraumatologie mit Kindern und Jugendlichen“ (DeGPT 2020). Das erscheint als gut gehütetes Geheimnis. So ist diese Zusatzausbildung jedem zugänglich, der einen „psychologischen, pädagogischen oder artverwandten Abschluss aufweisen kann“ (DIPT 2020). Jede enga-

gierte Lehrkraft kann Psychotraumatologin werden und damit die Kompetenzen erwerben, die z.B. für Diagnostik benötigt werden.

Sollen Lehrkräfte Psychotraumatologen werden?
Natürlich nicht! Aber: Psychotraumatologie ist kein Hexenwerk und nicht nur Psychologen vorbehalten! Lehrkräfte können diese Kompetenzen ebenso entwickeln, müssen dies aber nicht vollumfänglich tun. Die Traumapädagogik leistet schon sehr gute Arbeit in der Auswahl und der pädagogischen Umwidmung und kann niedrigschwellig erlernt und angewendet werden.

Epidemiologie

Dieser Bereich beschreibt die Häufigkeit des Auftretens einer posttraumatischen Belastungsstörung nach bestimmten Ereignissen. Sie sind im Folgenden aufgeführt:

Ca. 50% nach Vergewaltigung
Ca. 25% nach anderen Gewaltverbrechen
Ca. 50% bei Kriegs-, Vertreibungs- und Folteropfern
Ca. 10% bei Verkehrsunfallopfern
Ca. 10% bei schweren Organerkrankungen (Herzinfarkt, Malignome)
(Flatten et al. 2011, 203)

Diese Liste spielt für die Schule eine große Rolle. Wäre diese bei Lehrkräften bekannter, so wären die Psychotherapiepraxen noch voller, als sie es ohnehin schon sind. Viel mehr Fälle würden an Experten weitergegeben und behandelt werden. Mehr Kinder würden therapeutische Hilfen erfahren, Verhalten nicht mehr als renitent sondern als Ausdruck einer Traumatisierung gesehen werden. Lehrkräfte wüssten, dass jeder Zweite, der Krieg und Flucht erlebt hat, traumatisiert ist. Jeder zweite, der vergewaltigt wurde, erfährt eine posttraumatische Belastungsreaktion. Diese Verhältnisse spielen für die Diagnostik in pädagogischen Settings eine übergeordnete Rolle.

Warum müssen Lehrkräfte über die Häufigkeiten Bescheid wissen?
Lehrkräfte sind wichtige Indikatoren für die (Risiko-)Entwicklung von Kindern. Schlagen sie Alarm, sollte man auf sie hören. Sie brauchen dafür jedoch eine umfassendere Kenntnis und die Sensibilität, Alarm überhaupt auslösen zu können, die sie z.B. durch Wissen in der Epidemiologie von Psychotraumata erreichen können.

Symptome

Es gibt eine Vielzahl von Symptomen, die in den gängigen Systemen genannt werden. Unterschieden werden hier die Hauptsymptome wie Intrusion (Wiedererleben), Konstriktion (Vermeidung), Übererregung nach deutschen Vorgaben. Das DSM fügt Verhaltensauffälligkeiten und Dissoziation hinzu. Greift man ebenso sogenannte komorbide Störungen, also Begleiterscheinungen von Trauma, so entsteht ein Symptomkomplex. Weitere Symptome sind jene, die noch nicht hinreichend erforscht wurden, aber häufiger in der einschlägigen Literatur auftauchen. Die einzelnen Symptome sollen im Folgenden dargestellt und mit Beispielen aus pädagogischen Settings verdeutlicht werden.

Die Kenntnis von Symptomen von Traumata im Kontext der Lebensbedingungen des Kindes ist wichtig für Lehrkräfte. Sie müssen im Zweifel einen Verdacht äußern, damit therapeutische Hilfe erfolgen kann.

Wiedererleben: Intrusion und Trigger

Ryan sitzt in der Deutschstunde. Die Klassenarbeiten werden zurückgegeben. Als er seine zurückbekommt, knickt er nur vorsichtig die Hälfte des ersten Blattes um. Er sieht die 6 auf seiner Arbeit. Sein Blick geht plötzlich ins Nichts. Er schmeißt sich zurück in seinen Stuhl und schnauft. Sein ganzer Körper ist angespannt. Die Lehrkraft geht zu ihm hin und sagt ihm, dass er sich die Note selber zuzuschreiben hat. Sie ist abweisend, harsch und sichtlich aufgebracht. Sie zeigt mit dem Finger auf ihn und kommt nahe an ihn heran. Die beidseitige Enttäuschung und Wut ist im Raum zu spüren. Plötzlich entlädt sich Ryan. Er schmeißt seinen Stuhl nach hinten, steht wütend auf, rennt durch die Stuhlreihen, reißt die Tür auf und stürmt hinaus. Die Lehrkraft, zuerst überrascht, ruft ihm hinterher, dass er so nicht mehr an ihrem Unterricht teilnehmen kann und dass sein Verhalten Konsequenzen haben wird. Die Tür fällt mit einem lauten Knall zu.

Aus Sicht der Lehrkraft war die schlechte Note berechtigt. Ryan hat nicht gelernt. Er beherrscht den Stoff nicht. Er hat nur halbherzig versucht, die Klassenarbeit zu bestehen und hat bei der Hälfte aufgegeben.

Ryan leidet aber unter einer Vielzahl von Wirkfaktoren, die sein Leben negativ beeinflussen, lernen ist nicht seine Priorität. Er will einfach nur überleben. Die 6 ist für ihn nicht nur eine schlechte Note. Sie ist ein Auslöser. Sie repräsentiert alles, was schlecht für ihn läuft. Sie ruft Reaktionen in ihm hervor: Angriff, Flucht und Verteidigung. Sein Körper fährt dafür hoch, seine Emotionen sind kaum noch zu kontrollieren.

Die Schwierigkeit, sein Verhalten zu verstehen und richtig zu reagieren, liegt darin, sein Verhalten als eine Reaktion auf einen Auslöser zu deuten. Das Verhalten muss in den Kontext seiner Biografie und Wirkfaktoren eingebettet werden, anstatt es persönlich zu nehmen und in altgewohnter Weise vorzugehen.

Grundsätzlich beschreibt das Symptom Wiedererleben das ungewollte Auftauchen von Erinnerungen an das Erlebnis. Trigger lösen dieses Wiedererleben aus. So wird Ryan an seinen ständigen Misserfolg in der Schule erinnert, die schlechten Noten, die er bekommen hat, die Scham und die Schuld, die Stigmatisierung „schlechter Schüler". Vielleicht kommen in diesen Momenten auch Erinnerungen hoch, an seine

Familienverhältnisse, den schlagenden Stiefvater, die trinkende Mutter. Er kann sich gegen diese Erinnerungen nicht wehren, der Trigger „Note Sechs" lässt ihm keine andere Wahl als all das Unrecht wiederzuerleben, dem er ausgesetzt war und ist. Die Lehrkraft erkennt diesen Prozess nicht und deutet sein Verhalten als Trotzreaktion. Dabei ist es genau das Gegenteil: Tiefe Trauer über den erneuten Misserfolg (auch wenn er nicht gelernt hat), die Ungerechtigkeit, das erfahrene Leid.
Erinnerungen, die das Kind „überfallen" bewirken, dass sich das Kind fühlt, als wäre es wieder direkt in der traumaauslösenden Situation (Eckhardt 2013). Diese „Flashbacks" haben alle Folgen einer realen traumatischen Reaktion bis hin zu Abwehr- und Fluchtstrategien. Manche Autoren trennen „Flashbacks" von intrusiven Gedanken (vgl. Lennertz 2011, 121). Deshalb war es richtig, dass Ryan den Raum verlassen konnte, aber selbstverständlich begleitet von einer anderen Haltung, als jene, die die Lehrkraft zeigte.

Kevin lebt in einer Wohngruppe. Am Abendessen flippt er häufig aus. Er wird aggressiv, schreit und schmeißt mit Dingen um sich. Nach einer Weile finden die Betreuer heraus, dass er immer dann wütend wird, wenn es Pommes gibt. Das Problem ist aber nicht gelöst. Trotz des Weglassens des Gerichts hat er weiterhin Anfälle am Abendessen. Die Situation wird unerträglich für alle Beteiligten. Nach einer Weile werden verschiedene Dinge versucht, die alle keine Erfolge bringen, bis auf das Weglassen einer Ketchupflasche einer bestimmten Marke, die immer auf dem Tisch steht, wenn es Pommes oder Schnitzel gibt. Nachdem diese Flasche entsorgt wurde, gibt es keine Zwischenfälle mehr.
Dieses Beispiel zeigt, wie schwer es ist, Trigger zu finden. Ketchup erinnerte ihn an seinen misshandelnden Vater.

Ist man sich bewusst, dass es Trigger gibt, die eine Traumatisierung erneut auslösen bzw. erfahren lassen, so ist es damit nicht getan. Die Identifizierung dieser Dinge ist manchmal schwer. Oft können diese auch nicht entfernt werden, weil sie *dazu gehören*. Lehrkräfte *müssen* Leistung bewerten, sie *müssen* Standards folgen, „pädagogische Noten" sind schwierig einzusetzen und zu rechtfertigen.
Kinder werden „überflutet" und haben, wie es das DSM aufzeigt, Albträume, in denen sich das Geschehen spiegelt. Bei kleinen Kindern zeigen sich diese Erinnerungen auch im Spiel. Dieses ist häufig durch „unproduktive Wiederholungen gekennzeichnet (Lennertz 2011, 121). Kinder können in diesen Momenten nur schlecht zwischen Realität und Phantasie unterscheiden.

Das Wiedererleben traumatischer Situationen oder Lebensbedingungen stellt für Lehrkräfte eine besondere Herausforderung dar, da das Verhalten des Kindes vor diesem Hintergrund gesehen werden muss, damit Hilfe effektiv wird.

Vermeidung: Konstriktion

Patricia ist ein stilles Kind, das kaum Kontakt zu seinen Mitschülern sucht. Es sitzt normalerweise ganz hinten im Raum. Sie wird an diesem Platz alleingelassen und kann den ganzen Raum beobachten. Wenn die Lehrkraft sie auf ihre fehlende Motivation anspricht, dass sie besser sein könnte, ihr Potential verschenkt, zuckt sie nur mit den Achseln und lässt die Luft lautstark zwischen ihren zusammengepressten Lippen entweichen.

Konstriktion, bzw. Vermeidung oder Erstarren hängt eng mit dem Wiedererleben zusammen. In einer harmlosen Version der Vermeidung möchte man zum Beispiel nicht noch einmal erleben, mit einer bestimmten Person aneinanderzugeraten, weil diese sehr verletzend war. Man vermeidet ein bestimmtes Essen, weil es mal eine Magen-Darm-Erkrankung beschert hat oder eine Farbe, weil sie an eine unangenehme Situation erinnert.
Bei traumatisierten Kindern ist das ähnlich, nur dass sie *getriggert* werden, wenn sie bestimmten Reizen, Situationen, Personen, Handlungen ausgesetzt werden. Für nichtbetroffene ist es unangenehm, wenn ihnen eine bestimmte Person wieder begegnet. Für ein traumatisiertes Kind kann es unter Umständen lebensbedrohend wirken.
Aus diesem Grund versuchen sie Vieles, um nicht mehr in diese Zustände zu geraten und verlieren dadurch ihre Teilhabe an der Gesellschaft, also der Klassengemeinschaft, der Freunde.
Das Kind weiß, dass seine Noten schlecht sind, kann aber nichts dagegen machen, außer weitere schlechte Noten zu vermeiden, indem es seine innere Verbindung zur Schule und ihren Anforderungen, Chancen und Hürden kappt. Die Noten bleiben freilich weiterhin schlecht. Schlechte Noten nicht mehr anzunehmen, wie Rechnungen nicht mehr zu öffnen, wenn man klamm ist, ist zwar eine Fehleinschätzung. Unzureichende Schulleistungen führen zu Konsequenzen in der Schule, die wiederum eine nicht zu unterschätzende, negative Wirkung auf die Kinder haben, was wiederum zu Druck, zu Belastung, zu Wiedererleben, zu weiteren schlechten Noten führt. Das Kind verschafft sich so Zeit, mit dem Erlebten klar zu kommen. Es versucht, sich zu stabilisieren. Unsere Aufgabe ist es, die „goldene Mitte“ zu finden, also Leistungserwartungen langsam an das Kind heranzutragen und diese zu vermitteln.
Vermeidungs- und Rückzugsverhalten ist schwer zu erkennen. Ruhige, in sich gekehrte Kinder fallen nicht so stark auf wie jene, die den Unterricht sprengen.
Emotionales Abstumpfen ist eine Art Vermeidung und dient dem Selbstschutz. Kinder versuchen, sich vor den Erinnerungen an das traumatische Erlebnis zu schützen, indem sie sich „dumpf machen“.

Zeigen Kinder ein vordergründig irrationales Verhalten, wie z.B. Verweigerung, so müssen Lehrkräfte sich bewusst sein, dass dies auch das Ergebnis von Vermeidungsverhalten sein kann (also handlungslogisch ist) und müssen dementsprechend reagieren.

Übererregung

Daniel hat Nachhilfe. Er kennt seinen Lehrer schon länger. Die beiden sind ein eingespieltes Team. Sein Lehrer braucht Geduld. Diese bringt er auf, weil er weiß, wie sehr das Kind in der Vergangenheit gelitten hat und kann sich vorstellen, was es erlebt hat. Bevor Daniel seine Aufgaben beginnt, zerlegt er den Kugelschreiber dreimal, zerstört den Radiergummi mit seinem Lineal und fällt fast vom Stuhl. Dann beginnt er seine Aufgaben und führt sie zu Ende, nachdem er noch einmal den Kugelschreiber auseinandergenommen hat. Alle seine Dinge sehen sehr mitgenommen aus und sind halb kaputt, als ob sie viel berührt und mit ihnen hantiert wurde. Viele Materialien sind notdürftig mit Klebeband repariert, keine Mappe heil, kein Stift zum Schreiben zu gebrauchen, die Federmappe ein „Dinge-Grab".

Nach traumatischem Erleben, das mit einem hohen Maß an Erregung verbunden ist, kann es sein, dass der Körper nicht mehr in seinen Ursprungs- Ruhezustand zurückkehrt. Daniels Anwesenheit ist 200%. Diese muss er haben, damit er aufmerksam nach Bedrohungen Ausschau halten kann. Schlagende und ständig streitende Eltern, Scheidung, Krieg, Gewalt in jeder Form kann dies auslösen. Seine überbordende Aufmerksamkeit hat einen Preis. Die Energie muss abgelassen werden. Energie, um sorgsam mit Mappen und Stiften umzugehen, hat er nicht. Es bräuchte dafür auch eine sehr viel differenzierte und „filigranere" Anstrengung, derer er in seiner Verfassung nicht fähig ist. Das Kaputtmachen von Stiften hilft ihm, ebenso wie das Aufstehen, das Dazwischenrufen.
Vegetative Übererregung „zeigt sich in Schlafstörungen, Irritabilität, Wutausbrüchen, Konzentrationsstörungen, Hypervigilanz (Überwachheit), motorischer Hyperaktivität und erhöhter Schreckhaftigkeit" (Lennertz 2011, 121).
Häufig wird dieses Symptom auch mit ADHS (Aufmerksamkeitsdefizit-/Hyperaktivitätsstörung) verwechselt.

Übererregung ist wohl das bedeutendste Symptom einer Traumafolgestörung, da es den Unterricht am meisten stören wird. Wutanfälle, verbunden mit dem Wiedererleben einer traumatischen Situation werden jeden Unterricht sprengen. Sie aus der Perspektive eines Kindes bei laufenden Unterrichtsverpflichtungen wahrzunehmen, erfordert sehr viel Kraft und Geduld.

Dissoziation

Werden Kinder getriggert, können sie in dissoziative Zustände geraten. Das bedeutet, dass sie sich innerlich distanzieren. Stellen Sie sich eine unangenehme Situation vor, aus der sie sich entfernen wollten, es aber nicht konnten. Das Gespräch mit dem Chef, der Streit mit dem Ehepartner, dem Nachbarn. Man hört dem Gegenüber zu, aber *hört* es nicht. Man schweift ab, wünscht sich in die Karibik und lässt alles auf sich einprasseln. Man wird passiv, abwesend und entfernt sich im Innern von dem Geschehen. Dissoziation ist ähnlich wie dieser Vorgang, nur viel mehr als das. Kinder „verschwinden", ihr Blick wird starr, sie wirken wie Puppen und Ich-los (Weiß 2011). Betroffene entwickeln ein verändertes Bewusstsein, schließen Dinge in einen inneren Keller und schmeißen den Schlüssel weg. Sie versuchen so, das Ereignis zu „vergessen" (Lennertz 2011, 122). Das alles hat seinen Preis und kostet die Kinder enorm viel Kraft.

Milde Formen sind in der Schule anzutreffen: Schüler scheinen die vor sich liegenden Aufgaben und sich selber aufzugeben. Sie sind nicht ansprechbar, reagieren nicht auf Strafe oder Strenge. Sie werden fremd, geraten in eine Trance. Manche sind ständig mit Kopfhörer anzutreffen. Sie sitzen alleine in der Pause und ziehen sich von allem zurück.

Kinder, die durch Dissoziationen beeinträchtigt sind, sind schwer zu erkennen. Diese Phasen stellen jedoch ein ernstzunehmendes Symptom dar. Wird es beobachtet, muss schnell Hilfe organisiert werden.

Introjektbildung, Schuld und Scham

Kehren wir noch einmal zu Patricia zurück. Sie ist die stille Schülerin aus der letzten Reihe.

Die Lehrkraft nimmt sich Zeit für ein Gespräch mit Patricia. Sie setzen sich nach Ende der Stunde in das Klassenzimmer und die Lehrkraft beginnt, ihre Noten aufzuzählen und teilt mit, dass sie sich Sorgen macht. Patrica antwortet zuerst nicht. Sie wird ungehalten und wütend und sagt, sie wäre nichts wert. Dann guckt sie trotzig, verschränkt ihre Arme und schreit: „Sie verstehen gar nichts!"

Wenn Kinder traumatisiert werden, so kann es geschehen, dass sie beginnen, sich mit den Motiven des Täters zu identifizieren. „Ich bin schuld", „Ich bin nichts wert" sind innere Aussagen, die Opfer treffen. Kumulative Traumata wie Vernachlässigung und viele weitere Ursachen können dieses Verhalten bewirken. Hirsch (2004) beschreibt es als einen Virus, der in den Zellkern eindringt und dort fremdes Genmaterial hinterlässt und so den Organismus zwingt, fremdes Material zu produzieren. Ist das Kind in einem System gefangen, in dem ihm jeder sagt, es solle sich nicht so anstellen, es bildet sich das nur ein, es hat die Schläge, die Misserfolge verdient, so wird es irgendwann genau das denken.

Betrachtet man die Schule als Täterin, so wird schnell klar, wie diese Aspekte zusammenhängen. Unzureichende Leistungen werden häufig mit mangelnder Anstrengungsbereitschaft begründet. Ein Kind, das schlecht in der Schule ist, hat schlicht nicht genug gelernt. Dies mag richtig sein, nur hinterfragen wenige, *warum* das Kind nicht gelernt hat. Ein durch die Schule traumatisierter oder schwer belasteter Schüler wird kaum zu hören bekommen, dass eine Lehrkraft sich falsch verhalten hat, vielmehr wird er zur Ursache nicht nur seiner eigenen schlechten Noten gemacht, sondern auch dem Erschöpfungszustand der Lehrkraft. Einem Schüler wird

wiederholt durch Strafen, durch Strenge bzw. Vernachlässigung („der kann mir jetzt den Buckel runterrutschen") deutlich gemacht, dass er der Verursacher des Leids und des Misserfolgs ist. Das Täterintrojekt wird quasi zum Ziel von Schulsanktionen. Dies ist nicht beabsichtigt, es geschieht im besten Willen der Lehrkräfte, Kinder zu unterrichten und zu erziehen. Nur denken dies schlagende Eltern mitunter auch. Der Unterschied ist, dass die ausgeübte Gewalt der Schule institutionalisiert ist und damit um ein Vielfaches effektiver in der Schuldzuweisung.
Auch Scham hängt mit dem Täterintrojekt zusammen. Es tritt häufig bei sexueller Gewalt auf. Opfer denken „Ich bin es nicht wert, geliebt zu werden", schämen sich ob ihrer verletzten Intimität und verinnerlichen das Gefühl der Schlechtigkeit (Levine 2011).

Ein mangelndes Selbstbild und der Verlust des Selbstwertes ist für Schüler und Schülerinnen eine Katastrophe, da die Kinder ein großes Potenzial besitzen, das nicht ausgeschöpft werden kann. Lehrkräfte müssen hiermit sensibel umgehen lernen.

Zwangshandlungen

Im Unterricht beobachtet eine Lehrkraft, wie ein Mädchen aus der fünften Klasse ihre Hände immer wieder aneinander reibt und dabei Grimassen zieht. Diese Bewegungen wiederholt sie immer wieder, wenn sie sich unbeobachtet fühlt.
Die Lehrkraft spricht sie darauf an und versucht herauszufinden, was mit ihr los ist. Das Mädchen hat großes Vertrauen zu der Lehrkraft und offenbart, dass eine innere Stimme ihr diese Handlungen und noch viel mehr befiehlt. Wenn sie dies nicht tut, droht die Stimme ihr, werden ihre Eltern sterben.

Beispiele für weitere Zwangshandlungen:
- Häufiges Händewaschen
- Horten (von Gegenständen)
- Wiederholtes Nachprüfen, ob Dinge noch so sind, wie sie sein sollen
- Mantraartiges Wiederholen von irgendwelchen Sätzen
- Formeln oder Redensarten
- Häufiges Aufs-Klo-Gehen
- Ritualartiges Berühren von bestimmten Gegenständen
  (Eckhardt 2013, 110)

Häufig sind Zwangshandlungen mit magischen Handlungen verbunden (ebd.). Das Kind fürchtet zum Beispiel, dass die Eltern sterben, wenn es bestimmte Handlungen nicht ausführt. Häufig befiehlt den Kindern eine innere Stimme diese Dinge. Auch Zahlen, wie zum Beispiel das fünfmalige Berühren eines Türrahmens beim Verlassen des Zimmers, spielen eine wichtige Rolle.

Kinder verspüren große Not, wenn sie diese Zwangshandlungen ausführen (ebd.), äußern diese aber nur selten. Im Gegenteil: Ein Kind kann durchaus erzählen, dass es sich wunderbar fühlt. Bedacht werden sollte jedoch, dass Kinder unter anderem innere Stimmen hören, die Ihnen eventuell befehlen, nichts preis zu geben. Vorsicht ist geboten!

Zwangshandlungen können in Verbindung mit den Lebensbedingungen des Kindes ein wichtiger Indikator für Traumafolgestörungen sein. Werden sie im Unterricht von Lehrkräften oder Mitschülern beobachtet, ist eine psychologisch-medizinische Abklärung sinnvoll und angeraten.

Physische Symptome

Eine Schülerin fällt in der Klasse durch hohe Abwesenheiten auf. Wenn sie da ist, sieht sie bleich aus. Sie hat tiefe Ränder unter den Augen. Sie klagt häufig über Bauchschmerzen und kann deshalb nicht am Sportunterricht teilnehmen. Die Lehrkraft vermutet, dass das Kind simuliert und eigentlich nur zu Hause sein will.

Der Körper weist mit physischen Symptomen auf Missstände im psychischen Erleben hin. Sie können als „somatoform“ beschrieben werden. Diese Zeichen sollten ernst genommen werden, wenn sie als Ausdruck psychischen Leidens erkannt werden. „Psyche und Körper sind voneinander abhängig und beeinflussen einander“ (Eckhardt 2013, 112). Symptome können unter anderem folgende sein:

- Ausschläge
- Bauchschmerzen
- Krämpfe, Verdauungsstörungen
- Kopfschmerzen, Migräne, Geschwüre
- Infekte (Viruserkrankungen)

(Eckhardt 2013, 113)

Auch Einnässen, Entzündungen, schlecht heilende Wunden, allgemeines Unwohlsein und vieles mehr zählt zu diesen Symptomen.
Die Schwierigkeit liegt in der Einordnung dieser Anzeichen als *Symptome*. Bauch- oder Kopfschmerzen sind nicht besorgniserregend. Dauernde Schmerzen eines Kindes, von dem die Lehrkraft weiß, dass seine Eltern arm sind und vor kurzem aus Syrien geflüchtet sind, sind nicht mehr nur isolierte Phänomene, sondern als Symptome sehr ernst zu nehmen.

Haben Schüler oder Schülerinnen Bauchschmerzen und können nicht zum Sportunterricht, sind sie immer müde oder nässen sie auf der Klassenfahrt ihr Bett ein, so sollten dies Lehrkräfte nicht als zusätzliche Belastung oder Verweigerung sehen, sondern als Warnzeichen, das im Kontext der Lebensbedingungen und -situationen des Kindes stehen muss.

Verlauf

Die Mutter eines Schülers ist gestorben. Kevin ist nicht wieder zu erkennen: Er wird aggressiv, lehnt jegliche Hilfe ab. Seine Wut wechselt sich ab mit lethargischen Phasen, in denen er überhaupt nicht mehr ansprechbar ist. Plötzlich beginnt er seinen Rucksack aufräumen zu wollen, hält sich nicht mehr an Regeln und stört den Unterricht so massiv, dass er den Klassenraum verlassen muss. Die Lehrkraft versucht, Kevin sensibel zu begleiten und Verständnis aufzubringen, sie schützt ihn. Er geht außerdem zu dem Schulsozialpädagogen und bekommt eine therapeutische Begleitung.
Nach einer Woche wirkt er ausgeglichener. Er trauert immer noch, ist aber nicht mehr außer sich vor Kummer. Man kann mit ihm sprechen und ihm besser helfen. Nach ein paar Monaten ist er zwar immer noch sehr ernst, aber zum großen Teil wieder der alte Kevin.

Die Psychologie beschreibt den Verlauf, den eine traumatische Reaktion nimmt. Grundsätzlich kann dieser Verlauf in drei Teile geteilt werden:

1. Das traumatische Ereignis, bzw. die traumatische Situation
2. Das traumatische Erleben
3. Die traumatische Reaktion
   (Fischer/Riedesser 2009)

Die traumatische Reaktion durchläuft folgende Phasen: Zuerst erfolgt die Schockphase. Sie dauert in der Regel eine Stunde bis eine Woche. „Die Betroffenen können nicht glauben, was geschehen ist" (Fischer/Riedesser 2009). In der Einwirkphase, die bis zu 2 Wochen dauert, empfindet der Betroffene Ärger und Frustration. Selbstzweifel treten auf, Depressionen und Gefühle der Hoffnungslosigkeit. Die Erholungsphase stellt eine Art Weiche dar. Werden die Symptome weniger, so ist der Betroffene auf einem guten Weg, bleiben sie, sollte fachliche Hilfe in Anspruch genommen werden (Fischer/Riedesser 2009, 170).

Die Kenntnis, dass Trauma einen Anfang, einen Mittelteil und ein Ende hat, ist wichtig für Lehrkräfte. Es versachlicht das Thema und zeigt auch den Rahmen der Hilfen auf.

Komorbide Störungen

Chantal hat Bauchschmerzen. Ihr ist dauernd schlecht. Rieke leidet unter Rückenschmerzen und kann sich kaum auf dem Stuhl halten. Samire kann ihre Hefte nie in Ordnung halten. Sie sind zerfleddert, ihr Collegeblock ist von allen Seiten beschrieben und nie eingeheftet. Sie riechen nach Zigarettenrauch. Peter ärgert seine Mitschüler dauernd. Er kneift sie, klaut ihnen Dinge aus den Federmäppchen, obwohl er alle Materialien hat. Er pustet ihnen ins Ohr und flüstert leise Beleidigungen. Henrik ist dauernd müde und kann sich nicht konzentrieren.

Es gibt eine Reihe von Symptomen. Die Basissymptome sind, wie aufgeführt, gut erforscht. Die meisten von ihnen sind jedoch kaum von der Forschung beachtet worden und spielen im Alltag von Schule eine besonders große Rolle. Im Grunde genommen bedeutet Traumapädagogik in der Schule die Arbeit mit komorbiden Störungen des Psychotraumas. Dies unterstützt auch die Aussage, dass „Trauma" viel mehr ist, als ein bloßes Syndrom. Es ist näher an einer Spektrumsstörung, die vielseitig ausgeprägt ist. Wo traumatische Situationen entstehen, entwickeln sich vielseitige Belastungen und Herausforderungen für das System Schule, die wiederrum stark auf das Kind wirken. Diese Krisen werden häufig nicht als Folge einer traumatischen Situation oder einer starken Belastung gesehen, sondern vereinzelt. Sie werden nicht in einen Kontext, einen größeren Zusammenhang gesetzt. Komorbide Störungen verdeutlichen dies. Eine Auswahl ist im Folgenden aufgeführt.

- Trauer
- Rückzug
- Stille
- Fremdheit
- Depression
- Angst
- Perspektiv und Antriebslosigkeit
- Niedrige Frustrationstoleranz
- Mangelnde Strukturierung/Ordnung
- Schlagen, Kneifen
- Ärgern von Mitschülern
- Suche nach Nähe und Aufmerksamkeit
- Renitenz, Aufmüpfigkeit
- Uneinsichtigkeit
- Sucht
- Konzentrationsschwierigkeiten
- Schlechte Noten

Beim Lesen dieser Begleiterscheinungen wird schnell offensichtlich, dass die meisten Lehrkräfte irgendeines dieser Symptome schon bei ihren Schülern beobachtet haben. Das heißt natürlich nicht, dass diese Kinder automatisch traumatisiert sind. Vielmehr *kann* es auf schwere Belastungen hindeuten, die das Kind noch nicht bewältigt hat, wenn man den Kontext des Kindes kennt. Weiß man, dass das Kind in einer Wohngruppe lebt und eines der Symptome zeigt, so hat es mit Wahrscheinlichkeit etwas Belastendes erlebt. Es zeigt Symptome als Ausdruck der Seele.

! Komorbide Störungen sind jene Störungen, mit denen Lehrkräfte am ehesten in Kontakt kommen. Sie haben gelernt, diese zu erkennen (z.B. Leistungsschwäche durch mangelnde Konzentration). Diese Diagnostik-

Kompetenz sollte genutzt werden, um im Kontext von Belastungen des Kindes effektiv agieren zu können.

Intervention

Die Intervention, bzw. Behandlung der Betroffenen teilt sich in „akute", also notfallpsychologische Hilfen oder psychosoziale erste Hilfe, die psychologischen Stabilisierung und die Traumatherapie (Hausmann 2006).
Die Akutintervention hilft Menschen kurzfristig, die Ereignisse erlebt haben, die sie schwer belasten. „Ihr Hauptziel ist es, die Bewältigungsmöglichkeiten der Betroffenen so bald und so angemessen wie möglich zu aktivieren" (Hausmann 2006, 86). Hausmann stellt 10 Interventionen bei Einzelnotfällen auf:

1. Beruhigen: Den Betroffenen auf ein angemessenes Erregungsniveau bringen
2. Orientieren: Den Betroffenen im Hier und Jetzt orientieren, informieren
3. Ressourcen aktivieren: die persönlichen und sozialen Ressourcen zugänglich machen und fördern
4. Wahrnehmung erklären: Intensität der Wahrnehmung reduzieren, ungewöhnliche Wahrnehmungen verstehbar machen
5. Zeiterleben strukturieren: Den Ablauf der Ereignisse strukturieren und in einen zeitlichen Kontext stellen
6. Gedankliche Verarbeitung fördern: Die kognitive Verarbeitung des Ereignisses und der eigenen Reaktionen fördern
7. Gefühle normalisieren: Emotionale Entlastung ermöglichen, auf belastende Gefühle eingehen
8. Kontrollierbarkeit fördern: Subjektive Kontrolle wiederherstellen und fördern
9. Selbstbild stabilisieren: Die Reaktionen normalisieren, Handlungsfähigkeit und Bewältigungsmöglichkeiten fördern
10. Die nächsten Schritte vorbereiten: Die kommenden Ereignisse und weiteren Schritte besprechen, einen Plan für die nächsten Tage machen

In der Stabilisierungsphase sollen die Betroffenen wieder „Boden unter die die Füße bekommen" (Hausmann 2006, 92). Eigenständigkeit und Kontrolle sollen wieder herstellt werden. Ziele der Stabilisierungsphase:

1. „Information über mögliche psychische Folgen von kritischen Ereignissen;
2. Normalisierung der individuellen Gefühle und Reaktionen;
3. Förderung hilfreicher Bewältigungs- und Verarbeitungsprozesse;
4. Aktivierung des sozialen Netzwerkes der Betroffenen;
5. Vorbeugung von Folgestörungen (sekundäre Prävention);
6. falls notwendig: Einleitung von individueller Weiterbetreuung/Behandlung" (ebd. 92f)

Menschen erfahren eine auf sie zugeschnittene Traumatherapie, die mit verschiedenen evidenzbasierten Verfahren durchgeführt wird. Hausmann hat verschiedene Grundsätze der Traumatherapie zusammengefasst:

> „Sich in Sicherheit fühlen; wissen, dass die eigenen Grenzen respektiert werden; wissen, dass man abbrechen und gehen kann, wenn man das will; nicht berührt zu werden, wenn man das nicht will; sich akzeptiert fühlen und nicht beurteilt werden; reden können; dass ihm/ihr jemand zuhört; dass man auf seine/ihre Gefühle achtet, auch wenn sie ‚eingefroren' sind; dass man ihn/sie in Ruhe lässt, wenn er/sie das möchte" (Hausmann 2006, 115).

Die Therapie eines Kindes oder Jugendlichen geschieht in Settings, die geschlossen sind. Sie sind „klinisch", das heißt, sachlich, strukturiert und überschaubar. Ein Therapeut führt ein Gespräch mit einem Klienten in einem Raum, der so gestaltet ist, dass er der Sache dienlich ist. Dies gilt für die Schule nicht. Müssen Lehrkräfte mit traumatisierten Kindern im Unterricht oder der Pause arbeiten, so tun sie dies unter Berücksichtigung einer Vielzahl von Einflüssen.

! Wenn Lehrkräfte wissen, dass verschiedene Phasen des traumatischen Erlebens und der traumatischen Reaktion unterschiedliche Hilfeansätze benötigen, können sie die Kernhaltung ihrer Interventionen ebenfalls dahingehend ausrichten.

Diagnose

Es gibt zwei Wege, Traumafolgestörungen erkennen und feststellen zu können. Das sind zum einen standardisierte, klinische Interviews, zum anderen Screening Verfahren (Tagay 2012). Die Diagnose durch einen geschulten Experten erfolgt in einem Gespräch durch standardisierte Interviews. Primäre und sekundäre Belastungen werden abgefragt, Ressourcen erfasst.

Screening Verfahren messen anhand einer Skala, wie z.B. der „Impact of Event Scale (IES)" (Eichenberg/Zimmermann 2017) wie hoch die Belastung für Betroffene ist. Sie stellen auf Grund dieser Einschätzung Diagnosen, wie sie in der ICD beschrieben sind, also Anpassungsstörungen, Posttraumatische Belastungsstörung oder eine komplexe Posttraumatische Belastungsstörung, auf. Der Prozess der Erhebung der Daten für die Diagnose geschieht in klinischen Settings, so wie auch die Therapie durchgeführt wird.

! Lehrkräfte benötigen keine Kompetenzen, um Diagnosen erstellen zu können. Wohl aber brauchen sie das Wissen um Symptome und Erscheinungsformen, die ebenso regelgeleitet bzw. standardisiert beobachtet werden sollten.

Zusammenfassung

Die medizinisch-psychologische Perspektive auf traumatisierte Kinder unterscheidet sich von jener der Pädagogen. Sie muss sich unterscheiden, da sie anders arbeitet. Die Psychotherapie arbeitet in anderen Settings, unter anderen Voraussetzungen, mit anderen Werkzeugen. Sie hat dadurch einen großen Wissens- und Erfahrungsschatz, der für die Schule nutzbar gemacht werden kann und muss. Psychotraumata sind zwar auch in der Psychotherapie noch relativ neu, aber die Schule hat davon quasi noch nie gehört. Überspitzt formuliert gibt es traumatisierte Kinder in der Schule nicht, weil sie in ein anderes Fachgebiet, bzw. eine andere Disziplin gehören. Traumatisierte *Schüler* gibt es aber sehr wohl! Es gibt einige Hürden, die im Folgenden beschrieben werden sollen.

Psychotherapie in der Pädagogik, gar Psychotraumatologie in der Schule, scheint vor dem gängigen Schulparadigma „Schule gleich Pädagogik gleich Unterricht" kaum vorstellbar, und doch ist es notwendig.

Lehrkräfte können sich weiterhin auf ihrer Rolle ausruhen, schlicht Vermittler von Wissen zu sein, werden aber über kurz oder lang nicht mehr damit auskommen können. Fragen Lehrkräfte weiterhin: „Kann ich das? Darf ich das? Ist das […] Teil meines Arbeitsauftrags?" (Steinebach et al. 2016, 161f) wird die Schule ihre Wirksamkeit verlieren und ihrem Anspruch nicht mehr gerecht werden, Wissen vermitteln zu können, weil sie Kinder nicht mehr versteht. Steinebach führt weiter aus, dass es nicht darum geht, zu entscheiden, ob gesteckte Ziele erreicht wurden, sondern zu reflektieren, was für die „Zukunft gelernt werden kann" (Steinebach et al. 2016, 162). Das heißt, Zeugniskonferenzen sind gut und schön, aber was lernen wir aus Notenbildern für die Zukunft? Was bedeuten Notensprünge, außer, sie festhalten zu müssen? Wie und wann skizzieren wir Entwicklungswege und die Hilfen, die Schüler und Schülerinnen dafür benötigen? Reichen ILE Bögen, Förderpläne, ihre Kriterien und Kategorien? Wie hängt das mit psychischen Störungen und Verhaltensauffälligkeiten zusammen? Die Latte für Bildung und Erziehung, beides Aufträge des Bildungsministeriums und gesetzlich verankert, sind recht hoch gesetzt:

Erziehung und Bildung haben die Aufgabe, Bedingungen für die Möglichkeit eines selbstbestimmten Lebens, auch in der Auseinandersetzung mit Beeinträchtigungen, Erschwernissen, Krisen oder Erkrankungen zu schaffen. Hier wird der Mensch als ein sich entwickelndes System verstanden,

> „das in der Auseinandersetzung mit Herausforderungen das eigene Leben und Erleben sichert, sich aber auch positiv weiterentwickelt, sich neue Kompetenzen angeeignet und neuen Herausforderungen besser gewachsen ist" (Steinebach et al. 2016, 164).

Unerfüllbar? Eher tausendmal gehört und weitergelesen – wir sollen doch unterrichten! Es beginnt sich abzuzeichnen, dass sich Haltungen zum eigenen Berufsbild bzw. zur Ausprägung der eigenen Fachdisziplin ändern müssen, um Voraussetzungen für eine gelungene Implementierung psychosozialer Hilfen in die (Sonder-) Pädagogik zu schaffen. Wollen wir Traumapädagogik in das pädagogische Handeln einfließen lassen, so müssen wir die Medizin und Psychologie mitdenken. Das betrifft in besonderem Maße die Gutachtenerstellung und die Diagnostik von Sonderpädagogen in allen Fachrichtungen. Die betroffenen Bereiche müssen diskutiert und offengelegt werden.

Verschiedene Disziplinen, verschiedene Ansätze und Denkweisen

Beeinträchtigungen, Krisen und Erkrankungen sind feste Bestandteile unserer Gesellschaft. Es gilt zu bedenken, dass jedes System nur so gut wie sein schwächster Baustein sein kann. Ein schwer traumatisiertes Kind wird jeden Unterricht sprengen, jede Schule, jeden Lehrer ausbrennen. Wir kommen gar nicht umhin, Hilfen zu entwickeln, die diese Kinder auffängt. Pädagogik und Psychotherapie lassen immer noch keine fruchtbare Arbeitsteilung zu, sondern existieren stabil nebeneinander. Sie haben unterschiedliche Interessen, Fragestellungen und Methoden entwickelt (Fromm 2017, 7). Sie verstehen sich nicht mehr, sprechen keine gemeinsame Sprache und stoßen sich durch ihre unterschiedlichen Ansätze ab. Nach Fromm greift Pädagogik kaum auf empirisches Wissen zurück und behandelt die Gestaltung von Unterricht nur theoretisch, die Psychologie behandelt keine erkenntnistheoretischen und ethischen Fragen. Sie beantwortet nicht die dringenden Fragen zu Lehrer-Schüler-Beziehungen, zur allgemeinen Gestaltung von Schule (ebd.). Sie sind wie „fremde Schwestern“ (Terhart 2002).

Dabei gibt es doch eine gute Schnittmenge: Das menschliche Verhalten (Fritz, Hussy, Tobinski 2018, 12). Warum nicht gemeinsam auf dieser Grundlage arbeiten?

Psycholtherapie hat, einschließlich der verwandten Fachgebiete, grundsätzlich andere Methoden mit Kindern und Jugendlichen zu arbeiten. Überspitzt formuliert arbeiten Therapeuten in überschaubaren, störungs- und reizarmen Therapiesettings. Eine Lehrkraft kann dies nicht. Sie ist ständig von Schülern umgeben, muss 26 und mehr Kinder gleichzeitig Wissen vermitteln und das auf unterschiedlichen Niveaus. Schule begegnet Risikobiografien nur sehr unzureichend. Sie ist, nicht zuletzt durch eine stark einflussnehmende staatliche Verwaltung, zu langsam, zu alt, zu bieder, zu unflexibel, zu *tradiert.* Die unterschiedlichen Haltungen, bzw. Sichtweisen der beteiligten Akteure Psychologie und Pädagogik lassen sich gut am Beispiel des Begriffs „Störung“ festmachen.

Der Störungsbegriff

Ein Pädagoge und ein Psychologe sitzen zusammen und beratschlagen, wie sie einem Kind helfen wollen, das eine traumatische Situation erlebt hat. Zuerst jedoch geht es um die Einschätzung seiner Belastung. Der Psychologe sagt: „Das Kind ist schwer belastet, es leidet mindestens unter einer Anpassungsstörung. Genaueres kann ich aber nur herausfinden, wenn ich die Diagnostik durchgeführt habe, dazu muss ich ihn zu seinen Erlebnissen fragen.“ Der Pädagoge ist empört. Er erwidert: „Wie bitte? Keiner ist ‚gestört‘. Das Kind ist doch kein Auto oder ein Computer. Das Kind ist ‚eingeschränkt‘, es wird durch seine Umwelt behindert. Sie ist dafür verantwortlich, wie es dem Kind geht. Wenn Sie das Kind fragen, wird es alles wieder erleben müssen. Wir beobachten es lieber“. Der Psychologe ist nun ebenso entrüstet. „Aber das ist doch unwissenschaftlich und nicht valide. Wer soll das denn nachvollziehen können? Wie sollen wir eine Behandlungsplanung durchführen können?“

Der Pädagoge ist nun ernsthaft angefasst und kann kaum an sich halten. „Behandeln? Wir behandeln nicht. Wie ‚fördern'. Wir sind doch nicht in der Klinik! Das Kind ist nicht krank!" Das Meeting wird aufgelöst.

Der Störungsbegriff findet in der Klinischen Psychologie Anwendung. Diese kommt ursprünglich aus der „Psychopathologie" (Vögele 2009, 13f). „Pathologisch" bedeutet im medizinischen Sinn „krankhaft". Dieser Begriff beschreibt sehr gut die Perspektive der Psychologie, die stark von der Medizin geprägt ist oder, zieht man die Psychiatrie hinzu, aus ihr entspringt: Traumafolgestörungen werden als eine Krankheit betrachtet. Diese folgt „genauen, operationalisierten Kriterien" (Klicpera 2019, 17). So ordnet sie auch die ICD-10 bzw. 11 ein. Die Betrachtung einer schweren Belastung als „Krankheit" bzw. als „krankmachend" ermöglich nicht nur eine exaktere und validere Diagnose, sie verspricht auch evidenz-basierte Therapie und Förderverfahren. Auch Medikamente gehören zu einer Therapie dazu und unterstützen den Bewältigungsprozess. Klinisch arbeitende Psychologen gehen stark vom Körper aus und kennen die Prozesse, die im Gehirn nach einer traumatischen Situation oder während einer traumatischen Reaktion geschehen. Trauma ist eine Störung des Apparats, der uns denken, fühlen, wollen, Zukunftsperspektiven entwickeln und hoffen lässt. Man kann hier als Beispiel ein Auto nehmen, das kaputt, *gestört* ist und wieder repariert werden muss. Der Vorteil liegt auf der Hand: Nicht nur gibt es ein bestimmtes Vorgehen zur Lösung des Problems, es wird auch höchst sachlich angegangen und damit der Mechaniker, bzw. der Therapeut maximal gut vor einer eigenen Traumatisierung geschützt. Eine Störung kann auch einen „Symptomenkomplex" bedeuten, also ein Muster oder das Zusammenwirken oder Verkopplungen verschiedener Symptome (Klicpera 2019,13). Im Kontext dieser Arbeit wird dieses Konzept aufgenommen. Hier sind es die „Vernetzungen von Wirkfaktoren". Lehrkräfte sind weder ausgebildet, noch besitzen sie grundlegende Überzeugungen und Haltungen für diese Tätigkeit. Aber hilft es, nur diese Missstände zu beklagen? Wäre es nicht an der Zeit, Pädagogen Kompetenzen zu vermitteln, um gemeinsam Kindern so effektiv wie möglich helfen zu können, diese Missstände endlich aufzuzeigen und damit Chancen offen zu legen, wie sich Fachdisziplinen bereichern können? Wir brauchen Übersetzer, die beide Sprachen sprechen und vermitteln können. Die Traumapädagogik, bzw. die Sonderpädagogik sind solche Übersetzer. Traumapädagogen stören sich ebenso am Störungsbegriff.

> „Die Reduktion eines Menschen auf sein Defizit, seine Störung oder Auffälligkeit, egal ob es sich dabei um behinderungs- und/oder traumabedingte Ursachen handelt, entspricht einer zutiefst inhumanen Grundhaltung" (Kühn/Bialek 2018, 76).

Traumapädagogik *braucht* Störungsbilder, genauso wie es die Sonderpädagogik E/SE und Lernen tut, um Ursachen zuzuschreiben, Wirkfaktoren identifizieren und Besserung erreichen zu können, aber auch um Weiterbildung und Forschung mit gleichen Nennern zu ermöglichen. Die Verwendung des Begriff „Störung" und der damit zusammenhängenden klinischen und pathologischen Haltung *hilft* Menschen. Ganzheitlichkeit, Wärme, Zuneigung, Hinwendung, Verständnis sind damit nicht ausgeschaltet oder geschmälert, sie bekommen eine Richtung, um allen Beteiligten Sicherheit zu bieten und die Chance auf Bewältigung der traumatischen Erfahrungen der Überlebenden zu erhöhen.

! Lehrkräfte sollten sich an den Begriff der Störung, den „Duktus" der Psychologie, gewöhnen und so einen Schritt auf medizinisch-psychologische Sichtweisen zugehen, damit sie Beobachtungen und Interventionen effektiv durchführen können.

Akteurin: Sozialpädagogik/Soziale Arbeit

In der Schule werden Lehrkräften Sozialpädagogen oder Sozialarbeitern meist als *Schulsozialarbeiter* begegnen. Haben Lehrkräfte ein schwer belastetes Kind in ihrer Klasse und möchten, dass sich der Schulsozialarbeiter dem Kind annimmt, so wird er eine Beratung für diesen Schüler möglich machen. Hierbei wird er das Umfeld des Kindes sehr genau in den Blick nehmen. Welche Wirkfaktoren gibt es im Leben des Kindes? Welche sind besonders relevant? Welche wirken belastend auf das Kind? Der Schulsozialarbeiter wird auch eine enge Kooperation mit den Ämtern haben, die Lehrkräfte in der Form nicht ausführen können. Weiterhin werden Lehrkräfte Sozialpädagogen und Sozialarbeitern in Ämtern begegnen. Dort sind sie zuständig für eine Vielzahl von Hilfen. Stationäre und ambulante Angebote werden von Sozialpädagogen durchgeführt. So sind sie Mitarbeiter und Mitarbeiterinnen in und Leiter von (stationären) Wohngruppen und Berater und Beraterinnen in ambulanten Diensten, wie z.B. Sozialpädagogischen Familienhilfen (SPFH) und Erziehungsbeiständen (EZB). Die Sozialpädagogik ist aber auch verantwortlich für das „Herausführen" psychotraumatologischer Grundlagen aus der klinischen Psychologie und die Implementierung in pädagogische Kontexte sowie die „Erfindung" der Traumapädagogik. Wenn Lehrkräfte mit traumatisierten Kindern arbeiten müssen, dann werden sie um die Hilfen von Sozialpädagogen nicht herumkommen. Mehr noch: Sie tun gut daran, ihre Expertise wahrzunehmen und anzuerkennen. Sie sind häufig diejenigen in der Schule, die die meiste Erfahrung mit Traumafolgestörungen haben, kennen die komplexen Einflüsse, die das Kind umgeben und auf das Kind wirken. Sie stellen so die emotionale Sicherheit des Kinder sicher, die nur dann gewährleistet ist, wenn

> „im äußeren Rahmen stressauslösende Faktoren (Trigger) weitestgehend minimiert sind und Menschen zur Verfügung stehen, die den besonderen Bedürfnissen dieser Kinder gerecht werden können" (Scherwath/Friedrich 2016, 86).

Lehrkräfte sollten daher wissen, „aus welcher Ecke" die Argumente und Ansichten der Sozialpädagogen kommen. Es kann sein, dass diese Lehrkräfte verwirren, weil Tipps und Ratschläge nicht in gewohnte Arbeitsmuster passen (z.B. „Wir müssen stärker mit der drogenabhängigen Mutter arbeiten."/„Wir sollten uns mit dem Jugendamt an einen runden Tisch setzen."). Die folgenden Kapitel geben einen Einblick in die Arbeitsweise und die Verortung der Sozialpädagogik. Ähnlich wie im vorangegangenen Kapitel, der Psychotraumatologie, ist es wichtig, die „Denke" der beteiligten Akteurinnen zu verstehen, um Kooperationen so effektiv wie möglich zu machen und alle Beteiligten zu entlasten.

Entstehung und Entwicklung

Soziale Hilfen sind in ihrer Entwicklung nicht ganz eindeutig festzumachen. Momentan wird ein hitziger forschungswissenschaftlicher Diskurs zu ihren Wurzeln und damit zu der zukünftigen Entwicklung geführt. Die Soziale Arbeit hat ein Professionalisierungsproblem: Die „‚Ingenieure und Statiker' der Sozialpädagogik konnten sich zwar über die Konturen des sozialpädagogischen Gebäudes verständigen, streiten aber weiterhin mit den Innenarchitekten der unterschiedlichsten Traditionen über eine genauere Raumgestaltung" (Thole 2012, 31). Die Soziale Arbeit befindet sich im Prozess der Professionalisierung (Schilling/Zeller 2012) und ist damit erheblichen Veränderungsprozessen unterworfen. Zeitweise hat man während des Studiums der Grundlagen der Sozialen Arbeit den Eindruck, man befände sich auf einer Baustelle und muss in Containern arbeiten.

Der Hauptdiskurs wird entlang der beiden „Strömungen" geführt, der Sozialpädagogik und der Sozialen Arbeit. Beide werden mitunter synonym verwendet. Diese Diskussion ist sehr komplex. Es fehlt ein einheitlicher Begriff. Soziale Arbeit und Sozialpädagogik unterscheiden sich auch durch ihre Ausbildungswege. So ist die Sozialpädagogik ein Studium an einer Universität, während die Soziale Arbeit an einer Fachhochschule gelernt wird. Sie war zuerst eine Ausbildung und wurde dann, mit der Gründung der Fachhochschulen zu einem Studium. Leider wurde das theoretische Fundament nicht weiterentwickelt, dabei ist sie immer größeren Herausforderungen gegenübergestellt, weil die Entwicklungen der Gesellschaft so schnell und herausfordernd sind (ebd. 49ff), Deller und Brake meinen, Soziale Arbeit als Reaktion auf Soziale Veränderungen sehen zu können (Deller/Brake 2014, 18). Soziale Arbeit ist stark von sozialen Entwicklungen aber besonders der Politik abhängig. Das unterscheidet sie von der Schule, denn dort sind noch Dezernenten als Mittler vorhanden und ein hierarchisches, das heißt schrittweise arbeitendes System für die Entwicklung von Erlassen. Die Sozialarbeit ist diesen Entwicklungen direkt ausgesetzt. Ihre Wurzeln sind in der Sozialarbeit, der Herausbildung der Sozialhilfe und der klassischen Wohlfahrtspflege finden (Thole 2012, 19). Thole macht vier Wurzeln aus:

1. Waisenhäuser, Heime
2. 19. Jahrhundert: Kinderbewahranstalten, Horte, Krippen
3. Armen und Gesundheitsfürsorge, Altenhilfe, Obdachlose
4. Herausbildung der Jugendpflege
   (ebd. 20)

Soziale Arbeit benötigt eine eigene Forschung und Theoriebildung, um diesen Bereich zu fundieren und besser definieren zu können und „Wissensbestände zu entwickeln, zu sammeln, zu ordnen und zu strukturieren“ (Birgmeyer 2014, 229)

Ziele, Arbeitsweisen, Kompetenzen, Arbeitsfelder

Frau O., die Lehrkraft von Cheyenne hat von einer Kollegin gehört, dass der Sozialpädagoge der Schule Gespräche mit den Kindern führt. Nach einer Weile ändert sich das Verhalten der Kinder. Sie werden ruhiger und kooperativer. Die Lehrkraft ist erstaunt. Sollte sie Cheyenne bei ihm vorbeischicken? „Was tut er da überhaupt? Reden sie dann über mich?“

Die Ziele der Sozialen Arbeit bestehen darin, Menschen in sozialen Notlagen zu helfen und so Einzelne oder Gruppen bei der Überwindung eingeschränkter Lebensbedingungen zu unterstützen. Sie nehmen Einfluss auf sozialräumliche Entwicklungen, beraten und arbeiten meist interdisziplinär in Zusammenarbeit mit verschiedenen Berufsfeldern und Berufsgruppen (Schilling/Zeller 2012, 241). Sozialarbeiter, die mit Lehrkräften arbeiten, sehen sich als

> „Berater und Beraterinnen, die aus einer gewissen professionellen Distanz und Übersicht heraus mögliche Antworten und Alternativen den Ratsuchenden aufzeigen können, manchmal auch müssen“ (Schilling/Zeller 2012, 225).

Sie sind im Zweifel Anwälte der Kinder. Man erkennt, dass die Soziale Arbeit ein stark unterschätztes Wirkungsgebiet in der psychosozialen Versorgung von belasteten Kindern ist.
Die soziale Arbeit kann auf drei Ebenen betrachtet werden.

1. Die Mikroebene beschreibt den Einzelfall und seine Versorgung
2. Die Mesoebene beschreibt die Einrichtung und ihr Versorgungsangebot
3. Die Makroebene beschreibt die bundesweite Sozialversorgung (ebd. 226)

Sie regelt die Versorgung dieser Kindern und Jugendlichen auf unterschiedlichsten Ebenen. Sie läuft aber auch Gefahr, zum „Reparaturbetrieb“ zu werden (Deller/Brake 2014) und so nur noch in der Intervention zu arbeiten und an Schulen Prävention zu vernachlässigen, wie z.B. den Aufbau von Verfahrenswegen zur Erkennung und Unterstützung von Kindern, die schwer belastet sind und Gewalt erlebt haben. Wie sehr sich die Soziale Arbeit von der der Lehrkräfte unterscheidet, wird deutlich, wenn man Böllert folgt, der Soziale Arbeit als Wohlfahrtsproduktion beschreibt (Böllert/Alfert/Humme 2013, 7). Dies hat zur Folge, dass sich nicht nur Arbeitsweisen unterscheiden, sondern vor allem Haltungen und Einstellungen der Mitarbeiter und Mitarbeiterinnen. Die Soziale Arbeit eröffnet Lebenschancen und erhält, entwickelt und verbessert Humanressourcen, wo die Schule *Lern*chancen ermöglicht und das Lernumfeld (Karsunky/Pitsch 2013) verbessert.

Es gibt keine Systematisierung von Berufsfeldern der Sozialen Arbeit, bei wachsender Vielfältigkeit (Schilling/Zeller 2012, 245). Das macht es schwer für Regelschullehrkäfte zu erkennen, was Sozialarbeiter überhaupt *können.* Die Praxisfelder der Sozialen Arbeit sind nicht definiert (Thole 2012, 20). Soziale Beratung ist aber eines der Hauptfelder. Sie schlägt sich nicht nur in der Beratung von Lehrkräften und Schülern nieder, sondern auch in der Erziehungs-, Familien- und Suchtberatung (Schilling/Zeller 2012, 222)

Die Soziale Arbeit arbeitet mit sozialen Gruppen, in Gemeinden oder in der Einzelhilfe. Diese geht vom Individuum aus, die Umwelt darf aber nicht außer acht gelassen werden. Kriterien für die Einzelhilfe sind (Schilling/Zeller 2012, 210):

1. Annehmen und Akzeptieren
2. Individualisieren
3. Selbstbestimmung des Individuums
4. Da anfangen, wo der Einzelne steht
5. Mit den Stärken und Ressourcen des Individuums arbeiten

Neuere „Trends" bestehen in einer Ausweitung der Arbeitsbereiche und damit Kompetenzen von Sozialarbeitern. So gehören sozial-räumliche Ansätze, Lebensweltnähe, soziales Casemanagement, Fallarbeit, Diagnostik, Sozialmanagment zu den Bereichen, die sich Sozialarbeiter erschließen müssen (ebd.). Loeken (2012, 363) beschreibt weitere Aufgabenfelder von Sozialer Arbeit:

> „Frühe Hilfen für behinderte und von Behinderung bedrohte Kinder und ihren Familien, familienunterstützende Diensten, der vorschulischen Erziehung, wohn- und arbeitsbezogene Hilfen, Bildungs- und Freizeitangeboten bis zu lebensbegleitender Unterstützung, Beratung und Förderung Erwachsener".

Lehrkräfte sollten wissen, dass die Kompetenzen der Sozialarbeiter sehr breit gefächert sind. Die Aufgabengebiete sind eine ideale Ergänzung zum Wirken der Regelschule. Das Umfeld der Kinder kann durch einen Sozialarbeiter oder eine Sozialarbeiterin überblickt, gestärkt, ermutigt und strukturiert werden. Er oder sie arbeitet mit *Wirkfaktoren*, wie sie in dieser Arbeit beschrieben werden.

Schulsozialarbeit

Cheyenne geht nun seit 2 Monaten regelmäßig zu dem Sozialpädagogen und führt Gespräche mit ihm. Die Lehrkraft bemerkt äußerst positive Entwicklungen bei der Schülerin. Nun ist sie interessiert. Frau O. begegnet dem Sozialpädagogen im Lehrerzimmer. Sie fragt ihn nach den Gesprächen und wie sie liefen. Er antwortet, dass diese sehr produktiv seien und sie einige Schwerpunkte herausarbeiten konnten. Er würde nun Gespräche mit den Eltern führen und sie einbinden. Die Lehrkraft fragt, was die beiden denn besprochen hätten und was diese Probleme seien. Der Sozialpädagoge antwortet, dass er darauf nicht antworten könne. Er habe eine Schwei-

gepflicht. Die Lehrkraft wird ungehalten, fühlt sich zurückgesetzt und übergangen. Er zuckt die Schulter, verweist auf die Schweigepflicht und die unterschiedlichen Träger.

Die Schulsozialarbeit ist ein boomendes und unübersichtliches Feld. Der Grund hierfür ist die Vielfalt der beteiligten Akteure, der Orte, an denen sie durchgeführt wird, der verfolgten Konzepte und der angebotenen Leistungen (Karsunky/Pitsch 2013). Voraussetzungen für eine gelingende Arbeit in diesem Feld ist eine Kooperation zwischen der Jugendhilfe und der Schule. Hier wird schon ein starker Unterschied zu Lehrkräften deutlich, die meist wenig mit Ämtern, genauer: dem Jugendamt zu tun haben. Die Soziale Arbeit steht hier vor besonderen Herausforderungen. Die Tätigkeitsbereiche der Schulsozialarbeit sind nicht einheitlich geregelt. Sie variieren zwischen Freizeit und Erholung, Klassenbetreuung, Beratung, Einzelfallhilfen, Sozialen Lernen, Berufsorientierung und vielen weiteren Bereichen (Karsunky/Pitsch 2013). Sie sollen Eltern und Lehrkräfte beraten und eine angemessene Umwelt in der Schule herstellen. Sie begleiten Kinder und Jugendliche bei ihrer Identitäts- und Persönlichkeitsentwicklung, der Förderung von sozialen Kompetenzen, Bewältigung von Entwicklungsaufgaben und der Bewältigung von akuten Problemen und Konflikten (ebd.). Sozialarbeiter werden von der Landesschulbehörde bezahlt, aber auch von gemeinnützigen Vereinen und örtlichen Schulträgern. Es herrscht ein friedliches und chaotisches Miteinander an Trägern (Schilling/Zeller 2012, 245). Generell sollten mehr konkrete Ziele und Aufgabenggebiete operationalisiert werden (ebd.). Das heißt, es muss klar werden, *wo* die Schulsozialarbeit tätig werden kann, *wie* und *wann*.
So ist zum Beispiel ungeklärt, wie die Sozialarbeit mit der Sonderpädagogik zusammen arbeitet, wann, also in welchen Fällen sie dies tun soll und wo diese Zusammenarbeit überhaupt geschehen soll (Unterricht, Differenzierung, extern, etc.). Diese beiden Hilfesysteme haben einige gemeinsame Wurzeln und Überschneidungspunkte, z.B. in Haltung und Zielgruppe, diese werden kaum genutzt, wären jedoch eine große Chance!

! Soziale Arbeit entwickelt in der Schule eine großes Wirkungspotential. Dieses wird jedoch durch systembedingte Rahmungen inhaltlicher und struktureller Natur verringert. Kooperationen werden aufgrund verschiedener Zuständigkeiten, schulbehördlicher Verwaltung und privater Träger große Chancen genommen, schulische Prozesse zu professionalisieren und damit die Entwicklung der Kinder zu fördern.

Soziale Probleme

Glücklicherweise gelingt es der Lehrkraft in Zusammenarbeit mit der Schulleitung eine Schweigepflichtsentbindung von den Eltern zu bekommen. Der Sozialarbeiter darf nun der Lehrkraft gegenüber berichten. Cheyenne ist sehr arm. Ihre Eltern leben von Sozialhilfe. Sie leiden außerdem unter hohen Schulden. Sie leben zu sechst in einer Sozialwohnung, die sehr klein ist. Häufig können sie ihre Rechnungen nicht bezahlen. Die Eltern streiten Probleme ab, und geben an, ihre Situation nicht als krisenhaft zu erleben.

Soziale Probleme sind herausfordernde Lebenslagen und -situationen, die von Menschen erlebt werden und bei ihrer Bewältigung Hilfe benötigen. Die Soziale Arbeit hat diese Probleme identifiziert und sie in den fachwissenschaftlichen Diskurs eingeschleust. Das ist eine große Leistung, werden diese Probleme doch häufig aus vielen verschiedenen Gründen unterschätzt. Sie hängen stark mit den in diesem Buch vorgestellten Wirkfaktoren und als Ursache von Traumafolgestörungen zusammen. Folgende soziale Probleme haben Albrecht und Groenemeyer identifiziert (2012):

> AIDS, Alkohol, Alkoholismus und Alkoholprobleme, Altern und Alter, Arbeitslosigkeit, Armut, Deprivation, Exklusion, Drogen, Drogenkonsum, Drogenabhängigkeit, ethnische Diskriminierung, Rassismus, Menschenfeindlichkeit, Frauendiskriminierung, Freizeit, Geistige Behinderung, Gesundheit und Krankheit, Gewalt gegen Frauen, Jugend, (Körper-) Behinderung, Korruption und Wirtschaftskriminalität, Kriminalität und Delinquenz, Pornographie, Prostitution, Psychische Krankheiten, sexuelle Auffälligkeiten, technologische Risiken, Umweltprobleme, Wohnungslosigkeit.

Sozialen Problemen begegnen Lehrkräfte ebenfalls, nur sind sie im Unterricht nicht *direkt* präsent. Soziale Probleme haben Einfluss auf die Lernleistungen und das Verhalten von Kindern. Sie sind aber nicht nur Einfluss, sondern bisweilen Täter, das heißt, Ursache für Traumata. Es ist nicht ganz klar, was genau soziale Probleme sind und wie diese zu definieren sind (Albrecht/Groenemeyer 2012, 17). Bekannt ist aber, dass sie einen Großteil der Schüler von sozialer, ökonomischer und politischer Teilhabe ausschließen (Albrecht/Groenemeyer 2012, 19). Ein Problem wird zu einem sozialen Problem, wenn es zuerst öffentlich wird und dann soziale Folgen hat. Wird ein Kind von einem Elternteil geschlagen, so ist dies erst einmal privat. Nimmt das Kind Hilfe in Anspruch, wie z.B. von einem Amt, so ist es ein öffentliches Problem und kurz danach ein soziales. Soziale Probleme sind institutionalisierten, sozialpolitischen Bewältigungssystemen zugeordnet, dem Bildungs- und Gesundheitswesen, dem Strafrecht, den Jugendhilfen, etc. Schichten spielen eine wichtige Rolle. Soziale Probleme entstehen dort, wo Ressourcen fehlen. (Schlling/Zeller 2012). Dies ist auch bedeutsam für Lehrkräfte: Sie bemerken das Fehlen von Ressourcen erst spät, da sie kaum einen Einblick in das häusliche Leben der Kinder haben. Lehrkräfte sollten diese „Helferbiografie" kennen. Das heißt, sie sollten wissen, welche Hilfen bereits erfolgt sind, von wem und in welchen Fachbereichen. Warum nicht den Sonderpädagogen oder die Sonderpädagogin fragen, die Akte aufzubereiten und vorzustellen?

Lehrkräfte sollten wissen, wie stark der Einfluss von Wirkfaktoren ist. Armut zum Beispiel wird kaum wahrgenommen, weil sie relativ ist. Familie, Geld, Migration, etc. spielen eine überaus starke Rolle im Leben von Kindern. Sind diese negativ geladen, so wird das Kind mitunter schwer belastet.

Frühe Hilfen

Cheyenne und ihre Familie sind dem Jugendamt schon seit längerer Zeit bekannt. Schon als 4-Jährige wurde sie von Ergotherapeuten im Landkreis behandelt. Eine Sozialpädagogische Familienhilfe wurde implementiert. Die Lehrkraft hat diese Informationen nicht.

Frühe Hilfen sind unter anderem Aufgabe der Sozialen Arbeit. Es gibt zwei Auffassungen dieser Hilfen. So ist zum einen die biografische Perspektive gemeint, das heißt, die Hilfen geschehen so für wie möglich. Frühe Hilfen meinen aber auch, dass so früh wie möglich eingegriffen und unterstützt wird. So sollte Prävention die Entstehung z.B. sozialer Probleme verhindern. Frühe Hilfen bestehen aus medizinischer Versorgung, der Kinder- und Jugendhilfe, der Schwangerschafts(-konflikt-)Beratung, der Frühförderung. Sie gliedert sich allgemein in die Förderung der Familie, in die Hilfen zur Erziehung, die Eingliederungshilfe und Schutz (§8a SGB VIII 204) (Buschhorn/Vormund 2013). Familien in Problemlagen sollen mit multiprofessionellen Teams geholfen werden.

Sozialarbeiter können in der Schule eine gute Schnittstelle zwischen Jugendamt und der „behördlichen Biografie“, bzw. der bereits erfolgten Hilfen sein. Diese geben einen Aufschluss über das weitere Vorgehen. Geschieht dies in Kooperation mit allen Beteiligten, kann höchst effektiv vorgegangen werden.

Soziale Arbeit und Trauma

Der Sozialarbeiter vermutet bei Cheyenne eine schwere Belastung durch die Armut der Familie. Cheyennes Entbehrungen haben ein so großes Ausmaß angenommen, dass sie Symptome einer schweren Belastung zeigt. Sie wird häufiger wütend und neigt dazu, Dinge zu zerstören. Zu Hause gibt es viel Streit, der immer wieder auch mit physischen Mitteln ausgetragen wird. Der Stiefvater schlägt sie. Cheyenne überlegt, das Jugendamt zu bitten, sie aus der Familie zu nehmen.

Die Soziale Arbeit beginnt, sich stark von klinischen Vorgehen abzugrenzen und sich gegen eine Übernahme der Verfahrenswege dieses Ansatzes (Diagnose, Therapie, Evaluation) zu wehren. Eine Mischung ist unter der Voraussetzung vorstellbar, dass sich Mitarbeiter und Mitarbeiterinnen damit auseinandersetzen, wie traumatisierten Kindern zu helfen ist. Dafür brauchen sie Fort- und Weiterbildungen:

> „SozialarbeiterInnen sind folglich nicht nur gefordert, neben zahlreichen anderen Wissensbeständen auch über Kenntnisse und Anwendungskompetenz beraterischer und psy-

> chotherapeutischer Grundorientierungen zu verfügen, sondern zusätzlich, diese für ihre Berufspraxis kritisch zu reflektieren, auf das Spektrum sozialarbeiterischer Anforderungen und Zielgruppen zu beziehen“ (Gauleiter/Pauls 2012, 371).

Man kennt diese Aussagen von Lehrkräften und den zahlreichen Kompetenzforderungen. Auch diese wehren sich gegen zusätzliche Qualifikationen, die mit neuen Tätigkeitsfeldern zusammenhängen. Dabei ist es gerade anders herum: Diese „neuen“ Tätigkeitsfelder, wie die Betreuung von schwer belasteten Kindern im Unterricht ist gar nicht neu. Diese Kinder gab es schon immer und werden zahlreicher. Es gilt, das bereits *bestehende* Tätigkeitsfeld mit Qualifikation *zu füllen*. So müssen Sozialarbeiter (und auch Lehrkräfte) die gesellschaftliche Dimension von Traumatisierung mitdenken und deren Auswirkungen auf den Alltag (Schulze/Loch 2011, 17). Soziale Arbeit kann hier einen wichtigen Beitrag leisten, da sie auf die Lebenswelt von Kindern eingeht und Teilhabe ermöglicht. Sie erweitert die Handlungsräume von Kindern und Jugendlichen. Die lebensweltliche Dimension definieren Buschorn und Vormund als Schul- und Berufsbildung der Eltern, Einbindung in soziale Netzwerke, finanzielle Situation und Wohnumfeld (2013, 210).
Hinsichtlich der traumasensiblen Hilfen hat die Soziale Arbeit bereits einige Ansätze entwickelt, die sich auch auf die Traumpädagogik beziehen:

1. Herstellung von Sicherheit
2. Reduktion und Vermeidung von Stress
3. Unterstützung von sicheren Bindungsentwicklungen
4. Förderung positiver Selbstbildern
5. Ressurcenorientierung (Scherwath/Friedrich 2016, 73)

Die Soziale Arbeit besitzt noch kein ausreichendes Sinnverstehen, um mit traumatisierten Kindern arbeiten zu können, dies liegt aber in der Verantwortung der sozialen Arbeit, besonders, wenn man Verhalten wie Selbstverletzung, Gefühlskälte oder aggressives Verhalten beobachtet (ebd., 70). Scherwath und Friedrich weisen ebenso ausdrücklich darauf hin, dass, wenn pädagogische Arbeit dazu beitragen möchte, traumatisierten Kindern zu helfen, dies zunächst durch die Stabilisierung äußerer Bedingungen der betroffenen Menschen zu erreichen ist (ebd.). Dies wird unter anderem durch den Einbezug der hier vorgestellten Wirkfaktoren erzielt. Auch Levinson konstatiert, dass ein traumasensibles Vorgehen für Sozialarbeiter hilfreich ist:

> “Consistent with a strengths-based approach to posttraumatic growth, trauma-informed workers can help clients change problematic behavior, manage crises more successfully, and parent their own children in a more nurturing and responsive fashion. At the micro level, social workers can begin to engage in TIC by treating everyone with kindness and respect, and listening with curiosity and compassion” (Levinson 2017, 2).

Interessant ist außerdem ein kleiner Einblick in die Arbeit von Wohngruppen für schwer belastete Kinder. Dort sind verbindliche Regeln wichtig, transparente Dienstpläne, Tages- und Wochenpläne, schriftliche Aushänge zur Regelkultur, Ritualisierung der Abläufe und des Alltags. Die Kinder und Jugendlichen sollen sich sicher fühlen. Betrachtet man die Aufzählung, so wird deutlich, dass sich diese gar nicht so stark von gutem Unterricht, bzw. einem förderlichen Lernumfeld unterscheidet. Auch sollten Bewohner von Gruppen sich an deren Gestaltung beteiligen können und ein Mitbestimmungsrecht haben. Auch dies unterscheidet sich nicht besonders von den Vorstellungen von Schule. Auf einer Wohngruppe sollten Kinder die Möglichkeit haben, Rückzugsorte zu nutzen.

! Sozialpädagogen und Sozialarbeiter arbeiten durch ihre Haltung und Wirkweise sehr nahe an traumapädagogischen Vorgaben. Das erleichtert die Prävention und Intervention bei schwer belasteten Kindern sehr. Lehrkräfte sollten diese Expertise in Anspruch nehmen. Soziale Arbeit und Sozialpädagogik benötigen jedoch ebenso wie die (Sonder-)Pädagogik mehr traumabezogenes Wissen.

Akteurin: Sonderpädagogik

Traumatisierte Kinder fallen in der Schule nicht dadurch auf, dass sie unter einer festgestellten Traumafolgestörung leiden, sondern Schwierigkeiten mit dem Lernen haben, schlechte Noten vorweisen und/oder zu Verhalten neigen, das den Unterricht erschwert. In einem solchen Fall werden nicht nur Sozialpädagogen oder, im Hintergrund, Psychotherapeuten aktiv, sondern auch Sonderpädagogen und Sonderpädagoginnen. Sie sind eine Mischung aus diesen drei Professionen und Spezialisten für die Schule. Sonderpädagogen und Sonderpädagoginnen werden überlegen, ob ein Förderbedarf vorliegt und wie das Kind gefördert werden kann, also welche Voraussetzungen und Hilfen es für das Lernen braucht. Klassen- und Fachlehrkräfte werden in Form von Beratung mit Sonderpädagogen der Fachbereiche „Lernen“ und „Emotionale und Soziale Entwicklung“ zu tun haben, wenn sie ein schwer belastetes Kind unterrichten.

Förderschulen gibt es noch (Stand 2020), Tendenz auslaufend bis bleibend! So genau weiß das keiner. Es kommt stark auf die politischen Entwicklungen an und zeigt die Uneindeutigkeit von Inklusion und ihre fehlende Einheitlichkeit.

Schulleitungen werden außerdem Kontakt mit dem RZI haben, dem „Regionalen Zentrum für Inklusion“ oder anderen Formen je nach Bundesland, dass diese bezüglich der formalen Prozesswege zur Feststellung eines Förderbedarfs berät und weitere Funktionen hat.

Sonderpädagogen sind Profis für die Schule und beherrschen ihren Duktus, wie auch den der Sozialpädagogik und in Ansätzen der Psychologie. Deshalb liegen hier auch die größten Chancen für eine Unterstützung von traumatisierten Kindern und Jugendlichen. Zuerst muss jedoch auf die geschichtliche und fachwissenschaftliche Entwicklung sowie die Arbeitsbereiche der Sonderpädagogik eingegangen werden, damit die Herausforderungen und Chancen dieser Kooperation im Zusammenhang mit Traumafolgestörungen deutlich werden.

Sind Sie Student oder Studentin der Sonderpädagogik oder der allgemeinen Pädagogik, so werden die folgenden Ausführungen für Sie von besonderem Interesse sein (müssen). Sie führen die grundlegenden Unterschiede auf, die deutlich werden, wenn man verschiedene Fachdisziplinen betrachtet. Die Sonderpädagogik hat einen anderen Blickwinkel auf traumatisierte Kinder, als es Regelschullehrkräfte, Sozialpädagogen oder Psychologen haben. Sie bewegen sich im Spannungsfeld *zwischen* diesen Disziplinen *vor* dem Hintergrund der Schule. An der Sonderpädagogik zeigt sich auch, wie schwierig es ist, eine Disziplin in einen neuen Kontext zu bewegen (Inklusion) und ihr Berufsbild zu ändern, ohne dabei das Fundament je wirklich konkretisiert zu haben. Die folgenden Auswirkungen zeigen Studierenden, wohin die Sonderpädagogik geht und damit ihr späteres Selbstverständnis, das einer besonderen Reifung hinsichtlich des schwierigen Arbeitsfeldes bedarf, da es stark im Wandel begriffen ist. Lehrkräften zeigen die folgenden Auswirkungen, wie unstet die Sonderpädagogik noch ist und wie sehr ihre Professionalisierung und damit die Beratung darunter leidet. Wenn es um traumatisierte Kinder geht, werden konkrete Qualifikationen benötigt, die einen komplexen Bewältigungsweg begleiten und rahmen helfen. Diese können von der Sonderpädagogik nur auf Umwegen, z.B. über die Pädagogische Psychologie geliefert werden, müssen aber direkt entwickelt und angewendet werden können.
Beginnen wir mit der Entwicklung der Sonderpädagogik in Deutschland.

Entwicklung

Sonderpädagogik hat einen langen Diskurs hinter sich. Sie entwickelte sich über verschlungene politische und pädagogische Wege. Es ist nicht ganz einfach, diese auszumachen (Solorova 1983).

Ihre Wurzeln findet man im 18. Jahrhundert. Taubstumme, Blinde und „Krüppel" wurden im Rahmen der Pädagogik der Aufklärung in Schulen unterrichtet. Im 19. Jahrhundert vollzog sich die institutionalisierte Bildung sinnesbehinderter und geistig behinderter Kinder. Die Hilfsschule entstand und aus ihr die Sonderpädagogik. Die Hilfsschule war für „schwachsinige" Kinder gedacht, leider aber ein Sammelbecken für die „unterschiedlichsten Arten von Schulversagern (Ellger-Rüttgardt 2009, 23). Die Sonderpädagogik zieht ihren Gültigkeitsanspruch, bzw. Ihre Berechtigung aus der (gesetzlichen) Verankerung des Bildungsanspruchs von allen Kinder und Jugendlichen. Das heißt, auch behinderte Kinder dürfen in Schulen unterrichtet werden. Nun hat die Sonderpädagogik ein Problem. Sie stand vor der Herausforderung, den Einbezug von Kindern zu erreichen, schaffte dies aber nur durch Exklusion, also der Beschulung behinderter Kinder in Förderschulen. Sie befand sich damit in einem berufs- und gesellschaftsethischen Dilemma, dass erst 1994 durch die UNESCO Konferenz in Salamanca aufgelöst wurde. Das Problem hat sich damit aber nur verschoben. Vor der Inklusion orientierte sie sich an der Regelschule mit hinzugefügten sonderpädagogischen Kompetenzen. Das heißt,

Fach- und Klassenunterricht wurde unter sonderpädagogischen Gesichtspunkten durchgeführt. Nun ist sie gefordert, ein anderes Kompetenzbedürfnis ihrer Partnerin „Regelschule" zu bedienen. Sie muss beraten, kooperieren und vermitteln.
Die Sonder- bzw. Heilpädagogik entstand auch aus dem Bedürfnis, „*Behinderten*" Bildung zu vermitteln. So bestanden die Inhalte in den 80er Jahren vorwiegend aus dem Bereichen Gehörlosen-, Blinden- und Geistigbehindertenerziehung, Lernbehinderung, Verwahrlosten-, Körperbehinderten- und Sprachbehindertenerziehung sowie der Schwerhörigen- und Sehbehindertenbildung (Solarova 1983, 9). Heute ist schon der Begriff „Behinderter" zu Recht verpönt, weil es den Menschen auf ein Defizit reduziert. Die Bereiche zeigen nicht nur begriffliche Schwierigkeiten, die sich ständig im Wandel befinden, sondern auch inhaltliche Schritte, die bis heute kaum bewältigt wurden. Waren es früher Pädagogen, die sich mit Behinderung auseinandersetzten, sind es heute Pädagogen, die ein äußerst komplexes Feld von psychischen und physischen Einflüssen auf Kinder bewältigen müssen, dass sich rasant wandelt. So beobachtet man eine stärkere Verschulung, eine Vorverlagerung der psychosozialen und soziokulturellen Verselbstständigung, eine Ausweitung von peer-Einbindungen, Freizeitmöglichkeiten und kulturellen Lebensstilen sowie eine Vorverlagerung sexueller Erfahrungen und veränderter Lebensentwürfe (Krüger 2009). Die Sonderpädagogik hat bis heute keinen „Zentralbegriff" gefunden, einen Mittelpunkt, einen Ursprung definiert, an den sie sich hält und an dem sie sich weiterentwickeln kann (Hänsel/Schwager 2003). Sie hat damit große Probleme, ihre Existenz im Bildungssystem zu rechtfertigen.
Die Sonderpädagogik vereint vier verschiedene Paradigmen der Entstehung von Behinderung bzw. Beeinträchtigung, das medizinische (organische Schädigung), das gesellschaftliche (durch gesellschaftliche Entwicklung), das interaktionistische (Zuschreibung) und das systematische (durch das Schulsystem) (Hänsel/Schwager 2003, 67). Es fällt auf, dass Sonderpädagogen und Sonderpädagoginnen gar nicht auf medizinische Entstehungen antworten können, dies tun Ärzte. Auch gesellschaftliche Entwicklungen können eher der Sozialen Arbeit bzw. Sozialpädagogik zugeordnet werden. Für schulische Entwicklungen sind sie zum Teil selbst verantwortlich. Dieses Nebeneinander von verschiedenen Paradigmen und ihre Zuständigkeit verursacht Verwirrung.
Die Sonderpädagogik hat nach Hederich et al. (2016) verschiedene Entwicklungsbereiche von Kindern bzw. Förderschwerpunkte: Emotionale und soziale Entwicklung, Geistige Entwicklung, Hören und Kommunikation, Körperliche und motorische Entwicklung, Lernen, Sehen, Sprache, Krankheit, Autismus, Schwere und mehrfache oder komplexe Behinderung. Sie wird an folgenden Bildungsorten aktiv: Krippe, Kita, Primarstufe, Sekundarbereich, Erwachsenenbildung, Berufliche Bildung, Hochschule, Klinik, Jugendstrafvollzug (Hederich et al. 2016).
2018 hatten rund 556000 Kinder einen Förderbedarf, das entspricht einem prozentualen Anteil an der Gesamtschülerschaft von 7,39%, Tendenz steigend. Davon

entfielen ca. 192 000 auf den Fachbereich Lernen und 95 000 Kinder auf den Fachbereich Emotionale Entwicklung. Übrigens: Trotz inklusiver Anstrengungen (und Vorgaben!) gibt es nur einen Rückgang von 0,6% von Kindern, die an Förderschulen Unterricht bekommen (KMK 2020).

Lehrkräfte sollten verstehen, dass die Sonderpädagogik in einem ständigen Wandel begriffen ist, in Zeiten der Inklusion mehr denn je. Werden fachlichen Anforderungen seitens der Regelschullehrkräfte an Sonderpädagogen gestellt, dann muss allen Beteiligten klar sein, dass ab diesem Zeitpunkt ein Aushandlungsprozess beginnt, dessen Ausgang nicht eindeutig auszumachen ist.

Klinische Sonderpädagogik

Connor geht in die 6. Klasse einer Oberschule. Er hat einen festgestellten Förderbedarf „Lernen". Seine Klassenlehrerin ist zunehmend überfordert und frustriert. Er zerreißt Arbeitsblätter, wenn er sie bekommt, macht keine Hausaufgaben, stört den Unterricht, in dem er andere Mitschüler ärgert, dazwischenruft und patzige Antworten gibt. Er schreibt in Arbeiten nur schlechte Noten, wenn er denn überhaupt dazu erscheint. Die Lehrkraft weiß, dass er zu Hause keine förderliche Lernumgebung hat. Er teilt sich das Zimmer mit seinen zwei Geschwistern, hat keinen Schreibtisch und verbringt sehr viel Zeit mit seiner Spielekonsole. Seine Geschwister besuchen die 1. und 3. Klasse einer Grundschule und zeigen ähnliche Schwierigkeiten im Lernen und Verhalten. Die Lehrkraft möchte nun von der zuständigen Sonderpädagogin wissen, was sie tun soll. Die Sonderpädagogin sagt, dass sie sich zusammensetzen und einen Hilfeplan entwickeln müssen. Die Lehrkraft erwidert, dazu habe sie keine Zeit. Sie möchte konkrete Hilfe haben.

Den Begriff „klinische Sonderpädagogik" gibt es nicht, sollte es aber geben. Denn er ermöglicht eine genaue Intervention, Diagnostik und Prävention. Beginnen Sonderpädagogen und Sonderpädagoginnen, klinisch zu denken, diese Perspektive als eine Säule ihrer Diagnostik und Hilfeplanung zu betrachten, so kommen sie einen großen Schritt weiter. Es beinhaltet den Einbezug einer Ursache oder eines Ursachenkomplexes und einer programmartigen Unterstützung, ähnlich, wie es die Therapie tut. Dies erleichtert die Kooperation von Regel- und Förderschule. Es verbindet Perspektiven und Ansichten auf Grundlage von Fakten. Es beinhaltet weiterhin eine gezielte Unterstützung im Unterricht. Diese Denk- und Herangehensweise ermöglicht eine Diagnostik und Hilfeplanung in den Bereichen Dyskalkulie, Legasthenie, ADHS und besonders psychischen Störungen. Bisher konnten Sonderpädagogen und Sonderpädagoginnen bzw. Lehrkräfte in diesen Bereichen nicht aktiv werden und ließen die Regelschulehrkräfte damit allein. Dies wird besonders wichtig, wenn man sich die Fachbereiche Lernen und Emotionale und Soziale Entwicklung anschaut, in denen diese Störungen häufig vorkommen und als Symptome auftreten. Sie werden aber kaum oder gar nicht in der Schule wahrgenommenen, festgestellt und gefördert, weil hierzu immer noch Psychologen, Ergotheraputen, etc. benötigt werden, die Diagnosen und damit verbundene Therapien anbieten. Dieses Werk bietet durch die Screeningsverfahren und Impulse zur Professionalisierung Möglichkeiten, diesen Desideraten zu begegnen.

Wenn Lehrkräfte Rat von Sonderpädagogen benötigen, so werden sie selten so konkrete Ratschläge, Hinweise und Hilfen bekommen, wie von einem Arzt. Sie werden vielmehr Richtungen aufgezeigt bekommen und gefordert sein, mit an den Hilfen zu arbeiten und sie zu entwickeln. Lehrkräfte sollten sich auf den aufsteigenden Frust vorbereiten, der entsteht, wenn man Hilfe erwartet, sie aber nicht in der erwarteten Form bekommt.

Klassifikation

Nach einer Weile gelingt es, Klassenlehrkraft und Sonderpädagogin zusammenzusetzen. Die Lehrkraft beginnt und zählt Connors Probleme auf: Noten, Tests, Hausaufgaben, Sozial- und Arbeitsverhalten – alles unzureichend. Besonders sind ihr zwei Erlebnisse in Erinnerung, die sie immer wieder hervorbringt. Sie haben sie sehr verletzt. Die Lehrkraft fordert, dass er einen zusätzlichen Förderbedarf im Verhalten bekommt oder er die Schule wechselt. Die Sonderpädagogin antwortet, dass man seine Ressourcen stärken, mit den Eltern arbeiten und seine Lernumgebung verbessern muss. Er kann doch so viel! Die Feststellung von Förderbedarfen bewirkt nicht nur Gutes. Die beiden kommen zu keiner Einigung. Das Ergebnis des Gesprächs ist zum einen, dass die Sonderpädagogin ihm vermehrt extra Arbeitsblätter gibt und zum anderen, dass das Feststellungsverfahren E/SE eingeleitet wird.

Ein Hauptproblem der Sonderpädagogik ist ihr Anspruch auf Teilhabe von Kindern und Jugendlichen durch Inklusion und Vermeidung von Stigmatisierung und Etikettierung, also der (gruppenbezogenen) Zuschreibung (Boban/Hinz 2009, 34). Ohne diese Zuschreibung ist jedoch keine zielführende Förderung möglich. Ohne Diagnose kein Heilverfahren! Somit ist sonderpädagogische Hilfe per se exkludierend (Opp/Theunissen 2009, 15). Auch ihre eigentliche Zuständigkeit begründet sich auf der selbst zugewiesenen Fähigkeit, Förderbedarfe zu erkennen und damit „trennscharf von den ‚anderen' identifizieren zu können" (Schumann 2014, o.S.). Sonderpädagogik geht von einer Verschiedenheit von Gruppen aus. Sie *muss* dies tun. Folgt man Hänsel und Schwager (2003), so wird ein Kind als verschieden wahrgenommen und dadurch zu einem „besonderen" Kind. Durch diese Besonderheit werden Sonderpädagogen zuständig. Sie reduzieren diese Verschiedenheit auf ein zentrales Merkmal (z.B. Schwierigkeiten im Lernen). Dies ist die Bedingung für eine pädagogische Interaktion. Sonderpädagogen und Sonderpädagoginnen sind daher zuerst „Krankmacher" als Unterstützer. Freilich ist dies nicht Ziel der Sonder-

pädagogik. Damit befindet sie sich aber in einem Spannungsfeld, dass nur gelöst werden kann, wenn eine Entscheidung getroffen wird und sie damit Kompromisse in ihrer Menschenbildannahme macht. Deshalb fordert Opp auch eine Dekategorisierung und eine Abkehr von der Beschreibung von Defiziten (Opp 2016, 146). Das führt aber zu dem Umstand, dass es dann keine Kinder mehr gibt, die Schwächen haben, Probleme aufweisen und nur noch Stärken haben. Deshalb brauchen wir differenzierte Kategorien, um Kindern adäquat helfen zu können, gepaart mit einem pädagogischen, ganzheitlichen Verstehen.
Dazu gehört, die Klassifikationen derart zu schärfen, dass auch Überlappungen und komplexe Fälle aufgenommen werden können. Im Gegensatz zu Opp und Theunissen kann eine Auflösung der Kategorien keine Lösung sein, sondern genau das Gegenteil: Kategorien müssen geschärft werden. Es muss klar sein, welche Grenzen und Inhalte die Zuordnungen, z.B. „Lernen" oder „Geistige Entwicklung" haben, um so die Komplexität einiger Fälle mit einzubeziehen zu können.
So sind psychisch kranke Kinder bzw. traumatisierte Kinder nicht einfach nur Kinder, die verhaltensauffällig – oder gar verhaltensoriginell sind, sondern aus einem bestimmten Grund schwer belastet. Sie gehören in eine Kategorie, damit ihnen gezielt geholfen und das Umfeld sensibilisiert werden kann.

! Möchten Regelschullehrkräfte, die mit traumatisierten Kindern arbeiten, Hinweise auf die Beschulung dieser Kinder, so wird ihnen (meist) nicht bezüglich der Ursache geholfen, denn für diese Beeinträchtigung gibt es keine Kategorie (die einer Ursache und damit Trennschärfe bedarf). Vielmehr werden sie Hilfen an die Hand bekommen, die sich auf Arbeitsblätter und die Durchführung von Unterricht und damit auf die *Ausprägung, also Symptomatik* beziehen. Diese sind vor dem Hintergrund der pädagogischen Verhaltensauffälligkeit konzipiert und nicht aufgrund von Psychotraumata.

Förderbedarf

Nach 4 Monaten hat Connor endlich den Förderbedarf „Emotionale und Soziale Entwicklung". Die Sonderpädagogin vom mobilen Dienst kam und begutachtete Connor. Sie gab weiterhin einige Blätter mit, die Connor ausfüllen, bewerten und angeben soll, wo er sich in den Pausen aufhielt, wie Unterricht und Interaktion gelaufen ist. Auch die Lehrkräfte sollen ihre Bewertungen auf diesem Zettel eintragen. Connor hasst diesen Zettel. Nach 1 Monat ist die Maßnahme vorbei. Es gibt keine Besserung. Die Lehrkraft ist ratlos. Jetzt hat der doch den Förderbedarf, warum bessert sich sein Verhalten nicht?

Was ist ein Förderbedarf? Dieser Begriff ist nicht eindeutig festgelegt und sehr unscharf. Betrachtet man gesellschaftliche Entwicklungen, so bemerkt man ein starkes Defizit in der Feststellung von Förderbedarfen. Viel zu wenig wird das Umfeld und die Einflüsse des Kindes betrachtet, so dass Risikokumulationen, ein Teil der Anamnese, kaum oder gar nicht in Gutachten einfließen. Hat das Kind einen Schreibtisch? Ein Bett? Welches Einkommen haben die Eltern? Wie sieht die Ernährung der Kinder aus? Hat das Kind Migrationshintergrund? Krieg erlebt?

> „Kinder, die in einer Familie aufwachsen, die keine Nachhilfe bezahlen kann, in der migrationsbedingt die deutsche Sprache kaum oder nicht gesprochen wird, und Kinder, deren Eltern die schulischen Lernprozesse häuslich nicht unterstützen können, haben möglicherweise gute Lernvoraussetzungen, aber schulisch kaum eine Chance auf Erfolg" (Opp/Theunissen 2009, 587).

Behinderungsbilder entwickeln sich so eher aus Depriviationskontexten, psychischer und physischer Entbehrung und existenzieller Unsicherheit (Weiß 2009, 90). Förderschüler sind übermäßig häufig (bis zu 90%) von Armut und sozialer Benachteiligung betroffen (Weiß 2009,88). Das macht nachdenklich! Sie leiden unter einem niedrigeren Bildungs- und Erwerbsstatus der Eltern, schlechteren und kleineren Wohnungen, unzureichende Befriedung grundlegender kindlicher Bedürfnisse, einer medienkonsumorientierten Erziehungspraxis und einer deutlichen Kluft zwischen den häuslichen und schulischen Sprach- und Kulturformen. Armut und soziale Benachteiligung werden damit zu einem „Nährboden für die Genese sogenannter Lernbehinderungen" (Weiß 2009, 88). Eine Intervention oder Prävention würde auch ein interdisziplinäres Herangehen, z.B mit Psychotherapeuten, erfordern, was viele Sonderpädagogen und Sonderpädagoginnen stark fordern wird.

Die Regelschule ist auf konkrete Fallbeschreibungen, Gutachten und Handlungvorgaben angewiesen. Das Umfeld des Kindes wird aber selten als gravierend entwicklungsbeeinträchtigend eingestuft und fließt nicht mit in die Beurteilung ein. Dies führt dazu, dass wichtige Faktoren nicht beachtet werden und die beteiligten Unterstützer „daneben fördern". Es führt ebenso dazu, dass wichtige Akteure wie Sonder- und Sozialpädagogik ausgeklammert werden und damit ihre Hilfen ausbleiben.

Fachbereich Emotionale und Soziale Entwicklung

Der mobile Dienst kommt wieder in die Schule. Die Sonderpädagogin mit dem Fachbereich E/SE berät die Lehrkraft, die keine Lust mehr hat, keine Perspektive mehr sieht und sich mehr und mehr vor dem Unterricht, in dem Connor anwesend ist, fürchtet. Die Sonderpädagogin schlägt nun vor, mit den Eltern zu sprechen und sich bei Connor umzuschauen. Die Eltern wollen dies jedoch nicht. Sie treffen sich in der Schule. Die Eltern versprechen, dass es bald besser wird. Nach 1 Monat hat sich nichts getan.

Sonderpädagogen, die die Regelschule im Bereich des *Verhaltens* unterstützen, haben sich auf den Fachbereich „Emotionale und Soziale Entwicklung" spezialisiert und sind so Experten für viele Arten von Verhaltensauffälligkeiten. Sie sind meist im mobilen Dienst unterwegs und beraten Lehrkräfte. Sie fördern Kinder im inklusiven Setting, nicht im Unterricht. Das heißt, ihr „Stützpunkt“ ist meist an der (noch) vorhandenen Förderschule für emotionale und soziale Entwicklung, an der sie außerdem noch als Klassen- und Fachlehrkräfte tätig sind. Manchmal ist diese auch mit der Förderschule „Lernen“ zusammengelegt. Sie reisen auf Anfrage zu den Regelschulen in ihrem Gebiet. Meistens werden sie gerufen, wenn die Zustände sich so zugespitzt haben, dass Unterricht kaum mehr möglich ist. Der Fachbereich E/SE ist jener, der am ehesten geeignet ist, traumatisierte Kinder zu unterstützen und Lehrkräften zu helfen, diese im Unterricht zu begleiten.

Eines der führenden Werke „Verhaltensgestört!?“ greift das Thema dieser Einflüsse, die die fachwissenschaftliche Entwicklung leiten, auf und das sehr ausführlich. Es fasst wirkliche Probleme jedoch nicht, die die Praxis beschäftigen. Dabei beschreibt es sehr gut, wie viele Chancen durch die Multidimensionalität der Sonderpädagogik E/SE zur Förderung von Kindern entstehen. Als „Perspektiven“ dieses Fachbereichs werden unter anderem genannt: Tiefenpsychologische Ansätze (Vernoij 2008), Interaktionspädagogische Ansätze (Myschker 2008), Verhaltensmodifikation (Neukäter 2008) systematische (Vernoij/Wilde 2008) sowie konstruktivistische Ansätze (Spiess 2008) und vieles mehr. Ein unglaublich interessantes Werk! Die Autoren verpassen jedoch die große Chance, ein tatsächlich verbindliches Paradigma zu schaffen, das Lehrkräften hilft. So wäre es wichtiger, nach *Fachdisziplinen, Fachrichtungen* zu fragen und den *Austausch* dieser zu ermöglichen.

Ein weiteres Grundlagenwerk, „Verhaltensstörungen bei Kindern und Jugendlichen“ (Myschker 1993) führt viele verschiedene Wurzeln der Sonderpädagogik E/SE auf. So gibt es eine sozialpädagogische, eine kriminalpädagogische, eine schulpädagogische, eine pädagogisch psychiatrische und eine berufspädagogische Linie (Myschker 1993). Ursachen teilt Myschker in verschiedene Aspekte: psychologische, psychoanalytische, individual-psychologische, humanistisch-psychologisch, lerntheoretische, soziologische und pädagogische Aspekte. Die Diagnostik, eigentlich eine direkte Nachbarin der Ursachen, beinhaltet andere Bereiche, dieses Mal „Ansätze“: Medizinisch, psychodynamisch, lerntheoretisch, interaktionistisch, sonderpädagogisch (ebd.). Besonders interessant ist, dass innerhalb der Sonderpädagogik tatsächlich sonderpädagogische Ansätze vorkommen. In anderen Fachdisziplinen nicht nur eine Selbstverständlichkeit sondern Grundlage, scheint es in der Sonderpädagogik eine Möglichkeit von vielen zu sein.

Stein und Müller konstatieren, dass es sich gar nicht klar ausmachen lässt,

> „wo, durch wen, unter welchen Bedingungen und Intentionen die pädagogische Arbeit mit solchen Kindern und Jugendlichen ihren Ausgangspunkt nahm, die man heute als verhaltensauffällig, als erziehungsschwierig oder als förderbedürftig hinsichtlich ihrer sozial-emotionalen Entwicklung bezeichnet“ (Stein/Müller 2017, 23).

Es ist wichtig, „Begrifflichkeit und Erscheinungsweisen in den Blick zu nehmen" (ebd. 22).

Der Fachbereich ES/E kann Lehrkräften helfen, die schwer belasteten Kinder in ihrem Unterricht haben. Sie haben ein großes Repertoire an Methoden, Kindern zu helfen, die zu Verhaltensauffälligkeiten neigen. Sie beziehen jedoch keine Ursachen ein. Das Störungsbild bleibt unscharf, da meist weder Stress noch Trauma als Grundlage für Handlungen stehen. Regelschullehrkräfte bekommen daher keinen Plan für ein effektives Vorgehen. Der Fachbereich E/SE ist jedoch wie kaum ein anderes Feld der Sonderpädagogik von so vielen Einflüssen, Strömungen und Perspektiven gekennzeichnet. Das macht es schwer, neue Einflüsse, wie die Traumapädagogik oder zumindest traumabezogene Hilfen „anzudocken".

Fachbereich Lernen

Die Lehrkraft hat genug. Connor muss weg oder jemand anderes muss helfen. Die Sonderpädagogin mit dem Fachbereich Lernen sitzt neben ihr im Lehrerzimmer. Sie fragt, ob diese ihr helfen kann. Connor ist so schlimm!
Die Sonderpädagogin antwortet, dass dies Aufgabe des mobilen Dienstes sei. Sie ist für das Lernen zuständig. Sie kann gerne häufiger in den Unterricht kommen und mal mit Connor reden. Nach ein paar Gesprächen baut diese Lehrkraft eine gute Beziehung zu Connor auf. Er bekommt Einzelförderung von der Sonderpädagogin. Dieser gelingt es auch, mit den Eltern zu sprechen. Nach einer Weile bekommt die Sonderpädagogin vom mobilen Dienst Wind von dem Vorgehen der Kollegin, Connor in die Parallelklasse versetzen zu lassen. Sie geraten in Streit. Die Beziehung zu Connor wird abgebrochen. Connors Verhalten verschlechtert sich.

Die Sonderpädagogen und Sonderpädagoginnen im Bereich „Lernen" haben sich auf das schulische Lernen spezialisiert. Sie verstehen, welche Ansprüche die Regelschule hat und wie diese durch Schüler und Schülerinnen zu leisten sind, die schlechte Noten schreiben, sitzen bleiben, die Sprache nach Jahren immer noch nicht sprechen, etc. Sie sind in der Regelschule inklusiv tätig und von der Förderschule abgeordnet. Manche dieser Sonderpädagoginnen arbeiten noch als Fach- und Klassenlehrkräfte in den noch bestehenden Förderschulen Lernen. Sie beraten Lehrkräfte, helfen Schülern in kleinen Gruppen und Einzelsettings. Vorgaben der Landesschulbehörden bestimmen, dass diese Förderung allerdings mehrheitlich im Unterricht geschehen soll. Eine ungünstigere Bestimmung scheint es vor dem Hintergrund schwer belasteten Kinder kaum zu geben. Möchte man Therapie und Schule miteinander verschränken, so ist Unterricht nur ein sehr kleiner Teil.

Lehrkräfte müssen sich bewusst sein, dass Sonderpädagogen mit dem Fachbereich Lernen nur sehr eingeschränkt eine Hilfe sein können, wenn es um Kinder geht, die starke Verhaltensauffälligkeiten aufgrund des Erlebens traumatischer Situationen zeigen. Sie werden weder Hilfen an die Hand geben können noch dürfen. Sie unterstützen Kinder beim Lernen. Lernen und Verhalten geht jedoch Hand in Hand. Das hat die Sonderpädagogik noch nicht zur Gänze verstanden und zeigt sich in der Trennung der Fachbereiche Emotionale und Soziale Entwicklung („Verhalten") und Lernen.

Lehrkräfte müssen verstehen, dass Sonderpädagogen mit dem Fachbereich Lernen, mit denen Regelschullehrkräfte am meisten zu tun haben, im Zweifel überhaupt keine Ahnung von Kindern haben, die zu Verhaltensauffälligkeiten neigen. Noch weniger Expertise weisen sie auf, wenn es um Kinder geht, die traumatisiert sind. Sie sind noch (!) keine Ansprechpartner für diese Probleme. Auch Interessenkonflikte und Zuständigkeiten spielen hier eine wichtige Rolle, da Sonderpädagogen ESE und L kaum miteinander arbeiten, obwohl es eine große Schnittmenge dieser beiden Bereiche gibt und sie eine enorme Hilfe für traumatisierte Kinder darstellen könnten.

Inklusion

Die Lehrkraft stöhnt. Inklusion ist scheiße! Sie ist dafür nicht ausgebildet. Alles bleibt an ihr hängen. Sie bekommt kaum konkrete Hilfe oder Entlastung. Die Sonderpädagogen sind keine große Hilfe, denn am Ende ist sie es, die mit diesen Kindern Unterricht durchführen muss. Alles ist so durcheinander!

Die inklusiven Anstrengungen sind je nach Bundesland äußerst verschieden. So werden Förderbedarfe in Bremen erst ab der 8. Klasse festgestellt (Lange 2017), während dies in Niedersachsen schon sehr früh geschehen kann. In Bremen besteht der Anteil der Kinder, die inklusiv beschult werden, aus 83,5% (2015/16), während in Sachsen der Anteil bei 31,7% liegt. „Berlin, Bremen, Hamburg und Schleswig-Holstein sind die Bundesländer, die sich durch eine niedrige Exklusionsquote bei einer gleichzeitig klaren Steigerung des Inklusionsanteils im Vergleich zum Schuljahr 2008/2009 auszeichnen" (Lange 2017, 19). Ebenso vielfältig sind die Ansichten, was Inklusion überhaupt ist und wie diese umgesetzt werden kann. Niedersachsen zum Beispiel verwendet sogenannte „RZI" (Regionale Zentren für Inklusion) (NLSchB 2020), um die Förderschulen zu ersetzen und Beratung für Schulen anbieten zu können. An diesem Beispiel sieht man auch, welche seltsamen Früchte die Inklusion treibt. War das RZI ein gut gemeinter Gedanke der Schulen, Lehrkräften, Schülern helfen sollte, die Inklusion zu bewältigen, ist es nun eher ein verlängerter Arm der Verwaltung, der Prozesswege, z.B. zur Gutachtenfeststellung für Schulleitungen von Regelschulen beschreibt.
Inklusion bedeutet für Lehrkräfte vor allem Kooperation und Änderungen von Gewohnheiten, Haltungen. Das ist ein großes Problem. Für Sonderpädagogen bedeutet es jedoch eine Änderung ihres Berufsbildes. Sie sind mitunter gefordert, Inhalte zu lehren, die sie nie gelernt haben. Auch Regelschullehrkräfte müssen fachfremd unterrichten. Sonderpädagogische Hilfe erfordert jedoch ein dezidiertes und

eingehendes Verständnis des Faches, um die Inhalte herunter brechen zu können. Dies ist für Sonderpädagogen, die zum Beispiel Textiles Gestalten als Fach studiert haben, nur schwer umsetzbar, wird aber nichtsdestotrotz von ihnen erwartet. Wie sollen diese Sonderpädagogen binomische Formeln differenzieren können? Optik? Erörterungen? Das spiegelt auch die Kompetenzen wieder, die Sonderpädagogen in Beratungen anbieten können. Diese sind bisher sehr gering, werden sich aber über die Jahre steigern. Erschreckend ist, dass Universitäten immer noch nicht erkannt haben, dass sich ihre gesamten Studiengänge ändern müssen. Schwerpunkte müssen in Beratung gelegt werden, in das Studium der Hauptfächer. Bisher studieren angehende Sonderpädagogen immer noch Nebenfächer, die sie in einer Förderschule brauchen, wie z.B. Kunst, Musik, Werte und Normen. Genauso verhält es sich mit Kompetenzen für Sonderpädagogen im Bereich E/SE. Diese beziehen sich immer noch auf Quellen, die 30 Jahre alt sind (vgl. Myschker 1993). Sie müssen dringend an die heutigen Anforderungen angepasst werden, wie zum Beispiel durch Kompetenzen aus dem Bereich der Psychotraumatologie und Traumapädagogik. Die Kompetenzen von Sonderpädagogen dürfen nur sekundär in der Differenzierung des Regelschulniveaus liegen. Der Anspruch, sich in allen Fächern auskennen zu können ist hoch und würde von den eigentlichen Kompetenzen ablenken, die Sonderpädagogen zu Verfügung stünden. Diese sind Meta- oder Dachkompetenzen, die sich übergeordnet anwenden lassen und Störungsbilder zur Grundlage haben. Hat ein Schüler Schwierigkeiten beim Rechnen, weil er unter einer Dyskalkulie leidet, so ist es zwar richtig, ihm Material zum Üben an die Hand zu geben, wichtiger ist es jedoch, die *Störung* zu umgehen und mit dieser zu arbeiten. Das heißt z.B. auf vielfältige Weise Mengenverständnis zu üben und psychoedukativ zu arbeiten.

Inklusion ist eine Herausforderung für alle Beteiligten. Im Kontext von Traumata ist die Inklusion aber eine Chance. Wenn sich die Sonderpädagogik im Zuge inklusiver Anstrengungen neu erfinden soll, warum nicht gleich richtig und mit den geforderten Kompetenzen?

Sonderpädagogik und Trauma

Es kommt über Umwege heraus, dass Connors Mutter alkoholabhängig ist. Sie beginnt schon morgens zu trinken. „Der ist klar traumatisiert!", murmelt eine Kollegin über ihren Klassenarbeiten am Nebentisch. Sie habe dazu kürzlich in einem Artikel etwas gelesen. Die Sonderpädagogin ist ratlos und frustriert. Trauma? Ist das nicht was für Psychologen? Sie weiß, dass sie eine Antwort haben müsste, kann aber keinen klaren und fundierten Ratschlag zum Vorgehen geben.

Fragt man nach der geistigen Gesundheit von Kindern in der Schule, so antwortet die Sonderpädagogik nur im Zusammenhang mit Lernen und Bildung (Hänsel/Schwager 2003, 16). Dies ist unzureichend. Auch Budnik und Theunissen konstatieren, dass die schulische Sonderpädagogik noch nicht ausreicht, um „schwerer

gestörte, behinderte und benachteiligte Heranwachsende zu unterstützen und zu fördern" (2009, 483).
Dies liegt unter anderem an dem unzureichend ausgeprägten Verständnis von „Störung", die tief in die Disposition von Kindern eingreift und mit rein Stärken-orientiertem Vorgehen nicht zu greifen und zu beheben ist. **Sonderpädagogen kennen keine Ursache.** Sie beschreiben Verhaltensauffälligkeiten im Unterricht. Das ist ein gravierendes Problem, da eine Vielzahl von Kindern im Bereich der emotionalen und sozialen Entwicklung von stressreichen Erlebnissen betroffen und damit schwer belastet sind. Bezögen Sonderpädagogen Verhaltensauffälligkeiten auf traumatische Situationen, so würden sie sehr viel weiter kommen und dezidierte Hilfesysteme – und Programme entwerfen können. Auch Regelschullehrkräften könnte stärker geholfen werden, da diese immer wieder nach Ursachen, Programmen und genau umrissenen Rahmungen fragen. Sie wollen sich nicht auf den komplizierten (inneren) Diskurs und das Aushandeln von Stärken und Schwächen eines Schülers einlassen, sondern konkrete Hilfen und Anweisungen bekommen, die sie umsetzen können. Die Sonderpädagogik braucht hierfür starke Partner. Das heißt, sie muss sich in fachwissenschaftliche Kooperationen begeben und dafür wissen, was sie eigentlich ist, wofür sie steht und wohin sie gehen möchte. Diese Kooperationen, besonders hinsichtlich traumatisierten Kinder und damit die Verschränkung von Pädagogik und Therapie erfordert enge Absprachen und beteiligungssichernde Reflexionsformen (Fröhlich-Gildhoff 2016, 330).

! Fach- und Klassenlehrkräfte sind in diesem Feld ebenso gefordert, sich Wissen anzueignen. Vielleicht eine SchiLF im Kollegium? Die Sonderpädagogik sollte die Gelegenheit der Inklusion nutzen und sich in diesem Bereich stark aufstellen. Sonderpädagogik muss endlich anfangen, das anbieten zu können, was Regelschullehrkräfte benötigen, fundiertes Wissen um Ursachen und den dazugehörigen Programmen und Rahmungen. Dazu gehört die Annäherung an das Störungsparadigma.

Zusammenfassung der drei Bereiche und Ausblick

Drei Akteure, drei Denk- und Herangehensweisen, drei Arten der Unterstützung und Möglichkeiten der Erfassung des Kindes. Wie in den vorangegangenen Kapitel gezeigt, sind die beteiligten Fachdisziplinen Psychotherapie bzw. Pschotraumatologie, Sonderpädagogik und Sozialpädagogik unterschiedlich. Allen gemein ist ihre mäßige Kooperationsleistung, Methoden disziplinübergreifend zu kombinieren und Ziele abzusprechen. Die folgende Tabelle ist eine Einschätzung des Autors, Einzelfälle weichen natürlich ab. Sie soll helfen, die Unterschiede und Gemeinsamkeiten der Beteiligten zu erfassen.

Tab. 1: Zusammenfassung der Arbeitsweisen von Psychotherapie bzw. Psychotraumatologie, Sonderpädagogik und Sozialpädagogik/Sozialer Arbeit

	Psychotraumatologie	**Sonderpädagogik**	**Sozialpädagogik**
Erfassung	Diagnose	Begutachtung	Anamnese
Intervention	Therapie	Förderung/Beratung	Beratung
Setting	geschlossen	offen	offen
Einbezug des Umfelds des Kindes	mäßig	mäßig stark	stark
Kooperation mit anderen Disziplinen	gering	mäßig	mäßig
Planung des Vorgehens	Heil-/Therapieplan	Förderplan	Hilfeplan
Bezeichnung des Betroffenen	Klient	Schüler	Adressat
Bezeichnung des Unterstützers	Therapeut	Lehrkraft	Berater
Diagnose/ Einschätzung	Anpassungsstörung Posttraumatische Belastungsstörung (PTBS), etc.	Förderbedarf im Verhalten/im Lernen	Beschreibung der Situation/Anamnese

Um diese Unterschiede zu verdeutlichen, sei ein Beispiel aufgeführt.

Aishe ist 13. Sie lebt in einer Wohngruppe, nachdem sie aus ihrer Familie herausgenommen wurde. Ihr Stiefvater hat sie mehrfach missbraucht. Ihre Mutter ist hilflos und bekommt Depressionen. Auf der Wohngruppe lernt sie andere Kinder kennen, die ähnliche Situationen erlebt haben. In der Schule besucht sie die 7. Klasse einer Hauptschule. Sie hat den Förderbedarf E/SE und Lernen, geht einmal die Woche zu einem Psychotherapeuten und hat Gespräche mit dem Sozialpädagogen der Schule, weil sie in Schwierigkeiten geriet. Sie stritt sich mehrfach mit Mitschülerinnen und mobbte sie. Ihr auffälliges Verhalten ist seit der 3. Klasse bekannt und beobachtet worden. Ihre Noten sind seitdem auffällig schlechter geworden, ihr Sozial- und Arbeitsverhalten ist ungenügend. Frau K. ist die Klassenlehrerin von Aishe und sehr besorgt. Gespräche mit der Mutter haben nichts gebracht. Was soll sie tun?

Sozialpädagogik/Soziale Arbeit: Der Sozialarbeiter kommt zu dem Schluss, dass unbedingt mehr mit der Mutter gearbeitet werden muss. Er wird mit ihr sprechen und einen Plan vereinbaren, wie sie sich mehr um Aishe kümmern kann. Sie hat bisher einen sehr negativen Einfluss auf die Tochter, auch der Vater ist immer noch im Leben des Mädchens präsent. Sie muss unbedingt vor ihm geschützt werden. Der Sozialpädagoge vermutet, dass sie „wahrscheinlich traumatisiert ist", handeln wird er aufgrund *dieser* Feststellung jedoch nicht. Er führt die Gespräche mit Aishe weiter und beginnt, den Kontakt zur Mutter zu suchen. Weiterhin ist er im Gespräch mit den Mitarbeitern auf der Wohngruppe.

Sonderpädagogik: Die Sonderpädagogin „E/SE" erstellt einen Förderplan für Aishe, nachdem sie im Rahmen des mobilen Dienstes mehrere Male in die Schule kam. Nach diesem Förderplan soll ihr Verhalten von Lehrkräften beurteilt und ihre Fortschritte festgehalten werden. Die Sonderpädagogin verwendet positive und negative Verstärker (Lob/Nachsitzen/Smileys). Die Sonderpädagogin „Lernen" gibt dem Kind mehrere differenzierte Arbeitsblätter, die die Fachlehrkraft austeilt, sie ist an die Regelschule abgeordnet und kommt mit den Lehrkräften ins Gespräch. Sie bietet dem Kind in ihrem Förderraum einen sicheren Ort, an dem es lernen kann. Sie führt ebenfalls Gespräche mit dem Kind über die Schule, Lehrer, Eltern und Mitschüler.
Psychologie: Der Psychologe begutachtet das Mädchen und kommt zu der Einschätzung, dass es unter einer Posttraumatischen Belastungsreaktion leidet. Er erstellt einen Therapieplan und beginnt mit dem Mädchen zu arbeiten. Sie geht einmal die Woche zu ihm.
Es wird deutlich, dass traumatisierte Kinder mit sehr vielen Erwachsenen Gespräche führen und über ihre Erlebnisse reden, ohne dass die beteiligten Unterstützer voneinander oder den besprochenen Inhalten wissen. Auch wenn dies teilweise angemessen scheint, kann dies dazu führen, dass Kinder nicht nur gezwungen sind, die traumatischen Erlebnisse wiederzuerleben, sondern auch ein Dschungel von Vorgehensweisen, Methoden und Zielen entsteht, der konträr zu den Bedürfnissen eines traumatisierten Kindes liegt: traumatisierte Kinder brauchen Übersichtlichkeit, Struktur, Transparenz. Die getrennt voneinander stehenden Teile wie Förderung, Therapie und Beratung sind nicht koordiniert. Sie folgen keinem gemeinsamen, unter gesammelten Sachverstand festgelegten Zielen. Die Gründe für mangelnde Kooperationen zwischen den Disziplinen wurden zum Teil vorangehend aufgeführt, es zeigte sich, dass der Hauptgrund in mangelnder Kommunikation zwischen den Akteuren besteht. Fast scheint es, als ob sie verschiedene Sprachen sprechen.

Nachdem Aishe zum dritten Mal erzählen musste, wie sie eine Mitschülerin gestoßen hat, die „Bitch" zu ihr gesagt hat, ist sie verwirrt, aber auch hocherfreut. Keiner scheint eine Ahnung zu haben, was los ist: Die Situation wird zunehmend kompliziert und zieht immer weitere Kreise. Mehr Mitschülerinnen werden involviert, alte Fehden aktiviert. Schließlich ist die Mutter Schuld, weil sie bei einer Besuchsübernachtung verschlafen hat und damit auch Aishe. Sie kümmere sich sowieso überhaupt nicht um sie.

Psychologie: Der Psychologe fragt, was der Ärger mit ihr mache und wie sie mit den Beleidigungen umgeht.
Sozialpädagogik/Soziale Arbeit: Der Sozialpädagoge sagt, dass Gewalt nicht gut ist und es viele andere Wege gibt, Konflikte zu lösen.
Sonderpädagogik: Die Sonderpägogin E/SE rät der Lehrkraft, das Kind mehr verstehen zu lernen und gleichzeitig engere Grenzen zu ziehen. Die Sonderpädagoin „Lernen" differenziert weiterhin ihre Arbeitsblätter.

Aishe hat herausgefunden, dass ihre Unterstützer nicht oder kaum miteinander reden. Die Ebenen, die involviert sind, betreffen immer mehr Bereiche und machen eine Absprache immer nötiger, aber geschehen tut sie nicht. Die einzige hilfreiche Konstante ist paradoxerweise nun der Unterricht von Frau K.: Er tut Aishe gut und hält sie davon ab, weiter abzustürzen. Damit verbleibt die Hauptlast jedoch bei der Lehrkraft.
Aishe nutzt die Verwirrung der Helfer, um falsche Informationen zu streuen, die nicht nur viel Zeit kosten, sie in Gesprächen zu entkräften, sondern Helfer stark verunsichert. So sagt Aishe, dass sie von einer Lehrkraft mehrere Male angefasst wurde, was nicht der Wahrheit entsprach. Aishe ist nun in einer Machtposition. Das ist eigentlich etwas sehr Positives. Sie sollte sich als wirksam erleben und „selbstbemächtigen“ (Weiß 2011) können. Sie gewinnt jedoch nicht nur Macht über ihre Umgebung und lernt sie zu kontrollieren, sondern auch über Helfer, die sie als Mit-Täter identifiziert: Menschen, von denen sie denkt, dass diese sie nicht verstehen, die vielleicht sogar im Kompetenzgerangel aneinander geraten. Ihre Hilfe ist somit äußerst ineffektiv und sogar schädlich.
Nun ist der einzige Nenner, auf den sich alle Akteure stillschweigend geeinigt haben, in Gefahr: Hilfe für das Kind. Die Lehrkraft Frau K. fasst sich ein Herz und spricht dieses Problem an. Sie redet mit der Lehrkraft, der Schulleitung, den Fachlehrkräften, dem Sozialpädagogen (er verweist auf seine Schweigepflicht), den Sonderpädagoginnen, sogar der Sekretärin und dem Hausmeister. Den Psychologen erreicht sie leider nicht. Es muss doch eine Lösung geben, die Aishe bei ihrer Entwicklung unterstützt und ein weiteres Absinken ihrer Leistungen verhindern hilft!
Reale Geschichten aus dem pädagogischen Alltag sind an dieser Stelle meist vorbei bzw. gehen nicht gut aus: Die beteiligten Akteure sind frustriert. Es ist kein Fortschritt zu beobachten, obwohl alle ihr Bestes geben. Aishes Noten sacken weiter ab, sie wird ohne einen Hauptschulabschluss von der Schule gehen.

Angenommen, es liefe anders: Wie würde es denn laufen?

Szenario 1: Frau K. bekommt den Tipp eines Kollegen, der eine Fortbildung „in Trauma“ gemacht hat. Dort erfuhr er von sogenannten „Traumapädagogen“, die sich auf schwer belastete Kinder spezialisiert haben, die traumatisiert sind. Die Lehrkraft kontaktiert diesen Spezialisten, die Landesschulbehörde stimmt dem Antrag auf Übernahme dieser Expertise zu. Der Traumapädagoge organisiert die Kommunikation der Beteiligten und führt eine Fortbildung durch. Sie setzen sich an einen Tisch und erarbeiten ein Vorgehen. Alle Beteiligten stellen ihre Expertise zur Verfügung und sind jederzeit Ansprechpartner. Ihre Ziele sind aufeinander abgestimmt. Sie vereinbaren, sich alle zwei Wochen über eine Videokonferenz zu treffen und abzusprechen sowie die Hilfen zu evaluieren, um evtl. den Kurs zu korrigieren. In Krisen soll die Kommunikation verstärkt werden.
Szenario 2: Die Sonderpädagogin hat eine Weiterbildung zur Traumapädagogin gemacht und spricht sich nun mit dem Psychologen und dem Sozialpädagogen ab.

Alle drei erarbeiten ein traumapädagogisches Konzept zur Hilfe von Aishe. Dieses beinhaltet eine therapeutische Intervention durch den Psychologen, eine intensive Arbeit mit Aishes Umfeld durch den Sozialpädagogen, schulische Hilfen, Sensibilisierung der Mitarbeiter der Schule und eine Koordination der Akteure durch die Sonderpädagogin. Sie leitet diese Informationen an die Klassenlehrkraft weiter, diese unterrichtet die Fachlehrkräfte. Alle Beteiligten sind nun traumasensibel.
Auch andere Szenarien sind durchaus vorstellbar.

Aishe geht es nach einer Weile besser. Sie bemerkt den Zusammenhalt der Erwachsenen um sie herum. Auch wenn es ihr ein wenig unangenehm ist, dass nun alle für sie und ihre Herausforderungen sensibilisiert wurden, fühlt sie sich sicherer und aufgehobener. Bei Krisen können alle Erwachsenen helfen, keiner macht mehr dumme oder unangemessene Kommentare, wenn es ihr schlecht geht.

Nach einigen Wochen ruft nun ihre Mutter öfter an, bald soll wieder ein Treffen, dass der **Sozialpädagoge** organisiert hat, stattfinden. Auch die Mitarbeiter der Wohngruppe sind involviert. Der **Psychologe** heißt den Kontaktaufbau mit der Mutter gut und sagt, dass sie große Fortschritte mache, was sie sehr freut. Die **Sonderpädagogin** baut die schulischen Hilfen langsam ab. Dies gibt ihr Selbstvertrauen. Die **Lehrkraft** Frau K. ist erleichtert. Sie kann endlich wieder Unterricht machen und muss sich nicht mehr um etwas kümmern, von dem sie kaum eine Ahnung hat und es auch nicht will. Die Zeiträume zwischen den regelmäßigen Gesprächen der Akteure werden nun länger. Sie kommen nun nur noch einmal im Monat zusammen. Schließlich haben sie ihr Abschlussgespräch und evaluieren die Hilfen. Was hat gut geklappt, was nicht, wo und wie kann man die Kooperation verbessern?
Es wird offensichtlich, wie viel Kommunikation innerhalb der Kooperation in pädagogischen Prozessen ausmacht. Wenn Schweigepflichtsentbindungen vorhanden sind, können sich die Akteure austauschen. Dieser Austausch ist, entgegen der Meinung vieler Kollegen und Kolleginnen kein Mehraufwand an Zeit. Es ist ein *anderer* Aufwand, der sich langfristig bezahlt macht. Das auffällige Verhalten wird weniger werden, die Belastung kleiner, der Unterricht effektiver. Er schützt vor Frustration durch ineffektive Förderung, Therapie und Beratung und dem damit verbundenen „Verlust" einer Schülerin, eines Klienten, eines Adressaten. Es werden andere Kompetenzen gefordert, ebenso wie ein vertieftes Verständnis der eigenen Kompetenzen, Rahmenbedingungen und Wirkungsbereiche.
Wie kann diese Kommunikation gelungen umgesetzt werden und damit Kooperation zum Wohle des Kindes so effektiv wie möglich gestaltet werden?
Ein Tool wird benötigt, das Übersetzungen möglich macht. Übersetzungen haben in diesem Kontext häufig die Nebenwirkung, dass Inhalte reduziert, Fachsprache angeglichen und Wirkungsbereiche vermittelt werden müssen. Komplexe Sachverhalte verbleiben in den spezialisierten Settings der Experten, wie Therapie, Beratungsgespräch oder Förderung. Es gilt, zentrale Inhalte zusammenzufassen und im

Expertenkreis weiterzuleiten. Dieses Tool erfasst daher die Hilfen und Ziele der beteiligten Akteure sowie die Dokumentation des Fortschritts und die Evaluation. Als Mediatoren dieser Gruppe bieten sich Sonderpädagogen oder Sozialpädagogen an. Diese arbeiten bereits in der Schule, wissen um die Problemfelder, Herausforderungen und Chancen dieses speziellen Feldes. Auch ist ihre Tätigkeit weitgehend finanziell gedeckt.
Natürlich kann man diese Bereiche nicht trennscharf voneinander betrachten. Sie sind vielmehr eine Idee, die Kommunikation erleichtert. Sonderpädagogen und Psychologen sollten Wirkfaktoren ebenso im Blick haben, wie dies Sozialpädagogen tun. Der Vorteil dieses Modells ist eine Aufgaben- und Schwerpunktverteilung. Durch diese bekommen alle Beteiligten alle notwendigen Informationen. Dies schützt sie und die Kinder, die so betreut werden. Ihre Interventionen werden effektiver und können flexibler auf Krisen reagieren.
Kooperationen werden als eine der effektivsten Möglichkeiten der Unterstützung für traumatisierte Kinder im Kapitel Kooperation erläutert. Dort finden Sie auch ein Tool, das die Informationen in diesem Kooperationsmodell zusammenfügt und so die Kommunikation erleichtert.

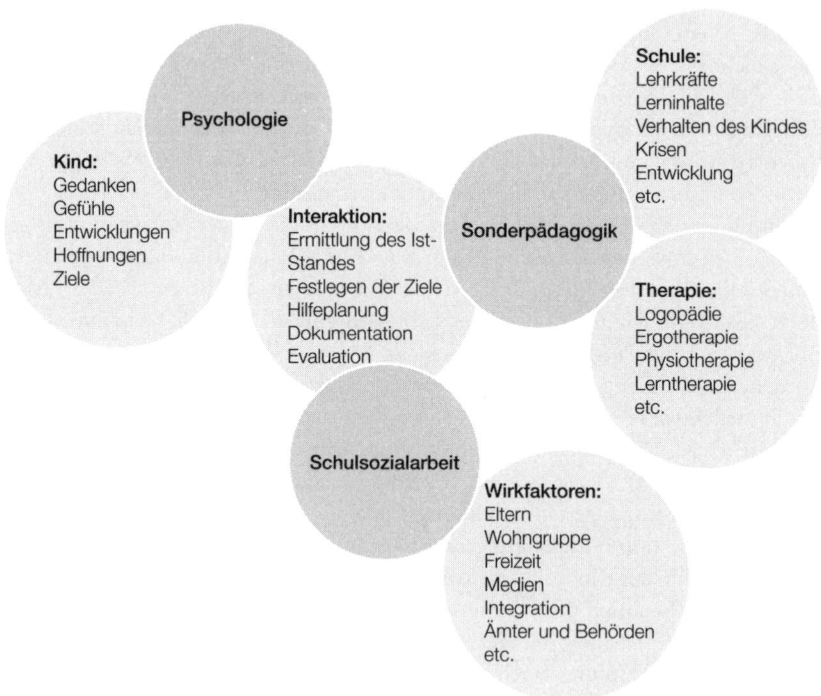

Abb. 5: Expertenkreise

3 Welche Einflüsse wirken auf das Kind?

Die Ursachen für Traumata sind komplex und noch nicht hinreichend erforscht. Viel zu individuell sind die Einflussfaktoren, wie Schwere, individuelle Wahrnehmung und Ressourcen, die dazu führen, dass ein Mensch schwer belastet, traumatisiert wird. Um uns diesem Thema zu nähern, müssen zwei Bereiche geklärt werden. Zum einen müssen Ursachen von schweren Belastungen für dieses Buch erläutert werden. Was sind diese? Wie sehen sie aus? Aus welchen Bereichen kommen sie und wie schwerwiegend sind sie?

Der zweite Bereich sind Risiko- und Schutzfaktoren, bzw. das Modell der Resilienz. Sie haben einen großen Einfluss nicht nur auf die Bewältigung von Traumata, sondern auf ihre Entstehung.

Im dritten Teil dieses Kapitels werden die Risikofaktoren, Schutzfaktoren und Ursachen im hier vorgestellten Modell der „Wirkfaktoren" vor dem Hintergrund von Traumafolgestörungen *verbunden*. Dieser Schritt ist wichtig, da die folgenden Kapitel auf traumasensiblen Sichtweisen, also des Einbezugs von *Wirkfaktoren*, beruhen. Vorangegangene Forschung im Bereich der traumpädagogischen Unterstützung in der Schule zeigten, dass herkömmliche Modelle der Risiko- und Schutzfaktoren nicht mehr ausreichen, um das komplexe Feld der traumabezogenen Förderung zu stützen (Hehmsoth 2017).

Einen Teil dieses Kapitels nehmen deshalb die Wirkfaktoren selber ein, die in fünf Bereiche gegliedert werden. Es ist anzunehmen, dass diese vielseitiger ausgeprägt sind. Für dieses Werk wurden die Aufgeführten ausgewählt. Diese haben den größten Einfluss auf Schüler und Schülerinnen in der erfahrenen Praxis. Für Studierende ist hier wichtig zu erkennen, dass diese Erläuterungen aus verschiedenen Fachrichtungen stammen, wie sich auch das Feld Trauma in verschiedenen Bereichen bewegt. Die im Folgenden ausgeführten Inhalte stammen aus der Soziologie, der Sozialpädagogik und der Resilienzforschung (Fooke 2006). Verbindungen zu traumabezogenen Anlässen stammen aus der Psychotraumatologie (Fischer und Riedesser 2009), der Traumapädagogik, aber auch von Soziologen und Pädagogen, die starke Verbindungen zu psychischen und physischen Erkrankungen etablieren (Mangelsdorff 2008, Colbert 2008, Fröhlich-Gildhoff/Rönnau-Böse 2018). Im Kontext von Trauma sind viele verschiedene Faktoren zu berücksichtigen. Sie werden sich nicht auf ein Fachgebiet beschränken können.

Ursachen

Ursachen spielen im Kontext von Traumafolgestörungen naturgemäß eine wichtige Rolle. Ihre Definition im vorgestellten Bereich ist jedoch unscharf. Es gibt zwei Sichtweisen auf Ursachen: Jene Gruppe von Experten, die Ursachen beschreiben und aufführen und jene, die die Definition von Entstehung und Folge, sowie dem Prozess dazwischen infrage stellen.
Beginnen wir mit der Ersteren: Sprung (2018) führt eine Liste von traumatischen Erfahrungen auf. Diese ist beispielhaft und wird in dieser oder anderer Form in vielen verschiedenen Werken aufgeführt. Die Erfahrungen sind in unserem gesellschaftlichen „Gewaltgedächtnis“ als schwerwiegend aufgeführt. Fast jeder Bürger nimmt an, dass diese Erfahrungen zu psychischen Traumata führen:

> „Militärische Gefechte, gewalttätige persönliche Angriffe, Entführungen, Geiselnahmen, Terrorangriffe, Folter, Inhaftierung, Naturkatastrophen oder von Menschenhand verursachte Katastrophen, Verkehrsunfälle, lebensbedrohliche Erkrankungen und sexuelle Gewalt [...] schwerwiegende Verletzung oder Tod einer anderen Person aufgrund von gewalttätigen Angriffen, Unfall, Krieg oder Katastrophe sowie die plötzliche unerwartete Konfrontation mit einem Leichnam oder Leichenteilen. Außerdem zählt zu den traumatischen Erfahrungen auch der plötzliche unerwartete Tod eines Familienmitglieds oder nahestehenden Freundes [...] medizinische Eingriffe, Vernachlässigung, Angriff durch ein Tier, Nahrungsmangel, Verlust und Entbehrungen, [...] ernsthafte medizinische Erkrankungen, Todesfälle, [...] Umzug in eine neue Wohnung/Ortschaft, Schulwechsel, Geburt eines Geschwisters, Trennung oder Scheidung der Eltern oder Arbeitsverlust der Eltern“ (Sprung 2018, 43).

Nun zu der zweiten Gruppe, den Kritikern: Ursachen werden unter verschiedenen Begriffen in der Fachwelt geführt, mit verschiedenen Bedeutungen versehen und kontrovers diskutiert. Es wird von Ereignissen, Erlebnissen, Erfahrungen und Situationen gesprochen. Sie alle haben gemein, dass sie Auslöser für eine komplexe Folge von Auswirkungen sind.
Was heißt denn nun „Trauma“? Ist „Trauma“ nun die Folge eines Ereignisses oder das Ereignis selber? Ist es Einfluss, Ursache oder Folge? Fischer und Riedesser halten fest, dass man zwischen „Trauma“ und „traumatischem Ereignis“ trennen sollte (Fischer/Riedesser 2009, 63). Der Begriff ist aber weiterhin unscharf, nicht zuletzt durch die Diskussion, ob Trauma objektivierbar ist, oder subjektiv, aus der Sicht des Betroffenen, betrachtet werden muss. Das verwundert stark, ist der Begriff „Trauma“ doch zentrale Grundlage dieser Wissenschaft und sollte geklärt sein. Fischer und Riedesser fordern an dieser Stelle eine „Dialektik“, die subjektive und objektive Sichtweisen miteinander vermittelt.
Ursachen, Erlebnisse, Ereignisse, Auslöser befinden sich immer in einem Kontext, wie der Betroffene in eine Umwelt eingebettet ist. Die Psychotraumatologen nennen dies einen „öko-psychologischen Gesichtspunkt“ (ebd. 64). Dieser wird selbst in betroffenen medizinisch-psychologischen Disziplinen vernachlässigt. Hier zeigt

sich auch die (begründete?) Angst der Pädagogen vor einer Reduktion der Kinder auf eine Störung durch Vernachlässigung der Umfeldeinflüsse. Dieses Werk greift diese Gedanken auf und geht noch einen Schritt weiter. Warum durch Dialektik, Vermischung von Ereignis und Folge und Betonung des Umfelds die Erfassung traumatischer Störungen erschweren? Warum nicht von vornherein ein Modell entwerfen, das all diese Faktoren miteinschließt und so das Kind ganzheitlich betrachtet werden kann? Um dieses zu entwickeln, müssen wir der Psychotraumatologie noch ein wenig folgen. Es werden verschiedene Modelle aufgeführt, die Licht in die Klärung der Ursachen bringen.
Sie lassen sich, sehr grob aber für unsere Zwecke ausreichend, in zwei Kategorien einteilen, so gelingt eine differenziertere Sichtweise.
Typ 1, das große „T"- Traumata sind schwere Unfälle, Naturkatastrophen, Krieg und Vergewaltigungen. Hier werden jene Erlebnisse beschrieben, die wir im Kopf haben, wenn wir „Trauma" hören (Van der Kolk 2014).
Typ 2, das kleine „t" – Traumata umfasst jene Belastungen, die kaum als solche erfasst werden: Mobbing, überwältigende Erfahrungen oder solche, die lange zurückliegen, aber bisher kaum als traumatisierend wahrgenommen wurden.

Tab. 2: Typ 1 und Typ 2 Traumata

Typ 1	Typ 2
Schwere Unfälle, Krieg, Folter, Überfälle, Vergewaltigungen, Operationen, lebensbedrohliche Krankheiten, Vernachlässigung und Misshandlung	Mobbing, Demütigungen, in der Schule, zu Hause, im Beruf, Scheidung, Ortswechsel, kulturelle und sprachliche Unterschiede, rechtliche Schwierigkeiten *Hervorzuheben sind folgende Einflüsse:* Das Erleben von Armut, (übermäßiger) Medienkonsum, kulturelle und sprachliche Barrieren, Anfeindungen und Ausschluss aufgrund der Herkunft, unsicherer Aufenthaltsstatus, Leistungsdefizite in der Schule, im Beruf und im privaten Umfeld, schädigendes Erziehungsverhalten der Eltern, der Verwandten, u.v.m.

Diese Unterteilung von Belastungen ist für dieses Buch und Traumafolgestörungen im Kontext von Schule besonders wichtig, da sie im Unterricht kaum betrachtet wurden, aber eine große Bedeutung haben. Die Symptomatik, die eigentlich Traumata zugeordnet werden muss, wird ursächlich überhaupt nicht so gesehen. Das heißt, ein Kind, dass traumatisiert ist, wird nicht als solches wahrgenommen, weil keine Auslöser und Symptome identifiziert und aus der schwere der Ursache Auswirkungen abgeleitet wurden.

Folgendes Beispiel mag den Sachverhalt verdeutlichen: Anke war draußen im kalten nebeligen Herbst spielen. Sie war immer warm genug angezogen. Sie hat kein Fieber, fühlt sich aber krank und möchte zu Hause bleiben. Die Mutter entgegnet: Anke kann eigentlich nicht krank sein, weil sie ja draußen immer die Jacke anhatte. Dabei gibt es eine Vielzahl von Krankheiten, die ohne diese Ursachen und Symptome auskommen. Die Schule agiert ähnlich. Überspitzt formuliert: Ein Kind, das nicht vergewaltigt wurde oder Krieg erlebt hat, kann nicht traumatisiert sein. Ein weiteres Beispiel ist folgende Aussage einer Lehrkraft: „Der kommt aus Afghanistan, der ist nicht traumatisiert!" Dabei kommt es auf unzählige Faktoren (und nicht nur die Herkunft) an, beginnend bei der Art der Einflüsse auf das Kind selber, die bestimmen, ob ein Kind schwer von einem Ereignis belastet wird, das auf andere eventuell unscheinbar wirkt. Viele Maßnahmen, Erziehungs- und Unterrichtsmethoden, vor allem in der Schule, sind daher wirkungslos oder sogar schädlich, weil sie am Eigentlichen vorbeigehen.
Die Tabelle macht deutlich, dass zu den Ursachen von Traumata weit mehr gehört, als bisher angenommen. Die Aufzählung von Typ 1 und 2 zeigt, dass wir alle traumatisiert sind, nur unterschiedlich schwer und mit unterschiedlich großen Ressourcen zur Bewältigung dieser Erfahrungen. Dies führt zu folgender Aussage:

! Traumafolgestörungen sind Spektrum-Störungen.

Diese Aussage ist sehr wichtig. Sie zeigt, dass zu „Trauma" noch sehr viel mehr gehört, als wir bisher angenommen haben. Sie markiert einen Paradigmenwechsel: Eigentlich kann *alles* traumatisierend wirken, wenn es in einen gewalttätigen, schädigenden, negativen Kontext und mangelnde Ressourcen gesetzt wird. Gewalt nimmt hierzu unterschiedlichste Ausformungen an. Gewalt ist sehr viel mehr, als sie denken. Pausenbrot niemals für das Kind geschmiert? Zu arm, um es sich leisten zu können? Krankheit, Krankenhaus, die Eltern in Scheidung, Arbeitslosigkeit, Ärgern von Klassenkameraden? Es kommt einiges an Gewalt zusammen, das wir gar nicht als solche wahrnehmen, Betroffene aber sehr wohl.
Die Einflüsse, die negativ auf Kinder wirken, haben in Deutschland zugenommen. Sie sind vielseitig und unterschiedlich ausgeprägt. Sie bewegen sich innerhalb eines großen Spektrums. Gründe hierfür sind die Entwicklung von Kriegen und die damit verbundene Flüchtlingsbewegung, der Einfluss von Medien auf Kinder und Jugendliche sowie das Erziehungsverhalten vieler Eltern, die immer häufiger mit dem Verhalten der Kinder und ihrer eigenen Rolle als Erzieher überfordert sind. Man mag denken, dass Erziehung gewaltfreier als früher verläuft, schließlich ist das Schlagen von Kindern gesetzlich verboten. Gewalt hat jedoch viele Formen, die nicht zwangsweise körperlicher Natur sind. Auch die Schule trägt dazu bei, dass Kinder mehr (traumatischen) Stress erleben.
Lehrkräfte werden mit hoher Wahrscheinlichkeit nur sehr wenigen Kindern begegnen, die Traumata erlitten haben, die unter die Kategorie Typ 1 fallen. Diese Kinder

sind meistens stationär untergebracht, werden nicht in Regelschulen beschult oder kommen aus vielen verschiedenen Gründen nicht zur Schule. Die Situation ist meistens sehr verworren, kaum zu überblicken und hat eine jahrelange Vorgeschichte von Wirkfaktoren. Eine Ausnahme bilden minderjährige (unbegleitete) Flüchtlinge. Diese sind mit großer Wahrscheinlichkeit derart schwer belastet, dass man von Traumatisierungen sprechen kann und sich sehr wohl im Unterricht finden lassen.
Traumata können auf unterschiedliche Art und Weise entstehen. Das Wissen über die Entstehungswege kann Lehrkräften helfen, potentielle Belastungen besser zu erkennen und wie ein Detektiv Indizien zusammenzufügen.
Allgemein gilt, dass Täter (Einflüsse, Menschen, Umwelt, etc.) Opfern (Kinder und Jugendliche) Sicherheit nehmen. Wo vorher nur ein Gehsteig war, den man mit Sicherheit gefahrlos betritt, ist nun an jeder Ecke ein Auto, dessen Fahrer nicht aufpasst, wohin er fährt. War es zuerst die beste Freundin, ist es nun die größte Widersacherin, die einem das Leben zu Hölle macht. Wo vorher der Stiefvater stand, gibt es nur noch Schrecken. Heimat wird zum Kriegsschauplatz. Aber auch Mobbing, Arbeitslosigkeit und Armut sind Auslöser, die Sicherheit auflösen und zu einem starken Belastungsempfinden führen.
Die ‚Seele' ist verletzt, der unverletzbare Kern eines Menschen kaputt. Weiterhin zeichnen sich Traumata dadurch aus, dass Betroffene keinen Ausweg sahen, keine Flucht möglich war, keine Verteidigung (Huber 2003). Sie waren hilflose Opfer und sind es weiterhin.
Die Erkenntnis, hilf- und machtlos gewesen zu sein, führt zu einem starken Belastungssempfinden. Die Aussage „Traumafolgestörungen sind Spektrum-Störungen", wird unterstrichen, wenn wir weitere Faktoren hinzunehmen, die die Klassifizierung eindeutiger Ursachen und Entstehungswege und damit die Definition von Trauma noch weiter führt.
Im Folgenden werden für Sie wichtige Arten aufgeführt. Die Liste ist natürlich nicht voll umfänglich, sie umfasst nur jene Begriffe, die sie im Studium oder der schulischen Praxis tatsächlich brauchen werden. Lassen sie sich nicht von den Fremdwörtern abschrecken. Sie helfen Ihnen, die Dinge zu versachlichen.

Tab. 3: Entstehungsformen

Entstehungsform	**Beschreibung**
transgenerational	Dieser Begriff umreißt das Phänomen, dass Traumata der Eltern an Kinder weitergegeben werden. Sie sind generationsübergreifend. Sei es direkt, durch sekundäre Traumatisierung oder die Folgen ihrer Traumatisierung, wie erlebte Gewalt, die weitergegeben wird, Delinquenz, Bildungsgrad, Angst vor Schulen, Lehrern. Trauma ist gewissermaßen *vererbbar*.

Entstehungsform	Beschreibung
kumulativ	Ereignisse können einmal geschehen und jemanden ein Leben lang beeinträchtigen oder mehrere Male. Der Begriff „kumulativ" umfasst Erlebnisse wie Vernachlässigung, sprachliche und kulturelle Barrieren, oder erlebte Defizite aufgrund der Herkunft, schlicht ein Mangelerleben (Versorgung, Akzeptanz, Integration) auf vielen Ebenen die immer wieder, die ganze Kindheit erfahren werden. Dieser Begriff ist für dieses Buch besonders wichtig, da er die Vernetzung von Wirkfaktoren beschreibt, die zu einem überaus komplexen Belastungsbild führen.
sequentiell	Keilson (1979) stellte dieses Modell auf, das beschreibt, wie stark belastend die einzelnen Sequenzen einer Flucht aus dem Herkunftsland auf Menschen wirken (z.B. Verlassen der Heimat, Aufenthalt im Asylverfahren, Rückkehr als Fremder). Die sequentielle Traumatisierung zeigt, dass die meisten Flüchtlinge ein hohes Belastungsempfinden haben müssen.
Entwicklungstraumata	Dieser Begriff beschreibt Traumata, die in früher Kindheit entstanden sind, die Biografie nachhaltig negativ beeinflussten und viele verschiedene Faktoren miteinbeziehen, hauptsächlich jene des Typs 2. Kinder verkümmern und gedeihen nicht mehr. Je früher Traumata erlitten werden, desto größer die Auswirkungen auf das restliche Leben (Huber 2007; Van der Kolk 2005)
primär, sekundär, tertiär	Menschen machen Erfahrungen auf unterschiedlichem Wege. Entweder erleben sie Ereignisse direkt (primär), z.B, in einem Unfall. Man sieht, wie der Unfall geschieht (sekundär) oder man liest davon in der Zeitung, sieht einen Film, erfährt von der Biografie eines Kindes über seine Schulakte (tertiär).

Sie sehen, dass traumatische Erfahrungen auf unterschiedlichste Art und Weise entstehen können. Lehrkräfte können und dürfen Trauma deshalb nicht so eng fassen, wie dies Therapeuten tun. Sie *können* dies gar nicht, da sie nicht die diagnostischen Kompetenzen besitzen. Lehrkräfte wissen nicht, was ihr Schüler erlebt hat, wie schwerwiegend die Erfahrung war, sie haben keine evaluierte Vorgehensweise, der sie folgen können.

Die pädagogische Fassung des Begriffs von Trauma und das Verständnis von Ursachen, müssen sich deshalb von dem Begriffsempfinden der Therapeuten unterscheiden. Sie müssen Trauma weitergreifen und von seinem Ursprung herleiten. Dies sind *Belastungen*, die ein Kind erlebt. Lehrkräfte können nicht von einem Symptomkomplex ausgehen, der auf eine PTBS schließen lässt, sondern von einem Haufen von Indizien, die sie aus dem Unterricht sammeln, aus der Schulakte, aus

Gesprächen mit Kollegen erschließen. Man muss aufpassen, was man als „traumatisierend" bezeichnet, und was nicht. Nicht alles ist eine einschneidende Erfahrung, aber *viel mehr, als wir denken*. Sehen wir Problemzusammenhänge als Kumulation, so nehmen wir sie ernst. Gehen wir davon aus, dass diese Zusammenhänge zu hohen Belastungen führen, so handeln wir anders. Wir brauchen diese Ernsthaftigkeit in Problembereichen, die bisher als geringfügig abgetan wurden. Wir brauchen einen neuen Traumabegriff und ein individuelleres Ursachenverständnis für Lehrkräfte.
Es ist deshalb mithin sehr schwer, hoch belastete Kinder in der Schule zu erkennen, weil Sie nicht alle Zusammenhänge kennen, weil Trauma als Spektrum, individuell und kontextbezogen wahrgenommen werden muss. Risiko- und Schutzfaktoren helfen, schadende oder helfende Anteile im Umfeld zu identifizieren und spielen eine sehr große Rolle im Erleben und der Bewältigung von Traumafolgestörungen. Sie sollen im Folgenden kurz vorgestellt werden.

Risiko- und Schutzfaktoren, Resilienz

Risiko- und Schutzfaktoren sind eines der ungelösten Geheimnisse der Belastungsforschung, nicht nur in der Altersgruppe Kinder und Jugendliche oder dem Bereiche Schule und Bildung. Es gibt zwar eine Vielzahl von Definitionen, aber kaum eine, die sich durchsetzt, ähnlich, wie der Bereich der Ursachen und Folgen von Traumata ungeklärt ist. Hier wird ebenso auf ein dialektisches Flickwerk zurückgegriffen, dass die subjektive und individuelle Perspektive auf Belastungen ermöglicht und vor allem zulässt.
Risiko- und Schutzfaktoren haben einen erheblichen Einfluss auf die Bewältigung von Traumata. Sie miteinzubeziehen ist die Pflicht jedes Unterstützers, jedes Akteurs, der mit Kindern und Jugendlichen arbeitet oder unter diesen Gesichtspunkten forscht. Wenn Sie dies nicht tun, werden Sie feststellen, dass überhaupt nicht klar ist, welchen Ausgangspunkt eine Förderung nimmt, welchen Weg sie beschreitet und welches Ziel sie haben soll. Sie wissen nicht, was eventuell erschwerend oder erleichternd wirken wird, was eine schulische Förderung gefährdet oder überhaupt möglich macht.
Nicht nur im Bereich der Traumaforschung bekommt dieser Bereich also eine besondere Bedeutung, aber beginnen wir von vorne: Was versteht man unter Schutzfaktoren?

Schutzfaktoren

Mahler beschreibt Schutzfaktoren als „Bufferung oder Absorbtionsleistung [...] durch Fähigkeiten und Fertigkeiten des Individuums aber auch durch erfahrene Unterstützung im sozialen Netzwerk" (Mahler 2006, 33). Es wird ausgeführt, dass soziale Lernprozesse eine wichtige Grundlage bilden. Driers nennt Vertrauen und

Wertschätzung als wichtige Faktoren, die produktive Effekte herstellen (2014, 143). Lehrkräfte sind dazu aufgefordert, Ressourcen zu stärken. Schutzfaktoren sind unter anderem positive Temperamentseigenschaften, intellektuelle Fähigkeiten, erstgeborenes Kind zu sein, weibliches Geschlecht (Fröhlich-Gildhoff/Rönnau-Böse 2018, 29). Es ginge nach den Autoren darum,

> „dass Kinder die Erfahrung machen, dass sie Aufgaben und Anforderungen erfolgreich bewältigen und sie selbst darauf Einfluss nehmen können. Je mehr Unterstützung und Möglichkeiten ein Kind dazu hat, desto leichter wird es ihm fallen, mit schwierigen Situationen umzugehen" (ebd. 31f).

Sie beschreiben die Beziehung zu einem Kind als einen wesentlichen Schutzfaktor. Schutz- oder produktive Faktoren sind also Einflüsse, die positiv auf das Kind wirken. Sie unterstützen es in der eigenverantwortlichen und eigenmächtigen Lösung von Problemen, der Begegnung von Herausforderungen und der Ergreifung von Chancen. Schutzfaktoren spielen in der Schule eine wichtige Rolle, da Schule dazu neigt, nach den Lücken, Desideraten und Verfehlungen zu schauen, um diese dann korrigieren zu können. Gute Schüler werden weniger gefördert, als schlechte. So wirkt das Verständnis von Schutzfaktoren auch als Prävention. Der Einbezug schützt vor dem Erleiden negativer Folgen, bevor sie erlebt werden. Als Intervention schaffen sie Ressourcen, um Erlebnisse zu bewältigen.
Der Begriff ist unhandlich, da Schutzfaktoren eindeutig identifiziert werden müssen, obwohl das häufig schwierig ist. So kann Bildung, eigentlich ein eindeutiger Schutzfaktor, dazu beitragen, Ressourcen zu entwickeln, es erhöht aber auch die Wahrscheinlichkeit traumatisiert bzw. schwer belastet zu werden, wie es im Kölner Risiko Index aufgeführt ist (Fischer/Riedesser 2009, 350). Der Begriff ist unscharf, hat aber einen anderen Anspruch, schließlich werden Maßnahmen aufgrund dieser Einteilung durchgeführt. Wie steht es um die Risikofaktoren?

Risikofaktoren

Mahler bezeichnet Risiko als Wahrscheinlichkeit und bezieht Rahmenbedingungen mit ein, die zu einer Kumulation von „bestimmten belastenden Einflüssen und Verhältnissen" (Mahler 2006, 33) führen. Fooke beschreibt langfristige Auswirkungen von Risikofaktoren, wie dauerhafte Störungen und das Gefühl des Scheiterns (2016, 15). Er führt auf, dass Risikofaktoren nicht objektiv bestimmbar sind, sondern das subjektive Erleben der Betroffenen ausschlaggebend ist. Das Ausmaß des Leidens steigt mit der Anzahl der negativen Lebensereignisse (Sprung/Kaiser/Riffler 2018, 207). Risikoerhöhende Merkmale sind unter anderem Geschlecht (Mädchen mehr als Jungen), Alter und Entwicklungsstand des Kindes (je früher desto schwerer), Dauer und Kontinuität (je länger, desto schwerer), Kumulation (je häufiger, desto schwerer) (Fröhlich-Gildhoff/Rönnau-Böse 2018, 25).
Risikofaktoren haben also einen erheblichen Einfluss auf die Gestaltung unseres Lebens, aber auch auf die Bewältigung von Stress und negativen (traumatischen)

Erfahrungen. Sie führen zu psychischen Störungen (ebd. 20). Dies lässt uns den Begriff von Risikofaktoren und ihre Bedeutsamkeit hinterfragen. Wenn Risikofaktoren zur Entstehung von psychischen Störungen führen, können sie auch Auslöser sein. Fischer und Riedesser bemerken eben diesen Umstand. Risikofaktoren werden zu „traumatischen Situationsfaktoren" (2009, 161). „Es käme einer Verharmlosung und Bagatellisierung gleich, wollten wir etwa fortgesetzte schwere Misshandlung von Kindern und Jugendlichen zum ‚Risikofaktor' herabstufen" (ebd.). Diese Diskussion wurde, vorsichtig ausgedrückt, nur sehr selten in pädagogischen Kontexten geführt. Selbst in der Psychotraumatologie muss dies extra hervorgehoben werden. Wieso also ein Konstrukt bemühen, dass nicht immer zutreffend ist? Risikofaktoren sind sehr viel mehr als Faktoren, die die Wahrscheinlichkeit erhöhen, dass Kinder ungünstige Entwicklungsverläufe erleben. Sie sind Faktoren, „die die kindliche Entwicklung gefährden, beeinträchtigen und zu seelischen Störungen und Erkrankungen führen können" (Fröhlich-Gildhoff/Rönnau-Böse 2018, 21). Bloße Risikofaktoren werden damit zu *Tätern* und sind damit eine *Ursache.*
Das Risikofaktorenparadigma führt dazu, dass Kinder unbemerkt stark belastet werden, weil Risikofaktoren nicht als ursächlich gesehen werden, sondern als Erhöhung der Wahrscheinlichkeit, dass ein Kind belastet wird. Risikofaktoren werden damit teilweise bagatellisiert, wie Alltagsrassismus in unserer Gesellschaft. Sie führen dazu, dass Kinder nicht mehr lernen können, Eltern nicht mehr erziehen und Lehrkräfte nicht mehr unterrichten können. Risikofaktoren tragen unter anderem die Charakteristika eines transgenerationalen und kumulativen Traumas. Sie führen dazu, dass über mehrere Generationen Erfahrungen des Ausschlusses, der fehlenden Wirksamkeit, der Macht- und Hilflosigkeit entstehen, die Kinder an ihrer Entwicklung hindern.

Resilienz

Resilienz ist das am Wenigsten gesicherte, aber am häufigsten genutzte Modell, wenn es um „Wiederauferstehensgeschichten" geht, wie dem Kind, dass nach dem Tod seiner Eltern das Abitur schaffte und nur geringe Belastungssymptome zeigte. Resilienz trägt eine gewisse „fuzzyness" (Wink 2016) mit sich herum, die es nicht mehr loswird. Es wird in einem Diskurs gehandelt und sollte bestimmt werden (Blum et al. 2016, 153). Obwohl schon lange bekannt, weiß man nur sehr wenig darüber. Es ist ein „komplex-dynamisches, multidimensionales und multifunktionales Zusammenspiel psychischer, sozialer sowie biologischer und genetischer Einflussfaktoren" (Fooke 2016, 16). Es steht „unspezifisch für Kraftvolles, Widerständiges, Gutes, Gedeihendes, Gesundes, sich Durchsetzendes" (ebd. 26). Die Kennzeichen der Resilienz sind (ebd. 31):

> „in Hoch-Risikogruppen erwartungswidrig besser abzuschneiden, Widerstandsfähigkeit zu entwickeln bzw. Funktionstüchtigkeit aufrecht zu erhalten und sich nach einer gewissen Zeit der Überwältigung und Beeinträchtigung zu erholen und eine normale Funktionsfähigkeit wiederzuerlangen".

Resilienz sollte holistisch, das heißt ganzheitlich, verstanden werden. Es ist kein statischer Zustand, sondern dynamisch. Der Gegenstand wird immer neu ausgehandelt.

> „Resilienz ist die Fähigkeit, tatsächliche oder potenziell widrige Ereignisse abzuwehren, sich darauf vorzubereiten, sie einzukalkulieren, sie zu verkraften, sich davon zu erholen und sich ihnen immer erfolgreicher anzupassen. Widrige Ereignisse sind menschlich, technisch sowie natürlich verursachte Katastrophen oder Veränderungsprozesse, die katastrophale Folgen haben“ (Scharte/Thomas 2016, 147).

Resilienz ist eines der vielversprechendsten Ansätze für pädagogisches Wirken des vergangenen Jahrhunderts. Kinder fallen auf, die trotz widriger Umstände zu gedeihen scheinen, während andere Kinder zerbrechen und welken. Dieser Umstand sollte uns allen zu denken geben, denn er birgt ein großes Potential, dass erschlossen werden kann. Ungünstiger Weise wird Resilienz nicht nur mit Risiko- und Schutzfaktoren in Verbindung gebracht, sondern fußt zum Teil auf diesen Einflüssen und ihrer dynamischen Wechselwirkung. Diese sind aber unhandlich und unscharf. Sie verleiten zu Schubladendenken, dass zwar zu einigen pädagogisch-hellen Momenten führt, aber in dem Moment zusammenbricht, wenn es um Umdeutungen und Korrekturen geht, die sich im Entwicklungs- und Unterstützungsverlauf notwendig zeigen. Schubladen macht man auf und dann wieder zu. Sie sind Ablagen, sollten aber ständig griffbereit sein und zur Verhandlung stehen. Resilienz hat auch viel mit der Haltung der Ausführenden zu tun. Mit Ressourcen zu arbeiten, diese im Kind zu stärken, bedeutet im Zweifel mehr Arbeit, da mehr Informationen zusammengetragen, differenziertere Förderpläne erstellt werden müssen. Diese sind aber nicht auf den ersten Blick als resilient-erhöhende Faktoren ersichtlich, sie zeigen sich meist erst, wenn Krisen oder Belastungen auftreten (Fröhlich-Gildhoff/Rönnau-Böse 2018, 31).
Um das Modell der Risiko- und Schutzfaktoren zu verdeutlichen, soll im Folgenden ein Beispiel aufgeführt werden. Es wird zuerst nach dem herkömmlichen Modell der Risiko- und Schutzfaktoren und danach mit den Wirkfaktoren und seinen Ladungen erläutert.

Frau W. ist die alleinerziehende Mutter von Anna und psychisch krank. Frau W. vernachlässigt Anna und hat sie geschlagen. Sie scheint sich nicht sonderlich um ihre Tochter zu kümmern. Sie kooperiert kaum mit der Schule, Anna ist ungepflegt, sie riecht unangenehm, hat selten ihre Hausaufgaben. Ihre Materialien sind nie vollständig, Anfragen von der Schule an die Mutter werden ignoriert. Anna lässt dieses Geschehen nicht unbeeindruckt. Sie beginnt, aggressiv ihren Mitschülerinnen gegenüber zu sein, sie klaut und erkennt die Autorität ihrer Lehrkräfte nicht mehr an. Sie fängt an, in der Gemeinde herumzuhängen und Alkohol zu trinken. Sie beginnt, das Verhalten der Mutter zu decken und lügt die Lehrkräfte an. „Die Hefte sind bestellt“; „Das Kopiergeld habe ich doch bezahlt“; „Jemand hat mir das Portmonee geklaut“.

Was denkt die Lehrkraft von der Mutter? Sie schlägt und kümmert sich nicht. Mehr noch, sie ignoriert die Lehrkräfte! Die Lehrkraft meint es gut und möchte das Beste für Anna, scheitert aber an der Verweigerungshaltung der Mutter. Betrachten wir das Ganze aus der herkömmlichen Sicht:
Die Mutter ist ein Risikofaktor. Sie schlägt ihre Tochter, sie vernachlässigt sie. Sie kümmert sich nicht um das Gedeihen ihrer Tochter. Anna leidet darunter und wird negativ durch diesen Risikofaktor belastet. Ihre Resilienz sinkt. Dies merkt man an ihrer geringen Frustrationstoleranz, wenn sie immer häufiger schlechte Noten schreibt. Sie schmeißt Hefte durch die Gegend. Sie wird schweigsamer und verstummt schließlich ganz. Was ist die Lösung?
Auf den ersten Blick schreit alles danach, das Risiko für die Entwicklung von Anna zu minimieren. Die Mutter darf keinen Einfluss mehr auf das Kind haben. Selbst eine Herausnahme des Kindes und Unterbringung in einer Einrichtung scheint vorstellbar. Sie denken über eine Anzeige nach, weil sie davon wissen, dass Frau W. Anna in der Vergangenheit geschlagen hat. Wann genau, wissen sie nicht. Annas Verhalten an der Schule wird immer schlimmer, sie fängt an, ein anderes Mädchen aus der Klasse zu mobben. Die Mutter meldet sich nun überhaupt nicht mehr. Die Lehrkraft gibt auf und sagt sich, dass sie noch 24 andere Kinder in der Klasse hat, die ihre Hilfe benötigen. Sie beschränkt sich auf die zu bewältigenden Fälle, weil sie keine Ansätze kennt, Anna zu begegnen. Die Situation um Frau W. und ihre Tochter bleibt ungeklärt. Anna sitzt weiterhin stumm in der Klasse.

Die Situation eskaliert nach zwei weiteren Wochen. Annas Verhalten beginnt aggressiv zu werden und sich zu derart zu verschlimmern, dass sie von der Schule ausgeschlossen wird. Sie schlug eine Mitschülerin. Sie verbringt ihre Zeit irgendwo in der Stadt unkontrolliert und unbeobachtet. Sie konsumiert Alkohol und Drogen. Die Stadt oder Gemeinde wird auf sie aufmerksam. Sie wird schließlich aus der Obhut der Mutter entfernt und landet in einer stationären Unterbringung. Anna lernt dort, wie man sich ritzt, dass es Mädchen gibt, die noch viel Schlimmeres erlebt haben und das eigene Leid zu relativieren. Ihre Mutter versinkt in Depressionen.

Natürlich ist dies ein „worst-case"-Szenario. Nicht alle Geschichten enden derart drastisch. Die Verwendung von Risikofaktoren birgt aber eine Vielzahl von Gefahren, die nicht unterschätzt werden dürfen. Mehrere Aspekte sind im Verlauf dieses Beispiels vernachlässigt worden, wie es auch oben in der Beschreibung der Risiko- und Schutzfaktoren zu lesen ist. Risikofaktoren und deren Pendant, die Schutzfaktoren, isolieren Probleme (oder Chancen) und reduzieren sie auf bloße Einflüsse. Sie werden als Bedrohung wahrgenommen, gegen die man sich schützen muss. Eine ganzheitliche Betrachtung des Kindes und seines Umfeldes ist damit nicht möglich. Lehrkräfte sind überfordert, auch weil sie nicht wissen, wie diese Einflüsse in ihrer Schwere einzuordnen sind, wann unbedingter, zwingender Handlungsbedarf besteht und wie dieser aussehen soll.

Deshalb soll hier das neue Modell der **Wirkfaktoren** vorgestellt werden, dass sich besonders in traumabezogenen Settings gut eignet, zu effektiven Fördermaßnahmen zu gelangen.

Spektrum der Wirkfaktoren

Risiko- und Schutzfaktoren sowie Resilienz sind, wie vorgestellt, nur bedingt operationalisierbar, das heißt, so stark geklärt, dass sie in jedem Fall zutreffen, bzw. genau und unfehlbar für den Kontext, in dem sie angewendet werden, angewendet werden *können*.

In diesem Buch soll ein neues Konzept zum Tragen kommen, das die Faktoren weiter fasst und somit variabler und flexibler ist. Es ist notwendig, um auf die komplexen Bedürfnisse und Herausforderungen des Feldes „Psychotrauma" im Kontext Schule eingehen zu können. In einer vorangegangenen Arbeit wurde dieser Umstand festgestellt (Hehmsoth 2017), aber auch Fischer und Riedesser betonen die Unzulänglichkeit des Modells der Risiko- und Schutzfaktoren im Kontext von traumabezogenen Situationen (2009). „Wirkfaktoren" unterscheiden sich von herkömmlichen Modellen, die Risiko- und Schutzfaktoren aufführen. Ein Risikofaktor verringert die Wahrscheinlichkeit, körperlich und physisch zu gedeihen. Ein Schutzfaktor erhöht diese Wahrscheinlichkeit. Kein Faktor ist jedoch ausschließlich das eine oder das andere. Das Konzept der Risiko- und Schutzfaktoren greift die Einflüsse, die auf ein Kind wirken nur eindimensional. Wenig bis überhaupt nicht betrachtet werden kumulativ wirkende Verkettungen und Verstärkungen dieser Faktoren mit und auf andere Bereiche des Umfelds. Im Kontext Psychotrauma ist dies ein überaus wichtiger Aspekt, da schwer belastete Menschen in hohem Maße auf ihr Umfeld angewiesen sind und sie sich häufig in komplexen Problemlagen befinden. Ist ein Kind einem Risikofaktor (wie z.B. schädigendes Erziehungsverhalten der Eltern wie Schlagen oder Vernachlässigung) über Jahre ausgesetzt, so wird dieser Risikofaktor zum Täter und wirkt auf gänzlich andere Weise, als „nur" die Entwicklung negativ zu beeinflussen. Dieser Risikofaktor steht nicht irgendwo im Laufe des Gedeihens eines Kindes als begleitender Aspekt, sondern am Anfang dieser negativen Entwicklung und ist damit eine Ursache. Risikofaktoren führen dazu, dass Kinder unbemerkt stark belastet werden, weil Risikofaktoren nicht als *Ursache* gesehen werden, sondern als Erhöhung der Wahrscheinlichkeit, dass ein Kind belastet wird, bzw. sich nicht mehr von Belastungen erholen kann. Aus diesem Grund könnte man Wirkfaktoren auch als „Impactfaktoren" bezeichnen, denn das englische Wort „impact" schließt nicht nur „Wirkung" ein, sondern vor allem den „Einschlag", also die traumatische Situation.

Wirkfaktoren beinhalten die Möglichkeit, ein und demselben Einfluss mehrere Ausprägungen zu geben und diesen damit flüssig und flexibel im Geschehen zu halten. Sie dürfen nicht mit den bereits etablierten Wirkfaktoren Grawes verwech-

selt werden. Sie sind Faktoren für das Gelingen einer Therapie (Grawe/Donati, Bernauer 2001).
Pädagogik ist Dialog und Dialektik, sie besteht aus dem Verhandeln eines Lerngegenstands, eines Kindes, eines Jugendlichen. Diese Verhandlung und Vermittlung ist eine Suche nach dem richtigen Weg, jene Bereiche zu finden, die helfen, dem Kind zu begegnen, um es zu fördern damit es gedeiht. Eine Suche kann Rückschläge, Umwege zur Folge haben. Es kann nötig sein, die Karte auf einer Wanderung im Schwarzwald noch einmal anzuschauen und sich zu fragen, ob man wirklich auf dem Westweg ist oder doch lieber der gelben Raute zum Gasthaus folgen sollte. Pädagogik ist immer im Fluss, immer in Bewegung, wie es die Entwicklung der Kinder aufgrund von vielen verschiedenen Einflussfaktoren ist. Diese Einflussfaktoren können gar nicht eindeutig sein oder bleiben. Deshalb brauchen wir …

1. … Faktoren, die grundlegend bestimmen, dass es diesen Einfluss überhaupt gibt und auf das Kind *wirken.*
2. … Faktoren, die möglichst weit offen lassen, *wie* sie auf das Kind wirken.
3. … Faktoren, die dennoch Besetzungen, (Ein-)Ordnungen, Gewichtungen möglich machen.
4. … Faktoren, die eine Vernetzung mit anderen Faktoren nicht nur zulassen, sondern explizit benennen.
5. … Faktoren, die die Frage nach dem „Warum?“ stellen können. Einflüsse haben eine Ursache, die einer Klärung/Sichtung bedarf.
6. … Faktoren, die einschließen, dass bloße Einflüsse ebenso Täter sein können und traumatische Situationen darstellen.

Das Modell der Wirkfaktoren ermöglicht die Erfüllung dieser 6 Kriterien. Sie werden nun aufgeführt.

- **Feststellung der Wirkung:** Der Wirkfaktor stellt fest, dass es einen Einfluss auf das Kind oder den Jugendlichen gibt, der signifikant ist. Das heißt, das Kind zeigt bereits Verhalten, dass dieser Wirkfaktor provoziert hat, sei es „gut“ oder „schlecht“. Auch das System (Schule, Gesellschaft) hat schon Auswirkungen dieses Wirkfaktors gespürt und Konsequenzen gezogen, sei es in Form von Ordnungsmaßnahmen, Ausschluss, Bestrafung, Erziehungsmaßnahmen aber auch Freude, Ausbau sozialer Kontakte, gute Noten. Dieser Faktor wird damit in die Planung für die Unterstützung des Kindes einbezogen und konsequent genutzt.
- **Offenheit:** Die Feststellung des Wirkfaktors geschieht unvoreingenommen. Die Art und Weise der Wirkung, ob negativ oder positiv, wird bewusst offengelassen, schließlich ist ja erst einmal festgestellt, dass er überhaupt eine Wirkung hat. Dieser Teil ist sehr viel schwerer, als er sich anhört. Hören Sie von einem schlagenden Stiefvater, der drogenabhängig ist, ist es eine Herausforderung, die negative Wirkung von Gewalt und Sucht zuerst außer Acht zu lassen.

- **Ladung/Gewichtung der Wirkung:** In einem weiteren Schritt kann der Wirkfaktor differenzierter betrachtet werden. Wie wirkt er? Wo wirkt er negativ, wo positiv? Wo ist er Chance oder Herausforderung? Herkömmliche Modelle unterscheiden in diesem Schritt zwischen Risiko- und Schutzfaktoren. Der hier vorgestellte Ansatz will diese Kategorisierung aus oben genannten Gründen vermeiden. Dennoch ist es notwendig, den Dingen einen Namen zu geben, sie einzuordnen. Hierzu wird das Feldtheoretische Modell von Kurt Lewin genutzt (vgl. Bogner 2017). Es ist ein stark unterschätztes Tool, das eine schnelle Umfeldanalyse möglich macht und unkompliziert zu nutzen ist. Es verwundert, dass dieser Ansatz nur wenig in der Schulpädagogik beachtet wurde. Die Feldtheorie ist ein überaus komplexes Feld, das gut in der Pädagogik eingesetzt werden kann (Bogner 2017). Für unsere Zwecke muss es aber nicht in seiner Gesamtheit abgebildet werden. Viel wichtiger ist die Idee, die hinter diesem Ansatz steckt. Er ermöglicht die *Ladung* von Bereichen des Lebensraumes des Kindes. Nimmt man die Schule als Wirkfaktor, so überlegt man nun, wie dieser Faktor aufgeladen ist (Vernoij/Wittrock 2008). Dazu reichen „+" und „-" völlig aus. Das heißt, ein Bereich des Lebensraumes des Kindes kann Risiko *und* Schutz sein. Es kommt hierbei nur auf die Gewichtung an. Hierzu werden Sie noch mehr im Kapitel Diagnostik erfahren, in dem die Einschätzung von Kindern und Jugendlichen mit diesem Tool ausführlich erläutert wird.
- **Kumulation/Vernetzung:** Einen Einfluss auf das Kind kann man nie gesondert von anderen Einflüssen betrachten. Ein Wirkfaktor bezieht diesen Prozess explizit mit ein. Er ist mit anderen Wirkfaktoren vernetzt, basiert auf ihnen, folgt ihnen, erschwert sie, erleichtert sie, steht in direkter Wechselwirkung mit ihnen. Stellen Sie sich einen Schüler vor, dessen Eltern sich gerade getrennt haben. Er beginnt sehr viel Zeit mit Open World Games, wie „Grand Theft Auto" zu verbringen. Hier sind schon zwei Wirkfaktoren beteiligt, die miteinander zusammenhängen: Eltern und Medien. Ein weiterer Wirkfaktor kann die Schule sein, die von der ganzen Ballerei in „GTA" in Mitleidenschaft gezogen wird. Die Noten werden sehr viel schlechter. Das Kind isoliert sich und hat weniger Kontakt mit Freunden. Wirkfaktor Nummer 3 (Schule) und Nummer 4 (Peers) sind betroffen und stehen in Wechselwirkung miteinander. Diese Faktoren können nicht getrennt voneinander betrachtet werden. Sie führen zu „Negativ-Spiralen", entwickeln eine eigene Dynamik, aus denen Kinder und Jugendliche nicht mehr von alleine ausbrechen können. Wirkfaktoren haben in diesem Fall die Eigenschaft, um ein Vielfaches schädlicher zu sein, weil sie ihre Wirkung im Zusammenspiel mit anderen Faktoren entfalten. Wirkfaktoren beeinflussen sich negativ aber auch positiv: Eltern, die sich rührend um ihr Kind kümmern, werden stärkere Kooperationen zur Schule pflegen, Materialien, Hausaufgaben und schulische Aufgaben ernst nehmen und das Kind unterstützen. Die Noten werden gut sein. Das Kind ist glücklich und

ausgeglichen. Es fällt ihm leichter, Kontakt zu Peers zu finden und wird sich in der physischen Welt so wohl fühlen, dass es die Flucht in die digitale nicht braucht.

- **Ursachen:** Führen wir das Beispiel der elterlichen Trennung weiter. Natürlich ist es Privatsache, wenn sich Eltern trennen. Was sie dazu veranlasst hat, sollte zwischen ihnen bleiben und geht die Schule nichts an. Bis zu dem Punkt, an dem die Lehrkraft vermutet, dass das Kind Belastungssymptome aufgrund der Trennung der Eltern zeigt. Nun liegt es an ihr, zu handeln und zwar mit der richtigen Haltung, die Fortschritt ermöglicht und alle Akteure durch die Nutzung von Ressourcen schützt. Nur weil Eltern sich trennen, heißt dies nicht, dass sie ihr Kind nicht mehr lieben. Mehr noch, für die meisten Eltern sollte im Vordergrund stehen, das Kind nicht über die Maße mit der Trennung zu belasten. Dies ist eine starke Ressource, eine positive Ladung des Wirkfaktors „Eltern". Eine Lehrkraft hat deshalb im Zweifel eine gute Gesprächsgrundlage. Nennt man die Sorge um das Kind als Grund und zeigt aufrichtige (!) Anteilnahme und Verständnis für diese schwierige Situation, werden Elternteile aufgrund der von Ihnen gezeigten Haltung berichten und Lehrkräfte können dieses Wissen verantwortungsvoll nutzen, um z.B. das Verhalten des Kindes richtig, das heißt als Belastungsreaktion, zu deuten. Unterstützer können die Belastung sehr viel besser einschätzen, da sie nun wissen, welchen Vorlauf die Trennung hatte und wie stark die Belastung war und nun ist. Streiten sich die Eltern jeden Tag und in welcher Intensität, sind sie getrennt, geschieht die Trennung gerade, gibt es körperliche Gewalt, war das Kind Zeuge davon, etc. Nicht selten tauchen auch noch andere beteiligte Akteure im Familien- und Freundeskreis auf, die eine wichtige Rolle spielen und einen signifikanten Einfluss auf das Kind haben.
- **Täter:** Herkömmliche Risikofaktoren erhöhen die Wahrscheinlichkeit, dass ein Kind weniger gut gedeiht und negative Entwicklungsverläufe zeigt. Im Rahmen der traumapädagogischen Betrachtungen reicht dieser Ansatz jedoch nicht. Ein schlagendes Elternteil ist nicht mehr nur Risikofaktor, sondern ein Täter, es *verursacht* traumatische Situationen. Ein drogensüchtiges Elternteil oder ein Computerspiel, das ein Kind süchtig macht, ebenfalls.

Kommen wir zu Frau W. und Anna zurück (S. 92) und treten eine kleine Zeitreise an: Wir befinden uns wieder an dem Zeitpunkt, an dem die Lehrkraft darüber nachdenkt, entschieden zu handeln. Sie befindet sich in Aufruhr, ist empört über die Mutter und ihr Verhalten. Sie verletzt ihre Moralvorstellungen von Recht und Unrecht. Die Lehrkraft tritt nun einen Schritt zurück und versachlicht das Setting mit Hilfe der 6 Kriterien der Wirkfaktoren.

- **Feststellung der Wirkung:** Die Lehrkraft konnte feststellen, dass es mehrere Faktoren im Leben von Anna gibt, die auf das Kind und aufeinander wirken. Sie selbst ist auch ein Faktor.

- **Offenheit:** Nun widmet die Lehrkraft sich gedanklich der Mutter. Sie öffnet im Kopf eine Überschrift in neutraler Schrift. Dieser Schritt ist wichtig und schwer. Behalten Sie einen kühlen Kopf!
- **Ladung/Gewichtung der Wirkung:** Nun kann die Lehrkraft die Mutter genauer betrachten. Ja, sie schlug ihre Tochter. Ja, sie vernachlässigt sie. Sie ist aber auch eine Mutter und liebt ihr Kind. Davon sollten Sie immer ausgehen. In Punkt fünf stellt sie fest, warum die Mutter unfähig ist, diese Liebe zu zeigen. Wichtig ist zuerst jedoch, dass diese vorhanden ist. Warum nicht daran appellieren, Verständnis zeigen, die Mutter als Expertin für ihr Kind nutzen? Dies mag paradox klingen, schließlich schadet sie ihrem Kind, aber das nur *vorrangig*. Sie liebt ihr Kind und kann ihr nicht helfen, das macht sie sehr traurig und unfähig weiter zu handeln. Deshalb ist die Mutter auch positiv aufgeladen, wenn auch nachrangig, und damit Ressource für Sie und für Anna.
- **Kumulation/Vernetzung:** Der Verlust der Freunde von Anna wiegt für sie schwer, denn sie war eingebettet in ein stabiles soziales Geflecht. Sie verbringt immer mehr Zeit mit Freunden in ähnlichen Risikolagen, wie sie. Auch der mangelnde Erfolg in der Schule bestätigt sie, dass sie wertlos ist. Alkohol und Drogen nehmen ihr die Fähigkeit, langfristige Ziele zu entwickeln. Die Schule ist kein Ort mehr, an dem sie gerne und wirksam ist. Weil sie arm sind, beginnt sie zu klauen und wird erwischt. Die Ämter werden auf sie aufmerksam. Die verschiedenen Wirkfaktoren beginnen miteinander zu arbeiten und werden um ein Vielfaches schädlicher.
- **Ursachen:** Die Lehrkraft findet heraus, dass die Mutter Depressionen hat, weil der Ehemann vor zehn Jahren die Familie allein gelassen hat. Die Mutter geriet in eine Alkoholabhängigkeit, die sie aber für ihre Tochter im Griff bekommen und eine Therapie gemacht hat. Die Mutter ist derart mit sich selber und der Lösung ihrer eigenen Probleme beschäftigt, dass sie jene der Tochter überhaupt nicht sieht. Das kann eine Lehrkraft ändern! Sie beginnt die Bemühungen der Mutter zu unterstützen, eine Mutter zu sein, zeigt ihr Respekt für ihre bisherigen Leistungen als alleinerziehendes Elternteil. Nicht mehr und nicht weniger.
- **Täter:** Die Wirkfaktoren müssen differenzierter betrachtet werden. Wo stellen sie schon eine traumatische Situation dar? Wo ist die Mutter tatsächlich Täterin? Wo gibt es Freunde, die Täter sind? Ist die Schule schon Täterin oder bisher nur negativ durch Anna besetzt? Gibt es derart schwerwiegende Faktoren, müssen diese entfernt werden. Vernachlässigung ist nicht zu tolerieren und das Schlagen von Kindern auch nicht. Ebenso wenig in Ordnung sind Ordnungsmaßnahmen der Schule, die ein Kind bekommt, weil es ihm schlecht geht. Eine Lehrkraft sollte in diesem Fall überlegt, aber zügig handeln. Wie sie das machen kann, wird im Kapitel „Unterstützung“ erläutert.

Vorstellung der Wirkfaktoren

In diesem Kapitel bekommen Sie einen Überblick über die Wirkfaktoren, die als die relevantesten identifiziert wurden (Hehmsoth 2017). Sie kommen im Schulalltag am meisten vor und Lehrkräfte sind diesen am ehesten schon begegnet.
Die Ladung der Wirkfaktoren muss immer individuell erfolgen. Sie wird hier nicht aufgeführt. Die folgenden Kapitel versuchen, die Wirkfaktoren in Ihrer Vielseitigkeit aufzuzeigen. Es ist jedoch nicht immer möglich, dies vollumfänglich zu tun. Deshalb wird häufig auf die negativen Ladungen der Wirkfaktoren eingegangen, da diese mehr Schaden anrichten, als die positiven Ladungen Gutes bewirken und daher einer zügigeren Intervention bedürfen.
Die in diesem Kapitel aufgeführten Wirkfaktoren sind folgende:

- **Ökonomische Versorgung**
- **Medien**
- **Familie**
- **Schule**
- **Migration**
- **Freizeit und Freunde**

Selbst mit dem umfassendsten psychotraumatologischen Grundwissen können Lehrkräfte kaum eine Besserung des Kindes erreichen, wenn sie ohne Wissen über das Kind und die Einflüsse, die es umgibt, handeln.
Das Kind ist nicht von der Umwelt zu trennen, auch nicht in der Schule. Wenn es zu lange wach war, ist es morgens übermüdet; hat es Drogen genommen, wird es gereizt und nicht bei der Sache sein; wurde es nicht geweckt, hat es kein Frühstück bekommen, ist es unmotiviert und kaum lernfähig.
Diese Einflüsse haben eine enorme Wirkung. Kinder *können nicht wollen*, weil es so viele Baustellen gibt, um die sie sich kümmern müssen. Sie wirken kumulativ, das heißt mehrmals vielschichtig, vernetzt und über einen langen Zeitraum. Die Kinder zeigen Belastungsreaktionen wie Nervosität, Angst, Aggression, Depression, Hyperaktivität und Vermeidungsverhalten (vgl. Mangelsdorff 2008; Colber/Kurz 2008; Köttgen 2008).
Denken Sie an das Beispiel am Anfang dieses Kapitels oder an Kinder im Unterricht: Das Leben lang in Armut zu leben, bedeutet, ein Leben lang ein ungerechtes und unfaires Defizit zu haben. Die tägliche Konfrontation damit kann man durchaus als traumatisierend beschreiben, weil es *jeden Tag* geschieht. Diese Konfrontation geschieht auch in Abhängigkeit und Wechselwirkung mit anderen Faktoren. Die Eltern eines armen Kindes sind mit hoher Wahrscheinlichkeit selber arm und haben mit hoher Wahrscheinlichkeit einen niedrigen Bildungshintergrund (Gaisbauer et al. 2013). Vorbilder und Hilfen fehlen, Medien werden vermehrt konsumiert (Paus-Hasebrink 2013), die Kinder sind häufiger psychisch (Köttgen 2008) und physisch (Mangelsdorff 2008) krank.

Es wird deutlich, dass man genauer hinschauen muss, wenn Kinder Belastungen zeigen, also traurig, still, nervös oder aggressiv sind.
Im Folgenden werden die Wirkfaktoren und ihre Verflechtungen differenziert betrachtet.
Sie werden feststellen, dass die folgenden Bereiche stärker ausgeprägte negative Ladungen besitzen. Dies hat damit zu tun, dass traumatisierte Kinder sich häufiger in bestimmten Risikolagen finden. Sie sind häufiger ärmer, haben häufiger Schulprobleme, das Erziehungsverhalten der Eltern ist mit höherer Wahrscheinlichkeit unangemessen, etc. Diese Wirkfaktoren sind in ihren negativen Auswirkungen gut erfasst, werden aber kaum mit schweren Belastungen von Kindern in Zusammenhang gebracht. Autoren wie Herz, Czarnitzki und andere Soziologen weisen ausdrücklich auf diesen Umstand zumindest im Hinblick auf Armut hin (2008).
Auch ist die Forschungslage zu gut versorgten Kindern eher dünn. Der Anlass ist nicht gegeben: Warum über Kinder, Jugendliche und Eltern schreiben, die keinen besonderen Bedarf, keine Defizite haben? Lehrkräfte kennen sich zumeist gut mit positiven Auswirkungen ausreichender Versorgung von Bildung (Schule), Geld (ökonomischer Versorgung), sozialen Kontakten (Peers), hohen Integrationsleistungen (Migration) und einem intakten bzw. fördernden Familiensystem aus (Familie). Sie sollen in den folgenden Ausführungen bewusst in den Hintergrund treten, aber später im Kapitel Screening/Einschätzung einbezogen werden.
Der „Impact“, der Einschlag, die Wucht des Einflusses, soll in den folgenden Kapiteln deutlich werden. Diese negativen Ladungen werden, bei aller Rücksicht auf positive Ladungen, ausgeführt, damit Sie ein umfassendes Bild der *Belastungen* erhalten, die auf traumatisierte Kinder wirken und ihre Heilung erschweren, bzw. Prävention verhindern.

Ökonomische Versorgung

Christine ist eine 12-jährige freundliche Schülerin, die jedoch häufig fehlt. Wenn sie da ist, meldet sie sich wenig und zeigt ein erschreckendes Unverständnis gegenüber dem behandelten Lernstoff. Ihr fehlen Grundlagen, nicht nur bezüglich der Lerninhalte, sondern auch der Lernstrukturierung. Ihre Hausaufgaben macht sie selten. Sie wirkt wie verkatert, ist gereizt und von kleinsten Misserfolgen frustriert. Eigentlich könnte sie viel mehr. Ihr Potential reicht für eine höhere Schulform. Christine ist arm.
Nach und nach fallen die Kleidung, die Schuhe, die Arbeitsmaterialien auf. Vieles ist in schlechtem Zustand, verschmutzt und kaputt. Ihre Hefte sind zerfleddert, der „Schulranzen“ völlig ungeeignet, sie riecht nicht gut, hat fettige Haare und wirkt ungepflegt. Wenn Sie lächelt, sieht man kaputte und dreckige Zähne.
„Die hat schon alles durchgemacht, was man so durchmachen kann! Drogen, Alkohol, Männer …“ *Der Fachlehrer rollt mit den Augen, Schulterzucken. Er verlässt das Klassenzimmer.*

Man hört nur sehr selten in Lehrerzimmern, Einrichtungen, Wohn- und Arbeitsgruppen, dass ein Kind Leistungserwartungen nicht erfüllt, weil es arm ist. Nicht nur Schulleistungen sind davon betroffen, auch die Bewältigung von (traumatischem) Stress wird durch Armut deutlich erschwert. Um den Wirkfaktor Ökonomische Versorgung genauer umreißen zu können, kommt man um das Thema Armut nicht herum. Diese soll im Folgenden exploriert und für Lehrkräfte zugänglich gemacht werden. Auch Studierende der Regel- und Sonderpädagogik profitieren von diesen „Exkursen". Sie sind eine wichtige Grundlage für die Arbeit mit (Förder-) Schülern, die häufig aus einkommensschwachen Familien kommen. Der Einbezug dieses Wirkfaktors wird in der Zukunft eine sehr viel stärkere Bedeutung in der Pädagogik erlangen.

Definition von Armut

Die Lehrkraft reagiert auf Christine, indem sie sie auffordert, mehr Ordnung in ihren Materialien zu halten. Ihre Mutter müsse neue Hefte und Mappen kaufen. Auch ihr Füller ist kaputt und muss ersetzt werden. Die Mutter sagt, sie würde diese bestellen, doch neue Materialien kommen nicht im Unterricht an. Die Lehrkraft ist frustriert. Warum sollte die Mutter keine neuen Hefte kaufen? Die sind doch nicht teuer!

Butterwegge (die nicht nur einen lustigen Namen hat, sondern auch viel über Armut schreibt) führte mehrere Dinge auf, die Armut bedeuten. Sie lesen sich wie eine Ursachen- und Symptomliste für Traumata (2016):

- Dauerhafter Mangel
- Benachteiligung in Arbeit, Wohnen, Freizeit, Sport
- Ausschluss von Bildung, sozialen Netzwerken
- Vermehrung von Existenzrisiken
- Beeinträchtigung der Gesundheit
- Verlust gesellschaftlicher Wertschätzung
- Macht- und Einflusslosigkeit

Butterwegge konstatiert ebenfalls, dass es nicht ganz klar ist, was Armut eigentlich ist (2010,19). Teilhabe ist nur sehr eingeschränkt möglich. Butterwegge zeigt, dass Armut im Kontext der Mangellage gesehen werden muss, wie auch die einhergehenden Belastungen: Relative Armut bezeichnet ein psychisches Existenzminimum, absolute Armut ein physisches. Armut muss individuell wahrgenommen werden, wie man es mit Gewalt tun sollte. Reichwein (2012) spricht von einer Mehrdimensionalität von Armut. Arm sind deshalb viel mehr Kinder, als sie vermuten! Nach Köttgen (2008, 126) leben etwa 2,5 Millionen Kinder in Deutschland „mit wachsender Tendenz" von Sozialhilfe und damit unterhalb der Armutsgrenze.

Am häufigsten sind Kinder von Armut betroffen, deren Eltern alleinerziehend sind, viele Kinder haben und mindestens ein Elternteil Sozialleistungen bezieht (ebd.). Im Jahr 2016 waren 15,7% der Menschen in Deutschland von Armut betroffen oder gefährdet (Böhnke/Dittmann/Goebel 2018). Armut ist relativ, es kommt sehr auf die individuelle Wahrnehmung im Kontext an.
Armut ist für Schweiger eine Verletzung legitimer Gerechtigkeitsansprüche. Das heißt, jedes Kind hat das Recht auf eine umfassende Versorgung, die aber nicht gewährleistet wird (Schweiger 2013). Armut kostet Kraft. Von Armut Betroffene sind schlicht damit überfordert, in der modernen Gesellschaft einen Platz zu finden und diesen halten zu können (Thomas 2010, 13). Armut muss vermieden und bewältigt werden. Das geschieht durch ökonomische und politische Strukturen, die den Kindern und Jugendlichen helfen, aus ihrer „Negativ-Spirale" herauszukommen. Diese Strukturen sind in ihrem ursächlichen Zusammenhang aber noch gar nicht geklärt (Huster/Boeckh/Mogge-Grotjahn 2008, 24). Mehr noch, das Vorhandensein von Armut zeigt die Verfehlung eines wichtigen Zieles des Sozialstaates Deutschland und damit einen Fehler der Verantwortlichen. Seit 1970 hat sich die Wahrnehmung von Armut geändert, auch weil es eine reale Zunahme von Armut in der EU gab und gibt. Dennoch beschreiben Herz und Kurz ein Versagen der Politik (Herz/Kurz 2008). Dies liegt unter anderem daran, dass Armut als Problem kaum sichtbar ist (Becher 2008).
Interessanterweise lässt sich eine weitere Parallele zu dem Bereich „Trauma" ziehen: Armut wird, ähnlich wie es sich bei Traumafolgestörungen verhalten kann, „vererbt". Transgenerationale Traumatisierung betrifft auch die nachfolgende Generation. Armut tut dies auch. Wer arm geboren wird, dessen Kinder werden mit hoher Wahrscheinlichkeit auch arm (Kuhlmann 2008).
Eine weitere Parallele zu dem Bereich Trauma lässt sich hinsichtlich des Machtgefüges, bzw. des Ausübens von Macht veranschaulichen. Machtverhältnisse spielen eine wichtige Rolle (Huster/Boeckh/Mogge-Grotjahn 2008). Machtstrukturen in der sozialen Verteilung (Schütte 2013, 270) müssen daher aufgebrochen werden, wie Machtstrukturen in Familien oder Schüler-Lehrer-Beziehungen thematisiert werden müssen. Armut hat einen großen Einfluss auf das Belastungsempfinden und den Grad der Belastung von Jugendlichen und Kindern. Sie wirkt kumulativ auf verschiedene Bereiche, wie den gesamten Lebenslauf, Mobilität, Alter, Migration, Gender, Bildung, Erwerb, Konsum, Lebensstandard, subjektives Wohlbefinden, Sozialraum und das Wohnen (Böhnke/Dittmann/Goebel 2018). Armut wirkt auf ausgesprochen viele Entwicklungsbereiche (Herz/Kurz 2008). Nach Becher sind Bereiche, die von Armut betroffen sind:

- Materielle Versorgung
- Wohnung
- Kleidung
- Freizeitaktivitäten

- Gesundheitliche Versorgung
- Ernährung
- Bildung
- Kulturelle Angebote
- Urlaub/Freizeit
- Lernen
  (Becher 2008, 42).

Lehrkräfte sind in diesem Bereich gefordert, ihr eigenes Bild von Armut und Reichtum zu hinterfragen, anzupassen und den Kontext ihrer Schüler und die Schüler selber miteinzubeziehen. Ihr eigener Beruf stellt eine gute ökonomische Versorgung sicher, auch ist es wahrscheinlich, dass Lehrkräfte als Akademiker eher aus Familien kommen, die einen ähnlichen Status haben. Dies verstärkt die Schwierigkeit, Armut zu erkennen und ihre Auswirkungen nicht gering zu schätzen.

Schuld, Scham und Zuschreibung

Die Lehrkraft versucht, mit Christine zu reden. Sie setzen sich nach dem Unterricht zusammen. Christine wirkt zuerst trotzig und nicht gesprächsbereit. Nach einer Weile des einfühlsamen Verhandelns öffnet das Mädchen sich und beginnt zu erzählen, dass sie eigentlich zu nichts nutze ist. Sie hat nichts, worauf sie stolz ist.

Die beiden Gefühle Schuld und Scham sind als komorbide Symptome von Traumafolgestörungen bekannt. Sie zeigen sich aber auch im Bereich von Armut und unterstreichen damit die Korrelation von negativen Ladungen im Bereich der ökonomischen Versorgung mit Traumafolgestörungen.
Arme werden selbst für ihr Arm-Sein verantwortlich gemacht. Sie sind selbst an ihrem Elend Schuld (Herz/Kurz 2008). „Der kann doch arbeiten!"; „Der Vater sitzt den ganzen Tag herum und schaut Fernsehen!". Der Druck auf die Familien wird erhöht (Herz/Kurz 2008). Die Belastungen steigen, auch durch die Meinung der Gesellschaft. Kinder fühlen Scham durch die Stigmatisierung ihrer Lebenswelt als soziale Brennpunkte und erfahren durch die zusätzliche Schuldzuschreibung Stress. Kindern fehlt ein großer Erfahrungsreichtum (Becher 2008), den andere Kinder aus gut situierten Haushalten kennen. Wie benimmt man sich am Tisch? Wie fühlt es sich an, teure Kleidung zu tragen, teure Handys zu haben? Wie fühlt es sich an, ein klassisches Instrument zu beherrschen, von den Eltern unterstützt zu werden, weil diese es ebenso gelernt haben? Soziale Unsicherheiten, die durch dieses fehlende Wissen entstehen, können zu Schamgefühlen und Unsicherheit führen. Czarnitzki und Herz bezeichnen Armut als Demütigung und emotionale Ablehnung (2008). Kinder erfahren eine permanente Unsicherheit, bezogen auf ihre gesamte Lebenssituation (Becher 2008, 42).

Die Stigmatisierungseffekte für Armut sind hoch und schwerwiegend. Sie sollten im Unterricht und in der Pause, in der Interaktion mit Peers beobachtet und Leistungsschwankungen im Kontext betrachtet werden.

Ausgrenzung

In der großen Pause beobachtet eine Lehrkraft, wie Christine wiederholt ganz allein auf einer Bank sitzt und traurig schaut. Die Lehrkraft erwähnt dies nebenbei in der Kaffeeküche des Lehrerzimmers. Eine andere Pausenaufsicht, die dies überhört, bestätigt dieses Verhalten aus ihrer Pause. Andere Kollegen und Kolleginnen meinen ebenfalls, dass Christine immer allein ist und keine Freunde hat. Alle schauen betroffen.

Durch die Zuschreibung von Schuld und die damit verbundene Scham werden Kinder ausgegrenzt. Aber nicht nur: Armut grenzt durch eine Vielzahl von weiteren Faktoren aus. Sie geschieht in sozialer, ökonomischer und emotionaler Hinsicht. Arme Kinder und Jugendliche müssen sich als Bedürftige offenbaren, wenn sie an Aktivitäten, wie Klassenfahrten teilnehmen möchten und dies finanziell nicht allein bewältigen können. Dies geschieht durch eine Mangelausstattung der Lebenslage (ebd.). Czarnitzki und Herz konstatieren, dass die äußeren Lebensumstände, wie niedriger Sozialstatus, unvollständige Famile, schlechte Wohnverhältnisse, der Minderheitenstatus, Unerwünschtheit, Vernachlässigung, Gewalt und Überforderung in der Familie dazu führen, dass Benachteiligungen (2008, 80) und Ausgrenzung entstehen. Soziale Benachteiligung erschwert auch den Zugang zum Ausbildungs- und Arbeitsmarkt. Die Desintegrationserfahrungen führen zu weiterer Benachteiligung. Die Notrufe von Kindern werden überhört (Köttgen 2008,133). Kinder leiden deshalb nicht nur unter der Armut selber, sondern vor allem unter den Ausgrenzungserfahrungen, die sie machen (Paus-Hasebrink 2013, 283). Sie werden durch diese Exklusion ihrer Interventionsmöglichkeiten beraubt. Dort, wo sie in ihrem eigenen Leben aktive Akteure sein sollten, werden sie zu passiven Zuschauern (Kaul/Schmidt/Thole 2013, 4), denen ihr Leben „passiert".

Ausgrenzung führt damit dazu, dass Zugehörigkeit verloren geht, der positive Selbstwert sinkt, es immer schwerer wird, die Kontrolle über die Umwelt zu behalten. Es entsteht ein Teufelskreis aus Ausgrenzung, Misserfolg und Verlust des Selbstwertes (Sittenthaler/Jonas 2013, 284).

Ausgrenzung ist ein komplexes Feld, dass viele Bezüge zu Belastungserfahrungen aufweist. Die Weitergabe dieser Erfahrungen ist besonders schwerwiegend. Nicht nur Armut an sich wird vererbt, sondern auch die Wahrnehmung dieser und all ihre negativen Begleiterscheinungen. Ausgrenzung durch Armut ist ein sehr stark wirkender Faktor, da er Unterstützungssysteme ineffektiv macht, bzw. Ihre Intervention und Prävention überhaupt nicht möglich macht. Peers, Freunde, Familie, Lehrkräfte, Integrationshelfer, Psychologische Diensten alle beteiligten Akteure haben durch diesen Faktor eine besonders hohe Hürde, dass die Hilfe bei dem Kind ankommt oder angenommen werden kann.

Angebote in der Schule sind darauf zu prüfen, ob sie ausgrenzend wirken. Lehrkräfte müssen sich bewusst werden, wie stark die Effekte von Ausgrenzung, nicht nur in Bezug zu Traumata, sind und wie sie das Lernen verhindern.

Identitätsentwicklung

Christine zeigt immer wieder rege Beteiligung, wenn es um Diskussionen geht, die andere Mitschüler und ihre Sanktionen betreffen. Sie verhöhnt sie und gibt mit eigenen Verfehlungen wie dem übermäßigen Alkoholkonsum oder frühem Kiffen an. Sie ist stolz darauf, sich in ihrer Welt behaupten zu können und in diesem Wertesystem oben zu stehen.

Identitätsentwicklung ist eine zentrale Entwicklungsaufgabe von Kindern und Jugendlichen. Sie führt zu einer Selbstdefinition und einer bewussten Auseinandersetzung mit der Umwelt. Wer bin ich? Wo gehöre ich hin? Wo will ich hin? Welche Werte und Inhalte habe ich gelernt und mitgegeben bekommen? Welche möchte ich behalten und welche nicht? (Alsaker 2020).

Herz und Kurz beschreiben, dass Armut einen Einfluss auf die Identitätsentwicklung hat (Herz/Kurz 2008). Kinder leiden unter permanenter Unsicherheit, da ihre Versorgung nicht gesichert ist und haben Schwierigkeiten, ein stabiles Selbstbewusstsein zu entwickeln. Sie leiden unter dem Verlust der Kindheit durch frühe Übernahme von Verantwortung in der Familie, unter Schulangst, begrenzten Zukunftsperspektiven, Frustration. Sie haben keine Modelle für eine kompetente Lebensweise, Lebensplanung und Aufgabenwahrnehmung. Sie fühlen Ohnmacht im Kontakt mit Bildungseinrichtungen, empfinden Demütigungen, geraten in Konfrontation mit Mitschülern, es fehlen Anstöße zu lernen, Wissen zu erwerben, Bildung und Kultur als interessant zu erleben. Kinder und Jugendliche entwickeln Identitäten als Versager und Verlierer (Becher 2008, 44ff).

Das Studium vermittelt kaum Wissen über diese Umstände (Becher 2008), was dazu beiträgt, dass diese Risikolagen und enorm erschwerende Bedingungen kaum beachtet werden. Armut erschwert die Identitäts- und Persönlichkeitsentwicklung (Czanritzki/Herz 2008), was in Hinblick auf die Bewältigung von Traumata eine besondere Herausforderung darstellt. Thomas spricht von einer „Dramatik und Tragödie", die sich zeigen, wenn man die Realität der Betroffenen näher untersucht und nennt eine „innere Kündigung gegenüber der Gesellschaft" (Thomas 2013, 192).

Die Kinder und Jugendlichen können ihre Biografie nicht mehr in ihr Identitätskonzept vollständig einfließen lassen, sondern fragmentieren diese (ebd. 246). Dies passiert, weil so viele Erfahrungen als beschädigt gelten und ausgelassen werden (müssen).

Auch Traumafolgestörungen lassen Kinder und Jugendliche ihre Erfahrungen fragmentieren. Dies geschieht zum Selbstschutz und ist eine Überlebensstrategie. Hier zeigt sich eine weitere Parallele zum Erleben von Armut und Gewalt.

„Über Geld spricht man nicht." Nicht zu Hause, nicht bei Freunden und schon gar nicht in der Schule. Unterschiedlich viel Geld zu haben führt zu kaum überbrückbaren Unterschieden. Kinder nehmen die Unterschiede relativ schnell wahr: Kleidung, Schulranzen, Hefte und Stifte, Schulbrot, Handys und Luxusgüter, die Kinder aus anderen Einkommensschichten besitzen und Arme nicht. Klassenausflüge und -fahrten, Verpflegung in den Pausen, Computerspiele, „Games", Medien. Über all dies und mehr können arme Kinder nicht oder nur bedingt reden und werden nur am Rand sozial integriert. Die *ständige Konfrontation mit dem Anderssein* und der Gegenüberstellung sozialer Status und damit der Erfahrung von Benachteiligung über den Zeitraum der gesamten Kindheit hindert sie am Gedeihen, behindert ihre Identitätsentwicklung.

Die Identitätsentwicklung ist in Hinblick auf Traumafolgestörungen besonders vulnerabel. Die Schule spielt eine wichtige Rolle bei dieser Entwicklungsaufgabe und sollte dies unterstützen. Dazu braucht sie eine Vorstellung davon, was eine Identitätentwicklung im Kontext von Armut überhaupt ist, wie diese ausgeformt sein sollte und ob diese den Anforderungen unserer rasant wechselnden Welt gewachsen ist.

Akzeptanz von Armut

Die Klassenlehrkraft von Christine hat, nachdem sie von der Pausensituation hörte, mit ihr gesprochen. Diese meinte mit einem Schulterzucken, dass es ihr nichts ausmachen würde. Sie hätte Freunde in ihrer Nachbarschaft. Diese würden verstehen, wie sie sich fühlt. Ein Kollege überhört, wie die Lehrkraft davon im Lehrerzimmer erzählt. Er schimpft über Sozialschmarotzer und Ghettos. Die Menschen sollten sich einfach nur mehr anstrengen und außerdem: Christine geht es nicht schlecht. Sie wohnt doch in Deutschland!

Der Mangel an Empathie für die Situation von Kindern und Jugendlichen, die unter Armut leiden, führt dazu, dass ihre Situation kaum wahrgenommen wird. Flüchtlingsfamilien fallen einem ein, die hier ein Zuhause bekommen. Familien, die Hartz 4 bekommen, von Sozialhilfe und Wohngeld leben. Überspitzt könnte man fragen: Ihnen geht es nicht schlecht, oder?
In der Altenpflege hat man einen Ausdruck für diese Art zu denken geprägt, da oft Zeitmangel und Überarbeitung herrscht. „Satt und sauber" bezeichnet den absoluten Mindeststandard an Pflege. Das gleiche gilt für Sozialleistungen. Sie sind nicht mehr als das Mindeste, mit dem ein Mensch in Deutschland ein Leben führen kann. Diese Versorgung ist deshalb eine Mangelversorgung über eine lange Zeit. Denn an der Armutsgrenze zu leben bedeutet einen schweren Alltag durch eine Vielzahl von Faktoren, die eine Rolle spielen: Kleidung, Essen, Wohnraum, Schulmaterial. Sie werden durch diesen Zustand und vor allem der Wahrnehmung der Gesellschaft und des Umfelds mitunter so stark belastet, dass es sie *traumatisiert.*

Die Welt akzeptiert, dass es manchen schlechter geht als anderen, auch weil sie zu wenig über die Umstände der Betroffenen weiß, wie zum Beispiel in der Schule: „Einstellungen, Verhaltens- und Handlungsweisen und Deutungsmuster der Schüler werden dann vielfach als abweichendes Verhalten gewertet" (Becher 2008, 47). Damit ist nicht gemeint, dass es uns egal wäre, wie es anderen Menschen geht. Es ist nur nicht so wichtig, als dass wir handeln würden. Das Problembewusstsein ist nicht drängend genug. Arme Menschen, denen wir am Eingang vom Supermarkt nicht helfen, werden wir mit höherer Wahrscheinlichkeit auch nicht in vollem Umfang in der Schule unterstützen. Nicht weil wir ihnen weniger Hilfe geben, als anderen, sondern weil wir ihnen nicht genug in Situationen geben, in denen sie mehr Unterstützung brauchen als andere Kinder, wie z.B. bei Elternbriefen, Organisation von Klassenfahrten und Lernorganisation, weil die Kinder nicht genug soziale, emotionale und materielle Ressourcen zur Verfügung haben. Stereotype Schichten müssen für ein verändertes Bewusstsein aus den Köpfen der Lehrkräfte verschwinden (Bucher 2013, 85). Armut wird zum Täter. *Armut ist damit Ursache von schweren Belastungen.*

Lehrkräfte sollten ihre Haltung gegenüber Armut und die Fähigkeit, dieses Problem differenziert zu betrachten, ausbauen. Sie sollten sich auch der gesellschaftlichen Ein- und Vorstellungen bewusst sein, die ihren Unterricht, zum Beispiel an einer Gesamtschule mit unterschiedlichen Schulformen, beeinflussen können.

Fassadentechniken

Die Lehrkraft bemerkt nach ein paar Wochen eine seltsam fröhliche Christine. Sie ist wie ausgewechselt. Wird sie von der Lehrkraft angesprochen, so erwidert das Mädchen, dass es glücklich ist. Irgendwie glaubt die Lehrkraft das nicht. Ihre Augen scheinen weiterhin traurig zu sein. Christine verspricht nun hoch und heilig, dass alle Hefte bestellt sind, die Ordner wollen sie diese Woche kaufen. Nach einer Woche passiert immer noch nichts. Erinnerungen bringen nichts. Das Geld wäre verloren, die Mutter hätte keine Zeit, das Geld wurde von Mitschülerinnen geklaut, die Ordner wären verloren gegangen, die Bestellnummer für das Buch falsch. Die Lehrkraft verliert langsam die Geduld.

Arme Kinder verwenden mitunter Fassadentechniken, weil ihr ökonomischer und sozialer Status, ihre Eltern, ihr Umfeld ihnen unangenehm ist und versuchen über die Mangellage hinwegzutäuschen, Stigmatisierungen zu entkommen. Diese Techniken ermöglichen den Kindern ein Leben ohne Diskriminierungen, ohne das Erleben des Andersseins. Dies hat jedoch einen Preis. Die Aufrechterhaltung dieser Fassade kostet enorm viel Kraft und führt zu Belastungen in Form von Stress, unter anderem, weil sie ihr Elternhaus verleugnen müssen. Auch sind die Verkettungen der Lügen immer schwerer zu überblicken. Fast könnte man dieses Vorgehen als (extrem abgeschwächten) dissoziativen Zustand beschreiben.

Erfolgreich angewendete Fassadentechniken werden Lehrkräfte kaum bemerken. Fassaden, die in sich zusammenfallen, eventuell nach einer langen Zeit des „Hinterherrennens", werden Unmut erzeugen, weil viel Arbeit erspart gewesen wäre, wenn sich das Kind offenbart hätte. So einfach ist es nur leider nicht. Kinder benötigen ein einfühlsames Eingehen auf ihre Situation.

Zukunftsperspektiven

Die Lehrkraft führt ein weiteres Gespräch mit Christine. Dieses hat zum Ziel, Christine aufzubauen, ihr zu helfen, neue Motivation zu sammeln. Christine blockt dies ab. Sie ruft der Lehrkraft zu, als sie schon auf dem Weg nach Hause ist: „Ich werde eh Hartz4!" Die Lehrkraft wird wieder einmal frustriert zurückgelassen.

Kinder, die arm sind, haben Zukunftsperspektiven verloren, und aufgrund von „Problemen im Elternhaus kein Zuhause mehr, haben ohne Schulabschluss und Arbeitsstelle kaum eine Aussicht, ihren Status als Sozialhilfeempfänger jemals zu überwinden" (Thomas 2010, 12). Die Entwicklung von Zukunftsperspektiven ist aber ein wichtiger Bestandteil der Arbeit mit traumatisierten Kindern, weil diese unter Hoffnungslosigkeit leiden und zu sehr in den traumatischen Situationen als Erinnerungen leben.

Schule sollte sich der Perspektivlosigkeit von Kindern und Jugendlichen, die arm sind, bewusst sein und dementsprechende Ansätze zur Verfügung haben, ihnen zu helfen.

Aufklärung und Problembewusstsein

Christines Mutter lebt von ihrem Vater getrennt. Sie ist alleinerziehend. Die Klassenlehrkraft spricht immer wieder mit ihr, um sie dazu zu bewegen, eine Therapie für Christine zu beantragen. Außerdem muss die Klassenfahrt genehmigt werden. Christines Mutter hat hohe Schulden. Sie weiß nicht, wie sie aus dieser Situation herauskommen soll. Sie könnte ebenfalls Nachhilfe und etliche andere Leistungen beantragen. Sie bleibt aber inaktiv. Die Lehrkraft wendet sich anderen Schülern zu.

Unterschiede zwischen arm und reich kann man an den Möglichkeiten der Informationsgewinnung und Aufklärung festmachen: Eltern mit hohen Einkommen verfügen mit hoher Wahrscheinlichkeit auch über einen höheren Bildungsgrad, können Diagnosen und Förderpläne lesen und verstehen. Sie wissen um die Bedeutung von Kooperation mit Fachkräften und den Wert von Beratungen.
Das geschieht nicht nur weil sie besser versichert sind, sondern weil sie ihre Rechte besser kennen und einfordern können. Auch haben sie selber keine schlechten Erfahrungen in Beratungen machen müssen, deren Anlass sie selber waren. Sie entwickeln eher ein Problembewusstsein. Selbst wenn arme Eltern all dies wis-

sen, so fehlen ihnen doch durch Arbeitsbelastungen oder dem Fehlen dieser, die Ressourcen, dies umzusetzen. Arme bekommen diese Beratungen, Rechte und Dienstleistungen meist nicht, weil sie sie nicht in Anspruch nehmen (Becher 2008).

Die Problemlagen, in denen sich arme Menschen befinden, sind sehr komplex. Sie übersteigen die Fähigkeiten von Lehrkräften um ein Vielfaches. Hier sind starke Partner gefragt, die im Netzwerk der Schule existieren, wie z.B. Schulsozialpädagogen, Kooperationen mit Ämtern.

Armut und (psychische) Krankheiten

Als die Lehrkraft versuchte, der Mutter nahezulegen, verschiedene Leistungen zu beantragen, lernte sie die Mutter persönlich kennen. Die Lehrkraft erschrak. Ihr fehlten mehrere Zähne, die Haut war unrein, die Finger gelb von Nikotin und die Haare fettig. Die Frau roch nach kaltem Zigarettenrauch und Schweiß. Nun fällt der Lehrkraft auch einiges zu Christine ein. Die Hefte, die nach Schimmel rochen, die fleckige Kleidung, der Geruch nach Schweiß. Die Hände der Mutter zitterten, wenn sie auf der Tischplatte ruhten.

Der Zusammenhang zwischen Krankheiten und der Belastung durch Armut ist mittlerweile recht gut erfasst. Herz und Kurz benennen, dass es zu gesundheitlichen Belastungen kommt (2008, o.S.), Mangelsdorff erwähnt Krankheiten und Gesundheitsstörungen (2008, 111). Weiterhin wird ausgeführt, welche Krankheiten und Beeinträchtigungen genau verursacht und wie sie gefährdet werden:

- Mehr Kinder mit Übergewicht und Adipositas
- Mehr Kinder und Jugendliche rauchen
- Kinder werden weniger gestillt
- Kinder treiben weniger Sport
- Mehr Freizeit wird vor dem Bildschirm verbracht
- Zähne werden seltener geputzt
- Kinder sind häufiger Opfer von Verkehrsunfällen
- Geringere motorische Leistungsfähigkeit
- Häufiger Verhaltensauffälligkeiten
- Häufiger psychische Probleme und Essstörungen
- Ungünstigeres Familienklima
- Geringe personale, soziale und familiäre Ressourcen
- Höhere Gewaltbelastung
- Erhöhte eigene Gewaltbereitschaft
- Kinder werden bei vergleichbaren Krankheitssymptomen seltener dem Arzt vorgestellt
- Häufiger Aufmerksamkeitsdefizit/Hyperaktivitätsstörungen (ADHS)
- Kinder nehmen seltener Arzneimittel ein
- Kinderfrüherkennungsuntersuchungen werden seltener wahrgenommen
- Ungesündere Ernährung

- Kinder haben Mütter, die während der Schwangerschaft häufiger geraucht haben
- Kinder tragen seltener Schutzkleidung (Fahrradhelm, Knieschützer, etc.) (Mangelsdorff 2008, 112)

Kinder, die unter Armutsbedingungen aufwachsen, leiden unter Entwicklungsverzögerungen. Gesundheitliche Beeinträchtigungen nehmen durch enge Wohnungen, mehr Lärm, weniger Grün, weniger attraktive Freizeitmöglichkeiten, erhöhte Umweltverschmutzung, erhöhte Innenraumbelastung durch Schimmel und Tabakkonsum zu, ebenso Allergien (ebd. 119f). Köttgen macht Stress für diese Entwicklungen verantwortlich und so indirekt Traumafolgestörungen. Gesundheitliche Beeinträchtigungen stehen damit nicht mehr für sich alleine, sondern sind Begleiterscheinungen, komorbide Störungen, die in direktem Zusammenhang mit traumatischem Erleben stehen und als solche betrachtet und angegangen werden müssen.

> „Unter Armutsbedingungen nehmen Stress im Überlebenskampf, Drogen und Alkohol, Gewalt, Vernachlässigung und familiäre Probleme zu, in deren Folge traumatische Erfahrungen für Kinder, die psychisch, sozial und neurobiologisch lebenslange Spuren hinterlassen" (Köttgen 2008, 126).

Haverkamp meint, dass Gesundheit kein festgelegter Zustand ist, sondern im Kontext sozialer Ungleichheit entsteht (2008, 479). Nicht nur werden Kinder und Jugendliche während ihres Heranwachsens geschädigt, sondern auch vor der Geburt. Mütter, die arm sind, geben zu viele schädliche Einflüsse, wie Rauchen und Alkohol an ihr Kind weiter, bevor es geboren ist (Schütte 2013, 261). Arme Menschen haben damit schlechtere Entwicklungschancen, und weisen einen durchschnittlich „schlechteren kognitiven, emotionalen und gesundheitlichen Entwicklungsstand auf als Personen mit einem höheren Status" (ebd.).

! Ähnlich wie somatische Beschwerden von Kindern und Jugendlichen, also körperlichen Reaktionen auf traumatische Situationen, die mit dem traumatischen Erleben einhergehen, haben auch Jugendliche körperliche Beeinträchtigungen durch Armut und die Belastungen, die damit einhergehen. Schule muss diese Faktoren miteinbeziehen, wenn Kinder ein äußeres Erscheinungsbild zeigen, das auf Vernachlässigung hinweist. In diesem Fall sollten Lehrkräfte dem Kind äußerst sensibel begegnen und die Belastungen miteinbeziehen, unter denen das Kind steht.

Medienkonsum

Christine macht kaum Hausaufgaben. Die Lehrkraft bemerkt das. Sie spricht sie darauf an. Christine antwortet darauf, dass sie sich schlecht konzentrieren könne, weil der Fernseher immer läuft. Die Lehrkraft entgegnet verblüfft, dass das Mädchen diesen doch ausschalten könne. Christine entgegnet, dass dann noch das Tablet läuft und das Handy auf dem Tisch liegt. Die Lehrkraft ist sprachlos.

Kinder und Jugendliche, die arm sind, haben einen überdurchschnittlich hohen Medienkonsum und Versorgung mit Endgeräten. Medien sind ein wichtiger Sozialisationsfaktor (Paus-Hasebrink 2013, 261).
Medien und ihre Nutzung unterscheiden sich in armen Familien von Familien, die in Wohlstand leben. Arme Familien befassen sich weniger mit dem Thema Medienerziehung, selten wird darüber gesprochen, Regeln nicht verlässlich durchgesetzt (Wittig 2008, 463). Es wird weniger darauf eingegangen und bewusst gemacht, wie stark der Einfluss von Medien für die Lebenswelt der Kinder und Jugendlichen und ihre Identitätsgenese ist. Nimmt man die Definition von Thomas (2010), so haben Medien einen starken Anteil an der Bildung der eigenen Lebensgeschichte und der Ausbildung der Dynamik zwischen Selbst und Umwelt. Dieses Problem ist bisher nicht in seinen langfristigen Folgen für Generationen und die Entwicklung von Kindern und Jugendlichen untersucht worden, weil dieses Phänomen und die damit verbunden Auswirkungen relativ neu sind.
Das Thema Medien wird im Folgenden als eigenständiger Wirkfaktor einer genaueren Untersuchung unterzogen.

Arme Kinder spielen mehr Computer! Nehmen Lehrkräfte Armut wahr, so können sie annehmen, dass auch der Medienkonsum höher und unreflektierter ist.

Zusammenfassung des Wirkfaktors Armut
Armut wirkt im Kontext Trauma nur bedingt direkt als traumatische Situation. Natürlich kann das Erleben dauerhaften Mangels eine starke Belastung darstellen. Wahrscheinlicher ist aber, dass Armut die Bewältigung von traumatischen Erfahrungen erschwert. Mangelnde Ressourcen führen zu vielen Faktoren, wie die fehlende Inanspruchnahme von (Beratungs-)Angeboten, geringere Partizipation in sozialen Aktivitäten, weniger Raum für das häusliche Lernen. Armut wird stark unterschätzt, was es nicht einfacher für Kinder macht. Arme Eltern leiden unter einer Vielzahl von „Vernetzungen“ mit anderen Wirkfaktoren. Sie haben mit höherer Wahrscheinlichkeit einen geringeren Bildungshintergrund oder einen Migrationshintergrund. Kinder, die arm sind, leiden an mehr negativ aufgeladenen Wirkfaktoren, als Kinder, die ökonomisch gut versorgt sind. Sie werden zum Beispiel häufiger krank und haben mehr Unfälle. Diese Faktoren machen es traumatisierten Kindern schwer, von ihren Erfahrungen zu genesen, Sicherheit zu erlangen, Vertrauen und Verlässlichkeit zu erfahren.

Medien

Jan ist ein Schüler, der freundlich ist, nahbar und fleißig. Er fällt nicht durch Unterrichtsstörungen auf. Seine Noten bewegen sich im Dreier-Bereich. Seit Kurzem stürzen seine Noten ab. Er wirkt ständig müde und teilnahmslos. Er hat dunkle Ringe unter den Augen. Nach seinem Zustand gefragt, antwortet er, dass es ihm nicht schlecht gehe. Alles sei in Ordnung. Er ist weiterhin freundlich, nur beteiligt er sich nicht mehr am Unterricht und scheint beizeiten einzuschlafen. Nach einigem Nachhaken sagt er, dass er Fortnite spielt. Jan hat 350 Siege errungen. Er hat sich 350 Mal gegen andere Mitspieler aus aller Welt durchgesetzt und damit hunderte von Stunden gespielt.

Fortnite ist ein Spiel, das zu einer neuen Generation von Spielen gehört. In diesem kämpfen Spieler auf einer Insel gegeneinander. Es verbindet Egoshooter mit Open World Games, also Spielen, die eine ganze, komplett begehbare Welt umfassen. Der letzte, der steht, gewinnt. Es ist in einer Comic-ähnlichen Grafik gehalten, die bunt und ansprechend ist. Kinder können sich für (reales) Geld Outfits - „Skins“ - und Bewegungen kaufen, die die Kämpfer tragen, bzw. ausführen können. Jan hat beträchtliche Zeit (und Geld) in sein Spiel investiert. Um 350 Mal gewinnen zu können, ist ein enorm hoher Aufwand an Übung notwendig. Das Gelände muss gekannt werden, Modi geübt, Absprachen getroffen werden. Alles in Allem wird er sicherlich 600 Stunden investiert haben. Er versinkt in der Welt von Kriegen und Kämpfen in Comic-Optik.

Die Jugendlichen einer achten Klasse dürfen ein Spiel im Unterricht spielen. „Wer schon mal … gemacht hat, steht auf“. Ein sehr beliebtes Spiel bei den Schülern und Schülerinnen. Natalie fragt: „Wer schon einmal „Dickpics“ (Bilder des männlichen Geschlechts) auf Snapchat bekommen hat, steht auf!“ Die Lehrkraft hält den Atem an. Kann das wirklich sein? 4 Mädchen stehen auf. Sie kichern verschämt. Es wird weitergespielt. „Wer wurde schon einmal nach Sex in einem Chat gefragt?“ Bevor die Lehrkraft unterbrechen kann, stehen 3 Mädchen auf. Zwei von ihnen kichern weiter. Die dritte, Eileen, schaut stumm nach unten. Sie beginnt zu zittern. Die Klasse ist plötzlich sehr still. Das Ticken der Uhr ist zu hören. Die Lehrkraft blickt in peinlich berührte Gesichter.

„Sexts“, also sexistische Textbotschaften („Sexting“) sind ein fester Bestandteil der Lebenswelt von Jugendlichen (Faszie/Riesmeyer/Neumann 2019; Wegener 2016). Was derart fest in ihrer Umwelt verankert ist, beginnt Normalität zu werden. Starkes Unrechtsbewusstsein oder die Empfindung, Opfer einer Straftat gewesen zu sein, sucht man häufig vergebens. Vor allem Mädchen leiden unter diesen Taten sehr.

Die beiden Beispiele zeigen zwei große Bereiche der Auswirkungen von Medien auf. Gewalt ist ein großer Bestandteil, aber auch Sex. Medien als Wirkfaktor sind ein überaus stark negativ wirkender Bereich. Diesen gilt es in seiner Gänze im Kontext von Traumafolgestörungen zu erfassen.

Medien können auch sehr viele positive Wirkungen haben. So zeigt die Schule ein immer stärkeres Interesse, Medien in der Bildung einzusetzen, aber auch in der Freizeit gibt es viele Bereiche, in denen Medien zur Informationsgewinnung genutzt werden. Sie sind unterhaltsam, informativ, ermöglichen soziale Kontakte und Vieles mehr. Diese Effekte werden im Folgenden ebenfalls in die Ausführungen eingeflochten.

Die Wahrscheinlichkeit ist hoch, dass Lehrkräfte Kinder in ihrem Unterricht haben, die einen übermäßigen Konsum von Medien betreiben. Das heißt, ihr Alltag ist um diese Medien herum strukturiert und Zentrum der Aufmerksamkeit, bzw. der Lebensfokus. Allein 500.000 Menschen in Deutschland sind internetabhängig (Opielka 2016). Spiele, Soziale Medien und die Wirkung von Onlinesex auf Kinder sind noch gar nicht oder kaum darin enthalten. Die Forschung beschäftigt sich hauptsächlich mit dem Phänomen der Sucht, der Gewalt und dem Aufbau von Medienkompetenz. Weniger aber damit, welche Folgen lebenslanger, ständiger Medienkonsum für die Entwicklung hat. Erwachsene über 40 haben nicht erlebt, wie es ist, im Kinder- und Jugendalter diese Medienvielfalt zur Verfügung zu haben, mit ihnen aufzuwachsen und als ständige Begleiter mitzuführen. Sei es das stundenlange Zocken, täglicher Pornokonsum oder ständige Präsenz in sozialen Medien, Kinder wachsen mit Bildern und Phänomenen auf, die wir noch nie gesehen haben. In Anbetracht der Masse von Betroffenen, der gesellschaftlichen Entwicklung und der *Tiefe* der Veränderungen ist es erstaunlich und traurig, wie wenig Problembewusstsein dafür entwickelt wird. Kinder und Jugendliche werden regelrecht in der Welt der Kommunikation und des Spiels gefangen genommen. Die Erfolge, die in Fortnite, Assassin‘s Creed, GTA errungen werden, sind mit nichts zu vergleichen, was die analoge Welt bieten kann. Die Welten sind cooler, spannender, Erfolge sind meist leicht zu erreichen und man kann Spielstände speichern. Wird man getötet, fängt man einfach ein paar digitale Meter vorher wieder an. Wüssten wir, wie die Welt von Jugendlichen *wirklich* ist, so würden wir das Internet abstellen. Zugegeben: Die analoge Welt, die Schule, ist uncool, anstrengend und fängt viel zu früh an. Man muss den Überblick behalten, sich mit Mitschülern auseinander setzen und Erwachsenen zuhören, die längst aufgehört haben, zu verstehen, was Jugendliche fasziniert. Medien sind Täter (wie in Sextings und Mobbing) aber auch Symptom: Sie können Ausdruck eines Vermeidungsverhaltens sein, das in den Basissymptomen einer posttraumatischen Belastungsstörung aufgeführt ist. Digitale Spiele stützen damit dieses Verhalten, weil sie eine Flucht besonders leicht machen.

! Traumatisierten Kindern wird die Bewältigung von Erlebnissen erheblich erschwert, wenn ihnen die (unreflektierte) Möglichkeit gegeben wird, weiterhin zu fliehen, digitale Welten aufzusuchen und die reale Welt nicht als das sehen zu können, was sie ist: Wunderschön und voller Chancen und Möglichkeiten, sich zu entfalten.

Wandel der Medien

Unsere Gesellschaft wird immer schneller, immer bewegter. Fernsehen hat längst keinen Sendeschluss mehr, Wandel vollzieht sich beschleunigend in technischer und sozialer Hinsicht. Das Lebenstempo steigt (Fleischer/Hajok 2016, 36f) und Kommerzialisierung setzt früher ein (Tully 2018, 3). Die Medien sind ebenfalls im Wandel begriffen.

> „Ein heutiger Kinderfilm ist so komplex, dass, könnte man damit nur 30 Jahre in die Vergangenheit zurückreisen, selbst Erwachsene überfordert wären. Kinder haben aber auf beeindruckende Weise gelernt, solchen Geschichten zu folgen" (Jöckel 2018, 98).

Neue Medien können mit den rasanten Veränderungen mithalten und gestalten den Wandel unserer Gesellschaft bisweilen mit. So sind die „Freizeitwelten junger Menschen immer auch den jeweils aktuellen Medienentwicklungen unterworfen" (ebd. 49). Göttlich geht noch einen Schritt weiter und konstatiert, dass Jugendkulturen durch Medien überhaupt erst „greif- und auffindbar" werden (Göttlich 2008, 460). Medien sind nicht passiv. Sie greifen aktiv in die Gesellschaft ein und formen sie. Sie liefern Wirklichkeitsentwürfe (Merten 2008, 482). Wenn in diesem Werk von „Medien" gesprochen wird, so sind vor allem die „neuen" Medien gemeint. Diese nutzen neue Technologien (Sesink 2008) und bestehen aus Handy bzw. Smartphone, PC und Internet (Wegener 2016, 26). Digitale Medien sind sehr viel präsenter als analoge, sie „verringern die Distanz" (Fleischer/Hajo 2016, 27f). Digitalisierung wirkt sich immer stärker auf unseren Alltag aus. Medien nehmen in diesem einen großen Platz ein. Sie besitzen eine immense Sogwirkung auf Kinder und Jugendliche (und Erwachsene), da sie verschiedene Merkmale besitzen, die die „alten" Medien, wie Radio, Fernsehen, Bücher, Zeitschriften nicht haben. Sie wirken in einer zeitlichen Dimension, da Menschen immer und überall Zugriff auf sie haben. In einer räumlichen Dimension demonstrieren sie ihren Zugriff auf User durch die Vielzahl der Geräte, die an allen Orten zu finden sind. Im Sozialen sind sie durch die Kommunikation auf vielen verschiedenen Ebenen ebenfalls zu finden (Fleischer/Hajo 2016). Beziehungen werden geknüpft, vermittelt, beendet. Es ist Zeit, sich mit diesen Bereichen im Kontext von Traumafolgestörungen zu beschäftigen, eine engagierte Haltung zu zeigen und die Entwicklungen nicht schicksalshaft hinzunehmen (Sesink 2008, 413).

! Medien ändern sich. Auch die Haltungen zu und das Wissen über Medien muss sich anpassen. Sie greifen immer mehr, weiter und tiefer in das Leben von Menschen ein. Lehrkräfte müssen sich an dieses Thema ständig neu annähern.

Funktionen und Wirkung

Natalie, die Freundin von Eileen, redet in der Pause über einen Youtube Kanal. Bibis Beauty Palace ist gerade angesagt. Natalie möchte unbedingt wie sie werden, so schön, so perfekt, so erfolgreich.

Medien erfüllen verschiedene Funktionen. Sie dienen der Informationsgewinnung, aber auch der Unterhaltung. Sie haben eine integrations- und meinungsbildende Funktion, füllen Zeit, helfen Menschen bei der Weiterbildung, bei ihrer Qualifikation, stellen soziales Prestige her und ersetzen fehlende Kommunikation (Fleischer/Hajok 2016, 54). Die Vielzahl von Bereichen, auf die Medien Einfluss haben, bedeutet auch, wie stark die Entwicklung eines Kindes von Medien geprägt werden.

Ein Kind entwickelt sich anders, wenn es von Neuen Medien umgeben ist, als wenn es diese nicht zur Verfügung hat. Medien wirken auf Menschen (Aufenanger 2008, 87). Medien haben Einfluss auf die Identitäts-, kognitive, körperlich-physiologische, soziale, sexuelle und ethisch-moralische Entwicklung (Fleischer/Hajok 2016, 58). „Lebenswelten sind Medienwelten" (Ganguin/Sander 2008, 423). Beide sind stark miteinander verknüpft und das zunehmend. Das heißt, dass diese Welten ebenso von Chancen und Risiken geprägt sind wie analoge. Es gibt in ihnen ebenso Täter, wie es in der „realen" Welt Täter gibt, nur das diese dort sehr viel leichter zu identifizieren und zu verhindern sind. Die Wirkung von Medien ist unbestritten. Ihre Weise und Stärke jedoch wird je nach Standpunkt anders definiert. Fest steht, dass der Einfluss nicht nur eindimensional gesehen werden kann („Egoshooter führen dazu, dass man Amok läuft"/„Germany's next Topmodel führt zu Magersucht"), sondern auf ein „multikausales Wirkmodell" (Schaumburg/Prasse 2019, 76) zurückzuführen ist. Die (übermäßige) Nutzung von Medien kann in diesem Zusammenhang eher als Symptom, denn als Ursache gesehen werden (Jöckel 2018, 106). Dieser Wirkfaktor verstärkt andere Wirkfaktoren auf negative Weise (Schaumburg/Prasse 2019, 76). So haben Kinder und Jugendliche aus niedrigeren Bildungsschichten oder jene, die soziale benachteiligt sind, geringere Kompetenzen, den Wahrheitsgehalt von Medien zu entschlüsseln, sie neigen ebenfalls dazu, eher klischeehafte Medieninhalte zu konsumieren (ebd. 85) Kinder aus bildungsfernen Familien werden oftmals eher unreguliert Medien ausgesetzt (Wegener 2016, 109). „Mediennutzung von Kindern und Jugendlichen findet nicht im ‚luft-leeren' Raum statt. Sie ist immer in einen historischen, gesellschaftlichen und sozialen Rahmen eingebunden" (Wegener 2016, 81). Im Kontext dieser Arbeit beeinflussen Medien andere Wirkfaktoren und diese haben wiederum Auswirkungen auf den Konsum von Medien. Die Entfaltung negativer Wirkungen auf Kinder und Jugendliche hängen deshalb stark vom Umfeld und den Rahmenbedingungen ab (Schaumburg/Prasse 2019, 103).

! Medien sind überall und haben viele Funktionen. Für traumatisierte Kinder heißt das, dass sie sich nicht aus dieser Welt entfernen können und ein Umgang mit dieser gefunden werden muss. Medien sind in diesem Moment Täter, weil sie Teilhabe verhindern und das erneute Erlernen von Sicherheit und Vertrauen erschweren, für das analoge Kontakte gebraucht werden. Hier sind alle beteiligten Akteure gefragt, ein Vorgehen zu entwickeln, das den Wirkfaktor „Medien" zu einem positiven werden lässt. Kinder und Jugendliche mit mangelnden Ressourcen und negativ aufgeladenen Wirkfaktoren sind vulnerabler, verletzbarer und beeinflussbarer durch Medien.

„Neue" Medien

Herr G. redet mit Eileen. Er sagt ihr, dass er es schlimm fände, dass sie solche Bilder zugeschickt bekommt. „Ihr habt es ja auch schwer mit den Neuen Medien." Er seufzt und bekommt leuchtende Augen. „Damals hatten wir so ei-

nen tollen Rekorder, mit dem man 8 Spuren aufnehmen konnte. Kannst du dir das vorstellen? Den benutze ich immer noch!" Eileen verdreht die Augen und seufzt ebenfalls.

Ein weiteres Problem ist, dass „neue" Medien nicht differenziert genug gesehen werden. Die Forschung unterscheidet verschiedene Felder: Internet, und Onlinespiele, Social Network, Onlinesex, Onlinekauf, Onlineglücksspiel. Diese Differenzierung ist wichtig. Es macht einen Unterschied, ob man den Bildschirm als Recherchequelle nutzt, als Buch oder als Filmmaschine, die Youtube und Youporn Filmchen abspielt, ob sich Jugendliche durch übermäßigen Konsum im Netz hoch verschulden oder den ganzen Tag auf Kommunikationsplattformen verbringen. Schon vor zehn Jahren konsumierte die Hälfte aller Jugendlichen regelmäßig Pornographie im Internet (Weller 2009). Das heißt, dass mehrere Millionen Jugendliche regelmäßig Menschen beim Sex zuschauen. Führen Sie sich vor Augen, dass dies meist kein Blümchensex ist und nicht vergleichbar mit Schmuddelfilmen auf RTL 2 im Jahr 1995 um 23.30 Uhr. Sie sind derart explizit, dass kein Geheimnis, keine Fantasie und keine Vorstellung bleiben. Kinder schauen dies über einen langen Zeitraum und wachsen mit diesen Bildern, Spielen, Erfolgen und Erfahrungen auf, verbringen ihre Kindheit, ihre Jugend damit. Es macht einen Unterschied, welche App Jugendliche nutzen. Ist es die Fotoapp, die kurzweilige Erheiterung verspricht oder das Spiel „Fortnite", das einen nicht mehr loslässt, schnell und brutal ist und gleichzeitig heiter in Comicgrafik gehalten? Es macht einen Unterschied, welches Gerät die Jugendlichen nutzen. Ist es eine Konsole, ein Handy, ein PC oder ein Mac? Was ist ein „Snap", ein bereal? Was ist Instagram? Welche Möglichkeiten und Gefahren bieten Facebook, WhatsApp, Youtube? Was ist angesagt? Welche GIF's, Memes, welche Themen machen gerade die Runde?
Um ein Verständnis für die Neuen Medien zu vermitteln, sollen diese in einigen Bereichen genauer erläutert werden. Junge Studierende, die die nächsten Zeilen lesen, werden gähnen und bisweilen sogar monieren, dass die Aufzählung veraltet ist. Es wird gebeten, dies zu verzeihen. Ältere Lehrkräfte nehmen dieses Feld immer noch als „Neuland" wahr, sie müssen in diesem Prozess aber unbedingt mitgenommen werden, da sie es sind, die eine wichtige Rolle in der Bewältigung von Traumafolgestörungen spielen. Sie müssen die Faszination der Neuen Medien und ihre Bedeutung für die Lebenswelt der Kinder und Jugendlichen verstehen lernen. Weiterhin sollte allen Beteiligten klar werden, dass die übermäßige Nutzung von digitalen Medien, z.B. Youtube, Sportspielen und Spielen wie GTA mittlerweile eine echte Alternative zum üblichen Bildungsweg darstellt. Youtuber verdienen Millionen, selbst kleine Filmemacher können sich ein Gehalt erarbeiten. Meisterschaften werden in diesen Spielen ausgetragen, wie im Fußball („FIFA") mit Preisgeldern und Sponsoren. Sagt ein Schüler zu Ihnen: „Ich werde Youtuber", nehmen Sie ihn ernst. Fragen Sie ihn doch einmal nach seiner Idee.

Medien sind technische und inhaltlich komplexe Systeme. Erwachsene Bezugspersonen, Helfer und Unterstützer werden zu Betroffenen keine Beziehung herstellen können, wenn sie nicht verstehen, worum es geht. Hierfür ist inhaltliches und technisches Wissen unbedingt erforderlich. Laden Sie sich ein Spiel herunter, versuchen Sie sich hineinzuversetzen und die Faszination nachzuvollziehen. Besonders bemerkenswert erscheint der Wandel in der Entwicklung von Computerspielen und sozialen Netzwerken, deshalb soll auf diese beiden Bereiche gesondert eingegangen werden.

Computer-, Konsolen- und Videospiele

Waren Computerspiele früher noch sehr simpel anmutende Geschicklichkeitsübungen in pixeliger Grafik, so sind es heute überaus komplexe Spiele, die nicht nur Geschicklichkeit fordern, sondern Einfallsreichtum, soziale Kompetenz, Ausdauer, Zeit. Sie erzählen bisweilen bezaubernde und verstörende Geschichten, die Spieler und Spielerinnen in ihren Bann ziehen. Die größte Entwicklung durch zunehmende Rechenkapazitäten sind wohl die „Open World Games". Sie werden im Englischen als „Massive Multiplayer Online Roleplaying Games" (MMORPG) (Farwer 2015) bezeichnet. Dies sind Spiele, in denen einen ganze Welt steckt, die sich komplett begehen lässt. Ein Beispiel hierfür ist das Spiel „World of Warcraft". Man muss mit dem Schiff zu anderen Kontinenten fahren, kann in Häuser hineingehen, Wüsten, Wiesen, Berge, Städte erkunden. Dies tut man nicht allein. In diesen Welten tummeln sich Mitspieler aus allen Nationen der Erde. Sie verkleiden sich als Ritter, Bauern, Händler, Elfen, Zauberer, Monster. Sie bauen Häuser, führen Kriege, verlieben sich und heiraten sogar. Kurz: Spieler führen ein eigenes, digitales Leben in dieser Welt, das sich praktischerweise immer wieder neu starten lässt, spannende Herausforderungen der Spielentwickler und Mitspieler bietet und ermöglicht, sich selber neu zu erfinden. Computerspiele sollen hier nicht verteufelt werden, sie können durchaus als Lernmedium angesehen werden und machen Spaß (Jöckel 2018).

> „Ferner scheinen viele Jugendliche emotionale Probleme und Stress in Computerspielen leichter überwinden zu können. Die Nutzer von Computerspielen erleben schnell und unkompliziert, wie es sich anfühlt, ein Held zu sein" (Zemp/Bodemann 2015, 7).

Es müssen aber ebenso die negativen Seiten dieses Genres aufgezeigt werden, damit klar wird, wie sehr bereits belastete Kinder in diese Inhalte hineingezogen werden, weil sie nicht die Ressourcen besitzen, sich zu wehren, zu hinterfragen, zu kritisieren und zu differenzieren.

Jan hat auch mal World of Warcraft gespielt. Das Spiel hat sich jedoch verändert. Es ist kommerzieller geworden. Die alte Freiheit gibt es nicht mehr. Fortnite bedient seine Ansprüche sehr viel besser. Man muss sich nicht lange mit komplexen Spielabläufen beschäftigen. Man kann üben, kämpfen und gewinnen. Außerdem ist es „fresh" oder „krass", die neuen Moves und Outfits zu besitzen, die seine

Mitspieler schon lange haben. Er nennt sie „Skins"-Häute. Jan bezahlt dafür mit einer eigenen Währung, den „V-Bucks" und tauscht dafür sein Taschengeld gegen diese Währung. Das ist ganz schön teuer. Ein „Skin" kostet bis zu 20 Euro (Scharnagel 2018). *Die Lehrkraft ist sprachlos. Warum bezahlt ein Schüler für etwas, das keinen Nutzen hat, außer, dass eine digitale Spielfigur anders aussieht? Jan lächelt. Seine Lehrerin versteht ihn nicht. Er ist es gewohnt. Lehrer verstehen ihn schon lange nicht mehr.*

Digitale Spiele sind ebenso auf dem Smartphone wie auf dem Computer zu spielen. Früher lachte man darüber noch. Über ein Telefon Spiele spielen? Die ersten dieser Games waren kleine Zusatzprogramme, wie „Snake" (Grund 2015), die auf den kleinen schwarz-weißen Bildschirmen der Handys lief. Mit Einführung der Smartphones änderte sich dies erheblich. Auch die MMORP Spiele können mobil gespielt werden, so dass das Eintauchen in digitale Welten nunmehr überall möglich ist. Beliebt sind ebenso Spiele wie „Candy Crush", die dem Spiel „Tetris" ähneln, was vielen Lehrkräften wohl noch etwas sagt. Sie haben nicht den Umfang von MMORP Spielen und sind schnell „zwischendurch", in Pausen, unter Schultischen, auf dem Weg von und zur Schule, in der Freizeit (weiter-) gespielt. Die Distanz zu Medien, die auch eine gesunde Reflexion des Konsums zulässt, geht damit gegen Null. Dies betrifft erstaunlicherweise auch die fachwissenschaftlichen Ausführungen. So „outet" sich der Autor Jöckel (2018, 97) aus biografischen Gründen als ein Wissenschaftler, der eher eine verharmlosende Perspektive einnimmt – wohl deshalb, weil er selbst leidenschaftlicher „Gamer" ist. Weiterhin ist zu beobachten, dass das Alter der Forscher mit ihrer Perspektive zu tun hat und wie stark sie selber mit den Neuen Medien aufgewachsen sind. Der Autor dieses Werkes ist von diesen Einflüssen nicht ausgenommen. Unterschieden werden muss aber im Kontext von Traumafolgestörungen. So sind MMORP Spiele ein wundervoller Zeitvertreib, für schwer belastete Kinder bieten sie aber quasidissoziative Perspektiven, die ihnen nicht gut tun und begleitet werden sollten.

! Traumatisierte, bzw. schwer belastete Kinder leiden mehr als andere unter den negativen Konsequenzen, die exzessiver Medienkonsum zur Folge hat, wie zum Beispiel sinkende Schulnoten, Stimmungsschwankungen und fehlende Motivation. Sie werden größere Schwierigkeiten haben, planvoll Perspektiven aufzubauen. Die analoge Welt kann nicht vernachlässigt oder ihre Gültigkeit abgesprochen werden, denn in dieser müssen sich (nicht nur) traumatisierte Kinder behaupten lernen.

Soziale Netzwerke

Die Lehrkraft spricht nach dem Vorfall im Unterricht mit Eileen, als die Klasse das Spiel „Wer schon mal…" spielte. Sie fragt sie, was vorgefallen sei, ob sie wirklich das Bild eines Penisses bekommen hätte. Eileen schluchzt, wischt sich die Tränen mit dem Ärmel ab und sagt, plötzlich trotzig, „Mir doch egal" und verlässt das Klassenzimmer während sie ihr Smartphone aus der Tasche zieht und im Gehen zu tippen beginnt. Wieder einmal ist die Lehrkraft sprachlos. Was hatte sie übersehen?

Soziale, digitale Netzwerke bilden einen integralen Teil der Lebenswelt von Jugendlichen. Sie werden als soziale Systeme verstanden, die einen Sinnzusammenhang haben und reflektieren. Sie grenzen sich von anderen Umwelten ab (Thiedeke 2008, 428). Sie versprechen das Gemeinschaftsgefühl einer Gruppe. Sie bestehen aber nicht nur aus WhatsApp und Facebook. Chatrooms zu verschiedenen Themen, Online Spiele (MMORPG), Selbsthilfegruppen und vieles mehr, bilden den Kanon der neuen Kommunikation. Sie unterstützen, helfen, bieten Menschen ein Forum für gemeinsame Interessen. Diese Kommunikation erfordert jedoch

> „hohe Kompetenzen des Umgangs mit neuen Medien, der Wissensnavigation, der Abgrenzung relevanter und irrelevanter Kommunikationsangebote, der Unterscheidung und Konstruktion von Wirklichkeiten, der eigenverantwortlichen Auswahl von Optionen" (Thiedeke 2008, 431).

Sie ist damit auf einen ganz anderen Level gehoben, als es zur Zeit des Referendariats der alt-gestandenen Lehrkräfte gang und gäbe war. Das ist ein Problem, da sie nicht mehr nachvollziehen können, welche Relevanz Soziale Netzwerke für Kinder und Jugendliche haben. Eileens Reaktion zeigte, wie Erwachsene von dieser Welt ausgeschlossen sind. Dies ist nicht weiter schlimm, nur sind die Probleme, die durch dieses Medium entstehen derart stark, dass es die Hilfe eben dieser erwachsenen Bezugspersonen braucht.

Kommunikation hat sich verändert. Bezugspersonen und Unterstützer müssen sich der Art und des Stellenwerts dieser Kommunikation in der Lebenswelt der Kinder und Jugendlichen bewusst sein und dementsprechend handeln.

Sexting

Die Klassenlehrkraft befragt die anderen Mädchen aus Eileens Klasse. Sie bejahen, dass Männer ihnen Bilder von Penissen schicken. Ihnen mache das aber nichts aus. Eileen ist in einen Jungen verknallt, mit dem sie über WhatsApp geflirtet hat. Dieser habe ihr dann ein ekliges Bild geschickt. Die Lehrkraft ist schockiert. Sie will sofort die Polizei rufen. Die Mädchen wiegeln aber ab: „Ist doch normal! Jeder bekommt sowas!"

„Wer im Chat flirtet und dann belästigt wird, ist selbst schuld" (Vogelsang 2017, 333). Ein Ergebnis der Studie Vogelsangs zeigt, wie weit sexuelle Viktimisierung im Netz als rechtens anerkannt ist und verharmlost wird. „Sexting" ist ein Phänomen der Neuen Medien. Nicht nur gibt es dafür einen pfiffigen Begriff, es unterwandert die Schülerschaft auf eine Art und Weise, die unheimlich ist. Es beschreibt das Versenden von Botschaften durch WhatsApp, Signal, Threema, etc., die sexuelle Inhalte haben, also Bilder, Videos, Texte. Gab es früher das Bild des „pädosexuellen, erwachsenen, unbekannten, männlichen Täters" (Vogelsang 2017, 88), so sind es heute auch Mitschüler und Freunde, die diese Bilder verschicken. Schüler und

Schülerinnen finden kaum etwas Unrechtes dabei, diese Bilder zu bekommen. Es ist „unangenehm“ (ebd. 88) aber kaum mehr als eine Nebenerscheinung der Digitalisierung und wird zur Norm, wird Normalität. Auch ein Bewusstsein für mögliche Rechtsverletzungen hält Jugendliche nicht davon ab. Dabei ist das größte Problem nicht nur das Verschicken dieser Bilder, sondern das *Weiter*schicken (ebd.).

Die Lehrkraft ahnt, dass hinter diesem Thema mehr steckt und beginnt nachzubohren. Warum war die Klasse so still? Die Mädchen antworten, dass es nichts mit dem Penisbild zu tun hätte. Sie wollen aber nichts mehr sagen. Die Sozialpädagogin wird hinzugezogen. Sie führt mehrere Gespräche mit den Mädchen. Es kommt heraus, dass Eileen ein Bild von sich an einen Jungen geschickt hat, auf dem sie fast nackt ist. Sie war sehr verliebt in ihn. Dieser aber schickte es weiter, bis die ganze Klasse und danach der Landkreis es kannte.

Vogelsang (2017) konnte aufzeigen, dass ein Viertel der befragten Jugendlichen bereits Sexting Fotos oder Videos zugeschickt bekommen oder weitergeleitet hat. Das ist eine besorgniserregend hohe Zahl. Kinder und Jugendliche sind sich nicht im Entferntesten bewusst, welche Konsequenzen diese Taten haben. Informationen bleiben für immer im Netz. Sie werden im Zweifel ihre berufliche Karriere beeinflussen, ihren Werdegang. Sie werden auch Einfluss auf die Bewältigung von Traumata haben. Ist ein Kind schwer belastet, so kann es sich mit großer Wahrscheinlichkeit schwerer von der alten Welt und damit den alten Tätern lösen, wenn kompromittierende Informationen in Form von Bildern, Texten und Videos über ihn und von ihm zu finden sind.

Die Vernetzung der Kinder und Jugendlichen ist sehr weit fortgeschritten und sollte nicht unterschätzt werden. Diskriminierende, gewalthaltige, sexualisierte Inhalte können extrem schnell produziert, versendet und weitergeleitet werden und bleiben im Internet. Dies macht es traumatisierten Opfern sehr schwer, sich zu entziehen. Sie sind durch diese Bilder ebenfalls potentielle Opfer von Erpressung.

Victim-Blaming

Die Lehrkraft konfrontiert die Mädchen mit den Geschehnissen in der Klasse. Die Mädchen lachen laut auf und kommen aus dem Staunen nicht mehr heraus. Die Lehrkraft ist verwirrt. Was ist hier los? Die Mädchen klären die Lehrkraft auf: „Eileen ist doch selbst schuld, wenn sie dieses Bild verschickt.“ Jeder müsse damit rechnen, dass seine Bilder weitergeschickt werden.

„Victim-Blaming“, also die Beschuldigung von Opfern, selbst Schuld an der Tat gewesen zu sein, hat ein gravierendes Ausmaß angenommen. Jugendliche achten Grenzen von anderen im Bereich der digitalen Kommunikation weniger (Vogelsang 2017). Sie machen Mitschüler dafür verantwortlich, wenn ein von ihnen geschicktes Bild weiter verbreitet wird. „Wer intime Fotos von sich verschickt, ist selbst schuld, wenn die Bilder an die Öffentlichkeit gelangen.“ (Vogelsang 2017, 333).

Fehlendes Unrechtsbewusstsein der Täter und das Beschuldigen der Opfer erschwert die Bewältigung von Traumata und kann Täter-Introjekte produzieren, also dazu führen, dass das Opfer denkt, es wären tatsächlich selber schuld.

Cybermobbing

Eileen ist mittlerweile bei einem Psychotherapeuten in Behandlung. Ihre Eltern haben diesen Schritt gewagt, weil Eileen deutliche Zeichen schwerer Belastung zeigte. Die Hänseleien der Mitschüler hörten nach dem Vorfall mit dem Foto nicht mehr auf.

„Cybermobbing“ hat eine große Rolle im Leben von vielen Teenagern eingenommen. 1/3 hat damit schon Erfahrungen gemacht (Schaumburg/Prasse 2019, 91). Mobbing ist nicht neu, wohl aber die Einstellung zum Mobbing im Netz. So bringt dies immer mehr unbeteiligte Täter hervor, die „überwiegend aus einer sozialen Motivation heraus handeln, ohne notwendigerweise von dem Verhalten direkt überzeugt zu sein“ (Fessel, 2015, 280). Man könnte meinen, Mobbing ist mittlerweile zu einer Beschäftigung avanciert, die Langeweile prima vertreibt und Täter produziert, die gerade nichts Besseres zu tun haben, als eine Mitschülerin mit Beleidigungen zu überhäufen. Je niedriger die soziale Akzeptanz in der Klasse, desto mehr neigen Schüler und Schülerinnen dazu positiv gegenüber Cybermobbing eingestellt zu sein (ebd.).

Mobbing geht weiter und fängt früher an, als Lehrkräfte meinen. Die Verknüpfung dieses Phänomens mit digitalen Welten, die, wie oben beschrieben, überall und zu jeder Zeit verfügbar sind, potenziert die negativen Auswirkungen dieser Übergriffe auch mit anderen Wirkfaktoren wie „Familie“ und „Peers“. Medien, bzw. ihre User werden zu Tätern.

Gewalt

Gewalt ist die Ursache für Traumata. Gewalt kann, wie schon in vergangenen Kapiteln deutlich wurde, verschiedene Formen haben. Sie befindet sich in fast allen Bereichen unseres Lebens. Gewalt hat, wie übrigens auch Sex, einen erheblichen Anteil an der Online-Lebenswelt. Kinder und Jugendliche kommen nach der Schule nach Hause und töten ein paar Aufständische. Sie „killen“ ein Monster, Soldaten, Zivilisten, Menschen mit Messern, Gewehren, Pistolen, schweren Waffen, Raketen. Sie erwürgen sie und schauen ihren Gegnern beim Sterben zu.

Die Lehrkraft sagt Jan, dass es nicht gut ist, soviel zu spielen. Vor allem nicht „diese Ballerspiele“. Kommen da auch Monster vor? Jan schweigt. Natürlich kommen da auch Monster vor. Die besten „Kills“ sind jene, wenn Mitschüler im Staub liegen. Er weiß aus Erfahrung, dass es besser ist, zu schweigen. Die Alten haben keine Ahnung.

Jan musste auf dem Weg zu seinen 350 Fortnite-Siegen das Spiel ungefähr 600 Mal spielen. Gehen wir davon aus, dass er 350 mal 99 andere Mitspieler töten musste, in der Übungszeit im Durchschnitt 50 Gegner pro Spiel tötete, so kommt man auf unglaubliche 42150 Getötete. Für *ein Spiel*. Die Morde geschehen im heimischen Wohnzimmer, im Kinderzimmer, auf der Couch, in der U-Bahn, unter dem Schultisch, in der Pause. Zemp und Bodemann (2015) zitierten eine Studie von Wilson und Strasburger (2003), die besagt, dass Kinder bis ca. 10 Jahre durchschnittlich 8000 Morde gesehen haben und 100 000 anderen Gewalttaten ausgesetzt waren. Medien werden in ihren Inhalten und deren negativer Wirkung stark unterschätzt. All diese Toten im Leben eines Kindes *können nicht spurlos an ihm vorbei gehen*. Es gibt zwar viele Unklarheiten und Vorurteile, auch werden Medien vorschnell „zum Sündenbock" gestempelt (Kunczik/Zipfel 2008, 449). Gewalt wird jedoch mitunter verherrlicht, trivialisiert, nicht bestraft, zensiert, oder korrigiert. Gewalt scheint für das Netz bloß ein weiterer Bereich der Unterhaltung zu sein. Kinder und Jugendliche springen auf diesen Umstand an. „Mediengewalt ist attraktiv" (Kunczik/Zipfel 2008, 453). Das Netz ist zunehmend rechtsfrei. Kinder werden angesichts des dauernden Gewaltkonsums beeinflusst. Die Zusammenhänge zwischen Gewalt und Medienkonsum sind nicht besonders stark ausgeprägt, aber sie sind da (Zemp/Bodemann 2015).

Gewalthaltige Computerspiele erschweren die Bewältigung von traumatischen Erfahrungen, da sie Trigger auslösen können, Kinder und Jugendliche desensibilisieren, Gewalt veralltäglichen und Gewalt zeigen, von der aber unbedingt Abstand genommen werden muss. Wird die Trivialisierung von Gewalt zur Gewohnheit, werden auch Opfer vermehrt um Anerkennung ringen müssen.

Amok

Jan's Mutter redet mit dem Psychotherapeuten. Sie haben eine Sitzung zusammen. In dieser spricht die Mutter von der Angst, dass Jan's exzessiver Egoshooterkonsum dazu führt, dass er wirklich gewalttätig wird. Als die Mutter Jan dies zu Hause erzählt, reagiert Jan anders als erwartet: Er guckt sie erstaunt an und sagt: „Ach Mama, du verstehst das nicht!"

Wir sollten aufhören, gewalthaltige Spiele direkt für Amokläufe und um sich schießende Jugendliche verantwortlich zu machen. Medien sind nur bedingt *Täter*. Es kommt darauf an, was Menschen mit Medien machen (Tulodziecki 2008) und welche Wirkfaktoren präsent sind. Ein Kind, dessen Eltern arm, wenig gebildet, selber traumatisiert oder schwer belastet, drogen- oder spielsüchtig sind, die das Kind psychisch oder physisch misshandeln, wird eher Egoschooter spielen als ein Kind, dass Akademikereltern hat, einmal die Woche zum Musikunterricht geht und „Fritzchen"-Witze gut findet. Vor allem wird ein Kind reicher Eltern, die es vollumfänglich und darüber hinaus versorgen mit hoher Wahrscheinlichkeit nicht aus Frust am eigenen Leben zur Waffe greifen und andere Kinder erschießen. Egoshooter mindern zwar die Hemmschwelle für derartige Taten, der eigentliche Grund für Amokläufe und Gewalttaten sind aber die Biografien der Kinder und die Erfahrungen, die sie machen mussten.

Medien sind keine Täter. Menschen sind Täter, die Medien nutzen. Kinder und Jugendliche, die Wirkfaktoren wie Familie, Schule, Peers ausgesetzt sind, die negativ geladen sind, werden eher von der Gewalt in Medien betroffen sein und negative Folgen zeigen als Kinder, die mit positiv geladenen Wirkfaktoren aufwachsen.

Sucht

Jan spricht mit dem Sozialtherapeuten. Dieser ist stark für die Problematik des Computerspielens sensibilisiert und hat schon einige Schüler und Schülerinnen gesehen, die negative Erfahrungen machten. Jans Eltern berichten, dass er alle Hobbys vernachlässigt. Er treibt keinen Sport mehr, trifft sich nicht mehr mit Freunden. Jan findet nicht, dass er ein Problem hat. Er ist doch so erfolgreich, so wirksam. Jan möchte ein „YouTuber" werden. Er streamt schon jetzt seine besten Kämpfe über diese Plattform, hat 300 Follower und bekommt viele Likes für seine Videos. Der Sozialpädagoge ist ratlos. Wie soll er Jan erklären, dass er in der Schule eben diese Wirksamkeit erfahren sollte? Der Sozialpädagoge redet über die unendlich langen Stunden vor dem Rechner. Er verweist auf die schlechter werdenden Noten und Lehrkräfte, die sagen, er könne es besser, nutze sein Potential nicht. „Mir doch egal", antwortet Jan.

Viele Autoren verharmlosen die Wirkung von Computerspielen: „Die Sorge, Computerspiele könnten süchtig machen, ist in der Regel unbegründet" (Wegener 2016, 38). Jäckel meint, dass Menschen eher in Umbruchssituationen süchtig werden. Er nennt die Auflösung dieses Umbruchs, wie z.B. eine neue Freundin als mögliches Ende der Sucht (Jöckel (2018, 106). Er will darauf hinaus, dass problematisches Spielverhalten immer mit der Disposition und der Umwelt des Kindes in Zusammenhang stehen muss. Dies ist sicherlich richtig, doch negiert es die enorme Sogwirkung von Computerspielen. Das ICD-11, also das System zur Klassifikation von Krankheiten führt die sogenannte „Gaming Disorder", die stark mit Sucht in Verbindung steht. Die Symptome lesen sich wie folgt:

- „Impaired control over gaming
- Increased priority given to gaming to the extent that gaming takes precedence over other life interests and daily activities
- Continuation or escalation of gaming despite the occurrence of negative consequences."

  (ICD 11, 6C51 „Gaming Disorder")

Spielsucht äußert sich demnach als etwas, über das man keine Kontrolle mehr hat, die höchsten Prioritäten zuweist und vieles Anderes vernachlässigt sowie das

Weiterspielen, nachdem schon erste negative Konsequenzen erlebt werden. Diese können sich als schlechte Noten oder negative Reaktionen der Lehrkräfte zeigen. Schaumburg und Prasse nennen das Rollenspiel in MMORP Spielen als Fluchtmöglichkeit in „ein ‚besseres Selbst', in das sich suchtgefährdete Spielerinnen und Spieler flüchten" (2019, 91). Neue Medien machen sehr, sehr viel Spaß. „Neue digitale Medien sind hochgradig verlockend für Kinder und Jugendliche. Mit ihrem unermesslichen Unterhaltungspotenzial ist ihnen ein Abhängigkeitspotenzial inhärent." (Zemp/Bozeman 2015, 11). Jugendliche unterschätzen das Suchtpotential von Medien. Sie haben dafür sogar einen eigenen Begriff entwickelt. Man „suchtet" etwas, mag es also besonders gerne und nutzt es sehr häufig. Der Verwendung weist einerseits auf die Gefährdung hin, andererseits legitimiert sie Suchtverhalten.

! Aus der Sicht einer Lehrkraft ist es schwer, Suchtverhalten zu erkennen. Zu unscharf sind die Kriterien, zu wenig Einblick haben Lehrkräfte in die Lebenswelt der Kinder und Jugendlichen. Lehrkräfte können aber ihr diagnostisches Wissen nutzen. Anhand von Notenbildern, der Veränderung dieser Sozial- und Arbeitsnoten, der Beobachtung im Unterricht sowie einer professionsübergreifenden Vernetzung können zumindest Indizien gesammelt werden, die für eine Handlungsplanung überaus wichtig sind. Sucht ist eine komorbide Störung von Psychotrauma und durchaus damit in Verbindung zu bringen.

Identität

Die Bildung der sozialen Identität geschieht nunmehr entlang der medial vermittelten gesellschaftlichen Ansprüche und Werte (Fleischer/Hajok 2016, 58). Selbst Pornografie bewirkt, dass Identität geklärt und gefestigt wird (Vogelsang 2017, 109). „Das Internet ist heute zu einem ‚Tummelplatz' unterschiedlicher Identitätsentwürfe geworden" (Ganguin/Sander 2008, 423). Viele sind im Netz zu finden, z.B. extremistische Haltungen: Die Gefahr, Extremismus im Netz zu begegnen ist recht hoch, die Verbreitung von Extremismus im Internet gestiegen. Kinder und Jugendliche werden mitunter durch versteckte Mittel beeinflusst (Faszie/Riesmeyer/Neumann 2019, 217). Der übermäßige Konsum von Medien wird auch dann zu einem Problem, wenn der Sinn nicht mehr verstanden wird, Zeit für das Lernen aufzuwenden, um dieses überhaupt möglich zu machen. Die Folgen sind Schlafmangel und Konzentrationsschwierigkeiten (Zemp/Bodemann 2015, 16). Computerspiele „fressen Zeit" (Jöckel 2018, 108).

! Kinder und Jugendliche geraten in einen gefährlichen Kreislauf, der die Bewältigung von traumatischen Erfahrungen erschwert. Medien bilden Identität und beeinflussen damit einen Faktor, der eine große Rolle im Bewältigungsprozess von Kindern und Jugendlichen spielt. Analoge Sozialisationserfahrungen werden digital überschrieben.

Zusammenfassung des Wirkfaktors Medien

Medien bestechen in Hinblick auf Psychotraumata durch vier Aspekte.

1. Sie wirken als eine Ausprägung von Traumata, das heißt, nicht ursächlich dafür verantwortlich. Übermäßiger Medienkonsum, die Beschäftigung mit gewalthaltigen Spielen, der übermäßige und frühe Konsum von Pornografie, Snuffvideos sind **Symptome** eines Psychotraumas und sollten von Lehrkräften als solche in diesen Zusammenhang gebracht werden.
2. Medien sind **Täter,** wenn sie von Usern und den Anbietern zu diesen gemacht werden. Hierzu zählen Cybermobbing, Sexting, gewalthaltige Videos, die Kinder und Jugendliche schwer belasten.
3. Medien bestechen durch ihre ungeheure Breite im Angebot, ihre vielfältige Ausprägung in Soft- und Hardware. Es gibt mittlerweile viele leistungsstarke Endgeräte, die mobil sind. Apps, Programme, die schnell heruntergeladen sind, bieten Zerstreuung. Sie sind ständig im Wandel begriffen und entwickeln sich ständig weiter. Dies ist eine große Herausforderung für das Schulsystem aber auch für jede einzelne Lehrkraft. Entwicklungen in der Spieleindustrie haben eine direkte Auswirkung auf den Unterricht, wie z.B. Updates in Spielen, die neue Inhalte und Herausforderungen bieten.
4. Traumatisierte Kinder werden durch Medien in ihrer Entwicklung behindert, da es ihnen mehr Möglichkeiten gibt, Symptome auszuprägen, wie zum Beispiel Vermeidungsverhalten. Ständige Konfrontation mit Gewalt bedeutet Trigger und Desensibilisierung. Gleichwohl bedeuten Medien eine Chance für soziale Kommunikation.

Familie

Lilly ist in der vierten Klasse einer Grundschule. Sie muss die Klasse wahrscheinlich wiederholen, weil ihre Noten schlecht sind, ihr Arbeitsverhalten ungenügend. Sie ärgert Mitschülerinnen und Lehrkräfte. Sie scheint unbelehrbar. Die Lehrkraft redet mit der Mutter. Diese rettet sich in Ausflüchte und mauert. Sie möchte nicht über die Familiensituation berichten. Als die Lehrkraft hartnäckig weiterfragt, wird die Mutter wütend. „Was bilden Sie sich ein! Sie haben kein Recht, meine Familie oder mein Leben zu verurteilen!“ Die Lehrkraft weiß, dass die Mutter alleinerziehend ist („Das ist gar keine Familie!“) und fragt sich ob sie sich genug um ihr Kind kümmern kann. Lilly verwahrlost ja regelrecht. Kinder sind doch so wichtig für unsere Zukunft!

Was ist Familie? Familie ist ein komplexes System, das nicht nur stetem gesellschaftlichen Wandel unterworfen ist, sondern vor allem immer wieder in neuer Form um Anerkennung ringt. Ein Beispiel hierfür ist die Ehe: Immer weniger Lebensgemeinschaften zeichnen sich dadurch aus, dass die Eltern verheiratet sind (Gall 2013), immer mehr Ehen werden geschieden (Peukert 2007). „Es gibt immer weniger eine bedingungslose Loyalität der Partner füreinander mitsamt der Orientierung

an der Ehe als einer unverbrüchlichen Institution. Der Anteil der ‚individualistischen Selbstverwirklicher' hat sich erhöht" (Peukert 2007, 40). Familien werden kleiner. Die moderne Kleinfamilie gibt es schon seit der Industrialisierung (Linke 2015, 25). Familien werden aber immer noch seltsam angeschaut, deren Eltern nicht verheiratet sind oder homosexuell sind. Familie ist so unterschiedlich, wie es die Menschen in unserer Gesellschaft sind. „Patchworkfamilien" sind zwar einigen Herausforderungen gegenübergestellt, aber eine gute Möglichkeit, in Frieden die gemeinsamen Kinder großzuziehen. Dennoch sind die Herausforderungen häufig in der Anerkennung des Umfelds zu finden, unter anderem in Schulen.
Familie ist keine homogene Institution, sondern sehr unterschiedlich ausgeprägt. Merkmale einer Familie führt Fuchs auf (2007): Eheliche oder nichteheliche Beziehung, gemeinsame oder getrennte wirtschaftliche Verhältnisse oder Wohnverhältnisse, mit oder ohne Kinder, leibliche oder adoptierte Kinder, hetero- oder homosexuelle Beziehungen, oder solche, die nicht zu bestimmen sind. Ehe für homosexuelle Paare wurde durch gesellschaftliche Veränderungen möglich und eine damit einhergehende Sensibilisierung für die Möglichkeit der gleichgeschlechtlichen Partnerschaft. Familie kann also nicht getrennt von Gesellschaft gesehen werden. „Familie ist vielmehr immer auch ein Ausdruck der sozioökonomischen Bedingungen der Gesellschaft" (Fuchs 2007, 30). Auch alleinerziehende Elternteile, wie die Mutter von Lilly, haben es in unserer Gesellschaft schwer, werden aber als defizitär wahrgenommen, weil die Herausforderungen dieser Lebenslage immer bekannter werden, wie zum Beispiel Armut oder der Vorwurf der „unvollständigen Familie" (Peukert 2007, 43).

! Wenn es um die Betrachtung der Familiensituation im Rahmen der Einschätzung von schweren Belastungen geht, gilt es, dies im Sinne der hier vorgestellten Wirkfaktoren zu tun. So sind „neue" Familienmodelle nicht unbedingt schädlich, bilden also nicht automatisch traumatische Situationen. Sie sind ebenso eine Chance und Ausdruck gesellschaftlicher Entwicklungen.

Familie als Sozialisations- bzw. Entwicklungsinstanz

Die Lehrkraft beginnt, mit Lilly Gespräche zu führen. Ob sie denn mit ihrer Situation zufrieden sei? Lilly bejaht. Die Lehrkraft glaubt das nicht. Eine Mutter, die nie da ist, kann doch gar nicht gut sein! Lilly wird wütend und verschränkt die Arme. „Meine Mutter ist toll! Sie beschützt mich und tut alles für mich. Ich möchte so werden, wie sie. Sie haben doch gar keine Ahnung!"

Bildung, Einkommen, Beruf und Schicht haben eine starken Einfluss auf die Bildung von Familien und das Wirken dieser auf Kinder (Szydlik 2007, 78). Die finanzielle Situation bestimmt, wie, wo und unter welchen Umständen man lebt und Familie stressfrei gestalten kann. Nicht nur das: Auch das allgemeine Klima in einer Familie hat einen entscheidenden Einfluss und wirkt sich negativ auf Schulleistungen aus

(Tophoven 2011, 254). Die wesentlichen Bildungsweichen werden damit von den Eltern gestellt. Familie entscheidet in frühester Kindheit über den gesamten Lebenslauf (Szydlik 2007). Familie hat einen enormen Einfluss auf die Entwicklung von Kindern. Sie ist eine der wichtigsten, lebenslangen Sozialisationsinstanzen (Tölke/Hank/Berger 2011, 7) und Lebensbereiche neben der Schule (Busse 2007, 321). Sie prägt die Heranwachsenden nicht nur im Kindesalter, sondern ihr ganzes Leben lang.

> Familie hat einen erheblichen Einfluss auf das Selbstkonzept des Kindes. Die Eltern-Kind-Beziehung spielt dabei eine wichtige Rolle. Ist diese sicher ausgeprägt, also vorhersagbar, transparent und stabil, so kann sich ein Kind gut entwickeln, ist sie dies nicht, so können sich psychische Krankheiten entwickeln (Schmidtchen 2007, 656).

Auch das soziale Netzwerk der Familie ist ein großer Faktor in der Entwicklung eines Kindes. Fehlt es, stellt dies

> „eine besondere Form sozialer Benachteiligung dar, die in der Ungleichheitsforschung verstärkt berücksichtigt werden sollte“ (Buhr/Huinik 2011, 224).

Der Einfluss des Wirkfaktors Familie ist besonders komplex, weil Eltern einen starken Einfluss auf ihre Kinder haben. Traumatische Situationen, die durch Familienmitglieder entstehen sind deshalb besonders schwerwiegend. Lehrkräfte sollten dies einbeziehen, wenn sie schwere Belastungen der Kinder vermuten. Es gilt daher, verstärkt interprofessionell zu arbeiten, weil sonst ‚gegen Windmühlen‘ gefördert wird.

Krisen und Konflikte

Die Lehrkraft holt sich Rat beim Sozialpädagogen. Dieser erzählt ihr, dass die Familie durch eine schwere Zeit ging. Mehr könne er nicht sagen, da er unter Schweigepflicht steht. Er rate ihr aber, einfühlsamer und offener dem Kind und seiner Situation gegenüber zu sein. Beim nächsten Gespräch mit Lilly entschuldigt sich die Lehrkraft für ihre Einstellungen. Sie möchte Lilly helfen und mehr unterstützen, weil sie ihr großes Potential sieht. Lilly ist erstaunt. Nach einer Weile beginnt sie sich zu öffnen und erzählt der Lehrkraft über den langen Weg ihrer kleinen Familie und die vielen Probleme, die sie haben.

Krisen und Konflikte begleiten jede Familie. Besonders häufig sind jedoch einkommensschwache Familien betroffen. Die Entstehung von schwer zu kontrollierenden Situationen hängen von der sozialen Lage, dem Milieu, der Ethnie, dem Geschlecht und kulturellen Praktiken der Familie ab (Busse 2007). Der Bildungsgrad der Eltern spielt ebenfalls eine wichtige Rolle (Bussmann 2007). Krisen und Konflikte können in vielen verschiedenen Bereichen entstehen, besonders betroffen sind aber die Schule, die Freizeitgestaltung, der Freundeskreis, das Gesundheitsverhalten. Scheidung, Trennung, negative Familiendynamik, psychische Erkrankungen von Familienangehörigen und natürlich Missbrauch und Misshandlung. Die Familie wird durch

diese Auseinandersetzungen zermürbt (Bründel 2011, 471). Klemm fügt Ursachen für Gewalt hinzu, wie zum Beispiel lang anhaltende Konflikte zwischen den Eltern, wirtschaftliche Krisensituationen, soziale Isolierung der Familie, desolate Wohnbedingungen, Misshandlungserfahrung der Eltern, ein aggressives und gewaltbereites Lebensmilieu und auffällige bzw. behinderte Kinder. Er fügt hinzu, dass dies ein multidimensionales Thema ist. Die Faktoren bedingen sich wechselseitig, Ursache und Wirkung sind schwer voneinander zu unterscheiden (Klemm 2011, 486ff).
Besonders viele Konflikte und Krisen erleben alleinerziehende Eltern, Stieffamilien aber auch Adoptivkinder (Peukert 2007). Die Bewältigung der Konflikte innerhalb einer Familie hängt also stark von den Ressourcen und der Ausgangssituation ab, die eine Familie zur Verfügung hat. Ist sie „normal", hat also zwei Kinder und zwei heterosexuelle verheiratete Eltern, verfügt über ein mittleres bis hohes Einkommen und einen hohen Bildungsgrad, so stehen die Chancen nicht schlecht, dass Krisen gut bewältigt werden. Ist das nicht der Fall, haben Familien mit starken Herausforderungen zu kämpfen, die nicht nur anerkannt sondern auch begleitet werden müssen. Faktoren, die Stress auslösen, müssen angegangen werden, wie beengte Wohnverhältnisse, Sucht der Eltern, Dichte und Beengtheit. „Gewalt ist ein Indiz für den Mangel an Ressourcen" (Lamnek/Luedtke/Ottermann 2012, 154). Das heißt, dass Menschen Hilfe brauchen, Ressourcen für therapeutische und pädagogische Angebote zur Verfügung gestellt werden müssen. Die Gründe für Gewalt in Familien liegen derart vielschichtig, dass sie mitunter mehrere Generationen zurückverfolgt werden können. Gewalttätige Eltern sind auch Opfer. Meist haben Eltern selber Gewalt oder Vernachlässigung erlebt und geben dies an ihre Kinder weiter. Weitere Gründe sind, dass das Kind nicht den Erwartungen entspricht durch z.B. Behinderung, hyperkinetischen Störungen, fehlende Leistung, die Eltern sind überfordert durch mangelnde Bildung, Armut, Drogen- oder Alkoholsucht.

! Krisen und Konflikte gehören zwar zu jeder Familie, aber nicht jede Familie hat die Ressourcen, diese zu bewältigen. Ein komplexes Zusammenwirken unterschiedlicher Wirkfaktoren (z.B. Geld, Soziale Kontakte, Medien, Schule) ist hier differenziert zu betrachten, um Rückschlüsse auf die Genese des Kindes ziehen zu können. Der Sozialpädagogik kommt in diesem Bereich eine große Bedeutung zu und deren Kooperation mit der Pädagogik.

Gewalt in der Familie

Mittlerweile hat die kleine Familie Vertrauen zu der Lehrkraft gewonnen, die sich stark für die beiden einsetzt und Hilfe organisiert. Der Sozialpädagoge rät, eine Schweigepflichtsentbindung zu bekommen, damit sich die beiden austauschen können. Die Mutter wird gefragt und sie stimmt zu. Nun erfährt die Lehrkraft vom Sozialpädagogen das Ausmaß der Gewalt, die mit dem Vater in der Familie geherrscht hat. Er hat häufig getrunken und die Tochter geschlagen. Die Mutter macht sich bis heute Vorwürfe, dass sie die Schläge des Vaters so lange toleriert und in der Gemeinde gedeckt hat.

Eltern sind Täter. Eltern erpressen ihre Kinder und sind unehrlich zu ihnen.
Wenn ein Kind nicht seine Jacke anziehen möchte, nicht aufräumen will, lieber weiter zockt, drohen die meisten Eltern mit einer Konsequenz: „Wenn du nicht…, dann…!" Sie schwindeln, wenn es um den Weihnachtsmann oder das Öl für die Heizung geht. Dies geschieht aus der Absicht, das Kind zu schützen oder es zum selbstständigen Handeln zu bewegen. So viel über diese Ansätze diskutiert werden kann, sie sind doch täglicher Bestandteil der Erziehung von Kindern.
Was aber passiert, „wenn Eltern nicht ‚gut genug' sind?" (Steiner 2016) Wenn sie Kinder emotional in einem Sorgerechtsstreit erpressen? Sie zu Komplizen in gewalttätigen Auseinandersetzungen mit dem anderen Elternteil machen? Sie missbrauchen, schlagen oder vernachlässigen?
Nicht alltäglich sind daher Vernachlässigung von Kindern, psychische und physische Gewalt, die entsteht durch Partnerschaftskonflikte, Trennung erleben, drogen- oder alkoholsüchtige Erziehungsberechtigte und sexuelle Übergriffe.
2017 waren 13.539 Kinder Opfer sexueller Gewalt. Es muss betont werden, dass dies wahrscheinlich nur ein kleiner Teil der tatsächlich stattfindenden Taten ist. Oft sind Kinder zu klein, die Beziehung zu den Eltern derart von Abhängigkeit geprägt, dass Kinder schweigen. Nach Schätzungen haben 5-10% aller Kinder und Jugendlichen in Deutschland schwerwiegende und mehrfache Körperstrafen erlitten. 30.000 Kinder *jedes Jahrgangs* litten unter einer gravierenden Vernachlässigung. Jungen und Mädchen sind gleichermaßen betroffen (BKA 2017). Eltern tun Kindern weh. Verstehen Lehrkräfte, Studierende, Referendare dies, so werden sie Kinder, die still oder aggressiv sind, in Wohngruppen leben, weil sie aus Familien herausgenommen wurden, besser einschätzen. Wenn sie die genannten Häufigkeiten kennen, werden sie besser urteilen können, unter welchen Belastungen das Kind leidet. Sie müssen aber auch verstehen, dass kein Elternteil Täter sein möchte. Sie sind nicht Eltern geworden, um ihr Kind zu misshandeln. Interessanterweise ist vielen dieser Konflikte gemein, dass sie extrem *privat* sind. Familie ist ein „privater Taburaum" (Lamnek/Luedtke/Ottermann 2012, 4). Häusliche Gewalt beschränkt sich meist auf den innersten Kreis der Familie und geschieht zwischen Partnern, zwischen Eltern und Kindern, Kindern und Eltern, zwischen Geschwistern. Sie wirkt psychisch oder physisch, gegen Sachen oder Menschen, verbal oder rein körperlich.

> „Stoßen, treten, schlagen, boxen, mit Gegenständen werfen, an den Haaren ziehen, mit den Fäusten prügeln, mit dem Kopf gegen die Wand schlagen, mit Zigaretten verbrennen, prügeln mit Gegenständen, Attacken mit Waffen" (ebd. 114)

sind nur einige Beispiel von physischer Gewalt. Mertens und Pankofer führen weitere auf: Schläge, Kratzen, Beißen, Schläge mit Gegenständen (Stöcke, Gürtel, Fahrradpumpe, Holzlatten), Werfen und Schleudern der Kinder gegen Wände, Fußböden oder Gegenstände, Knochenbrechen, heftiges Schütteln, Verbrennungen, Stich- und Schnittverletzungen, Erstickungsversuche, Stromschläge, Vergiftungen, Verätzungen (Mertens/Pankofer 2011, 31). Diese unterscheiden sich stark von dem „Klaps auf den Po“, der noch gesellschaftlich akzeptiert, aber genauso fraglich ist. Psychische Gewalt äußert sich in sozialer Isolation der Kinder, vorübergehendem Liebesentzug, Drohungen, Nötigungen, Einschüchterungen, der Androhung, Dritte zu verletzen, Abwertungen, wiederholte Beleidigungen und Diffamierungen sowie Lächerlichmachen in der Öffentlichkeit (ebd.). Sexuelle Gewalt ist meist ein Synonym für Vergewaltigung. Die Anzeigenhäufigkeit ist nicht nur in diesem Bereich sehr niedrig. Durch die Akzeptanz von Gewalt in Familien und die umfassende Privatheit der Familie dringt Gewalt eher selten nach außen. Interessant ist, dass meist Jene Gewalt anwenden, die selbst Gewalt erlebt haben. Ein schlagender Stiefvater wurde also unter Umständen selber schlecht als Kind behandelt und benötigt vor allem Hilfe. Man sieht an diesem Beispiel auch die Auswirkungen transgenerationaler Traumata, die sich bis in die nächsten Generationen auswirken. Gewalt an Kindern wirkt stärker, je früher sie von ihnen erfahren wird. Zieht man hinzu, dass 60% der von sexueller Gewalt Betroffenen vor der Pubertät missbraucht werden, ist dies ein sehr starker Wirkfaktor. Die Täter sind selten die eigenen Väter. Meist sind es Stiefväter, Onkel, Großväter, Cousins, Freunde oder Verwandte der Familie. Frauen vergewaltigen Kinder ebenfalls, aber nicht in der hohen Zahl, wie dies Männer tun. Auch sind eher Adoptiv- und Pflege- oder Stiefkinder Opfer, als leibliche Kinder.

Gewalt in der Familie hat viele Gesichter. Auch wenn Lehrkräfte diese nicht in ihrem vollen Umfang kennen, so sollten sie doch die Warnzeichen identifizieren und potentielle Täter ausmachen können. Sie sollten sich bewusst sein, dass Gewalt nicht immer als solche gesehen wird und darauf bestehen, dass Gewalt immer schädlich ist, auch wenn sie als erzieherisches Mittel eingesetzt wird.

Folgen der Gewalt

Lilly zeigt häufiger auffälliges Verhalten, sie schlägt, ist frech und uneinsichtig. Nachdem sie durch das Engagement der Lehrkraft Fuß gefasst hat, geht es ihr wieder schlechter. Sie beginnt, sich am Arm zu ritzen. Der Lehrkraft wird das nun alles zu viel. Sie wendet sich wieder an den Sozialpädagogen. Es sei wichtig für die Lehrkraft, die Ursachen zu kennen, so der Sozialpädagoge, damit sie die Reaktionen von Lilly besser einordnen kann. Ihre momentane Krise sei eine Spätfolge und Ausdruck der Belastung, die sie erlebt hat.

Die Folgen von Gewalt in der Familie sind verheerend und erst seit relativ kurzer Zeit bekannt.

> „Dass Gewalt an Kindern überhaupt als soziales Problem anerkannt ist, beruht auf den Schäden vor allem psychischer und sozialer Art, die sie verursachen kann. Bisweilen sind

> die betroffenen Kinder in ihrer sozial-emotionalen Entwicklung so dramatisch gestört, dass sie mit ihrem aggressiven und antisozialen Verhalten für eine delinquente Karriere fast prädestiniert erscheinen“ (Lamnek/Luedtke/Ottermann 2012, 143).

So wird das Leben der Kinder für lange Zeit gestört und hat enorme Auswirkungen auf ihr Erwachsenenalter. Folgende Wirkung von Gewalt haben Lamnek, Luedtke und Ottermann feststellen können (ebd.):

- Niedergeschlagenheit, Depression, Teilnahmslosigkeit bzw. Passivität, Freudlosigkeit
- Gefühle der Hilflosigkeit bzw. der Verlust externaler Kontrollüberzeugungen
- Beeinträchtigung des Selbstwertgefühls
- Autoaggressives Verhalten wie z.B. Selbstverstümmelung, Selbstmordversuche
- Psychosomatische Beschwerden wie etwa Schlafstörungen, Migräne, Essstörungen
- Psychiatrische Auffälligkeiten wie Persönlichkeitsstörungen, Schizophrenie, Suchterkrankungen
- Verhaltensprobleme wie Wutanfälle, Delinquenz, Hyperaktivität, Ticks, Enuresis (= Ein- und Bettnässen)
- Soziale Kontaktstörungen wie Misstrauen, Schüchternheit, gehemmtes Verhalten,
- Aggressivität, Ambivalenz, unsichere Bindungsmuster
- Schulprobleme aufgrund von Eigensinn, Ungehorsam, Rücksichtslosigkeit, geringer Frustrationstoleranz, geringem Ehrgeiz

Viele dieser Auffälligkeiten können auch einer traumabezogenen Dynamik zugeordnet werden. Vor allem aber scheint Aggressivität (gegen andere und sich selbst) eine häufige Folge von Gewalterfahrungen zu sein. Betrachtet man diese Liste, so kommen unwillkürlich Vergleiche mit dem Symptombild von Psychotraumata und komorbiden Störungen, wie körperlichen Begleiterscheinungen. Die Folgen von Gewalt können auch als Indizien für Gewalt dienen. Wenn eine Lehrkraft Griffspuren auf dem Oberarm sieht, Hämatome am Hals, am Gesäß, auf der Innenseite der Oberschenkel oder am Ohr oder ein Kind Bissverletzungen aufweist, sollte dies dringend an die Schulleitung weitergeleitet werden. Weitere Folgen bzw. Indizien sind die Hinauszögerung des Arztbesuchs, oder der Arzt bemerkt, dass die Verletzungen nicht mit der Schilderung übereinstimmen (Mertens/Pankofer 2011, 34). Mertens und Pankofer beschreiben psychische Folgen von Gewalt in der Familie: Mangelnde Fähigkeit, Freude zu empfinden, schwaches Selbstwertgefühl, Rückzugstendenzen, Distanzlosigkeit und große Lebhaftigkeit, erhöhte Wachsamkeit, Perfektionismus, Lern- und Leistungsschwierigkeiten, Verhaltensauffälligkeiten und -störungen (Mertens/Pankofer 2011, 37). Auch diese Folgen ähneln stark dem Symtombild der Traumafolgestörung. Kinder übernehmen Versorgerrollen, können sich nicht mehr ihrer eigenen Entwicklung widmen. Besonders, wenn Kinder früh betroffen sind, sind die Folgen für ihre seelische und körperliche Entwicklung gravierend. Sie haben keine Möglichkeit zur Selbstreflexion und lernen dies auch nicht durch den Spiegel der Eltern.

Sie leiden unter Schuld und Scham, die Situation zu Hause nicht kontrollieren und bessern zu können. Kinder geraten durch häusliche Gewalt, sexuelle Übergriffe in **„Täterintrojekte“**. Das bedeutet, dass sie die Perspektive der Täter, in diesem Fall der Eltern übernehmen. Dies führt zu Aussagen wie „Ich bin schuld!“, „Ich habe es verdient!“ Kinder geraten in einen emotionalen Sog, der sie nach unten zieht. Sie leiden unter Schuld- und Schamgefühlen, da sie sich die Schuld an dem Erziehungsverhalten der Eltern geben und so meinen, die Situation in der Hand zu haben. „Indem sich das Kind Schuld geben kann, kann es gleichzeitig an der Illusion festhalten, es könne sie auch wieder gut machen“ (Steiner 2016, 34).

Schlechte Erziehung von Eltern, mangelnde Fürsorge und Gewalt in der Partnerschaft und zwischen Eltern und Kindern führt zu einer „seelischen Verwaisung“. Das Kind welkt und gedeiht nicht mehr. Es leidet unter dem Verlust der Eltern, die sich durch Liebe, Fürsorge und Hingabe auszeichnen sollten.

Kinder, die Derartiges durchleiden müssen, entwickeln häufig Lernbeeinträchtigungen. Wie soll ein Kind lernen, wenn es morgens geschlagen wurde, kein Frühstück bekam, beleidigt oder missachtet wurde? Wie soll es sich auf Mathematik konzentrieren, wenn es weiß, dass diese Dinge sich in spätestens 5 Stunden fortsetzen werden, wenn es nach Hause kommt?

Die Kinder erfasst dieser negative Sog nicht nur zu Hause, auch in der Schule werden sie immer weiter nach unten gezogen. Durch mangelnde Leistungen, auffälliges Verhalten im Unterricht und in der Pause mit Mitschülern führt zu einer negativen Wahrnehmung durch Lehrkräfte. Dies wiederum führt zu einer Kette von weiteren negativen Entwicklungen. Diese machen es dem Kind unmöglich, auszubrechen, zu regenerieren, Hilfe zu finden.

Die Folgen von Gewalt oder besser gesagt die Symptomatik lassen sich nur in Betrachtung der *komplexen Vernetzung von Wirkfaktoren* identifizieren. Fachdisziplinen lassen eine Verknüpfung mit Psychotraumata vermissen, Symptome werden ohne Bezug zu diesem Störungsbild beschrieben und bleiben vereinzelt. Damit fehlt eine wichtige Brücke, die Lehrkräfte schlagen müssen.

Familienhilfen/Hilfen zur Erziehung

Lilly berichtet in einem Gespräch von Christoph. Er ist der neue Erziehungsbeistand und macht mit ihr lange Spaziergänge. Dort reden sie über alles. Er ist sehr nett und versucht, zu helfen. Seit er da ist, hängen Pläne am Kühlschrank für Hausaufgaben und Dienste im Haushalt. Auch einen Vertrag habe sie durch Christoph mit der Mutter schließen können, der Handyzeiten und die Verpflichtungen im Haus regelt. Er redet auch mit ihrer Mutter, die das sehr gut findet.

Haben Familien Schwierigkeiten, ihre Konflikte und Krisen allein zu bewältigen, können sie auf unterschiedlichen Wegen Hilfen beantragen. Die Hilfen werden für Kinder, Jugendliche und ihre Familien im Rahmen von Jugendhilfeleistungen erbracht. Dies ist im Gesetz verankert: Das Sozialgesetzbuch VIII regelt dies sehr genau. Im Folgenden werden die wichtigsten Hilfen aufgezählt:

- Erziehungsberatung (ambulante Erziehungshilfe bei Beratungsstellen)
- Soziale Gruppenarbeit (Die Gruppe thematisiert bestimmte Probleme der Lebenswelt der Jugendlichen)
- Erziehungsbeistand/Betreuungshelfer (Bewältigung von Entwicklungsproblemen der Kinder)
- Sozialpädagogische Familienhilfe (Bewältigung der familiären Lebenswelt)
- Erziehung in der Tagesgruppe (Betreuung in der Gruppe)
- Vollzeitpflege (Unterbringung des Kindes/des Jugendlichen in einer Pflegefamilie)
- Heimerziehung (Unterbringung in einem Heim)

(Seithe 2007)

! Hilfen zur Erziehung sind leider immer noch nicht vollständig mit der Schule vernetzt. Dabei wäre dies eine große Chance für alle Beteiligten, da die Helfer in den Familien einen umfassenden Einblick in die Familie haben und Kommunikation bzw. Kooperation sicherstellen können. Auch spielt es eine wesentliche Rolle, ob ein Kind in einem Heim untergebracht ist oder bei der Familie wohnt.

Zusammenfassung des Wirkfaktors Familie

Der Bereich Familie umfasst viele Aspekte. Herausgenommen werden an dieser Stelle drei: Familie als aktive Täterin, als passive Täterin und als wertvolle Unterstützerin.

Da die Familie die wichtigste Sozialisationsinstanz ist, ist sie immer mindestens passiv an der Entwicklung eines Kindes beteiligt und kann sie ebenso behindern, wie fördern. Durch ihren starken Einfluss erzeugen die Mitglieder dieser Familie, wenn sie Täter werden, besonders tiefe traumatische Situationen durch den Vertrauensverlust zu engen Bezugspersonen. Auch die ganze Familie als solche kann Täterin werden, wenn Einkommen, Ruf und vieles mehr geschädigt ist und das Kind durch diese mangelnden Ressourcen belastet wird. Auch die Fähigkeit zur Bewältigung von Krisen und Herausforderungen einer Familie wird sich stark auf das Gedeihen von Kindern auswirken.

Familie ist nicht nur besonders schädigend, sondern auch besonders hilfreich in der Entwicklung von Kindern und Jugendlichen. Lehrkräfte sollten diesen Umstand unbedingt nutzen und Eltern als Experten ihrer Kinder sehen, auch wenn es schwerfällt.

Freizeit und Freunde

Freizeit wird unterschiedlich definiert. Nach Blumentritt kann nichts „per se als Freizeit definiert werden, womit nahezu alles als Freizeit definiert werden kann“

(Blumentritt 2016, 37). Er konstatiert einen Wandel von draußen (in etwa: Mit Stöckchen spielen und Moos sammeln) nach drinnen (Computerspielen, Familie). Freizeit ist ein sehr vielfältig ausgeprägter Teil des Alltags und ein weites Feld (Immerfall/Wagner 2011). Freizeit hat einen immensen Bedeutungsgehalt, ist individuell und subjektspezifisch (Harring 2011). Es gibt viele Studien zu den Inhalten, mit denen Kinder ihre Freizeit füllen, aber auch viele Diskussionen darüber, was Freizeit überhaupt ist. Der Begriff ist unscharf.

Franzi geht in die fünfte Klasse. Seit ungefähr einem Jahr sinken ihre Noten ab. Die Lehrkräfte vermuten, dass dies am Wechsel von der Grund- auf die Oberschule liegt und sie sich eingewöhnen müsse. Ihr Verhalten ändert sich aber nicht. In der Schule ist bekannt, dass Franzi ein sehr schlechtes Verhältnis zu ihrem Vater hat, der gewalttätig wurde. Ihre Mutter beklagt nun, dass Franzi in ihrem Handy versinken würde und an nichts anderes mehr denkt, als TikTok, WhatsApp, Instagram, Snapchat. Sie führt seltsame Tänze in ihrem Zimmer auf und filmt sich dabei. Wenn sie schon Freizeit hat, warum macht sie dann nichts Sinnvolles? Etwas, das dazu beiträgt, dass sie mehr in der Schule mitkommt, Lesen etwa, oder Sport? Die Lehrkraft sagt, sie solle nicht so viel vor dem Handy hängen.

Freizeit ist eine Zeit, die frei zur Verfügung steht, in der es keine Verpflichtungen gibt. Immerfall und Wasser betonen jedoch, dass Freizeit Voraussetzungen hat: So sollten die ökonomischen und physischen Notwendigkeiten erfüllt sein (Immerfall/Wasser 2011, 7). Das heißt, hat ein Kind kein Geld, sich in einem Cafe mit Freundinnen zu treffen, so wird es sich anderen Dingen zuwenden, die weniger Geld kosten. Immerfall erwähnt die emotionale, psychische Komponente nicht. Für traumatisierte Kinder wiegt es schwerer, mangelnde Ressourcen zur Verfügung zu haben, eine sorgenfreie Freizeit genießen zu können und vor allem mit dieser umgehen zu können: Unstrukturierte, freie Zeit erfordert einen hohen Eigenanteil an Struktur und der Fähigkeit, fehlende Struktur nicht nur aufzubauen, sondern zulassen zu können. Traumatisierte Kinder haben damit Schwierigkeiten.

Muss Freizeit sinnvoll sein oder nicht? Wird sie aktiv oder passiv genutzt? Franzi in dem oben aufgeführten Beispiel denkt, dass sie ihre Freizeit sehr wohl sinnvoll nutzt. Sie tut das, worauf sie Lust hat. Freizeit wird zu einem Problem, wenn wir beginnen, Werte und Normen zuzuschreiben (Hammerich/Franke 2012, 574). Freizeit ist dann nicht mehr „frei", sondern ein Anforderungskatalog, der zu erfüllen ist. Blumentritt meint, dass geprüft werden sollte, was sinnvoll oder nicht sinnvoll ist und wie der Umgang mit „(Lebens-)Zeit" pädagogisch aufgearbeitet werden kann (2016, 338). Somit ist Franzi nicht nur ein durchschnittlicher Teenager, der seine Zeit durchschnittlich nutzt (Handy, soziale Medien, TikTok), es ist überhaupt nicht klar, ob ihre Freizeit überhaupt der Anforderung „sinnvoll" ausgesetzt werden sollte.

Freizeit ist ein Gradmesser für Armut und Reichtum und zeigt soziale Klassenunterschiede auf (Markowetz 2016, 459). Dies macht es noch schwerer für schwer belastete Kinder, Freizeit unvoreingenommen, also schlicht „frei" zu genießen, da sie überproportional häufig in unteren sozialen und ökonomischen Schichten zu finden sind. Auch Hurrelmann et al. (2019) glauben, dass die soziale Herkunft eine große Rolle für das Freizeitverhalten spielt. „Jugendliche aus den unteren sozialen Schichten surfen häufiger im Netz, gamen oder sehen regelmäßiger fern als Gleichaltrige aus den höheren Schichten" (Hurrelmann et al. 2019). Sie teilen Menschen in ihrer Freizeit in vier Gruppen: Medienfokussiert (also in ihrer Freizeitgestaltung hauptsächlich Mediennutzende), familienfokussiert, gesellig (Umgang mit Peers, soziale Kontakte), kreativ-engagiert (Hobby, Ehrenamt) (Hurrelmann et al. 2019).

Sind Schüler*innen Freizeit bloß ausgesetzt, so werden traumatisierte Kinder Schwierigkeiten haben, sie so zu nutzen, wie es die Vorstellung jener ist, die die Freizeit gewähren. Lehrkräfte sollten diesen Umstand, z.B. für Pausen zwischen den und während der Stunden im Auge behalten. Freizeit hat einen eher unstrukturierten Charakter. Bereiche, mit fehlender Struktur sind für traumatisierte Kinder schwer zu handhaben.

Funktionen von Freizeit

Der Sozialpädagoge redet mit Franzi über ihre Freizeit. Er fragt, wieso sie nicht versuche, ihre Zeit zu nutzen, um Kraft zu sammeln, zu sich zu kommen? Wieso arbeitet sie nicht an sich selbst? Warum macht sie nicht einen Spaziergang im Wald? Franzi antwortet, dazu habe sie keine Zeit. Außerdem gibt es da viele Mücken und es ist dreckig.

Eine der (Haupt-)Funktionen von Freizeit ist die Selbstverwirklichung (Immerfall/Wasser 2011; Harring 2011; Markowetz 2016). Das ist ein schwieriges Thema. Wenn man von Selbstverwirklichung spricht, sollte man auch den Prozess im Auge behalten, der dieser Verwirklichung zugrunde liegt. Dieser hat stark mit Identitätsbildung zu tun, also dem stabilen ‚Selbst' der Kinder. Dieser Bereich ist bei traumatisierten Kindern stark in Mitleidenschaft gezogen, wie auch die Selbstwirksamkeit, ein wichtiger Teil der Selbstverwirklichung. Freizeit wird damit zu einem (sozialen) Problem. Freizeit fördert die soziale Integration, den Abbau von Energien, emotionalen und psychischen Spannungen und die Erholung. Freizeit dient der Selbstbesinnung, Gesundheit und Zerstreuung (Markowetz 2016, 460). Auch dies ist für traumatisierte Kinder, die ständig auf der Hut sind und nach Bedrohungen Ausschau halten eine große Herausforderung. Franzi benötigt jemanden in ihrem Umfeld, der *mit ihr* in den Wald geht und diesen *für sie*, zumindest am Anfang, attraktiv gestaltet.

Freizeit benötigt Begleitung, wenn diese nach den Vorstellungen von Erwachsenen erfolgen soll. Es muss bewusst sein, dass diese dann keine hundertprozentige Freizeit mehr ist, sondern Obligationszeit. Außerdem gilt:

Je weniger Struktur, wie z.B. in der Pause, desto mehr Begleitung benötigen schwer belastete Kinder und Jugendliche. Selbstverwirklichung ist stark mit der Identitätsbildung verbunden. Diese ist schwer durch traumatische Erfahrungen beeinträchtigt. Werden diese Prozesse unterstützt, so kann ein Schüler oder Schülerin selbstwirksam werden und sich so fühlen. Ein Meilenstein in der Bewältigung von Psychotraumata.

Aktivitäten in der Freizeit

Das Thema Freizeit beginnt zu einem großen Problem zu werden. Wenn Franzi von der Schule kommt, geht sie direkt in ihr Zimmer und kommt nur noch heraus, um sich Essen zu holen. Ihre Augenringe werden tiefer und dunkler, sie wirkt gereizt und unausgeschlafen. Die Mutter fordert von Franzi, dass sie mal ein Buch lesen und Freunde treffen, an die frische Luft gehen soll. Franzi entgegnet, dass sie das den ganzen Tag tue. Jetzt erholt sie sich davon. „Musst du dich immer in meine Angelegenheiten einmischen?! Das hat der Typ von der Schule auch schon gesagt!“

Die Freizeitaktivitäten von Jugendlichen und Kindern unterscheiden sich. Erstere nutzen Medien sehr viel mehr, als dies Kinder tun. Das Fernsehen ist nach wie vor ein Spitzenreiter unter den Freizeitbeschäftigungen. Trotzdem: Kinder spielen noch gerne draußen, drinnen, miteinander und alleine ohne Medien (Harring 2011). Jugendliche sind häufiger mit der Familie zusammen und ziehen sich zurück („Cocooning“). Flatratestreaming macht einen großen Teil der Freizeit aus. Ungefähr ein Drittel nutzt diese Dienste (Stand 2018). Fast alle Jugendlichen verfügen über einen Account bei Instagram, Snapchat, WhatsApp. Unter den Spielen ist Fortnite eines der beliebtesten. Videoportale wie Youtube werden regelmäßig genutzt. Kinder und Jugendliche machen auch sehr negative Erfahrungen in den digitalen Medien. Sie stoßen auf Gewalt, Sex und Werbung (Medienpädagogischer Forschungsverbund Südwest 2018). Aktivitäten, die nichts mit Medien zu tun haben, erfreuen sich nach wie vor großer Beliebtheit, wie z.B. Sport. Unterschiede zwischen Mädchen und Jungen lassen sich wie folgt festmachen: Jungen treffen regelmäßiger Freunde, treiben häufiger Sport, während Mädchen sich eher um ihre Haustiere kümmern (!) und häufiger malen, basteln und musizieren. Zwei Drittel aller Jugendlichen „gamen“ täglich oder mehrmals die Woche, nur jedes zehnte Mädchen tut dies (Suter et al. 2018). Die Verlierer der Entwicklungen von Freizeit sind das Musikmachen, Bücher lesen, Camping, Handarbeiten. Diese Tätigkeiten werden nur noch wenig in der Freizeit ausgeübt (Stiftung für Zukunftsfragen 2020).

Das Freizeitverhalten von Lehrkräften entspricht nicht jenem von Teenagern. Freizeit sollte frei und damit frei von Wertzuschreibung sein. Sie ist sehr vielfältig und individuell ausgeprägt. Traumatisierte Kinder sollten bei der Auswahl ihrer Freizeitaktivitäten unterstützt werden.

Peers

Nach einigen Tagen merkt selbst Franzi, dass die Isolation in ihrem Zimmer ihr nicht gut tut. Sie beschließt raus zu gehen. Sie geht runter, greift ihre Jacke und ruft im Rausgehen: „Dein ständiges Kritisieren war erfolgreich, ich gehe jetzt zu Celina!" Die Mutter stockt. „Wie bitte? *Du gehst auf gar keinen Fall zu Celina! Die ist ein schlechter Einfluss! Außerdem rauchen die Eltern in der Wohnung!"*

Peers haben einen erheblichen Einfluss auf Kinder und Jugendliche. Sie treffen diese nicht nur in der Schule und danach zu Hause, auf dem Spielplatz, in Shopping Malls sondern auch im Internet, sozialen Netzwerken. Peers sind Chance und Risiko, oder aber auch Täter, wie es den Wirkfaktoren gemein ist. Sie können „mit ihren bildungsfernen Praktiken und Orientierung" (Krüger 2012, 156) die Gefahr des Scheiterns von Bildungskarrieren erhöhen. Peers erschweren den Erwerb von Kompetenzen „und fördern abweichende Verhaltensnormen" (Ecarius/Hößl/Berg 2012, 163). Betroffen sind meist Kinder, die selber kaum Möglichkeit haben, sich stabil gegen diesen Einfluss zu wehren und wollen es häufig auch gar nicht. Die gute Nachricht: Peers haben meist einen positiven Einfluss auf Gleichaltrige, „sie haben aber auch einen beträchtlichen Einfluss auf die Identitätsentwicklung von Kindern und erschweren den Kompetenzerwerb" (Ecarius/Hößl/Berg 2012, 163).

Der Bereich „Peers" ist, wie auch der Bereich „Freizeit", nicht ausreichend erforscht. Wie wirken sich Peers auf die Entwicklung von traumatisierten Kindern aus? Der Einfluss von Peers oder Freizeit wird bisher meistens als Einfluss auf die Bildungskarriere und kognitive Entwicklung beschrieben. Wie sieht der Einfluss von Peers auf die emotionale-soziale, bzw. psychische Entwicklung aus? Fest steht, *dass* sie einen Einfluss haben. Der Wirkfaktor ist eine mächtige Sozialisationsinstanz. Fest steht ebenfalls, dass Jugendliche zum Teil „nachhaltig in ihrem biografischen Werden gefährdet" (Ecarius/Hößl/Berg 2012, 173) werden. Jugendliche können in ihrer Peergroup Gewalt erfahren.

Das heißt, der „schlechte Einfluss von Freunden" ist genauso richtig und genauso falsch, wie der „gute Freund", der einen „guten" Einfluss hat. Wir alle waren Kinder und wissen deshalb, wie grausam, schön, anstrengend und helfend Freunde sein können. Die Herausforderungen, für die Gestaltung von konstruktiven Freundschaften, für Schule und für Familie sind augenscheinlich mit dem Anstieg der Nutzung digitaler Medien und deren Netzwerke erhöht. Freunde bzw. Peers sind ein enorm komplexer Forschungsgegenstand, dem sich die (Sonder-)Pädagogik eingehend widmen sollte. Dies schüfe Klarheit für Lehrkräfte, Referendare und Studierende.

! Der Bereich Freunde sollte differenziert, aber äußerst intensiv beobachtet werden. In welchen Cliquen, Kreisen erlebt sich das Kind als wirkungsvoll? Welche Merkmale haben diese Gruppen? Ebenso sollte die Disposition des Kindes mit einbezogen werden. Kann es sich wehren und behaupten, kompensieren, steuern?

Zusammenfassung des Wirkfaktors Freizeit
Freizeit kann zu einem Problemfeld werden, betrachtet man die Ressourcenlage von traumatisierten Kindern. Ein traumatisiertes Kind kann weniger gut mit fehlender Struktur und Klarheit zurechtkommen (auch wenn es das bisweilen selbst anders sieht). Es braucht eine stärkere Anleitung als andere Kinder, wenn von ihm Selbstbestimmung und Selbstverwirklichung, Regeneration und der Abbau von psychischen Belastungen in der Freizeit gefordert werden. Dies macht Freizeit zu einem schwierigen Gebilde, da die Strukturierung von Freizeit Jugendlicher entgegengesetzt von dem Anspruch des „frei-seins" steht.
Peers haben einen großen Einfluss auf Kinder und Jugendliche. Dieser ist bisweilen so groß, dass sie zum Täter werden, also einen so stark schädigenden Einfluss haben, dass das Kind schwer belastet wird.

> „Labeling-Prozesse, Stigmatisierung und Selbststigmatisierung sind der Interaktionsstruktur von Peergroups genauso zuzurechnen wie positive und unterstützende Erfahrungen, die den Individuationsprozess der Jugendlichen beeinflussen" (Ecarius/Hößl/Berg 2012, 175).

Was hier eher harmlos klingt, kann für einige Jugendliche lebensbedrohlich werden und zu starken psychischen Belastungen führen. Freizeit ist ein starker Motor für Identitätsbildung und Selbstwirksamkeit. Durch den Umstand, dass dies zentrale Bestandteile der Bewältigung von traumatischen Erfarhrungen sind, wird Freizeit zu einem überaus wichtigen Bereich der traumasensiblen Hilfen.

Migration

„Wir schaffen das!" Diesen motivierenden Spruch äußerte Kanzlerin Merkel vor einigen Jahren, als Deutschland vor der Entscheidung stand, über die nächsten Jahre viele Flüchtlinge aufzunehmen. Zwischen 2015 und 2018 wurden 1,6 Millionen Asylanträge gestellt (BPB 2019). 2019 machten Minderjährige die Hälfte der Asylbewerber aus. Die Auswirkungen können wir bis heute nicht zur Gänze überblicken, doch spüren Lehrkräfte in den meisten Schulen Deutschlands, dass sie es sind, die diese Auswirkungen abfedern müssen. Vergessen wird bei dieser Diskussion, die in Deutschland intensiv geführt wird, dass es erstens keine seelenlose Flüchtlingswelle ist, mit der wir umgehen müssen, sondern dass es sich um Individuen handelt. Jeder Einzelne hat stark belastende Erfahrungen machen müssen, so dass sie aus ihrem Heimatland geflohen sind. Zweitens bilden Menschen mit Migrationshintergrund einen bedeutsamen Teil unserer Bevölkerung (Hamburger/Hummerich 2007, 95). Sie werden bleiben und weiterhin ein Teil der Bevölkerung Deutschlands sein. Umso mehr verwundert es, dass die Migrationsforschung immer noch weitestgehend für sich bleibt und sich kaum öffnet (Götte 2018), im Übrigen ein verbindendes Element der Wirkfaktoren und primär zuständigen Disziplinen. Zuständig für Fragen der Migration war die sogenannte Ausländerpädagogik, die von der Interkulturelle Pädagogik aufgrund von zu starker Problemorientierung abgelöst wurde (Hummrich/Terstegen 2020) und bis heute forscht und weiterentwickelt.

Dilara war mit ihrer Freundin Shirin bei Frau H. im Förderunterricht. Sie beginnt die Stunde mit einem ungezwungenen Gespräch. Sie weiß von ihnen nur, dass sie beide geflüchtet sind. Die genaueren Umstände kennt sie nicht.
Dilara spricht nach einem knappen Jahr an der Schule schon verständlich Deutsch. Shirin ist sehr still, zurückgezogen und lächelt kaum. Sie betrachtet ihre Welt mit großen Augen und nimmt sie mit Staunen und ein wenig Traurigkeit zur Kenntnis. Shirin spricht kaum Deutsch, obwohl sie ähnliche Voraussetzungen wie Dilara hat. Sie zeigt auch sonst kaum Lernfortschritte.
Frau H. nimmt eine Landkarte und deutet an, dass sie zeigen sollen, woher sie kommen. Beide Mädchen zeigen auf Aleppo, eine stark umkämpfte Stadt in Syrien. Sie berichten davon, wie schön diese Stadt war und wie traurig sie sind, dass sie gehen mussten.
Plötzlich reißt Shirin ihre Augen auf und ruft „Ta-Ta-Ta-Ta!". Sie deutet eine abwärtsführende Geste mit den Händen an.
Ihre Freundin Dilara übersetzt: Shirin habe das Fallen von Bomben erlebt.
Im Laufe des Gesprächs wird klar, wie die beiden Mädchen geflohen waren. Sie mussten ein größeres Schlauchboot nehmen, um nach Griechenland zu kommen. Dilara umriss dazu die Hälfte des Förderraums, ungefähr 12 Quadratmeter. Über die Fahrt schildern sie Unaussprechliches. Frau H. merkt, dass dies keine gewöhnliche Förderung wird, sie völlig überfordert ist und nicht weiß, wie sie mit dem Erfahrenen umgehen soll. Sie nimmt die beiden in den Arm. Was müssen diese Mädchen bewältigen? Wie können sie überhaupt in der Schule sitzen? Wie schaffen sie es, zu lernen? Gibt es keine Akte, die diese Dinge beinhaltet? Alle müssen über diese Problematik Bescheid wissen, tun es aber nicht. Was, zum Teufel, ist hier los?

Es gibt zahlreiche Einflüsse dieses Wirkfaktors, die potentiell traumatisierend wirken können: Die Flucht, der Verlust von Hab und Gut, der Verlust der Heimat, gekannter Strukturen und Kultur. Diese Dinge *wirken* auf Kinder und tun es anhaltend über einen langen Zeitraum.
Und genau da liegt der Hund begraben! Wer konnte erwarten, dass Geflüchtete bleiben, sie in unsere Schulen kommen, Schüler werden? Die Politik bzw. die Landesschulbehörden arbeiten beizeiten derart langsam, dass man erst einmal einen Kaffee trinkt, alt wird und Enkel bekommt, bevor Entscheidungen fallen, Gesetze gemacht werden. Die Flüchtlinge jedoch kamen innerhalb weniger Monate nach Deutschland, Aufnahmestellen waren überfordert und sind es in einigen Bundesländern bis heute. Bezieht man mit ein, dass Flucht und die damit verbundenen Erlebnisse im Herkunftsland mit hoher Wahrscheinlichkeit traumatische Erfahrungen (vgl. Göbel/Buchwald 2017) darstellen und dass *Flucht* nur ein Teil des Migrationskosmos' in Deutschland ist, so wird klar, dass wir in einem Schlamassel ungeahnten Ausmaßes stecken.

Genauer gesagt, stecken nicht „die Deutschen" in einem derartigen Schlamassel, sondern die Schüler und Schülerinnen in unseren Schulen, die einen Migrationshintergrund haben. Viele Studien haben dies mittlerweile bestätigt. Aus einem anderen Land in der ersten, zweiten oder dritten Generation zu kommen wirkt sich auf vielfältige Art und Weise auf die Noten und den Abschluss (Diefenbach 2007; Diehl et al. 2010) aus. Schüler und Schülerinnen mit Migrationshintergrund machen so zum Beispiel eher den Hauptschulabschluss, als Kinder, die keinen haben. Ausländische Kinder bekommen weniger vorschulische Betreuung, besuchen seltener das Gymnasium, haben eine deutlich geringere Lese- und naturwissenschaftliche Kompetenz, besuchen doppelt so häufig Förderschulen mit dem Schwerpunkt Lernen und haben häufiger *keinen* Hauptschulabschluss, als Kinder die keinen Migrationshintergrund haben (Diefenbach 2007). Dies hält Diefenbach aber nicht davon ab zu fragen, ob es überhaupt

> „notwendig oder auch nur wünschenswert ist, Kindern mit Migrationshintergrund zu größerer Bildungsbeteiligung oder größerem Bildungserfolg zu verhelfen, und zweitens gerechtfertigt ist, von Benachteiligung von oder Ungerechtigkeit gegenüber diesen Kindern zu sprechen" (Diefenbach 2007, 11).

Traumatisierte Kinder mit Migrationshintergrund haben es in deutschen Schulen verhältnismäßig schwer, aufgrund einer Vielzahl von Ursachen. Schule muss diesen Kindern weiter entgegenkommen und sich hinsichtlich ihrer Bewertungsstrategien, Einstellungen und Haltungen stärker reflektieren. Flucht traumatisiert und erschwert Integration.

Herausforderungen

Frau H. trifft die beiden drei Tage später in ihrer Förderung wieder. Das Schicksal der beiden Mädchen hat sie sehr beschäftigt. Vor dem Hintergrund der Erfahrungen vom letzten Mal weiß sie, dass sie kaum Unterricht machen werden kann. Sie beschließt, zuerst mit den Kindern zu reden. Sie fragt, wie es den Kindern geht. Die Mädchen zögern und schauen sich fragend an. In stiller Übereinkunft beginnen sie zu erzählen, nicht über den Krieg, den sie in Aleppo erleben mussten, sondern die Schwierigkeiten, die sie hier erleben. Sie berichten von hässlichen Kommentaren beim Einkaufen, in der Schule, von Lehrkräften, von den Problemen und unergründlichen Geheimnissen der deutschen Kultur, die sie nicht entschlüsseln können. Sie verstehen nicht, wie das hier alles funktioniert. Frau H. hört staunend zu. Sollte das wirklich wahr sein?

Kinder und Jugendliche, die Migrations- oder Fluchterfahrungen haben, sind besonders vulnerabel (Göbel/Buchwald 2017; Aichberger 2015). Die Anforderungen, die an sie gestellt werden, sind vor dem Hintergrund stark reduzierter Ressourcen vielfältig und komplex in ihrer Bewältigung. Göbel und Buchwald nennen hierzu die schwere Bewältigung durch Sprache, Integration in Kultur, Religion, fehlenden Zugang zu Arbeit und Bildung, Isolation, Erfahrung der Diskriminierung und

Fremdenfeindlichkeit. Sie leiden unter Verlusterfahrungen durch die Auswanderung. Migration ist damit ein kritisches Lebensereignis und kann psychische und physische Krankheiten hervorrufen. Sie stellen „Migrationsstress“ fest (Göbel/Buchwald 2017). Kinder mit Migrationserfahrung haben eine höhere Wahrscheinlichkeit psychisch oder physisch krank zu werden (Diehl et al. 2010; Schouler-Ocak 2015). Meemann und Meurs beschreiben

> „prekäre Lebensbedingungen im Herkunftsland, Fluchterfahrungen, erschwerte Akkulturation, Identitäts- und Rollenverluste, Schwierigkeiten im Ausbau einer bikulturellen Identität, Diskriminierungs- und Marginalisierungserfahrungen, Perspektivlosigkeit, sprachliche Barrieren, Entwickungsschwierigkeiten in der Adoleszenz und Weitere“ (Meemnn/Meurs 2019, 116).

Vetriglio und Bhugra nennen cultural shock, racism, ethnic Identity, culture conflict und cultural bereavement als negativ entwicklungsbeeinflussend (2015).
Es ist wichtig zu differenzieren, welcher Generation die Betroffenen angehören. So spielen transgenerationale Traumata eine wichtige Rolle (Diehl et al. 2010/Leser 2018). Menschen, die nach Deutschland kommen, müssen sich einer neuen Umgebung, einer neuen Kultur, meistens auch an eine neue Sprache gewöhnen. Rollenmuster (zum Beispiel von Lehrkräften oder Eltern) können sich vom Herkunftsland unterscheiden. Spezifische Kenntnisse und Fähigkeiten werden entwertet (Diehl 2010). Familien mit Migrationshintergrund sind soziokökonomisch vergleichsweise schlecht aufgestellt (Diefenbach 2007). Auch Diskriminierungen (Hamburger/Hummerich 2007), mitunter „manifeste Vorbehalte gegenüber anderen Nationen“ (Calmbach et al 2016, 472), des Ankunftslandes oder Konflikte mit den Wertvorstellungen, Rollenbildern und Verhaltensweisen von Familie und Verwandtschaft (Bonfadelli/Bucher 2008, 32) wurden festgestellt. Merkmale dieser Bevölkerungsgruppe sind häufig kaum empirisch gesichert (Diefenbach 2007). Ein Umstand, der die Exploration dieses Gebietes erschwert. Rassismus spielt eine ebenso große Rolle in der Bewältigung von Traumata, der Schule und dem Alltag. Schüler und Schülerinnen mit Migrationshintergrund erleben herablassendes und herabsetzendes Verhalten. Besonders kritische Blicke scheinen sehr negativ zu wirken und diese Schülerinnen und Schüler zu Fremden zu machen. Amman und Kirndörfer beschreiben ein ständiges „Ringen, unter Demütigungen“, die eigene Würde aufrechtzuerhalten (Amman/Kirndörfer 2018).
Eine weitere Herausforderung ist der verpasste Schulstoff. Schließlich ist es nicht nur nötig, dass die Kinder und Jugendlichen die Sprache lernen, sie müssen auch meistens den Stoff der *letzten Jahre* aufholen. Geflüchtete Kinder aus dem Irak oder Syrien, die 2018 in die siebte Klasse kommen, sind ungefähr auf dem Stand von Zweit- bis Drittklässlern, da sie die Schule nicht, nur sehr unregelmäßig oder unter großer Angst besuchen konnten. Dies ist ein immens großer Haufen an Schulstoff, den sie bewältigen müssen. Dazu kommt, dass Schule nicht für sie anhält. Das Lernen am aktuellen Stoff geht weiter.

Weiterhin müssen sie häufig zuerst das Lernen lernen. Wie funktionieren deutsche Schulen? Was muss man bei der Mappenführung, den Hausaufgaben, im Unterricht, an der Tafel, in der Pause beachten? Familien haben aber nicht nur die Aufgabe, diese Dinge zu verstehen und zu handeln, sondern auch sich um sich selbst zu kümmern, die Gesundheit im Auge zu behalten. So fehlt es Familien mit Migrationshintergrund häufig an einer „health literacy“ (Bjäarnhelm/Mösko 2015).

Migration in Verbindung mit schweren Belastungen hat ein überaus komplexes Ursachengeflecht, wie es den Wirkfaktoren gemein ist. Sie erhöhen die Belastung auf Kinder und Jugendliche. Es ist Aufgabe der in der Schule ansässigen Professionellen in Kooperation mit externen Hilfen, dieses zu entziffern, um die effektivste Hilfe für Kinder mit Migrationshintergrund anbieten zu können.

Bagatellisierung von Ursachen

Frau H. berichtet von den beiden Schülerinnen im Lehrerzimmer. Ihr Kollege erwidert, dass er einen ähnlichen Schüler habe, dieser komme aus dem Kosovo. Ein weiterer Kollege aus dem Lehrerzimmer überhört das Gespräch und ruft hinein, dass der gar nicht traumatisiert sein könne, weil da kein Krieg mehr herrsche.

Die Flüchtlingswelle der vergangenen Jahre führte dazu, Migration und ihre Wirkung auf Kinder zu unterschätzen. Jeder, der nicht mit dem Schlauchboot gekommen ist, wird zum bloßen Einwanderer, der gar nicht traumatisiert sein kann.
Der Begriff „Flüchtlinge“ verringert die Anzahl möglicher Ursachen auf Themen wie Syrien, Krieg und die islamistische Front. Die Belastungen, die auf Kinder aus Serbien, Albanien und Deutschland wirken, können dadurch unterschätzt werden. Selbst, wenn im Herkunftsland kein Krieg oder Gewalt herrschen sollte, so ist die Flucht selber eine Ursache, die viele Menschen extrem belastet. Traumafolgestörungen sind Spektrum Störungen. Das heißt, viele verschiedene Ursachen können zu einer Traumafolgestörung führen. Nicht nur Krieg, sondern auch Missbrauch, Vernachlässigung, Armut, Übergriffe und auch Entwurzelung werden Kinder so stark belasten, dass sie dem Unterricht nicht mehr folgen können. Lehrkräfte tendieren aber dazu, vermehrt Flüchtlinge als traumatisiert wahrzunehmen, da es dem Stereotyp von „Trauma“ entspricht, wie man es aus Film und Fernsehen kennt. Weiterhin sind andere Ursachen, besonders in Kombination miteinander, schwerer aufzudecken. Es stellt eine Herausforderung dar, sie als traumatische Situationen identifizieren zu können.

Trauma ist nicht gleich Trauma. Jedes Kind erlebt Belastungen unterschiedlich. Belastungen oder traumatische Situationen können ebenso verschieden sein. Eine Reduktion von diesen auf Krieg, Folter und Flucht ist nicht zielführend und lässt viele andere Kinder und Jugendliche, die Gewalt erlebt haben, unbeachtet zurück.

Herkunft als Täter

Dilaras Mutter ist verzweifelt. Das Mädchen schaut nun ständig Jungs an. Mehr noch, sie will kein Kopftuch mehr tragen, weil sie die deutschen Jungs und Mädchen sonst komisch anschauen. Sie möchte jetzt ein Handy haben, mit dem sie sich über die neusten Trends informieren kann. Sie schämt sich für ihre Mutter, die immer noch in traditioneller Kleidung in die Stadt geht.

Wie viele Wirkfaktoren wirkt die Herkunft nicht direkt traumatisierend. Aus einem anderen Land zu kommen ist völlig ungefährlich für die psychische und physische Gesundheit. Genauso, wie es grundsätzlich kein Problem ist, kein Geld zu haben, oder nur geringe Bildung zu besitzen. Aus Syrien, dem Irak oder Kurdistan zu kommen, Muslim oder Jezide zu sein, ist kein Problem, solange man als Syrer, Iraker oder Kurde nicht in Deutschland lebt und zur Schule geht. Die Herkunft steht häufig für ungleiche Chancen und negative Etiketten, wie z.B. frauenfeindlich. Kinder verinnerlichen diese Betrachtungsweise ihrer Herkunft. Diese Vorurteile können traumatische Situationen auslösen (Küey 2015). Kinder wollen aber dazugehören und Gemeinschaft erleben. Ihre Herkunft ist dabei oft im Weg.

Hinterfragen ließe sich auch die Etikettierung unterschiedlicher Herkünfte. Gibt es eine „gute“ und einen „schlechte“ Herkunft? Wie wird in Europa eine arabische Herkunft wahrgenommen (Basar, Mittelalter, Familie)? Wie eine französische oder griechische (Kultur, Pleite, schwierig) oder vietnamesische (fleißig, ruhig)? Bevor der Shitstorm losgeht: Fragen Sie sich, mit welchen Vorurteilen Sie selber belastet sind und mit welchen Sie arbeiten müssen! Fragen Sie sich, welche Unterschiede Herkünfte wirklich haben und wie Sie diesen Herausforderungen begegnen.

Die eigene Herkunft wird zum Täter gemacht. Die Herkunft bestimmt über die (Bildungs-) Karriere, das Einkommen, die Gründung einer Familie, Wohnort, das Lebensglück. Dies bedeutet eine zusätzliche, mehrfache Belastung für Kinder, weil Herkunft zu ihnen *gehört*.

Sie verlieren einen Teil ihrer Identität und werden, überspitzt formuliert, in ein „Täterintrojekt“ gezwungen. Das bedeutet, dass die Kinder einen Teil von sich als „schlecht“ empfinden und damit als defizitär. Negative Reaktionen aus dem Umfeld dürfen nicht als Angriff gesehen, sondern müssen als gerechtfertigt und angemessen empfunden werden. Kinder müssen sich entscheiden,

> „ob sie die kulturelle Identität ihres Herkunftslandes beibehalten wollen und damit in der neuen Kultur marginalisiert bleiben, oder ob sie sich an die kulturelle Identität der Aufnahmegesellschaft anpassen wollen, aber um den Preis der Entfremdung zur Herkunftskultur. Daraus resultieren Risikopotentiale in Form von Identitätskrisen und Identitätsdiffusion oder offensive Gewaltreaktionen meist im Gruppenkontext der gleichaltrigen Clique“ (Bonfadelli/Bucher 2008, 146).

Das Kind kann sich nicht gegen seine eigenen Wurzeln wehren und sollte es auch nicht. Gerät es jedoch in diese Dynamik, so wird es beginnen, große Teile seiner Her-

kunft und damit Religion und Kultur zu hinterfragen. Es tut dies aber nicht aufgrund von altersbedingten Entwicklungsprozessen, die sich durch Interesse und Neugier kennzeichnen. Das Kind ist davon getrieben, einen Makel zu beseitigen. Der Prozess führt zu Verlusten und Vertrauensbrüchen, auch zwischen Elternhaus und Schule, Familie und der Kultur. Es wird wieder belastet, weil es gezwungen ist, in genau dem System voranzukommen, das häufig benachteiligend wirkt, übergeht, diskriminiert, Ungleichheiten produziert, ausschließt und damit kumulativ traumatisiert.
Es muss zwei Welten akzeptieren und miteinander vereinen, die in manchen Bereichen fundamental unterschiedliche Weltbilder haben. Dies erzeugt ständige Konfrontationen und Konflikte. Geflüchtete Kinder stoßen durch die Kultur und Sprachunterschiede permanent auf Verstehensgrenzen. Sicherheit, die sie brauchen, geht verloren. Sie werden destabilisiert, in einer Zeit, in der sie besonders starke Integration, Halt und Sicherheit benötigen.

Gelingt es Kindern eine ‚hybride Identität' auszubilden, also die Kultur aus ihrem Herkunftsland mit jener des Ankunftslandes zu verbinden, ist ein großer Schritt geschafft. So kommt Lehrkräften die Aufgabe zu, nicht nur die Kultur des Herkunftslandes zu legitimieren und als rechtens einzuordnen, sondern auch die deutsche Kultur (wie auch immer sie definiert wird) nahezulegen und zwischen diesen beiden zu vermitteln und zu übersetzen. Gelingt dies nicht, wird das Kind möglicherweise (weiter) schwer belastet.

Das geflüchtete Kind als Versorger

Dilara kommt in der großen Pause zu Frau H. Sie hat mittlerweile großes Vertrauen in die Lehrkraft gewonnen. Frau H. bemerkt sofort, dass etwas nicht stimmt. Dilara ist verzweifelt. Sie und ihre Mutter waren gestern beim Arzt. Sie musste für ihre Mutter übersetzen. Es stellte sich heraus, dass die Mutter an einer gravierenden Krankheit leidet, die einer dringenden Operation bedarf. Diese Erfahrung, in Zusammenhang mit der Trauer der Mutter hat das Kind stark belastet. Frau H. weiß nicht, was sie tun soll.

Nur wenige geflüchtete Eltern haben eine konkrete Vorstellung vom Schulsystem in Deutschland, bzw. dem betreffenden Bundesland, dessen Anforderungen und vor allem dessen Subtext (Wie muss sich ein Kind verhalten, wie soll es lernen, wie Freunde finden?). Eltern und Kinder mit Migrationshintergrund unterschätzen bisweilen ihre Aufgaben, ihren Einsatz in der und für die Schule. Dies tun sie nicht aus Böswilligkeit oder Faulheit. Sie tun dies im Vertrauen auf die absolute Unfehlbarkeit des deutschen Schulsystems und aus Angst. Sie haben damit weniger Zugang zu Hilfeleistungen. Dies erhöht das Niveau der Eigenverantwortung des betroffenen Kindes. Es muss Elternbriefe verstehen, seinen Eltern diese erklären, auch wenn es negative Botschaften über das Kind selber sind. Das Kind durchläuft alle Informationen: Über Asyl- oder Abschiebebescheide, Dokumentationen des Asylweges und Einschätzungen der Lage der Familie durch Behörden bis hin zu Erkrankungen der Eltern, dessen Diagnose das Kind für sie übersetzen muss („language brokering“ bzw. „parentification“). Kinder nehmen dies mitunter als Belastung wahr (vgl. Diehl et al. 2010). Auch Polat spricht von einer Überforderung durch diese Verantwortungsübernahme (Polat 2015). Eltern haben in Momenten, in denen das Kind deutsch mit „Autoritäten“ (Lehrkräfte, Mitarbeiter in Ämtern und Versorgungseinrichtungen) spricht, keinerlei Kontrolle über das Geschehen. Es muss seine Schulmaterialien selber organisieren, dafür sorgen, dass es lernen kann und weiß, wann und was es lernen muss. Dies ist schon für ein Kind schwierig, das in Deutschland aufgewachsen ist. Für ein Kind, das mit dem Schlauchboot hierher gekommen ist, in seiner Heimat Bombenangriffe erlebte und dessen Eltern mit ihren eigenen Belastungen zu kämpfen haben, scheint dies unmöglich zu sein und stellt eine potentielle Überforderung, Retraumatisierung bzw. Teil einer kumulativen Traumatisierung des Kindes dar.

In einer Situation, in der Kinder entlastet werden sollten, um sich ihrer Entwicklung, ihrer Stabilisierung, ihrem sozialen Umfeld und ihrem Schulerfolg zu widmen, werden sie zusätzlich belastet und in Versorgerrollen gedrückt, die sie nicht im Ansatz ausfüllen können und sollten. Sozialpädagogen sind deshalb aufgefordert, sich diesem Umstand anzunehmen und durch die Steigerung der Hilfeleistungen, z.B. in Form eines Dolmetschers und Aufklärung der Eltern, das Kind zu entlasten.

Haltung und Erwartung

„Ich weiß ja nicht, wie das bei euch im Dschungel ist, aber hier herrscht Recht und Ordnung. An die Arbeit!“ Herr K., eine Fachlehrkraft, wählt die NPD. Das ist nicht verboten. Shirin versteht den Unterricht nicht und kann ihm nicht folgen. Da sie keine Unterstützung von der Fachlehrkraft bekommt, beginnt sie, in ihrem Heft zu malen. Herr K. sieht dies und fühlt sich provoziert. Im Lehrerzimmer schimpft er weiter über die ganze Familie von Shirin und dass diese nur Schulversager produziere, die das System belasten.

Keiner war und ist darauf vorbereitet, eine sehr große Anzahl von traumatisierten Kindern aufzunehmen, die unsere Sprache nicht sprechen und mit großen Augen im Unterricht sitzen. Irgendwie dachte man, das Problem würde schon weggehen oder in der Schule versacken, wie z.B. die Integrationsbewegung in den Achtzigern, Integration von Gastarbeitern, die Rechtschreibreform, die Umstellung des Abiturs, die Inklusion bis heute und vieles mehr. Schule ist ein Auffangbecken für Reformen aus der Politik. Schule ist kein Mikrokosmos, der autark funktioniert. Schule ist vielmehr eng mit unserer Gesellschaft verknüpft.
Die Beispiele Bernd Höcke und Nikolai N. zeigen, dass die Herkunft von Schülern eine sehr große Rolle in Schulen spielt. Lehrer werden durch politische Überzeugungen, durch Überforderung und fehlendes Verständnis zu Tätern.

Die Wahrscheinlichkeit ist hoch, dass unsere Überzeugungen als Privatmenschen unsere Haltung im Berufsleben beeinflussen. Dies kann ein sehr gefährlicher Kreislauf sein, wenn Überzeugungen dazu führen, dass Lehrkräfte Antipathien aufgrund der Herkunft ihrer Schüler und Schülerinnen entwickeln und Erwartungen zu „preußischen Tugenden", „deutschen Werten" äußern. Dieser Prozess muss rechtzeitig aufgebrochen und endlich a*usgesprochen* werden. Warum sind sie so wütend? Warum fühlen sie sich bedroht? Wie kann man ihnen helfen? Lehrkräfte sind auch nur Menschen und Steuerzahler. Sie werden mit Kindern mit Migrationshintergrund und Fluchterfahrung allein gelassen. Sie sind es, die schlussendlich im Unterricht ihren Lernrückstand und ihr Verhalten kompensieren müssen. Wenn es nicht klappt, werden sie verantwortlich gemacht. Ansichten werden auch aus Frust und Wut geboren. Deshalb sollten Lehrkräfte nach ihren Nöten gefragt und ernst genommen werden, damit ein Diskurs entsteht. Wie die Traumapädagogik zeigt, ist Haltung eine wichtige Säule in der Betreuung von traumatisierten Kindern. Lehrkräfte müssen mehr auf die Bedürfnisse ihrer Schüler eingehen, auch wenn sie diese anfangs nicht verstehen oder nachvollziehen können bzw. wollen. Lehrkräfte benötigen einen „Differenz akzeptierenden Habitus, welcher sich in den konkreten Interaktionsmustern und Unterrichtskonzepten zu manifestieren hat" (Hirschauer/Bullmann 2010. 351). Ihre Haltung hat Einfluss auf ihre Leistungserwartung und die Erfüllung dieser sowie auf únterrichtliche Interaktion zwischen Lehrendem und Lernendem (ebd.). Haltung hat einen enormen Einfluss auf Schüler, besonders auf jene mit Migrationshintergrund, deshalb dürfen sich z.B. „Stereotype nicht im professionellen Handeln manifestieren" (Hirschauer/Bullmann 2010, 356). Wichtig hierfür ist eine ständige Reflexion. Wie verhalte ich mich? Habe ich Vorurteile? Wie baue ich diese ab? Wie kann ich einem Kind ein möglichst freies Lernen ermöglichen?

> „Pädagogisches Handeln muss sich also als reflexives Handeln mit den gesellschaftlichen Bedingungen und den individuellen Bedürfnissen jüngerer Generationen auseinandersetzen. Das bedeutet, dass einerseits die Bedingungen der Migrationsgesellschaft zu reflektieren sind, andererseits die eigenen Unterscheidungspraxen und Handlungsweisen daraufhin befragt werden müssen, inwiefern sie jungen Menschen gesellschaftliche Teilhabe ermöglichen" (Hummrich/Terstegen 2020, 5f).

Auch bei der Diagnose und der Einschätzung von Traumafolgestörungen sollte beachtet werden, dass die eigene Kultur „in terms of experience, expression, explanation, and expactation" (Qureshi et al. 2015, 160) einen erheblichen Einfluss auf die Bewertung von Verhalten und Leistung hat.

! Nationalsozialisten müssen jetzt tapfer sein: „Der Islam gehört zu Deutschland" (Detjen 2015). Kinder, die einen Migrationshintergrund haben, *müssen* in Deutschland beschult werden und zwar nicht nur pro forma, sondern so, dass sie einen Abschluss machen können. Dazu gehört anständiger Unterricht, eine angemessene und wertfreie Haltung oder die schnellstmögliche Befreiung vom Dienst rechtsorientierter Kameraden aus der braunen Lehrerszene.

Zusammenfassung des Wirkfaktors Migration

Der Wirkfaktor Migration ist äußerst komplex. Wohl deshalb wird er langsam ernst genommen und von der Schule in Form von DAZ (Deutsch als Zweitsprache) und anderen Angeboten begleitet. Kinder und Jugendliche sind jedoch weiterhin Opfer von Diskriminierung nicht nur von Schülern, sondern auch von Lehrkräften.

Flucht bagatellisiert andere Ursachen, die zu traumatischen Reaktionen führen. Kinder werden in diesem Bereich nicht selten zu Versorgern. Diese Rolle muss unbedingt von Lehrkräften auf vielfältige Art und Weise mitgedacht werden. Schließlich ist häufig dieses Kind die einzige Verbindung zur Familie und trägt gleichzeitig die damit verbundene Last.

Der Umgang mit Herkunft muss untersucht werden, da diese ein wichtiger Aspekt in der Entwicklung von Kindern ist. Wird die Ursache zum Makel, wird die eigene Biografie zur Täterin. Kinder, die aus einem anderen Land geflohen sind, sind mit einer überaus großen Entwicklungsaufgabe konfrontiert. Sie sollen den Stoff aufholen, die Sprache lernen, dem gegenwärtigen Stoff folgen, die Kultur kennenlernen, Freunde finden, Diskriminierungen kompensieren, sich integrieren und ihre traumatischen Erfahrungen irgendwie nebenbei bewältigen. Letzteres verhindert jedoch Erfüllung der erstgenannten Aufgaben. Sicherheit, ein zentrales Merkmal der Stabilisierung von Kindern, geht verloren. Migration und Flucht stellen das Kind vor ein großes Problem. Diese Kinder benötigen sehr viel mehr (traumasensible) Unterstützung, als sie bisher erhalten.

Schule

Der Wirkfaktor Schule könnte einer der wirksamsten und elementarsten Entwicklungswerkzeuge unserer Zeit sein. Kinder verbringen in ihr 100 Stunden im Monat und mehr, sie werden von Fachkräften betreut, die umfassende Ausbildungen haben. Diese verfügen über einen jahrtausendealten tradierten Beziehungsrahmen („Meister/Lehrer-Schüler"). Schüler *müssen* in die Einrichtung gehen, Eltern *müssen* Kinder hinschicken. Das alles geschieht über den Zeitraum von mindestens 12 Jahren! Schule prägt Vertrauen in die eigene Leistungsfähigkeit (Schnell 2016, 876). Schulen verfügen theoretisch über ein immens großes Budget, dass sich den Gegebenheiten und gesellschaftlichen Entwicklungen anpasst (z.B., theoretisch, das Digitalpaket oder die Inklusion). Eine Schule ist der Mittelpunkt eines Stadtteils und der Kommune. Vereine, Bibliotheken, Schwimmhallen, Abendveranstaltungen sind angegliedert und finden hier statt. Schule bietet die Möglichkeit, Kulturen, Religionen, Ansichten und Haltungen zusammenzuführen, aufgeklärte Staatsbürger zu schaffen, die unsere Gesellschaft modern halten, aufgeschlossen und frei. Und was passiert? Es wird auf der Schule herumgetrampelt. Sie wird kaputt gemacht. Lehrkräfte werden nicht adäquat aus- und weitergebildet, Fachkräfte und externe Hilfen nicht etabliert. Schüler werden nicht umfassend gefördert, weil keiner mehr Rat weiß. Schule, die Entwicklungsweiche der wichtigsten Jahre unseres Lebens, wurde über Jahrzehnte durch sinnlose Bildungsreformen dem Rost überlassen. Schule wird durch diese Missstände zur Täterin. Sie vernachlässigt Kinder in ihrer Obhut *systematisch* und, überspitzt formuliert, misshandelt sie psychisch.

Alyssa ist eine Schülerin aus der 6. Klasse. Sie redet mit ihren Freundinnen. Alle regen sich über Herrn L. auf. Dieser käme mit seinem „Pädomobil" zur Schule, um den Sportunterricht zu leiten. Er ist bekannt dafür, dass er Hilfestellungen bei Übungen gibt und Mädchen an Stellen „aus Versehen" anfasst, die er nicht berühren sollte. Alyssa beklagt sich bei ihrer Klassenleitung. Diese wiegelt ab. „Der Herr L. ist doch so nett, das bildest du dir nur ein!" Alyssa ist verzweifelt. Sie geht nicht mehr zum Sportunterricht und bekommt dafür eine schlechte Note. Mehr noch, ihre Versetzung ist gefährdet, weil sie nun nicht mehr ausgleichen kann.

Hier liegt das traumatisierende Potential der Schule: Sie ist ausgestattet mit einem tradierten Herrschafts- und Gültigkeitsanspruch. Was Lehrer sagen, ist gut und richtig. Was die Landeschulbehörde vorgibt, ist richtig und wird umgesetzt. Wenn Schüler stören, sind sie Störer. Wenn Schüler schlechte Noten schreiben, so liegt dies an ihnen. „Sie vermittelt Schulversagern das Gefühl, selbst Schuld zu haben" (Schön 2016, 629). Die Schule *kann* nicht schlecht sein, weil sie ja *gut* ist. Schüler bringt dies in eine Lage, Vernachlässigung und Misshandlung nicht nur zu ertragen, sondern sie auch noch als richtig empfinden zu müssen. Es kommt quasi zu einem „Täter-Introjekt". Schule kann also eine äußerst negative Wirkung auf Schüler und Schülerinnen haben. Prominentes Beispiel hierfür ist die Odenwaldschule. Missbrauch in Institutionen wird immer häufiger Gegenstand von Untersuchungen, wie zum Beispiel in der katholischen Kirche. In diesem Werk wird jedoch nicht nur von sexuellem Missbrauch ausgegangen, sondern vielmehr von Gewalt in jeglicher Form, die ausgeübt wird, wie zum Beispiel Demütigungen, Mobbing, psychische und physische Gewalt (Ferring/Willems 2014), aber auch schlechte Noten strafen. Schule ist damit ein äußerst komplexer Wirkfaktor. Schule ist sehr hierarchisch. Die Lehrkraft hat fast uneingeschränkte Handlungsmacht, die in dem Mikrokosmos Kollegium gut versteckt wird (vgl. Schön 2016, 642). Schüler sind dieser Macht hilflos ausgeliefert, sie wird fraglos anerkannt (Ferring/Willems 2014). Zieht man folgendes Zitat von Schnell hinzu, wird das Ausmaß des Defizits offensichtlich:

> „Anweisungen, Vergleichsarbeiten, Zeitmaße und Bildungspläne werden von Personen beraten und beschlossen, deren Vorstellungen und Erkenntnisse auf dem Hintergrund ihrer Lebensgeschichten in der Mittelschicht und in Unkenntnis der Lebenserfahrungen in ökonomisch benachteiligten Milieus entstanden und insbesondere der Entwicklung von Kindern in bevorzugteren Milieus und ihrer Orientierung an Leistungssteigerung im Interesse günstiger Positionen im Wettbewerb entsprechen" (Schnell 2016, 887).

Bezieht man den Themenbereich der institutionellen Gewalt mit ein, so erscheint Schule in einem neuen Licht. Sie setzt den Kontext, die Struktur und die Regeln (Ferring/Willems 2014, 17). Gomolla und Radtke definieren institutionelle Gewalt als Entscheidungen, die regelmäßig vorgenommen werden und ungleiche Wirkungen auf Schüler haben (Gommolla/Radtke 2009, 269).

Wenn Schule nicht beginnt, sich endlich umfassend selber zu reflektieren und sich für interprofessionelle Arbeit zu öffnen, wird institutionelle Gewalt und Gewalt von Einzelpersonen zunehmen. Diese Gewalt wirkt besonders stark, da Täter eigentlich Unterstützer sein sollen, Vertrauen genießen und Schüler ihre Schutzbefohlenen sind. Diese Situation ist ungemein gefährlich, da fast uneingeschränkte Macht mit Deckung ähnlich Mächtiger ausgeübt wird, in einem System, dass sich einer Öffnung verschließt und damit größtenteils intransparent ist.

Transgenerationale Schultraumata

Die Eltern von Alyssa sind bei einem Elternabend. Nachdem die Klassenlehrerin mehrere Dinge erläutert und vorgestellt hat, kündigt sie den Schulleiter an, der kurz ebenfalls einige Dinge erklären möchte. Der Vater des Mädchens versteift sich plötzlich. Er bekommt Schweißausbrüche, als der Schulleiter die Klasse betritt und seinen Schlüssel auf das Pult schmeißt. Es kracht und der Vater zuckt zusammen. Er bittet seine Frau, dem Elternabend bei zu wohnen. Er selber kann es nicht mehr. Das Krachen des Schlüssels erinnerte ihn an seine eigene Schulzeit, als er den Schulleiter, damals noch Fachlehrkraft, in einem überaus belastenden Unterricht hatte.

Traumata, die eine Schule verursacht, sind sehr viel häufiger anzutreffen, als wir glauben mögen. Der Vater in dem Beispiel hatte den Schulleiter früher selber im Unterricht und sehr schlechte Erfahrungen mit ihm gemacht. Wer hat keine Geschichte der grimmigen, unfairen, fiesen, seltsamen Lehrkraft zu erzählen? Es gibt viele Schüler, die eine sehr viel erfolgreichere Bildungskarriere gehabt hätten, wenn sie an einen anderen Lehrer geraten wären. Das ist kein Geheimnis. Lehrer sind auch nur Menschen und nicht vor Antipathie und Sympathie gefeit. Sie haben viele Kinder zu unterrichten. Jedem gerecht zu werden, ist fast unmöglich.

Wenn jedoch wichtige Einfühlsamkeit („Was brauchst Du? Wie kannst Du wieder lernen?“) und Professionalität (Rolle, Nähe und Distanz) fehlen, führt dies zu jenen Eltern, die ihren eigenen Kindern keine Hilfe in der Schule sein können, ein negatives Bild der Schule weitergeben und damit transgenerationale Trauma-Prozesse in Gang setzen. Sie lehnen Schule ab, verweigern die Mitarbeit, zeigen Desinteresse bei Bildungsabschlüssen und sehen die Schule als Feindin und Eindringling, bestenfalls als notwendiges Übel.

Transgenerationale Traumata im Kontext Schule werden als Einflussfaktor bisher kaum in Betracht gezogen. Es macht einen Unterschied, ob die Eltern gute oder belastende, schlechte Erfahrungen in der Schule gemacht haben. Diese haben einen starken Einfluss auf die Entwicklung von Kindern, bedenkt man, dass Familie bzw. Eltern ein sehr stark wirkender Wirkfaktor bzw. Sozialisationsinstanz sind.

Schule und Behörde

Alyssas Klassenlehrerin hat die vergangenen Monate festgestellt, dass sie große Schwierigkeiten hat, dem Unterricht zu folgen. Sie beschließt, ein Verfahren zur Feststellung eines Förderbedarfs einzuleiten. Bis eine Förderschullehrkraft damit beauftragt wird, vergeht ein Monat. Die Situation in der Familie beginnt zu eskalieren, Alyssa wird verstärkt belastet. Nach zwei Wochen meldet sich der Sonderpädagoge für die Begutachtung. Bis der Förderbedarf festgestellt wird und Alyssa nicht nur Hilfe im Lernen bekommt, sondern eine Ansprechpartnerin, bei der sie Sicherheit erfährt, vergeht fast ein viertel Jahr. Alyssas Eltern haben sich mittlerweile nach vielen Konflikten getrennt. Alyssa ist seit einem Monat nicht mehr zur Schule gegangen und in psychotherapeutischer Behandlung. Die Hilfe der Förderschullehrkraft erreicht sie nicht mehr.

Schule ist bisher nicht sehr flexibel und kennt nur den Dienstweg. Dies liegt unter anderem daran, dass die meisten Lehrkräfte Beamte sind und einer behördlichen Hierarchie folgen müssen. Dies erschwert Innovationsprozesse, das Eingehen auf Schüler, individuellere Lernwege und -methoden. Vor allem Koordinations- und Kooperationsprozesse sind erweiterungsbedürftig. Leider ist die Schule weiterhin behäbig und reagiert mitunter Jahrzehnte zu langsam auf gesellschaftliche und individuelle Entwicklungen.
Schule *muss* schneller werden und flexibler auf (gesellschaftliche) Problemlagen, wie steigende Flüchtlingszahlen und eine steigende Anzahl von Schülern mit Verhaltens- und Lernschwierigkeiten reagieren sowie eine stete Anpassung inklusiver Entwicklungen leisten, die konstant reflektiert, evaluiert und gegebenenfalls geändert werden. Wenn Hilfen Schüler und Schülerinnen nicht rechtzeitig erreichen, wird mehr Schaden angerichtet als Nutzen erreicht.

Schule, Werte und Kultur

Alyssas Deutsch ist nicht sehr gut. Bisher kam sie mit einer Mischung aus Deutsch und Türkisch gut zurecht, nun reicht dieses Wissen nicht mehr. Die Schule steckt sie in einen DAZ-Kurs („Deutsch als Zweitsprache").Nach 1 Jahr kann Alyssa immer noch kein Deutsch. „Selber Schuld", sagt die DAZ Lehrkraft. „Sie hat halt nicht gelernt". Alyssa widerspricht nicht. Sie weiß, dass sie sich nicht durchsetzen können wird.

In eine Schule kommen jene Schüler, die im Einzugsgebiet wohnen. Das führt zu Brennpunktschulen. Das ist kein Geheimnis, nur getan wird kaum etwas. Schulen wie in Wilhelmshaven oder Neukölln haben es schwer, die Schüler dort ebenso. Schüler erkennen nicht die Notwendigkeit, Schlüsselkompetenzen zu erlernen und diese als gültig anzuerkennen. Fleiß, Ausdauer, Pünktlichkeit mögen abgegriffen sein, für die Schule haben diese Werte aber eine enorme Bedeutung. Für viele Kinder aus dem Nahen Osten, die Flucht und Verfolgung erlitten, haben sie eine andere Konnotation. Es ist schwer, ihnen verständlich zu machen, wie wichtig ein Abschluss und welche Arbeit dafür notwendig ist. Schule verlagert die Konfrontation mit der „deutschen Kultur" auf das, was nach Schule kommt. Schule als Repräsentant der deutschen Gesellschaft wird negativ aufgeladen, weil Verständnislosigkeit herrscht. Schule wird zur Täterin, in dem sie Integration erschwert.

> „Die allermeisten Möglichkeiten der Diskriminierung von Migranten sind als formale Rechte, etablierte Strukturen, eingeschliffene Gewohnheiten, etablierte Wertvorstellungen und bewährte Handlungsmaximen ‚in der Mitte der Gesellschaft' institutionalisiert, wobei solche Institutionen zumeist in Organisationen (Behörden, Betrieben, Anstalten) ihren Platz finden" (Gomolla/Radtke 2009, 20).

Schulen können nicht mehr als „Black Box" gesehen werden (Gomolla/Radtke 2009, 29), sondern müssen sich „hinsichtlich ihrer Wirkungen, ihrer institutionellen Praktiken, konstitutiven Handlungen und Konventionen, ihrer explizierten und implizit geltenden Regelungen" (ebd.) reflektieren. Die Schule produziert Ungleichheiten durch den sogenannten Etikettierungseffekt oder labeling-approach. Die „Entscheider", also Lehrkräfte und Sachbearbeiter hängen diese Etiketten an Schüler.

> „Sie interpretieren, definieren und setzen nach der Problemdefinition eine entsprechende und verfügbare Problemlösung in Gang oder schalten entsprechende Institutionen ein, die den Fall weiter behandeln sollen" (Gomolla/Radtke 2009, 29).

Dieser Ansatz beschreibt, wie Schüler und Schülerinnen ein Etikett verpasst bekommen (zum Beispiel: schlechter Schüler, guter Schüler, ausländisches Kind, dummes Kind) und dieses ähnlich einer ‚self-fulfilling prophecy', ausfüllen, obwohl sie vielleicht sehr viel besser sein und mehr erreichen könnten.

! Werte und Kultur sind Begriffe, die nicht nur im Kontext Schule hinterfragt werden müssen, um Kindern ein besseres Entwicklungsfeld zu bieten. „Inoffizielle" Gewalt in Schulen, wie Etikettierung, die Vernachlässigung von Kindern und vieles mehr stellen ein großes Dunkelfeld dar, das stillschweigend hingenommen wird.

Zusammenfassung des Wirkfaktors Schule

Mangelnde Schulleistungen von Kindern haben Konsequenzen. Diese sind meistens negativ. Das ist ein Problem! Leistungsdefizite führen zu Stress bei allen Beteiligten: Lehrkräfte stoßen an ihre Grenzen und verstehen nicht, warum das Kind nicht lernt. Eltern spüren Druck durch das sich ändernde Verhalten der Kinder, durch Hausaufgaben, die immer schwerer zu bewältigen sind, da das Kind den Anschluss verliert, immer weniger Lust zum Lernen hat, weil es immer mehr negative Schulerfahrungen macht. Schüler sind jene Beteiligten, die nicht nur vermeintliche Verursacher dieses Druckes sind, sondern auch diejenigen, die die Konsequenzen tragen. Sie geraten in eine Spirale von schlechten Schulleistungen, fehlender Mo-

tivation und Frustration. Schüler bekommen für schlechtes Arbeitsverhalten keine Förderung, sondern Konsequenzen (Strenge, Autorität, Sitzenbleiben, Ansprache der Lehrkraft). Das ist ein wenig so, als würde ein Kind geschlagen werden, weil es zu Hause nicht aufgeräumt hat und aufgefordert wird, dass es erkennen muss, dass die Schläge zur Besserung angewendet werden und dass diese *gut* für das Kind sind. Kinder, die Verhaltensauffälligkeiten zeigen, brauchen multidimensionale, interdisziplinäre und interprofessionelle Unterstützung und benötigen keinen Trainingsraum, in dem sie die Schulordnung abschreiben.
Schule braucht deshalb moderne, flexible Professionalisierungsstrukturen, die einen angemessenen Umgang mit den eigenen Werten, der eigenen Kultur und besonders mit vulnerablen Kindern möglich machen.

Zusammenfassung der Wirkfaktoren

Eine Tabelle erfasst die zentralsten Punkte der vorgestellten Wirkfaktoren. Es wurde versucht, gemeinsame Nenner zu finden, die auf die Wirkweise von Wirkfaktoren schließen lassen. In der Tat weisen die aufgeführten Wirkfaktoren eine Vielzahl von Gemeinsamkeiten auf, die einen beträchtlichen Einfluss auf die Entwicklung von Kindern und deren Bewältigung von Traumata haben. So beeinflussen sie die Identitätsentwicklung und Sozialisationsprozesse. Sie produzieren Etikettierungs- bzw. Stigmatisierungseffekte.

Tab. 4: Zusammenfassung der Wirkfaktoren

	Familie	**Medien**	**Schule**	**Migration**	**Freizeit/ Peers**	**Ökonomische Versorgung**
Interdisziplinäres Vorgehen nötig	+	+	+	+	+	+
Interprofessionelles Vorgehen nötig	+	+	+	+	+	+
Komplex und multidimensional	+	+	+	+	+	+
Bereits erfolgte traumasensible Exploration	+/o	o	+/o	+/o	-	-
Gewalt durch Ungleichheit/ Diskriminierung	+	o	+	+	o/+	o
Faktorenübergreifende Kumulation möglich	+	+	+	+	+	+

	Familie	Medien	Schule	Migration	Freizeit/ Peers	Ökonomische Versorgung
Faktoreninterne Kumulation möglich	+	+	+	+	+	+
Primär beteiligte Fachdisziplinen	Soziologie, Sozialpädagogik, Soziale Arbeit, Sonderpädagogik	Medienpädagogik, Sozialpädagogik	Pädagogik, Sonderpädagogik, Sozialpädagogik	Interkulturelle Pädagogik, Soziologie	Sozialpädagogik, Soziale Arbeit	Keine/ Sozialpädagogik, Soziale Arbeit
Schule (bisher) als Vermittlerin, primäres Hilfesetting	o	o	+/o	-/o	o	-/o
Potential der Schule als primäres Hilfesetting	o/-	+	+	+	o	o
Sozialisationsinstanz	+	o/+	+	+	+	-/o
Verwaltung durch Ämter	+	-/o	+	+	-/o	+

- Geringe Ausprägung + Starke Ausprägung O Mäßige Ausprägung

„Faktoreninterne Kumulation“: Dieser Begriff bezeichnet die Häufigkeit der belastenden Ereignisse innerhalb eines Wirkfaktors. Zum Beispiel: Der Stiefvater schlägt das Kind mehrere Male in der Woche.

„Faktorenübergreifende Kumulation“: Dieser Begriff bezeichnet die Vernetzung von Wirkfaktoren, also deren Einfluss aufeinander. Beispiel: Ein schlagender Stiefvater verursacht schwere Belastungen. Das Kind zeigt mangelnde Konzentration (und Motivation) in der Schule und bekommt schlechte Noten. Lehrkräfte geben Sanktionen. Das Kind reagiert mit Verweigerung und stellt fest, dass es in digitalen Netzwerken und Games sehr viel wirkungsvoller ist, isoliert sich so und verliert seinen Freundeskreis. Dies wiederum führt zu weiteren negativen Reaktionen des Stiefvaters, Konflikten in der Familie mit der leiblichen Mutter, mit Geschwistern (usw.).

Wirkfaktoren produzieren Ungleichheit, benötigen für effektive Hilfestellungen und Unterstützungen interdisziplinäre (Wissenschaft) und interprofessionelle (beteiligte Berufsgruppen) Herangehensweisen, die jedoch nicht oder unzureichend erfolgen. Kooperation ist zwar in aller Munde, tatsächlich umgesetzt wird sie jedoch kaum. Eine weitere Gemeinsamkeit der Wirkfaktoren ist der fehlende Bezug zur Psychotraumatologie, bzw. Traumapädagogik. Betrachtet man die schweren Belastungen, die durch die faktoreninterne und faktorenübergreifende Kumulation entstehen sowie die Möglichkeit aller Wirkfaktoren, Täter zu werden und traumatische Situationen zu produzieren, so ist es wahrscheinlich, dass eine Vielzahl der betroffenen Kinder und Jugendlichen psychotherapeutische Hilfe benötigt. Der Umstand, das psychotraumatologische Querverweise in der Exploration der beteiligten Fachdisziplinen fast gänzlich fehlen, ist skandalös. Dies ist auch der Grund für die „Grasroot" Bewegung der Traumapädagogik. Fehlt die Wissenschaft als Theorie des sehenden Auges, so bilden sich Praxisbewegungen, die fehlende Wirksamkeit aufzufangen versuchen. Dies macht aber alles nur noch schlimmer: Durch das „Abhängen" der Theorie geht die Schere weiter auseinander und Wirkfaktoren werden in der fachwissenschaftlichen Exploration weiterhin keine Bezüge zu Trauma und schweren Belastungen aufweisen. Die Theoriebildung bekommt dreifache Arbeit: Die Aufarbeitung und nachträgliche Fundierung der Traumapädagogik (1) bei gleichzeitiger Exploration der Wirkfaktoren hinsichtlich Stress, Belastung und Trauma (2) und die Korrelation, Verquickung bzw. Vermittlung dieser Bereiche (3). Schwere Belastungen sind die Ursache für fast alle negativen Ladungen der Wirkfaktoren. Eine arme, alleinerziehende Mutter mit Migrationshintergrund, deren extrem medienaffine Kinder Förderschüler sind, erfährt Stress unterschiedlichster Couleur, wie auch die Kinder in der Familie. Dieser führt zu Belastungen. Belastungen führen zu schweren Belastungen, führen zu traumatischen Situationen. Würde die Forschung zu Stress und Trauma als Grundlage dienen, um das Verhalten von Eltern, Kindern, Verwandten, Freunden, Lehrkräften zu erklären, gäbe es nicht nur solide und valide Einschätzungen der Situation, also der positiven und negativen Ladungen der Wirkfaktoren, ihrer internen und übergreifenden Kumulationen, sondern auch einen etablierten Hilfeweg entlang der Erkenntnisse der Psychologie, Psychotraumatologie bzw. Psychotherapie in Verbindung mit Sozial- und Sonderpädagogik.

Sichtbar wird ebenfalls, wie willkürlich die Bezüge zu anderen Wirkfaktoren in der Wissenschaft sind. So wird häufig die Schule erwähnt, aber auch die Familie und besonders Armut und Medien. Freunde und Freizeit werden jedoch kaum beachtet. Die Aufzählung der Faktoren in diesem Werk richtet sich nach einer vorangegangenen qualitativen Studie (Hehmsoth 2017), in der Lehrkräfte diese Bereiche nannten sowie nach Vernooij und Wittrock (2008). Wie wichtig auch ein interdisziplinäres Vorgehen ist, zeigt sich am folgenden Beispiel:

Ein Sozialwissenschaftler erforscht Armut in Familien mit Migrationshintergrund. Er weiß: Wenn ich diesen Bereich erforsche, hat dies immer auch mit den Wirkfaktoren Familie, Medien, Schule, Freizeit und Peers zu tun. Das Ergebnis seiner Forschung wird ganzheitlicher und ermöglicht die Aufnahme des Forschungsfadens durch andere Disziplinen. Auf diese Weise werden sich forschungswissenschaftliche Trampelpfade ausbilden, die äußerst effektive Unterstützungskonzepte hervorbrin-

gen. Durch dieses Vorgehen würde eine neue Generation von Psychologen, Sozialpädagogen und Sonderpädagogen ausgebildet, die bei jeder Auffälligkeit, jeder Abweichung das Wissen um Wirkfaktoren und ihrer Wirkung hinzuziehen können, um den „Impact" auf Kinder und Jugendliche einschätzen zu können.
In der Schule werden die Wirkfaktoren interessanterweise in ihrer Breite sichtbar: Armut, Migrationshintergrund, Mediensucht, Missbrauch: All dies hat direkte Auswirkungen auf die rigide Struktur der Schule. Sie besitzt ein starres Diagnosesystem (Notenbild, Arbeits- und Sozialverhalten), das dieses schnell aufdeckt, aber kaum tiefgehend danach handelt. Nicht gemachte Hausaufgaben, kein Lernen für Tests, Schlafen im Unterricht zeigen Wirkung in Form von schlechten Noten. Die Schule ist ein Ort der Statistik aus der Schulforschung, die viele Interpretationen und Bezüge zu anderen Wirkfaktoren zulässt (zum Beispiel die Beziehung Migrationshintergrund und erreichte Abschlüsse). Ableitungen werden jedoch nicht gemacht. Rückschlüsse von Notensprüngen auf das Umfeld, bzw. andere Wirkfaktoren werden kaum gezogen. Die Notwendigkeit zur Kooperation, zu interdisziplinären Verfahrenswegen wird zwar erkannt, Ressourcen aber nicht geschaffen. Schule wirkt durch diese Bündelung der Wirkfaktoren und gleichzeitiger Vernachlässigung der Nutzung dieses Umstandes als Chance wie eine Entwicklungsbremse. *Schule besitzt ein enormes Potential, nutzt es aber nicht.*
Richtet man die folgenden Fragen an das Umfeld der Betroffenen, so wird eine differenzierte und vor allem umfassende Sichtweise auf Kinder und Jugendliche möglich. Die Einschätzung von Belastungen, ihrer Schwere und ihrer Ursachen wird deutlich.

! Wirkfaktoren sind daher…

- … Faktoren, die grundlegend bestimmen, dass es diesen Einfluss überhaupt gibt und auf das Kind *wirken.*
- … Faktoren, die möglichst weit offenlassen, *wie* sie auf das Kind wirken.
- … Faktoren, die dennoch Besetzungen, (Ein-)Ordnungen, Gewichtungen möglich machen.
- … Faktoren, die eine Vernetzung mit anderen Faktoren nicht nur zulassen, sondern explizit benennen.
- … Faktoren, die die Frage nach dem „Warum?" stellen können. Einflüsse haben eine Ursache, die einer Klärung/Sichtung bedarf.
- … Faktoren, die einschließen, dass bloße Einflüsse ebenso Täter sein können und traumatische Situationen darstellen.

Familie, Medien, Migration, Freunde und Freizeit, Armut, Sucht und vor allem Schule sind äußerst wichtige Einflüsse im Leben eines Kindes. Sie verdienen eine eingehendere Betrachtung. Das Potential für wirksame Hilfen, dass sich daraus ergibt, ist sehr groß.

Bei der Bearbeitung der Wirkfaktoren wird offensichtlich, dass sie eine Strukturierung benötigen. Denkbar wäre eine Aufteilung in Achsen: So gäbe es eine horizontale Achse, die die verschiedenen Arten der Wirkfaktoren aufführt. Eine vertikale Achse stellt dar, wie stark die Ausprägung/Schwere ist. Ebenfalls vorstellbar ist ein 3- dimensionales Modell, das nicht nur die vertikale und horizontale Achse abbildet, sondern auch als dritte die Vernetzungen und Kumulation *zwischen* den Wirkfaktoren einbezieht. Das vorgestellte Werkzeug „Traumakreis“ bildet diese Achsen ab. Es wird im Kapitel Diagnose vorgestellt.

4 Traumasensible Hilfen und Unterstützung

Alle Lehrkräfte arbeiten mit traumatisierten Kindern (McInerney/McKlindon 2014). Schlichte Häufigkeit weist auf diesen Umstand hin. Knapp 2/3 aller Schüler und Schülerinnern hat mindestens einmal Gewalt erlebt, die sie stark beeinflusst hat (Felitti et al. 1998: ACE Studie). Meistens wissen Lehrkräfte jedoch nicht, dass diese Kinder traumatisiert sind. Sie beobachten Verhalten und Notenbilder, die keinen Sinn ergeben und häufig abhängig von den unterrichtenden Lehrkräften zu sein scheinen. Trauma hat einen umfassenden und starken Einfluss auf das Lernen. Schwere Belastungen untergraben die Fähigkeit von Kindern zu lernen, Beziehungen zu knüpfen und angemessen im Klassenzimmer zu funktionieren (Cole et al. 2005, 1). Sie können nicht wollen. Agieren Lehrkräfte auf herkömmliche Art und Weise, das heißt durch Strafen, Ermahnung und Sanktionieren des auffälligen Verhaltens, vernachlässigen sie Beziehung und Haltung, werden sie Kinder gefährden und nie das ganze Potential von Schülern fordern und erreichen können.

Traumasensible Lehrkräfte handeln anders. Die ganze Organisation Schule ist so aufgebaut, dass sie die Herausforderungen der Betroffenen im Blick hat und gut versorgen kann. Sie agiert in Krisensituationen professionell. Langfristig wirkt sich dies positiv auf die Zufriedenheit des Kollegiums, das Verhalten der Kinder und den Schulerfolg aus. Traumasensible Schulen sind für alle Schüler gut und nicht nur für stark beeinträchtige Schüler.

Auf den nächsten Seiten geht es um Justin und Frau P.. Sie begleiten uns durch die nächsten Themen. Anhand seiner Biografie und ihrem Handeln soll deutlich gemacht werden, wie ein traumasensibler Prozess vonstatten gehen kann.

Sieben Säulen der traumasensiblen Hilfe

Justin ist Schüler einer 7. Klasse an einer Hauptschule, bzw. Oberschule. Er fällt durch laute Störungen im Unterricht auf. Er ärgert Mitschüler, hat nie seine Sachen dabei und zeigt eine starke „mir egal"-Stimmung. Frau P. hat mehrere dieser Schüler und Schülerinnen in ihrer Klasse. Justin aber macht ihr Sorgen. Er reagiert weder auf Lob noch auf Strafen. Weder Klassenkonferenzen noch ein Geburtstagskuchen haben geholfen. Die Fachlehrkräfte geben Frau P. unterschwellig die Schuld an Justins Verhalten, keiner möchte ihn mehr im Unterricht haben. Er beteiligt sich nicht mehr, außer er stört. Der Kontakt zu den Eltern ist abgebrochen, sie sind nicht zu erreichen. Die Situation ist verfahren und scheint ausweglos. Frau P. ist erschöpft und hat bei der Sache ein „komisches Gefühl".

Eine traumsensible Schule wird es nicht schaffen, traumatische Situationen und ihre Folgen für den Unterricht ungeschehen zu machen. Sie kann aber helfen, diese zu kompensieren. Traumasensibilität heißt, in verschiedenen Bereichen aufgrund von traumabezogenem Wissen zu planen, zu handeln, zu evaluieren und neu anzupassen. Wissen Lehrkräfte um die komplexen Wirkfaktoren, die eine Rolle im Bewältigungsprozess spielen, werden sie anders reagieren, andere Haltungen zeigen, Unterricht effektiver gestalten können.
Zuerst jedoch die schlechte Nachricht: In diesem Kapitel des Buches werden Lehrkräfte keine kurzfristigen Lösungen für Ihre Probleme finden. Sie werden Kinder nicht heilen können. Lehrkräfte können ihnen helfen, ein Leben erkennen zu lernen, das voller Chancen ist, Glück und Hoffnung. Trauma ähnelt in dieser Hinsicht Bulimie, Magersucht oder AIDS, man kann die Krankheit in Schach halten, einen Umgang mit ihr finden, jedoch nie ganz überwinden. Das Erlebte, das zu der Traumafolgestörung führte, ist eine Erinnerung der Betroffenen und wird für immer zu ihnen gehören, ein Teil von ihnen sein.
Wenn Lehrkräfte dies akzeptiert haben, sind sie schon ein ganzes Stück weiter. Der Druck fällt von Lehrkräften ab, sie können entspannen. Das ist in vielerlei Hinsicht wichtig für den kommenden Weg, der nicht immer einfach sein wird.
Kinder werden Herausforderungen besser meistern, Misserfolge kompensieren und Vertrauen in Menschen gewinnen können, auf die sie angewiesen sind, wie z.B. Lehrkräfte. Studierende sollten sich traumsensible Haltungen, Einstellungen und Denkweisen schon im Studium aneignen, um sie dann in der Praxis ausformen zu können. Es ist schwer, eigene Paradigmen umzustürzen, wenn man diese schon 20 Jahre im Beruf gelebt hat.

Wenn wir nun Frau P. weiterbegleiten, so tun wir dies unter der Prämisse, dass sie sich im Feld der traumasensiblen Hilfen für Schulen auskennt, dass sie traumasensibel ist. Frau P. agiert demnach entlang der hier vorgestellten 7 Säulen.

Die nächsten Kapitel zeigen, dass konkrete Werkzeuge schwer im Alltag der Schule zu finden und umzusetzen sind, weil Lehrkräfte dafür geschult werden oder ausgebildete Therapeuten in der Schule die Arbeit übernehmen müssten. Es gibt also keine ‚*Differenzierungsstufe für traumatisierte Kinder*'. Hier werden niedrigschwellige Hilfen, Verfahrenswege vermittelt und das „pädagogische Bauchgefühl" geschärft, um Kindern und sich selber helfen zu können.
Die effektivsten Hilfen sind einfach anzuwenden, damit Lehrkräfte sich auf ihren Unterricht konzentrieren können. Sie bestehen aus mehreren Elementen. Sie sind auf den pädagogischen Alltag abgestimmt, langfristig kein Extra-Aufwand und keine ‚Zeitfresser', entgegen der Etablierung einer ‚Traumadifferenzierung', die einen erheblichen Mehraufwand bedeuten würde.

Hilfen für traumatisierte Kinder bestehen, bedingt durch den Rahmen Schule hauptsächlich aus **Haltungen, Beziehungsarbeit und der Herstellung von Sicherheit**. Lehrkräfte werden lernen, wie man eine Beziehung zu einem traumatisierten Kind aufbaut, die beide schützt und gelassener macht, wie sie die richtige Haltung in Krisen zeigen und bewirken können, dass sich Schüler sicher fühlen können. Alle diese Elemente, die durchaus als Universalhilfen gesehen werden können, weil sie als Dachkompetenzen übertragbar sind, setzen viel *innere* Arbeit an sich selber voraus. Haltungen und Einstellungen zu Strafen, zu schlechten Lernern, faulen Schülern und die Art, Gespräche mit ihnen zu führen, wird sich ändern und professionalisieren. Dies können Lehrkräfte zum großen Teil bei einer Tasse Tee abends erledigen, wenn sie Ruhe haben, benötigt unter Umständen aber auch die Begleitung von ausgebildeten Traumafachberatern oder Supervisoren.

Frau P. hat vor Kurzem eine Fortbildung besucht, die ihr genau erläuterte, wie im Rahmen der Schule vorzugehen ist. Sie arbeitete stark an ihrer inneren Haltung, was gar nicht leicht war. Sie hat alle Möglichkeiten ausgeschöpft: Das Kind bekam differenziertes Arbeitsmaterial, ein Förderbedarf Lernen wurde festgestellt. Die Maßnahmen zeigten jedoch kaum Wirkung.

Ein weiterer wichtiger Bestandteil der Hilfen ist die Kooperation und der Informationsaustausch mit Kräften, die außerhalb der Schule ihren Wirkbereich haben. Das vorliegende Modell der Hilfen für traumatisierte Kinder und Jugendliche in der Schule baut stark auf den hier vorgestellten Wirkfaktoren auf. Es betrachtet Traumafolgestörungen als Störungen, die innerhalb eines Spektrums liegen und stark vom Umfeld abhängig sind. Der Bereich Kooperationen ist deshalb ein enorm wichtiger Baustein. Dies ist auch dem Umstand geschuldet, dass Lehrkräfte (und Sonderpädagogen) nicht ausreichend weitergebildet sind und so auf externe Ressourcen und Expertise zurückgreifen müssen. Frau P. wird lernen, diese Kooperationen als sehr fruchtbar zu erleben.

Frau P. hat sich umgehört und eine Kooperation mit dem zuständigen Schulpsychologen begonnen, der sie auch an Psychotraumatologen weitergeleitet hat. Frau P. hat ebenfalls Kontakt mit der Schulsozialarbeiterin Frau L. aufgenommen. Sie haben Telefonnummern ausgetauscht.

Zum Schluss werden Sie erfahren, wie Kinder lernen können, die traumatisiert sind. Diese Kapitel erläutern, welche konkreten Maßnahmen im Unterricht ein- und umgesetzt werden können.

Es wurde so eng wie möglich mit den neuesten Erkenntnissen gearbeitet, die es weltweit gibt. Hierzu gehören hauptsächlich die Entwicklungen von SAMHSA und allgemein die Ergebnisse zum „Trauma-Informed-Approach" aus den USA.

Im folgenden Kapitel finden sich deshalb die sechs Schlüsselprinzipien des Trauma-Informed-Approach wieder. Diese wurden aufgrund der Bedingungen in deutschen Schulen hinsichtlich ihrer Einordnung leicht abgewandelt und erweitert.

- Safety
- Trustworthiness and transparency
- Peer support
- Collaboration and mutuality
- Empowerment, voice, and choice
- Cultural, historical, and gender issues

Sicherheit („Safety") als Dachkompetenz wird im folgenden Kapitel als erstes erläutert, da es die zentralste Rolle spielt. Der Bereich Freunde („Peer Support") wird unter das Dach der Wirkfaktoren gestellt und nicht ausführlich im Kapitel Hilfen erläutert. Die Kooperation („Collaboration") verschiedener Professionen wird sowohl durch die Wirkfaktoren verdeutlicht und tritt in den folgenden Kapiteln als Hilfekonzept in Erscheinung. Der Kooperation kommt eine besondere Bedeutung im Rahmen diagnostischer Verfahren zu. Empowerment ist im Bereich Unterricht im Kapitel der Hilfen (Unterricht) zu finden. Kultur und Geschichte sowie genderbezogene Ausführungen spielen in den Wirkfaktoren eine wichtige Rolle.
Die ‚vier R' (Definition des Trauma Informed Approach): Realize, Recognize, Respond, Resist retraumatization, werden im Kapitel ‚Struktur' erläutert und angewendet.
Die Hilfen für traumatisierte Kinder in Schulen bestehen deshalb aus sieben Säulen (Kooperation, Einschätzung/Screening, Kommunikation, Beziehungsgestaltung, Strukturbildung, Selbstschutz, Unterricht), dessen Dach aus Schlüsselkompetenzen zur Herstellung von Sicherheit besteht.
Folgendes Schaubild verdeutlicht die Struktur der Hilfen für traumatisierte Kinder und Jugendliche in der Schule.

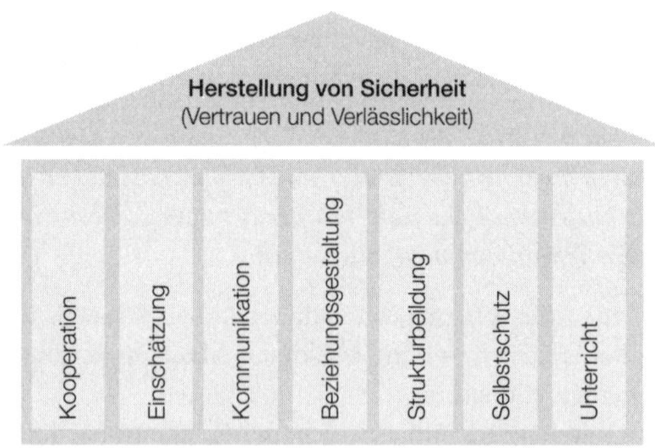

Abb. 6: Die sieben Säulen traumasensibler Hilfen

Der erste Teil des folgenden Kapitels besteht aus der Herstellung von **Sicherheit** durch Verlässlichkeit und Vertrauen. Die Kompetenz ‚Sicherheit herstellen' beein-

flusst als übergeordnete Instanz alle weiteren, nachfolgenden Bereiche. Sind diese verlässlich und vertrauensvoll, wird ein starkes Team starke Intervention und Prävention planen, umsetzen und evaluieren können.
Das Kapitel **Screening/Einschätzung** wird an den Anfang gestellt, um zu verdeutlichen, dass es in einem Unterstützungsprozess genau da hingehört. Dieses Kapitel und das folgende („Kooperation") sind eng miteinander verbunden, da Einschätzungen ebenso kooperativ verlaufen sollten, wie die eigentliche Hilfeplanung und Umsetzung. **„Kooperation"** besteht aus zwei Teilen: Die interprofessionelle und interdisziplinäre Kooperation. Es muss weiterhin ein Unterschied zwischen Forschungskooperationen und Kooperation in der Praxis gemacht werden. In diesem Kapitel wird ein Modell vorgestellt, dass Kooperation traumsensibel macht und damit effektiver.
Lehrkräfte haben eine starke Wirkung auf Schüler und ihren Lernerfolg. Die **Beziehung** zwischen ihnen bekommt damit eine große Bedeutung. Im Bereich **Kommunikation** wird verdeutlicht, wie wichtig diese ist und wie viele Formen sie annimmt. Kommunikation ist neben der Haltung die Grundlage für die Herstellung und Etablierung von Beziehungen zu Schülern.
Eine wichtige Rolle spielen ebenfalls Rahmenbedingungen, Leitbilder, Konzepte und geplantes Vorgehen. Traumasensible Hilfen für die Schule sind immer in eine Organisation eingebunden. Das Kapitel **Strukturbildung** gibt Impulse für diese Prozesse.
Der wichtigste Einflussfaktor der erfolgreichen Bewältigung von Erlebnissen sind Lehrkräfte. Sie veranlassen und steuern Hilfen und sind zentrale Ansprechpartner. Bezieht man mit ein, dass traumatisierte Kinder sehr herausfordernd sind und eigene traumatische Spuren aktivieren können, muss der (Selbst-)**Schutz** von Lehrkräften ein starker Bestandteil der Hilfen sein. Der **Unterricht** folgt am Ende dieses Kapitels. Hier werden spezifische methodische, didaktische Ansätze und Vorgehensweisen für den Unterricht vorgestellt.
In den folgenden Kapiteln wird es einige Redundanzen geben, da die Merkmale ähnliche Auswirkungen haben. Es ist notwendig, die einzelnen Bereiche in ihrer Gesamtheit, bezogen auf Traumafolgestörungen, abzubilden.

Frau P. hat viele Anstrengungen unternommen, um sich darauf vorzubereiten, einem Kind zu begegnen, bei dem die tradierten Werkzeuge (Lob, Strafe, Differenzierung) nicht wirken. Sie weiß, dass die folgenden Wochen nicht einfach werden, die Anstrengungen sich aber langfristig auszahlen werden.

Gütekriterien traumasensibler Hilfen

Reduziert man die Schlüsselkompetenzen der traumasensiblen Hilfen, so gelangt man zu zwei Kernbereichen, die bewältigt werden können. Sie beginnen praktischerweise mit dem gleichen Buchstaben und lassen sich gut merken:

Verlässlichkeit und Vertrauen

Dies ist eine Möglichkeit, Sicherheit zu greifen. Lehrkräfte benötigen unbedingt klare, einfache, überschaubare und in den Unterricht ohne Weiteres implementierbare traumasensible Vorgehensmarker. Verlässlichkeit und Vertrauen eignen sich hierfür sehr gut. Sie reduzieren bekannte Marker auf das Wesentliche, um Lehrkräfte nicht stärker belasten zu müssen, als sie es ohnehin schon sind.
Diese Merkmale sind auf alle Bereiche der traumasensiblen Hilfen zu übertragen. Erfüllt eine Kooperation diese Merkmale nicht, so muss sie überdacht werden und ist möglicherweise von Kompetenzstreitigkeiten, mangelnder Einhaltung von Fristen und Brüchen gekennzeichnet. Beziehungen, die diese Merkmale nicht haben, werden Kinder in erneute Krisen stürzen, bzw. ihr negatives Weltbild weiter stützen. Sie sind geprägt von sich verändernder Tiefe. Auch der eigene Selbstschutz ist von diesen Kompetenzen betroffen: Passe ich nicht verlässlich auf mich auf, vernachlässige ich mich und laufe Gefahr, belastet zu werden. Habe ich kein Vertrauen in meine Fähigkeiten, werde ich unsicher und übertrage dies auf die Betroffenen. Baue ich mir keine (innere) Struktur, die transparent und zugänglich ist, werde ich nicht stabil mit traumatisierten Kindern arbeiten können. Habe ich kein Verständnis von Nähe und Distanz zu Kindern, ist die Gefahr vorhanden, sich zu verlieren und eventuell auch traumatisiert werden. Wird Unterricht nicht verlässlich und vertrauensvoll angeboten, werden Kinder weniger Motivation entwickeln und einem roten Faden folgen können.
Ist das Handeln von Lehrkräften vertrauensvoll, verlässlich und damit vorhersagbar, stellen Lehrkräfte Sicherheit her. Um diese Begriffe zu schärfen, bedürfen sie einer Operationalisierung. Diese ist im Folgenden zu finden.

Verlässlichkeit

Definition: Verlässlichkeit im Handeln heißt, genau das zu tun, was geplant, beschlossen und gesagt wurde. Es heißt, sich an Regeln zu halten, als Unterstützer zur angegebenen Zeit am angegebenen Ort zu sein und mit der immer gleichen wertschätzenden Haltung aufzutreten. Verlässlichkeit heißt Stabilität in Haltung, Beziehung, Kooperation, im Lehr-/Lernangebot und im Alltag. Verlässlichkeit ist, wie Vorhersagbarkeit ein stark einflussnehmender Faktor (Kühn 2011, 35, Baierl 2016/3). Verlässlichkeit wird durch Stabilität hergestellt. Ein stabiles Umfeld besteht aus vielen Konstanten, die sich kaum ändern. Sie ändern sich nur, wenn entweder das Kind es möchte oder es zur Entwicklung braucht. Stabilität bedeutet ein Umfeld, das frei von Überraschungen ist, Lücken und Brüchen. Krisen und Umbrüche werden begleitet. Verlässlichkeit führt zu Vorhersagbarkeit. Vorhersagbarkeit im Handeln heißt, dass traumatisierte Kinder und Jugendliche zu jeder Zeit, in jeder Situation wissen, was als Nächstes kommt. Sie wissen, wann Lehrkräfte gehen, wann sie kommen, wie sie sich in ruhigen Zeiten und Krisensituationen verhalten werden. Sie wissen, welche Folgen ihr Handeln haben wird, welche Konsequenzen zu erwarten sind. Ebenso wissen sie, was passiert, wenn sie gute Leistungen bringen, wie Anstrengung jedweder Art belohnt wird. Vorhersagbares Handeln muss nicht interpretiert werden. Vorhersagbarkeit wird durch langfristige und nachhaltige Planung erreicht. Vorhersagbarkeit wird durch Transparenz (vgl. Scherwath/Friedrich 2016; BAG TP 2011; Baierl 2016/3) hergestellt. Das heißt, dass alle Aktionen, alle Absichten, Planungen, Rahmenbedingungen, Regeln transparent, also durchschaubar sind. Traumatisierte Kinder können erkennen, wann was zu tun ist und vor allem warum.

Wirkung: Dieses Merkmal verstärkt die Fähigkeit von Kindern, zu planen, in die Zukunft zu blicken, Anstrengungsbereitschaft zu zeigen, um sich selber einschätzen zu können, weil sie diese Faktoren überblicken. Handlungen können langfristig geplant und ausgeführt werden. Sie bekommen unter anderem einen Überblick über Abschlüsse und wie diese zu erreichen sind. Allzu häufig gerät dieser Weg aus dem Blick, das Lernen beginnt zu spät, Stress entsteht und der angestrebte Abschluss wird nicht erreicht. Kinder und Jugendliche können mehr schulische Anforderungen (Belastungen) zulassen, haben eine erhöhte Frustrationstoleranz, entwickeln Neugier, weil sie einen stabilen Rahmen vorfinden. Schüler müssen nicht mehr ständig auf der Hut vor empfundenen Bedrohungen sein. Sie sind gut aufgehoben und wissen, dass sie es auch in Zukunft sein werden. Ein konstantes Beziehungsangebot und professionelles Unterstützungsangebot wirkt beruhigend, entlastend und gibt Raum für viel innere Arbeit, die das Kind zur Bewältigung der Erlebnisse benötigt.

Vertrauen

✓ *Definition:* Vertrauen (SAMHSA 2014; Driers 2014) in das eigene Handeln und das Umfeld bedeutet, dass Kinder sich ausprobieren können, Vertrauen in ihre Fähigkeiten haben, sich genau kennen lernen und sich weiterentwickeln können. Vertrauen zum Gegenüber und seinem Handeln zu haben bedeutet, Orte zu besitzen, die sicher sind. An diesen können sich Kinder und Jugendliche mit Erwachsenen und ohne sie austauschen, sich mitteilen ohne dass sie Angst vor Konsequenzen haben müssen. Dieses Merkmal heißt ebenfalls, dass Kinder Vertrauen darauf haben, dass kein Übergriff, kein Täterkontakt mehr stattfinden und sie sich nicht mehr um Bedrohungen Sorgen machen müssen. Kinder müssen vertrauen lernen, dass die Welt gut sein kann und schön.

Wirkung: Kinder brauchen keine Angst vor Strafen und Konsequenzen haben, weil sie darauf vertrauen können, dass ihr Verhalten richtig, also vor dem Hintergrund der Traumafolgestörung gedeutet wird. Das bedeutet, dass Kinder in sehr viel mehr Situationen aufgefangen werden in denen sie normalerweise sanktioniert werden würden. Dies führt dazu, dass sich Kinder mehr ausprobieren werden, stärker entwickeln und ihre Schwächen und Stärken kennenlernen können. Sie haben Zeit, diese Dinge auszuprobieren, da sie darauf vertrauen können, dass man ihnen Raum dafür lässt.

Sicherheit

Das Erste, was Frau P. unternimmt, ist, sich Gedanken über zwei Kernthemen zu machen: Ist das Umfeld von Justin verlässlich? Kann Justin seinem Umfeld vertrauen? Wird ihm Vertrauen geschenkt? Fühlt sich Justin sicher und geborgen?

Jede Form der Sicherheit wird Unterricht besser machen, flüssiger und ruhiger. Die Herstellung von *Sicherheit ist das Kernelement* jeder traumapädagogischen Handlung bzw. jeder Bewältigung von Situationen, in denen traumatisierte oder schwer belastete Akteure beteiligt sind. Sicherheit ist ein Gefühl, ein Empfinden aber auch Dinge, wie ein Sofa, Regeln und Rahmenrichtlinien. Man kann zwischen vielen Arten von Sicherheiten, bzw. sicheren Orten unterscheiden (Baierl 2016). Wir unterscheiden hier nur zwei Arten von Sicherheit, um traumasensible Hilfen praxisnah zu konzipieren: Die äußere und die innere Sicherheit.

Innere Sicherheit wird durch Haltungen und Einstellungen hergestellt, die das Umfeld zeigt, durch die Pflege der Beziehung zu einem Kind. Sie wird aber auch über den eigenen Schutz hergestellt, die Reflexion von Nähe und Distanz sowie der eigenen Rolle.

Äußere Sicherheit wird durch den Schutz vor Übergriffen, Täterkontakten, Verletzungen und Regeln bestimmt, von Kooperationen und vor allem professionellem, wissensgestütztem Handeln.

Stellen Sie sich ein Klettergerüst vor, das Besonderheiten aufweist, wie zum Beispiel ein Schild zur Benutzungsweise, Matten, die den Sturz mildern, extra Handgriffe. Um dieses Gerüst herum stehen mehrere Erwachsene, die besprechen, wie das Klettergerüst am besten von dem Kind mit einer körperlichen Beeinträchtigung allein bewältigt werden kann, welcher Aufstieg zu wählen ist, welche Handgriffe zu benutzen sind (äußere Sicherheit). Ein Erwachsener steht neben dem Kind, während es die Herausforderungen versucht zu meistern, flüstert ihm Mut zu und unterstützt es, auch wenn es hinunterfällt, weil es nicht befolgt, was der Erwachsene ihm sagt, nicht das Schild liest, das die Art und Weise vorgibt, wie zu klettern ist (und herunterfällt) oder einfach Faxen macht, während es oben steht (und herunterfällt). Der Erwachsene neben dem Kind hat Verständnis für das Scheitern, bietet eine sichere Beziehung an (innere Sicherheit), die das Kind befähigt, es immer wieder erneut zu versuchen, das Klettergerüst zu erklimmen

oder schlussendlich zu verstehen, dass es doch lieber rutschen sollte, weil es da tolle Kunststücke kann.
Jedes der sicherheitsgebenden Hilfeelemente stellt beide Arten von Sicherheit her, nur ihre Anteile sind (je nach Situation) unterschiedlich. So fördert der Aufbau von Strukturen und Regeln die äußere Sicherheit. Sie stützen aber auch das innere Sicherheitsempfinden der Kinder, sind also ebenso eine innere Regung. Die Unterscheidung ist nicht trennscharf und muss es nicht sein. Wichtig ist, dass Sicherheit von außen und von innen hergestellt und ‚zugeführt' werden kann. Lehrkräfte, Studierende, Referendare müssen erkennen, dass es ein ‚Außen' und ein ‚Innen' der Lehrkräfte, der Schüler und Schülerinnen gibt, das zu gleichen Teilen bedacht werden muss. Es macht einen Unterschied, ob eine Kooperation geplant, das Leitbild überarbeitet wird oder ob eine Lehrkraft ihre Haltung gegenüber einem Kind anpasst, die es selbstsicherer werden lässt. Die Wirkung innerer Regungen von Lehrkräften, die durch Beziehungs- und Haltungsarbeit erfolgen, wirken direkter auf die Herstellung innerer Sicherheit der Kinder. Die Verbesserung von Rahmenbedingungen ist aber nicht weniger wichtig, um langfristige Gefährdungen zu vermeiden.

Tab. 5: Innere und äußere Sicherheit

Innere Sicherheit durch…	**Äußere Sicherheit durch…**
Beziehungen	Strukturbildung
Haltungen, Einstellungen	Kooperation
Kommunikation	Kommunikation
Selbstschutz	Unterricht

Lehrkräfte werden feststellen, dass auffälliges Verhalten reduziert, die Stimmung im Kollegium besser und Lernen möglich wird. Dies geschieht nicht sofort: Anfangs wird der oder die Betroffene die Angebote zögerlich annehmen, nach einer Zeit wird es sich aber daran gewöhnen. Dies ist ein weiterer Unterschied zu einer Differenzierungsstufe: Bekommt ein Kind ein leichteres Arbeitsblatt, hat es sofort Erfolg. Das Kind braucht Zeit, da es *Sicherheit neu lernen* muss. Stellen Lehrkräfte, bzw. die „Vier Weisen", siehe Kapitel „Kooperation", diese Sicherheiten her, wird die Planung und Durchführung des Unterrichts leichter fallen, weil Lehrkräfte Problemsituationen und Risiken besser einordnen und danach handeln können.

Die Planung und Durchführung von Unterricht ist sehr komplex und mit vielen Themen, Handlungen, Empfindungen, Vorgaben und Zielen verknüpft, die alle berücksichtigt werden müssen. Deshalb kann Unterricht nur durch die Herstellung *beider Sicherheiten* effektiv erfolgen. Die Herstellung innerer und äußerer Sicherheit, ihrer Merkmale und Bereiche ist die Voraussetzung für einen gelungenen und störungsfreien Unterricht.
Die folgenden Ausführungen zu Hilfen und Unterstützung in Schulen gehen von einem ‚Goldstandard' aus. Sie sind so beschrieben, wie sie sein und angewendet werden sollten, um deutlich zu machen, wie eine traumsensible Bildungslandschaft aussehen *könnte.* Deshalb ist Frau P. nicht nur traumasensibel, sondern hat auch Zugang zu ausgebildeten Psychotraumatologen und arbeitet in enger Kooperation mit der Sozialpädagogin. Durch dieses Vorgehen wird auch der Weg aufgezeigt, den Politik, Gesellschaft und Individuen noch gehen müssen. Wo möglich, wird selbstverständlich auf Rahmenbedingungen eingegangen. Sie werden feststellen, dass Vieles sehr viel möglicher ist, als man annehmen könnte.

Frau P. erarbeitet mit den Kindern Regeln, wie man sich im Klassenraum verhalten soll, wie dieses Verhalten alle schützt. Sie stellt nicht nur Regeln auf, sondern auch Rechte: Jedes Kind darf sich mitteilen, Wünsche, Wut, Sorgen äußern. Frau P. ist als Ansprechpartnerin da und verspricht, zu helfen. Sie weiß, dass sie in diesem Fall auch helfen muss. *Sie stellt ein Sofa im Klassenraum auf, das als sicherer Ort deklariert wird. Sie spricht sich mit der Förderschullehrkraft ab, den Förderraum und den Raum der Sozialpädagogen ebenfalls zu sicheren Ort zu machen.*

Werden die Merkmale Vertrauen und Verlässlichkeit in Verbindungen mit den sieben Säulen der traumasensiblen Helfen in Schulen eingesetzt und fortgeführt, entstehen sichere Orte, an denen sich Kinder frei von Übergriffen und Bedrohungen entwickeln können, die auch dann entstehen, wenn gut gemeinte Handlungen plötzliche Aggressionen hervorrufen, weil sie Trigger aktivieren. So sind *sichere Orte auch sensible Orte,* in denen darauf geachtet wird, die Bedürfnisse von Kindern und Jugendlichen in die Mitte zu stellen.
Verlässlichkeit und Vertrauen in Kooperationen, in Strukturbildung, in der Kommunikation, in Beziehungen, der Haltung, der eigenen Psychohygiene und vielem mehr sind Grundvoraussetzungen für gelungenes Handeln und die Herstellung eines sicheren Ortes. Handlungen, die im Kontext traumatisierter Kinder ausgeführt werden, sind stark belastet. Sie werden durch die Handlungen und Manipulationen der Kinder beeinflusst und durch den Umstand, dass Gewalt in hohem Maße Teil dieser Handlungen ist. Kinder, die Gewalt erlebt haben, geben Erlebnisse weiter. Haltungen beeinflussen Handlungen durch Übertragungen und Gegenübertragungen.
Wir brauchen mehr sichere Orte in der Schule. Vor jedem Kooperationstreffen, jedem Gespräch mit Jugendlichen und Kolleginnen sowie externen Beratern ist die Herstellung eines sicheren Ortes Bedingung für effektives Handeln. Übrigens ist

auch dieses Buch von diesen Merkmalen betroffen. Es soll Lehrkräften einen überschaubaren, stabilen Rahmen vermitteln können, an dem sie sich orientieren können und keine „bösen" Überraschungen bietet. Lesen Sie dieses Buch und denken, Sie haben die ganze Zeit etwas falsch gemacht, habe *ich* etwas falsch gemacht. Lehrkräfte, Studierende, Referendare sollen durch dieses Buch gestärkt in die Zukunft blicken können, Sicherheit gewinnen, indem sie sicher handeln können, nicht traurig und zusätzlich belastet werden.
Folgende Fragen helfen, den sicheren Ort zu bestimmen:

Tab. 6: Leitfragen zur Bestimmung des sicheren Ortes

Frage	Definition
Ist der Ort frei von Gewalt?	Es gibt keine Gewalt in Form von Machtgefällen, keine Täterübergriffe, keine Trigger.
Bietet der Ort verlässliche, vorhersagbare Strukturen?	Verfahrenswege, Regeln, Fristen sind etabliert, genau festgelegt und verbindlich. Hilfe- und Unterstützersysteme sind auf Wissen, Empathie, Zuwendung aufgebaut und reagieren in Krisensituationen (auch der Lehrkräfte) professionell. Haltungen und Einstellungen, Perspektiven und Meinungen sind bekannt und werden besprochen. Emotionen werden zugelassen, müssen aber stark reflektiert werden. Wege und Verhalten der Akteure benötigt keine Interpretation seitens der Schüler und Schülerinnen.
Bietet der sichere Ort die Möglichkeit, vertrauensvoll handeln zu können?	Alle Akteure haben Vertrauen zueinander. Vertrauen zu haben bedeutet, Raum für Ideen und Ausprobieren zu haben, ohne Angst, sofort abgewiesen zu werden. Vertrauensvolles Handeln bietet das Potential für Entwicklungen in allen Bereichen des traumasensiblen Handelns. Sorgen, Bedenken, Kritik müssen in jeder Instanz, zu jeder Zeit möglich sein und reflektiert werden. Belastungen können und sollten geäußert werden.

Der sichere Ort ist somit eine Sammlung von inneren Werten und Motiven, die einen äußeren Rahmen schaffen, um Handlungen (Kooperationen, Gespräche, Beziehungen, etc.) sicher und effektiv zu machen und innere Sicherheit zu stärken. Ein sicherer Ort kann selbstverständlich auch in physischer Form bestehen. Viele Schulen verfolgen mittlerweile das Konzept der Differenzierungsräume. Warum nicht einmal diesen Raum als sicheren Ort nutzen? Der Förderraum wird zu einem sicheren Ort, an dem sich Kinder mitteilen können und frei von Übergriffen von Eltern, Mitschülern und Lehrern sind. In diesem Raum sitzt zum Beispiel die Vertrauens-, Förder-, Beratungs-, oder Klassenlehrkraft, um Kindern und Jugendlichen eine Pause von Anforderungen, Belastungen und Bedrohungen zu bieten. Die Amerikaner tun dies in ähnlicher Form schon und bieten in Kooperation mit „Schoolcounsellors" Räume zum Meditieren und Entspannen an. Die Niederländer haben Räume, die sie zum „snoezeln" nutzen. Dies sind Räume, die gänzlich darauf ausgelegt sind, Menschen zu entspannen und ihre Sinne anzuregen. Das Wort „snoezeln" ist ein Kunstwort und eine Mischung aus kuscheln, schnuffeln und dösen. Dies ist etwas, mit dem traumatisierte Kinder mitunter starke Schwierigkeiten haben. Dieser Raum böte eine gute Gelegenheit, die Fähigkeiten zum kuscheln, schnuffeln und dösen neu zu entwickeln. Es zeigt auch, wie wichtig Paradigmenwechsel an der Schule sind, damit diese Ideen verwirklicht werden können. Schule unterschätzt die Wirkung von sicheren (inneren und äußeren) Orten. Gelingt es einer Lehrkraft, das Klassenzimmer als sicheren Ort zu etablieren, kann die Fachlehrkraft diesen Raum in der Folgestunde wieder zerstören. Durch angemessene Haltungen, Einstellungen Beziehungsgestaltungen und Kommunikationskompetenzen trägt die traumasensible Lehrkraft diesen Raum zwar zu einem gewissen Grad mit sich herum und kann ihn überall etablieren, der physische Raum ist aber ebenso Bezugspunkt und muss gemeinsam angegangen werden. Haben Lehrkräfte das Konzept der Sicherheit als Schlüsselkompetenz begriffen und verinnerlicht, kann begonnen werden, das Umfeld zu explorieren und sicher zu machen. Diese als Säulen bezeichnete Bereiche werden im Folgenden erläutert.

Frau P.'s schnelle Hilfen zeigen schon eine Wirkung. Justin beginnt aufgeschlossener und lockerer in der Klasse zu werden. Einmal hat er sich bei einer Diskussion gemeldet. Er beginnt jedoch, erneut „dunkel" zu werden, still und teilnahmslos. Sie weiß, dass sie Hilfe braucht. Ein bisschen fürchtet sie sich vor den kommenden Anforderungen, weil sie so fremd für sie sind.

Kooperation

Kooperation hat viele Gesichter (vgl. Bick 2011), viele Anforderungen und Merkmale (vgl. Idel/Ullrich/Baum 2012). Es verhält sich mit der Kooperation, wie mit allen Säulen der traumasensiblen Hilfen: Traumabezogene Hilfen sind eine Erweiterung der bereits etablierten Wirkungsbereiche der Akteure, Prozesse und Modelle und zeigen ebenso großes Potential wie auch Herausforderungen.

Kooperation und ihre Implementierung in schulpädagogische Prozesse sind schon lange im „Mittelpunkt bildungstheoretischer als auch bildungspolitischer Diskussionen" (Schütt 2012, 9). Die Bedeutung von Kooperation ist hoch, das haben auch die Ausführungen zu den Wirkfaktoren ergeben, die von Lehrkräften allein kaum überblickt werden können. Warum aber gibt es so wenig Kooperationen in Schulen mit externen Kräften, bzw. solchen, die keine Lehrkräfte sind? Schütt (2012) fasst zusammen, dass dies mehrere Gründe hat, zum einen, weil schlicht die Erfahrung in der Praxis fehlt, diese Kooperationen durchzuführen, zum anderen weil Unterricht Privatsache ist. Damit fehlt der Bezug zum Wirken des Kollegen oder der Kollegin. Konzepte für die Zusammenarbeit fehlen, ebenso wie (finanzielle) Ressourcen

(Markle et al. 2014). Auch herrscht eine Akzeptanz der „Fragmentierung der Aufgabenbereiche und eine gleichzeitig geltende Nichteinmischungsnorm im Miteinander“ (Schütt 2012, 29). Ein weiterer wichtiger Punkt ist die Schweigepflicht, die eine sehr gute Berechtigung hat, aber den Informationsaustausch zwischen Professionellen enorm erschwert.

Traumatisierte Kinder bekommen kaum stabile Lehr- und Bindungsangebote, kein übergreifendes Bildungs- und Beziehungsbildungskonzept. Helfen würde eine engagierte Führung, eine Bereitschaft von Lehrkräften, weiter zu lernen, Strukturen und Bedingungen, die Kooperation erleichtern (Schütt 2012). Die Autorin hat hierfür ein Schaubild entwickelt, das die Problematik, aber auch die Chancen auf den Punkt bringt:

Abb. 7: Kooperationshandeln (Schütt 2012)

Im Zuge der traumasensiblen Entwicklung von Kooperation passt dieses Modell. Lehrkräfte sind nicht nur dazu aufgefordert, zu äußern, was sie wollen und können, sondern auch, was sie erfüllen sollen können oder, wie im Fall traumatisierter Kinder und Jugendlicher, müssen. Zwischen diesen Bereichen herrscht eine Diskrepanz, die sich nur schwer überbrücken lässt, bedenkt man, dass diese durch interprofessionelle Prozesse noch erschwert wird, das „Können“ gefordert wird und das „Sollen“ durch unbedingte Weiterentwicklung, Perspektivwechsel, Lernen von Fachsprache, Professionalisierung, einen besonders großen Teil einnimmt. Labhart fragt einen wichtigen Punkt ab: Wer profitiert von dem Mehraufwand, den alle Akteure durch die Kooperation leisten? „Cui bono?“ (Labhart 2019).

Kooperation bedeutet ein Aufeinanderzugehen und Kompromisse, Zeitaufwand und ständige Absprachen. Das hört sich erst einmal nicht besonders attraktiv an, zugegeben. Langfristig zahlt sich dieser Aufwand jedoch aus. Lehrkräfte, Referendare und Referendarinnen werden weniger Stress in der Lehre haben, weniger belastet sein und sich sicher im Umgang mit betroffenen Kindern fühlen. Kooperation be-

deutet vor allem, ein gemeinsames Ziel zu haben. In diesem Fall, dem Kind zu helfen, seine Belastungen und Erfahrungen zu bewältigen, um wieder Lernen zu können. Das bedeutet, übergeordnete Bezüge herstellen zu können, die verschiedene Felder, Bereiche, Fächer, Ebenen Ansätze und Perspektiven miteinander verbinden. Dies führt zu einer Entlastung, da nur noch ein Teilbereich erarbeitet werden muss, der günstigstenfalls direkt die zentrale Kompetenz der Akteure abruft (Therapie (Psychotherapie), Unterricht (Pädagogik), Arbeit mit dem Umfeld (Soziale Arbeit/ Sozialpädagogik)). Psychische Gesundheit in der Schule hat einen größeren Rahmen, als jenen, den die Schule allein bietet (Short 2014) Diese Bereiche müssen von verschiedenen Akteuren bedient werden, um ein möglichst effektives Vorgehen zu gewährleisten. Ebenso notwendig erscheint damit die Arbeit „across education and mental health systems" (Weist/Lever/Bradshaw/Owens 2014, 6), um eine lückenlose Versorgung anbieten zu können, auch Markle, Splett und Westen (2014) betonen die Bedeutung von Kooperation.
Kooperation bekommt in diesem Werk zwei bzw. vier Ausprägungen. So sollten Kinder und Jugendliche, die traumatisiert sind, nicht nur in einen professionellen, das heißt praktischen Rahmen eingebunden sein (Profession), sondern auch in einen forschungstheoretischen, der ständig weiterentwickelt und um eine Anpassung bemüht ist (Disziplin). Weiterhin muss Kooperation nicht nur übergeordnet, sondern auch innerhalb der Systeme, also *intra*professionell erfolgen. Wenn Kollegen aus der Praxis und Forschung nicht miteinander sprechen, sich nicht austauschen und diese Kommunikation nicht die Merkmale Verlässlichkeit und Vertrauen aufweist, hilft auch die beste Kooperation mit Psychotherapeuten und Schulsozialarbeitern nicht.

Akteure in der traumasensiblen Kooperation

Frau P. weiß, dass sie sich nun Kooperationspartner suchen muss, weil sie alleine mit der Situation nicht mehr zurechtkommt. Die Menschen, die in der Schule arbeiten haben unterschiedlichste Berufe und Vorerfahrungen. Sie beruft den Rat der „Vier Weisen" ein. Zusammen werden sie sich ein umfassendes Bild des Kindes machen und ein Hilfebündel entwerfen.

Inter- und intraprofessionelle, traumasensible Kooperation bezeichnet die Zusammenarbeit von verschiedenen Berufen, ihre Bündelung von Kompetenzen, die gemeinsame Erarbeitung von Zielen, eine Abstimmung von Hilfemaßnahmen, ihre Umsetzung und Evaluation. Der Unterschied zu herkömmlichen Kooperationsmodellen zwischen externen und internen Kräften an Schulen ist, dass Lehrkräfte nicht mehr nur beraten werden sollen (wie dies mitunter in der Inklusion gehandhabt wird und damit die Hauptlast bei ihnen verbleibt), sondern Therapie (Psychologie), Förderung (Sonderpädagogik) und Unterricht (Regelschullehrkraft) sowie Umfeldarbeit (Sozialarbeiter, Sozialpädagoge) derart vernetzt werden, dass sie als *ein Bündel*

oder Maßnahmenkatalog umgesetzt werden. Grundlage hierfür ist ein gemeinsamer Hilfe- und Förderplan. Lehrkräfte werden entlastet und können sich ihrer Kernkompetenz widmen: Dem Unterrichten, bzw. Erziehen.
Es gibt viele Akteure in der Schule, mit denen Lehrkräfte zu tun haben (Mays 2016, 56; Phillip 2014, 10):

- Allgemeine Lehrkräfte
- Förderpädagogen
- Integrationskräfte
- Mitglieder der Schulleitung
- Mitarbeiter des Schulamtes
- Mitarbeiter der Bezirksregierung
- Mitarbeiter der Jugendhilfe
- Schulsozialarbeiter
- Schulpsychologen, externe Psychologen, Psychotherapeuten, Psychotraumatologen
- Lerntherapeuten
- Physiotherapeuten
- Ergotherapeuten
- Nicht-pädagogisches Personal

In Bezug auf traumatisierte Kinder ist die Vielzahl der Akteure nicht optimal. Es gilt, eine Struktur zu schaffen, um Kooperationen übersichtlich zu machen. Diese besteht aus drei Ebenen: Steuerung, vorgeordnete Ebene und nachgeordnete Ebene. Ein gutes Beispiel hierfür sind Integrationshelfer*innen. Sie sind sehr von fehlenden Vorgaben zu ihrem Platz in der Hierarchie der Schule betroffen. Dies führt dazu, dass sie selten in Prozesse einbezogen werden. Lehrkräfte sind froh, wenn die betreffenden Kinder versorgt sind. Dabei sind Integrationshelfer (und pädagogische Mitarbeiter) eine enorm große Ressource für die Planung und vor allem Umsetzung der Hilfeprozesse. Sie kennen die Kinder in der Regel, ihre Bedürfnisse und Krisen sowie ihr Umfeld sehr genau. Dieses Wissen muss abgerufen und genutzt werden. Sie sollten jedoch nicht mit Lehrkräften gleichgesetzt werden. Sie haben schlicht nicht die Kompetenzen und Qualifikationen wie diese. Ordnet man sie ein, gibt man ihnen ein ordentliches Mitspracherecht, das abgefragt werden *muss*. So ist die Bezeichnung „nachrangig“ nicht abwertend gemeint, sondern schlicht der Qualifikation (Länge und Intensität der Ausbildung, Kompetenzpassung auf den Kontext Schule oder Expertenwissen) geschuldet. Experten in der Schule sind (und bleiben) nach wie vor Lehrkräfte. Mit der folgenden Tabelle wird auch ein Tabu gebrochen. Schule kann nicht mehr auf eine notwendige Hierarchisierung und Einbindung Externer verzichten. Diese Mitarbeiter und Mitarbeiterinnen müssen in eine Hierarchie eingepflegt und damit bewusster wahrgenommen werden.

Tab. 7: Drei Ebenen des Schulpersonals

Steuerung	Vorgeordnet	Nachgeordnet
• Schulleitung • Behörde • Regierung • Ämter	• Regelschullehrkräfte • Förderschullehrkräfte • Psychologen, Psychotherapeuten, etc. • Sozialarbeiter • Sozialpädagogen	• Integrationshelfer • Pädagogische Mitarbeiter • Ergotherapeuten • Physiotherapeuten • Lerntherapeuten • Berater aller Couleur (z.B. Berufsberater) • Hausmeister*innen, Sekretär*innen, Reinigungskräfte

Die Schulleitung als **Steuerung** sollte immer einbezogen werden. Es ist wichtig, dieser die Informationen zukommen zu lassen, die sie braucht, um sich richtig entscheiden zu können und ideale Rahmenbedingungen in der Schule zu schaffen. Dies ist aufgrund des bevorstehenden Paradigmenwechsels keine einfache Aufgabe. Am Beispiel der TLPI Initiative zeigt sich, dass die Amerikaner große Schwierigkeiten haben, auch rechtlich wirksam zu werden. Deshalb gehören Behörden und Ämter ebenso in die Steuerung, da sie den Rahmen vorgeben. Sie sind es auch, die eine zentrale Rolle im Kinderschutz spielen (vgl. Rathke/Bücken/Fliegenbaum 2019), Inobhutnahmen begleiten, Hilfen gewähren.

Die **vorgeordneten Professionen** bieten die größten Kompetenzen in den benötigten Bereichen. Ihre Zusammensetzung garantiert eine möglichst breite Abdeckung der benötigten Kompetenzen, wie zum Beispiel in der Größe der Gruppen. Ist es die Lehrkraft, die die Klasse aufklären soll, oder ist es die Sonderpädagogin, die, in einem kleinen Rahmen, eine Gruppe von 4 Kindern fördert? Sollte vielleicht die Psychotraumatologin mit dem Kind arbeiten? Diese Ebene ist die Wichtigste. Aus ihrer Erfahrung und Kompetenz wird das Vorgehen geplant und ausgeführt. Sie wird im Folgenden deshalb als „4 Weisen" geführt.

Nachgeordnete Professionen arbeiten am intensivsten mit betroffenen Kindern, da sie sehr nah dran sind. Sie setzen die geplanten Hilfemaßnahmen um und haben viel Wissen über das Kind und seine Lebensumstände. Ihre Erfahrung muss unbedingt abgerufen werden.

Tab. 8: Kompetenzen, Adressaten und Spezialisierungen des Personals

Vorgeordnete Professionen	Kernkompetenz	Adressaten	Spezialisiert auf:
Regelschullehrkraft	Unterrichten	Große Gruppen	Lernen und Lehren

Vorgeordnete Professionen	**Kernkompetenz**	**Adressaten**	**Spezialisiert auf:**
Förderschul-lehrkraft	Fördern	Kleine Gruppen	Lernen und Emotionale und Soziale Entwicklung, Entwicklungsstörungen Behinderung, Krankheit
Psycho-traumatologe	Therapie	Einzelne Klienten oder Paare	Tiefen-, verhaltens- oder kognitionspsychologische Arbeit mit dem Kind Psychische Erkrankungen
Sozialpädagoge/ Sozialarbeiter	Beraten	Einzelne Klienten, Paare oder Gruppen	Harmonisierung und Problemlösung im Umfeld des Kindes

Natürlich ist diese Liste der Kompetenzen stark verkürzt. Sie offenbart jedoch Bereiche, die trennscharf gesehen werden können. Die größte Herausforderung der Bildung von Teams wird damit erleichtert: Die Rollenzuweisung und damit verbunden Rollenerweiterung bzw. -änderung. Es wird in diesen Überlegungen angenommen, dass alle Akteure auf dem gleichen, traumasensiblen (Wissens-) Stand sind.
Das hier vorgestellte Kooperationsmodell unterscheidet sich grundlegend von vielen herkömmlichen Modellen, die darauf abzielen, durch Kompetenzbündelung die Lehrkraft *beraten* zu können. In diesem Modell ist die Lehrkraft *Teil* der 4 Weisen. Ihre Beobachtungen im Unterricht, ihre Kompetenz für das Lernen und Lehren in einem großen Klassenzusammenhang sind unschätzbar wichtig, weil es gerade um diesen Gegenstand geht.

Zusammenfassung:
- Die Vielzahl der beteiligten Akteure ist nicht optimal und muss eingegrenzt werden.
- Traumasensible Kooperation bedeutet die Trennung von Kooperationsebenen.
- Die drei Ebenen bestehen aus Steuerung, vorgeordneter und nachgeordneter Ebene.
- Jede der drei Ebenen besitzt spezifische Kompetenzen und Wissen, die genutzt werden müssen.
- Die vorgeordnete Ebene soll die „4 Weisen“ genannt werden, da hier ein starker Kompetenzcluster vorhanden ist.

Zielvorstellungen traumasensibler Kooperation

Als sich die „Vier Weisen“ zum ersten Mal treffen, ist die Atmosphäre angespannt. Die Ansätze und Sichtweisen sind sehr verschieden. Nach einer langen Diskussion kommen sie immer noch nicht weiter. Sie besinnen sich auf traumasensible Nenner, die ihnen helfen, einen Horizont zu finden: Das Kind und die

Lehrkraft brauchen Hilfe. Die Teilnehmer der Runde beruhigt dies. Sie beginnen, konstruktiv zusammen zu arbeiten.

Alle Akteure finden nicht nur einen gemeinsamen Ansatz, eine Planung und eine Umsetzung (vgl. Mays 2016), sondern vor allem zwei gemeinsame Nenner:
1. Hilfe für das traumatisierte Kind!
2. Entlastung der beteiligten Akteure!

Traumasensible Kooperationen haben hier den Vorteil, dass sie in dieser Hinsicht recht einfach gestrickt sind. Sie haben zwei Ziele und folgen damit zwei Leitfragen:
3. Wie sieht eine kombinierte, traumasensible Hilfe für schwer belastete Kinder in der Schule aus?
4. Wie können Lehrkräfte, die direkt mit dem Kind arbeiten, entlastet werden?

Eine derartig zementierte Zielvorstellung für jede traumasensible Kooperation hilft, Dinge klein zu halten und den immensen Herausforderungen dieses Prozesses zu begegnen.
Vergessen Sie nicht: Es geht um Gewalt an Kindern, die zu einer starken Beeinträchtigung führt. Dies hat Folgen für das Denken, Fühlen und Wollen der Akteure und ihre Entscheidungsfähigkeit. Ihre Objektivität ist eingeschränkt, wenn Lehrkräfte nicht grundlegende Kompetenzen beherzigen·
Krisen, Konflikte, Lücken und Brüche lassen sich überwinden, wenn an diese Nenner appelliert wird, sich diese gemeinsamen Ziele immer wieder vor Augen gerufen werden. Der Weg dahin mag unterschiedlich sein, das Ziel ist es jedoch nicht. Die erfolgreiche Bewältigung einer Traumafolgestörung ist immer gleich: Sie wird bewältigt. Kinder werden stabil. Sie lernen, mit den Erlebnissen umzugehen. Daher unterscheiden sich diese Ziele von jenen z.B. aus der Politik. Auch dort gibt es gemeinsame Akteure und vermeintlich gemeinsame Zielvorstellungen, z.B. verbesserte Lebensbedingungen für Bürger. Diese Lebensbedingungen sind aber für die beteiligten Akteure unterschiedlich und die Ergebnisse Kompromisse. Für die NPD schließt dies ein, nur noch wenig Interkulturalität zuzulassen, für die SPD erhöhte Sozialausgaben, für die CDU sind eher wirtschaftliche Kriterien entscheidend. Bei Traumafolgestörungen ist das anders: Am Ende einer Stabilisierungsphase ist das Kind stabil. Diese Stabilität unterliegt keiner Interpretation, sondern ist objektiv feststellbar. Verschiedene Sichtweisen auf die Behandlung des Kindes sind möglich, aber nicht auf die Genese. Wann gilt denn ein Kind als „genesen"?
Diese Frage wird nur selten gestellt oder beantwortet. Sind es Merkmale, die das Gegenteil von den Einschränkungen sind, unter denen traumatisierte Kinder leiden? So müsste sie nach den Basissymptomen lauten: Kein Vermeidungsverhalten mehr, kein Wiedererleben, keine Dissoziation, keine Unruhe. Das ist jedoch nicht so einfach festzustellen und wäre nur ein Bereich, der eher in die Psychologie fallen würde. Die positive Aufladung von Wirkfaktoren, das Aufholen und Bewältigen schulischer Angelegenheiten, auch hinsichtlich des Verhaltens sind im Kontext Schule Feststellungmerkmale, die ebenso dazu gehören müssen.

Zusammenfassend ergibt sich folgende Zielvorstellung:

Die Stabilisierungsphase ist abgeschlossen, wenn das Kind oder der Jugendliche stabil ist.

Dazu gehören folgende Kriterien:

- **Das Kind zeigt kein auffälliges Verhalten in der Schule mehr**. (Leistungsdefizite, Aggression, Vermeidung, etc.).
  ▶ Zuständig für die Kontrolle des Ziels: Regelschullehrkraft und Förderschullehrkraft
- **Die Wirkfaktoren sind überwiegend positiv geladen.** (Umgang mit Familie, Medien, Migration, Armut, etc.).
  ▶ Zuständig für die Kontrolle des Ziels: Sozialpädagoge und Förderschullehrkaft
- **Das Kind äußert keine Ängste, ein positives Selbst- und Weltbild,** baut Perspektiven und Vieles mehr auf, das auf eine stabile innere Haltung und Selbstwahrnehmung hinweist.
  ▶ Zuständig für die Kontrolle des Ziels: Psychologe/Psychotherapeut und Förderschullehrkraft

Die Stabilisierung geschieht *vor* dem Lernen und muss *mindestens* parallel dazu ausgeführt werden. Sie darf nicht nachrangig geschehen. Die Förderschullehrkraft kann, bedingt durch ihre Kompetenzbreite, in allen drei Bereichen agieren. Sie sollte es deshalb sein, die die Leitung und Organisation der Kooperation innehat. Sie beherrscht den Duktus der beteiligten Akteure oder kennt ihn zumindest sehr gut. So würde auch die Kompetenzpalette der Sonderpädagogen und Sonderpädagoginnen komplett abgefragt werden können.

Zusammenfassung:

- Es gibt zwei Nenner für Ziele in der traumasensiblen Kooperation:
  1. Hilfe für das traumatisierte Kind
  2. Entlastung der beteiligten Akteure
- Ziel ist die Stabilisierung von Kindern. Dieses Ziel ist weder verhandelbar, noch unterliegt es einer Interpretation.
- Ein Kind ist stabil, wenn das Kind kein auffälliges Verhalten mehr zeigt, die Wirkfaktoren überwiegend positiv geladen sind und das Kind keine Ängste mehr hat, bzw. ein positives Selbst- und Weltbild zeigt.
- Die Stabilisierung geschieht *vor* dem Lernen und muss *mindestens* parallel dazu ausgeführt werden.

Aufgaben der ‚vier Weisen' – der traumasensible Gang

Frau P. und die anderen Teilnehmer der Runde können stolz auf sich sein. Sie haben es geschafft, die Herausforderungen dieser äußerst anspruchsvollen Kooperation zu meistern, Ängste thematisiert, Hoffnungen, Einstellungen und

Perspektiven. Ein guter Anfang ist gemacht. Der Weg ist aber noch lang: Sie haben nun eine Vielzahl von Aufgaben zu bearbeiten.

Eine Kooperation sollte idealerweise durch die vorgeordneten Professionen geschehen, sie sind die Experten für die erforderlichen Hilfebereiche. Es greift die Idee des sicheren Dialogs (Kühn 2011) auf, in dem schon recht früh auf die Relevanz der Kooperation von bzw. Kommunikation zwischen beteiligten Akteuren und Institutionen hingewiesen wurde. Weiterhin nimmt es die Impulse der kooperativen Förderplanung (Melzer 2017) und trägt diese im Kontext traumatisierter Kinder weiter. Natürlich ist dies eine Belastung für Lehrkräfte, aber durch die Verteilung der ‚Last' auf mehrere Schultern und die langfristig stabilisierende Wirkung werden Lehrkräfte *ent*lastet und gesund bleiben. Sie befinden sich in einem sicheren Netz von Experten, die ihnen zuarbeiten und Krisen auffangen. Außerdem soll dieses Buch Vorschläge und Zusammenfassungen enthalten, die sein *müssen* und nicht jene, die ein- und umgesetzt werden *könnten*. In dieser Gruppe fließen Informationen zusammen, verbleiben dort oder werden an Steuerungen gesendet (vgl. Walker 2014). Sie werden auch in Form von Gesetzen, Vorgaben, Anweisungen, Rahmenrichtlinien und Feedback empfangen. So braucht zum Beispiel die Implementierung eines Schutzkonzeptes (Wolff 2014) durch die 4 Weisen eine entsprechende Verfügung der Steuerung. Die Aufgaben der vier Weisen sind folgende:

1) **Aufstellung**
   - Klärung der Kompetenzen und Anwendung dieser
   - Klärung möglicher Herausforderungen, Ängste und Chancen
   - Erarbeitung von Zielen
   - Entwicklung von Schutzkonzepten
2) **Screening und Einschätzung (einzeln)**
   - Verdacht: Prüfung der Indikatoren
   - Bereich: Kind (siehe Psychologie und Indikatoren)
   - Bereich: Wirkfaktoren (siehe Indikatoren)
   - Bereich: Schulische Leistungen (siehe Indikatoren, pädagogische Diagnostik)
   - Screening durch Verfahren wie CRIES und SCARED
3) **Bündelung durch Einschätzungen**
   - Screening Lehrkraft
   - Screening und Test durch Förderschullehrkraft
   - Screening durch Sozialpädagoge
   - Diagnose durch Psychologie
   - Erarbeitung eines oder mehrerer Ziele
4) **Informationsverarbeitung innerhalb des Teams:**
   - Austausch von Informationen aus Unterricht, Förderung, Therapie und Beratung (Beobachtung, Protokolle, Testergebnisse, Leistungsfortschritt oder -rückschritte, Hilfe- und Förderpläne, individuelle Entwicklungspläne)

- Reflexion von Hilfeansätzen und Kombinationen dieser
- Reflexion der intrakooperativen Kommunikation

5) Konzeption des Hilfebündels
- Erarbeitung eines Maßnahmenbündels, gemeinsamer Hilfe- bzw. Förderplan
- Maßgeschneiderte Konzepte
- Beachtung der Merkmale/Gütekriterien Vertrauen und Verlässlichkeit
- Kombination interprofessioneller Handlungsansätzen

6) Umsetzung der Hilfen durch eigene Kernkompetenzen der Akteure
- Förderung
- Unterricht
- Beratung
- Therapie
- Förderung innerhalb und außerhalb des Unterrichts und in den Pausen
- Unterricht und Einbindung in die große Lerngruppe
- Therapie in einem externen Setting
- Beratung des Umfelds, Arbeit mit Wirkfaktoren

7) Delegation von Hilfen an nachgeordnete Professionen
- Integrationshelfer
- Pädagogische Mitarbeiter
- Externe

8) Senden von Informationen
- Zuarbeitung an die Steuerung
- Handlungsanweisungen an nachgeordnete Professionen

9) Empfangen von Informationen
- Anweisungen, Rahmenbedingungen, Gesetze, Grenzen, Möglichkeiten durch die Steuerung
- Information über das Kind, Feedback zur vorgeschlagenen Förderung durch nachgeordnete Professionen

10) Evaluation
- Evaluation der Maßnahmen und Anpassung

Alle Akteure sind traumasensibel, das heißt, sie kennen sich nicht nur mit traumabezogenem Wissen aus, sondern auch mit den Wirkfaktoren, die das Kind umgibt. Dies hat seinen guten Grund: Akteure sind auf einem Nenner bezüglich der Herausforderungen, die das Kind bewältigen muss.

Kooperation ist vor allem abhängig von dem Fluss der Informationen. Die Sender und Empfänger sollten sich über ihre Rollen und Aufgaben bewusst sein. So ist der Einbezug und das Zuarbeiten an die Schulleitung, die Steuerung auf gar keinen Fall

zu vernachlässigen. Ebenso wichtig ist der Informationsaustausch mit den Kräften, die am engsten mit dem Kind arbeiten, wie z.B. Integrationshelfer.
Ein Schaubild verdeutlicht die Struktur einer traumasensiblen Kooperation.

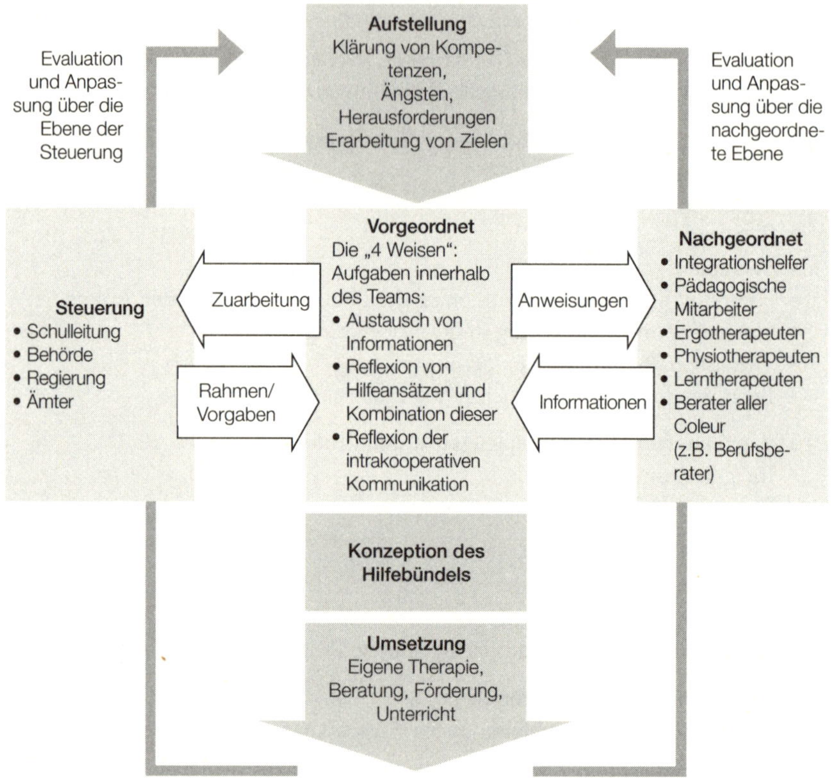

Abb. 8: Die traumasensible Kooperation

Inter- und Intradisziplinäre Kooperation

Die Kooperation durch Fachdisziplinen gestaltet sich ähnlich wie jene durch Professionen in der Praxis. Auch hier gibt es Steuerungen (z.B. Dekane und Präsidenten), die das Vorgehen absegnen müssen. Eine interdisziplinäre Kooperation ist für eine Universität oder Fachhochschule sehr aufwendig. Für Schulen ist der Informationsaustausch eine große Hürde, da Schweigepflichtsentbindungen vorliegen müssen, Universitäten tauschen sich zwar qua ihrer Definition aus, in dem sie veröffentlichen. Geschehen müsste eine Kooperation *vor* der Veröffentlichung und eine gemeinsame Erarbeitung der Inhalte. Hier gelten wieder die gleichen Herausforderungen, wie für eine interprofessionelle Kooperation: Fachsprache, Pers-

pektiven, Einstellungen müssen überwunden, kombiniert und angewendet werden. Auch der „Gegenstand" ist eine Herausforderung, wie auch in der Praxis. Traumatisierte Kinder zu befragen, sie in Erhebungen einzubinden ist immer mit dem Risiko verbunden, sie erneut zu belasten. Auch müssten diesen Erhebungen zuerst eine klinische Diagnostik vorangehen, um sicherzustellen, dass wirklich traumatisierte Kinder die Probanden sind (vgl. Schmid 2007). Ein aufwendiger Prozess, der durch Kooperation und das bereits ausdifferenzierte Symptombild durchaus vorstellbar ist. Vorstellbar wären ebenfalls Prozesse, die sich an den vorgestellten Einschätzungsmöglichkeiten für Lehrkräfte orientieren, die sich im Kapitel Screening/Einschätzung finden lassen und so die Hürde für eine solches Forschungsvorhaben senken würde.
Die Zielvorstellungen, die den Kooperationsprozess begleiten, sind ebenso ähnlich: Auch Forscher sollten zum Ziel haben, Kindern zu helfen, Erlebnisse zu bewältigen. Hierfür ist ein Forschungsfokus zu legen, der den Ausführungen in diesem Werk folgt. Anstatt der beteiligten Professionen sind es folgende Disziplinen, die eine große Wirksamkeit durch eine gelungene Kooperation erzielen:

- Soziologie
- Sozialpädagogik, Soziale Arbeit
- Psychologie und verwandte Disziplinen
- Sonderpädagogik mit den Fachbereichen E/SE und L (weiterführend auch andere)
- „Regelschulpädagogik" (beteiligte Fächer, Pädagogik und verwandte Disziplinen)

Die Ziele der Forschungskooperationen bewegen sich im Rahmen der bereits erfolgten Ausführungen der vorangegangenen Kapitel zu Akteuren und Wirkfaktoren:

1. Gestaltung eines theoretischen Unterbaus von Traumapädagogik und ihre Einordnung
   Was ist die Traumapädagogik? Wie und wo wird sie angewendet?
2. Implementierung traumabezogenen Wissens in allen Disziplinen
   Wie sieht der Einfluss auf die Bewältigung von Traumata bei armen Menschen aus?
   Wie groß ist der Einfluss von Armut, Medien, Migration, Schule auf die Entstehung von Traumata?
   Wie kann die Sonderpädagogik Expertin für diesen Bereich werden? Soll sie das überhaupt?
3. Evidenz-basierte Forschung
   Was ist wirksam? Was hilft Kindern im Unterricht? Woran erkennt man Traumata in der Schule?

Weitere Forschungsziele und Desiderate finden sich in den Kapiteln zu Akteuren sowie in einer Studie, die dieser Arbeit vorangegangen ist (Hehmsoth 2017).
Es stellt eine Herausforderung dar, in dem stark emotionalen Thema Trauma zu forschen, ohne Verbindung zur Praxis, ohne mit traumatisierten Kindern zu tun

zu haben. Die Settings, in denen Kinder leben, können häufig nur von der Praxis nachvollzogen werden. Diese sollte deshalb in den Forschungsprozess eingebunden und der „Grasswurzel“ Bewegung Traumapädagogik Rechnung getragen werden. Ebenso sollte die Praxis ständig in Verbindung zu den neuesten Ergebnissen, besonders international (!), in Verbindung stehen. Hier ist noch eine große Lücke. Forschung aus den USA zum Trauma-Informed-Approach fließt kaum ein. Dies ist aber wichtig, um Ressourcen zu bündeln und den Forschungsaufwand nicht doppelt zu betreiben. Die Wirkfaktoren mögen sich in den USA von Deutschland unterscheiden, Gewalt tut es nicht. Schwer belastete Kinder sind international traumatisiert. Theorie ohne Praxis ist leer, Praxis ohne Theorie ist blind!

Kooperation mit Eltern

Frau P. entscheidet sich für einen erneuten Versuch, Kontakt mit den Eltern aufzunehmen. Das Vorgehen hierfür wird im Rat geplant. Der Sozialpädagoge steuert Gedanken zu den Belastungen bei, die die Familie erlebt und weist auf Unterschiede in Sprache, Bildung und Einstellungen hin. Der Psychotraumatologie skizziert Verhalten, dass die Mutter eventuell zeigen können. Die Lehrkraft ist optimal auf das Gespräch mit der Mutter vorbereitet. Nach einigen Kontaktversuchen passiert immer noch nichts. Der Sozialpädagoge beginnt nun, Kontakt mit der Mutter aufzunehmen und die Kommunikation zu der Lehrkraft wiederherzustellen. Die Lehrkraft beginnt nun ihrerseits, die Mutter für eine Kooperation zu gewinnen, um langfristige Perspektiven eröffnen zu können.

Die Zusammenarbeit mit den Erziehungsberechtigungen stellt einen Bereich dar, dessen Zuständigkeiten sich stark durch die beteiligten Akteure überschneiden. Primäre Ansprechpartner sind aus Tradition und praktischen Gründen die Klassenlehrkräfte. Aber auch Sozialarbeiter und Sonderpädagogen sprechen mit den Eltern. Psychologen tun dies ebenfalls in eingeschränktem Rahmen. Oftmals ist die Kommunikation, bzw. die Beziehung zu Eltern von traumatisierten Kindern belastet. Wie alle Wirkfaktoren kann dieser so stark aufgeladen sein, dass sie selber Täter sind. Wie in den Wirkfaktoren dargestellt, ist es sehr gut möglich, dass Eltern einen anderen Bildungshintergrund, einen anderen ökonomischen und sozialen Status innehaben als Lehrkräfte. Dies führt zu kommunikativen Missverständnissen, zu hohen Erwartungen („Hefte sind doch nicht so teuer!“) und damit Brüchen. Die Beziehung zu Eltern ist aber von starker Bedeutung, da sie die zentralen Sozialisationsinstanzen im Leben eines Schülers oder einer Schülerin sind. Die effektive Kommunikation und Kooperation mit diesen Partnern ist besonders wichtig. Ein gutes, professionelles Verhältnis ebenfalls. Dieses setzt voraus, dass Lehrkräfte sich in die Lage der Eltern hineindenken können. Was heißt es, arm zu sein? Was bedeutet es, ein Kind zu haben, das seine Eltern täglich beschimpft? Wie geht überhaupt Erziehung mit einem traumatisierten Kind? Lehrkräfte tendieren dazu, ihre eigenen Maßstäbe anzulegen („Da muss man einfach mal richtig durchgreifen!"). Dies schadet der Beziehung sehr und unterbindet vertrauensvolles Handeln. Fühlen sich Eltern nicht wertgeschätzt in ihren Anstrengungen, werden Lehrkräfte nur wenig im Unterricht erreichen, da sie gegen Windmühlen kämpfen. Ihre Anstrengungen werden im Zweifel zu Hause torpediert. Primäre Ansprechpartner sollten im Kooperationsbündnis der 4 Weisen ausgehandelt werden und dies gegebenenfalls erneut. **Pflegeeltern** sind besonders wahrzunehmen. Sie haben nicht selten große Schwierigkeiten, die Herausforderungen der Kinder in der Pubertät zu bewältigen. Es kommt zu Brüchen und starken Belastungen auf beiden Seiten („Wir konnten nicht mehr."/„Ihr habt mich weggegeben!"). Pflegeeltern geben einen großen Teil ihres Lebens, ihrer finanziellen Versorgung an „fremde" Kinder ab. Sie teilen ihre eigene Familie, ihr Leben mit diesen hochgradig herausfordernden Kindern. Alle Beteiligten sollten diesen Umstand unbedingt würdigen. **Wohngruppen** sind exzellente Kooperationspartner, in Theorie. Sie sind für Kooperation ausgebildet, sind professionelle Betreuer und kennen sich meist mit dem Störungsbild „Belastung" recht gut aus. Diese Kompetenzen müssen genutzt werden. Es kommt hier darauf an, das Leben einer Wohngruppe zu verstehen, es unterscheidet sich vom Familienleben. Dies ist für Lehrkräfte nicht immer ganz einfach. Die vier Weisen sind hier von großer Hilfe. Sozialarbeiter und Sozialpädagogen besitzen eine Kernkompetenz in diesem Bereich, da sie dort oft eingesetzt werden.

Zusammenfassung

- Die Kooperation mit Lehrkräften ist oft herausfordernd und von Brüchen geprägt.
- Primäre Ansprechpartner müssen festgelegt werden.
- Die Kooperation mit Eltern ist besonders wichtig und wirksam.
- Pflegeeltern sind in besonderem Maße zu würdigen.
- Wohngruppen sind professionelle Ansprechpartner.

Gütekriterien traumasensibler Kooperation

Verlässlichkeit:

- Fristen werden eingehalten.
- Die Akteure zeigen ein konstantes Angebot an Hilfen und Mitarbeit.
- Die Akteure halten sich an Regeln und Vereinbarungen.
- Die Akteure zeigen eine konstante Diskussionsbereitschaft.
- Perspektiven können eingenommen werden, weil Fach- und Sachlichkeit antizipiert werden können.
- Der Hilfeprozess ist langfristig plan- und abrufbar.

Vertrauen:

- Die Akteure vertrauen sich.
- Es gibt Raum für Fehler.
- Die Akteure haben Verständnis füreinander (auch bei auseinandergehenden Meinungen und erfolglosen Heilversuchen).
- Die Kooperation ist ein sicherer Ort.
- Alle relevanten Informationen werden geteilt.
- Jeder Akteur ist gleich viel wert und gleich wichtig.

Screening/Einschätzung

Das Thema Diagnose wird in der Schule nicht nur stiefmütterlich behandelt, auch wird es aktiv abgewehrt („Ich bin doch kein Therapeut!"). Nun schaut man auf andere in der Schule arbeitende Fachdisziplinen und merkt: Auch die Sonderpädagogik hat kaum eine Antwort auf die Frage nach handfester Diagnostik hinsichtlich traumatisierter Kinder und Jungendlicher. Mehr noch, die Sonderpädagogik ist allgemein recht bescheiden hinsichtlich der Diagnosen und Ursachenfindung aufgestellt. Begutachtet eine Sonderpädagogin mit dem Fachbereich E/SE oder L ein schwer belastetes Kind, um einen Förderbedarf festzustellen, so werden sie mit großer Wahrscheinlichkeit Trauma überhaupt nicht erwähnen, nicht nur weil es nicht in ihrem Kompetenz- und Wahrnehmungsbereich liegt, sondern vor allem, weil es *nicht vorgesehen ist.* Gutachten enthalten keinerlei Möglichkeiten, Traumata zu erfassen, weil die Reaktionen, also die notwendigen Unterstützungsmaßnahmen auf eine solche Einschätzung, nicht festgelegt, definiert oder so ausgestaltet sind, so dass eine Förderung geschehen kann.
Traumatisierte Kinder lernen in der Schule. Wir kommen nicht um diesen Umstand herum. Es wird daher eine Diagnostik gebraucht, die hilft, diese traumatisierten Kinder zu erfassen.

Pädagogische Diagnostik

Eine Lehrkraft sagt zu Frau P.: „Der hat nur Fünfen und Sechsen! Der ist einfach nicht sonderlich schlau. Was strengst du dich an? Der hat doch schon Förderbedarf! Schau doch auf sein Zeugnis: Da steht es schwarz auf weiß!" Frau P. antwortet, dass Noten nur über einen kleinen Teil der Fähigkeiten Justins Aufschluss geben. Der Kollege zeigt auf die Noten des vergangenen Jahres. Sie sind ebenso schlecht. Frau P. blättert drei Jahre zurück. Der Kollege stutzt. „Ein Dreier-Zeugnis? Seltsam." Ein weiterer Kollege aus dem Lehrerzimmer überhört das Gespräch. „Wusstet ihr nicht, dass die Scheidung der Eltern drei Jahre zurückliegt?"

Ein naheliegendes Feld ist die „pädagogische Diagnostik". Sie entwickelte sich in den 70er und 80er Jahren des letzten Jahrhunderts und war ein heftig umstrittenes und unklares Programm (Ingenkamp/Lissmann 2008, 12). Sie etablierte sich. Nach näherer Betrachtung fällt auf, dass die pädagogische Diagnostik jedoch nur einen Teilbereich der notwendigen Einschätzungen ausfüllt, die traumatisierte Kinder benötigen:

> „Die Hauptaufgabe der Pädagogischen Diagnostik besteht also darin, für den Lernenden richtige Entscheidungen zu treffen. Die Entscheidungen beziehen sich auf Förderungs-, Platzierungs- und Selektionsmaßnahmen" (Ingenkamp/Lissmann 2008, 14).

Die Beobachtung bzw. Messung betrifft nur den Teilbereich Lernen, zwar mitunter auch in Bezugnahme zu E/SE Problemstellungen, aber nicht das Ganze überblickend:

> „Pädagogische Diagnostik umfasst alle diagnostischen Tätigkeiten, durch die bei einzelnen Lernenden und den in einer Gruppe Lernenden Voraussetzungen und Bedingungen planmäßiger Lehr- und Lernprozesse ermittelt, Lernprozesse analysiert und Lernergebnisse festgestellt werden, um individuelles Lernen zu optimieren" (Ingenkamp/Lissmann 2008, 13).

Diese Maßnahmen sind entgegen des pädagogischen, diagnostischen Gangs einer *traumasensiblen Einschätzung* am Ende zu finden. Das Ziel dieser Diagnostik ist eine Stabilisierung des Kindes. Eine Platzierung in Fördergruppen ist nur ein Ergebnis von vielen (Beziehungsgestaltung, Haltungsänderung, Wahrnehmung des Kindes im Klassenkontext, Reaktion auf Verhalten, Regeln). Ein weiterer Unterschied liegt in dem Einbezug des Schülers. Wird von Ingenkamp und Lissman konstatiert, der Schüler müsse eine gewisse Prognosekompetenz besitzen, so tun sie dies nicht, weil er fähig sein soll, Zukunftsperspektiven und Hoffnung zu entwickeln, sondern die Noten des Beurteilers zu antizipieren und damit umzugehen. Dies ist eine Haltung, die genau im Gegensatz zu traumasensiblen Haltungen steht. Pädagogische Diagnostik misst Leistung. Sie beurteilt diese Leistung in Noten. Traumasensible Einschätzung ist ganzheitlicher und hat ein anderes Ziel.

Lehrkräfte lassen dafür Tests schreiben, Hausaufgaben machen und bewerten das Arbeits- und Sozialverhalten. Eher selten werden sie in die Situation kommen, eine Einschätzung vorzunehmen, die über eine Beurteilung hinausgeht, wie die Einschätzung von Kindern, die schwere Belastungen erlebt haben, dabei ist ihr Urteil sehr wichtig für den Bewältigungsprozess Betroffener.

Ihr Urteil geht nicht nur auf eine Vielzahl wichtiger Kernkompetenzen (Beobachtung, Fachlichkeit, Vergleiche und Bezüge herstellen) zurück und weist damit implizit eine starke und effektive Handlungsempfehlung auf, sondern geht meist auch auf ein komplexes auf Vergleichsformen beruhendes System der Notengebung zurück. Ihr Urteil ist bindend und hat starke Auswirkungen auf die Genese traumatisierter Kinder. Sie ist also durchaus fähig, sachlich korrekte Einschätzungen vorzunehmen.

Ab wann sollte denn eine Lehrkraft aktiv werden? Wann merkt sie, dass sie anders handeln muss als bisher: Eine Einschätzung vornehmen, Experten kontaktieren, um Hilfe rufen?

Erfassung und Einschätzung traumatisierter Kinder und Jugendlicher

Frau P. beginnt zu verstehen, dass Justin ein größeres und umfassenderes Hilfeangebot benötigt. Sie hat den Verdacht, dass die Belastungen von Justin sehr viel stärker sind, als es den Anschein macht. Alle Unterstützungsangebote erwiesen sich als wenig wirksam. Sie macht sich auf die Suche nach Indizien.

Traumasensibles Screening ist ein Werkzeug zur Gewinnung von Informationen, die durch Screenings und andere diagnostische Verfahren gewonnen werden. Es entspricht der hier genannten „Einschätzung". Der stete und zielgerichtete Informationsfluss sowie die Kombination professionsbezogener Kompetenzen verspricht damit ein überaus ganzheitliches Bild des Kindes.
Dieser ‚diagnostische Gang' greift weiterhin die vorgestellte Konzeption von Trauma als Spektrum-Störung auf. Die dreigeteilte und auf mehrere Akteure und Methoden verteilte Einschätzung und Unterstützung des Kindes spiegelt die komplexen Zusammenhänge traumatisierter Kinder wider.
Die folgenden Ausführungen beschränken sich auf die Aufgaben der Akteure, die in der Schule tätig sind und ihr Profil gut kennen (Anforderungen, Fachsprache, Schwerpunkte, versteckte Schwerpunkte).
Ziel: Das Ziel der traumasensiblen Screenings ist es, nicht nur zu überprüfen, ob Schüler traumatisiert sind, also Symptome zeigen, sondern auch Wirkzusammenhänge zu finden, die das Kind von einer Stabilisierung abhalten und es unterstützen oder sogar Täter sind. Kinder sollen befähigt werden, in sozialen, emotionalen und kognitiven Kontexten ähnliche vergleichbare Leistungen wie nicht traumatisierte Kinder zu bringen und zu partizipieren.

Aufbau:
Diese Einschätzung wird nicht nur von einem Experten durchgeführt, sondern im Verbund mit weiteren „Weisen" zusammengefügt und zielführend erörtert. Da jeder der beteiligten Akteure nicht nur verschiedenen Disziplinen und Professionen angehört, sondern auch verschiedene Methoden der Messung, Beobachtung und Einschätzung anwendet, ist das vorgestellte Screeningmodell eine Kombination aus „mixed-methods" (Art der Methode, quantitativ, qualitativ) und „mixed-disciplines" bzw. „mixed-professions" (Psychologie/Psychologe, Sonderpädagogik/Sonderpädagoge, Pädagogik/Regelschullehrkraft, Soziale Arbeit, Sozialpädagogik/Sozialarbeiter, Sozialpädagoge) um auch den wissenschaftlichen Duktus zu bedienen, der diese Terminologie für Forschungsdesigns verwendet. Dieser kombinierte Ansatz verspricht sehr viele Chancen, aber auch sehr viele Hürden.

Der Aufbau des Screeningmodells ist in mehrere Schritte aufgeteilt:

I **Verdacht**

II **Screening**

III **Bündelung**

Die 4 Weisen haben verschiedene Aufgaben, die Schwerpunkte innerhalb des Modells bieten. Alle Akteure leisten Einschätzungen in *jedem* der drei Bereiche (Kind, Wirkfaktoren, schulische Leistungen). Die Perspektiven unterscheiden sich durch die zugrundeliegenden Kompetenzen und ergänzen sich. Findet ein Widerspruch statt, so ist dieser kein Hindernis, sondern Indikator. Zeigt sich das Kind ausgeglichen in einem Therapiesetting und als untragbarer Rabauke im Unterricht, so gibt dies Aufschluss über die Relevanz des Settings, in dem sich das Kind befindet und seine Sensibilität gegenüber diesem und dem Beziehungsangebot der Lehrkräfte und der Therapeuten. Dies wiederum hat direkte Auswirkungen auf die Schwerpunkte der Förderung, Beratung und Therapie.

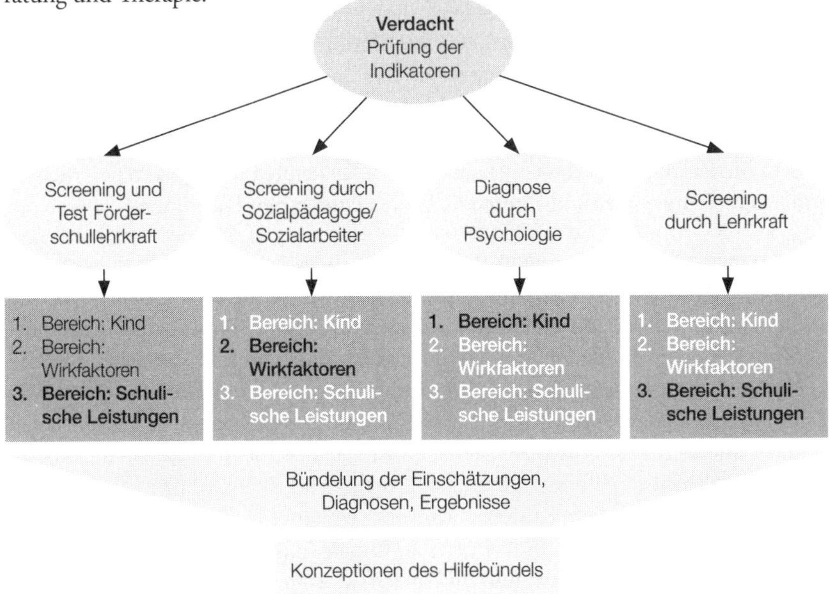

Abb. 9: Traumasensible Einschätzung von Traumafolgestörungen in der Schule

I Der Verdacht

Frau P. hat einen Verdacht. Was soll sie nun tun? Sie beginnt, sich auf die Suche zu machen. Sie ist überwältigt von der Vielzahl von Informationen und ihrer Bezüge, die über Justin gewonnen werden können. Frau P. kommt sich ein we-

nig wie eine Detektivin vor, die sich in das Leben von Justin schleicht. Zuerst schaut sie sich das Verhalten von Justin genauer an. Wann „rastet er aus“? Wann ist er ruhig? Wie hängt ihr eigenes Verhalten davon ab? Wie wirkt dieses auf Justin? Frau P. prüft die Zeugnisse auf Brüche und Notensprünge. Sie schaut durch die Akte, spricht mit Kollegen und Kolleginnen, prüft ihre Informationen über und Reaktionen auf Justin. Sie schaut sich die Informationen in den Fördergutachten an. Die Test-Teile versteht sie nicht und will es auch nicht, aber die Fließtexte über seine Biografie, seine Lebensumstände, Stärken und Schwächen sind interessant. Kurz: Frau P. wird eine Expertin für die Causa „Justin“.

Am Anfang steht das komische Gefühl. Eine seltsame Regung, wenn der Schüler sich wieder daneben benimmt. Einzelteile beginnen, sich wie ein Puzzle zusammenzusetzen. Ein Schüler schreibt schlechte Noten, während die Lehrkraft hört, dass sich die Eltern getrennt haben. Er ist sehr still.
Ein anderer Schüler mit Migrationshintergrund versteht Inhalte nicht, obwohl er könnte. Seine Mutter beginnt in einem Gespräch mit der Lehrkraft zu weinen und von der Flucht zu erzählen. Der Schüler dolmetscht dieses Gespräch und weint ebenfalls.
Es gibt eine Vielzahl von Indikatoren, die darauf hinweisen, dass „etwas nicht stimmt“. Die Hinweise kumulieren, wie die Belastungen auf die sie hindeuten. Lehrkräfte beginnen in diesen Momenten eine Art ‚inoffzielle Diagnostik‘. Sie „reimen sich zusammen“, nutzen ihr pädagogisches Bauchgefühl und versuchen, sich ein Bild von dem Kind zu machen, die Ursachen zu erforschen und Bezüge herzustellen. Traumasensible Lehrkräfte sind hier klar im Vorteil: Sie kennen die Dynamiken, die sich entfalten. Die folgenden Indikatoren helfen bei einer ersten Einordnung.

Indikatoren einer Traumafolgestörung in der Schule

Noten, Notenbrüche, Leistung im Unterricht, in der Pause, im Gespräch, bei Präsentation und Reflexionen sind im traumabezogenen Kontext nicht Ergebnisse einer Diagnose, sondern Indikatoren, die in ihrer Gesamtheit ein Bild vermitteln und auf Gewalterlebnisse, schwere Belastungen, Stress, Krisen, Chaos, Bedrohung, schlicht das komplette Fehlen von Sicherheit hinweisen. Im Schulalltag gilt es, genau hinzuschauen und Bezüge herzustellen: Verhalten zum Beispiel wird meist unter „Arbeits- und Sozialverhalten“ geführt. Diese „Kopfnoten“ sind zwar nicht ausreichend, um eine Traumafolgestörung festzustellen, sind aber ein guter Indikator hierfür.
Weitere Bereiche, in denen Indikatoren zu finden sind, die nicht ins Auge fallen, sind das Verhalten in der Pause und im Unterricht, Informationen aus der Akte und dem Fördergutachten, das traumatisierte Kinder häufig haben, da nur die *Folgen* von Traumafolgestörungen einbezogen werden (schlechte Noten, auffälliges Verhalten, Verweigerung, Klassenkonferenzen), Zeugnisse, Reaktionen von Kolleginnen und Kollegen. Auch die Anzahl von Klassenkonferenzen, Ausschluss aus der Schule, Interaktion mit Peers und besonders das Zeugnis sind Indikatoren für eine Traumafolgestörung, bzw. schwere Belastungen. Die Suche nach Indikatoren ist also ein rückwärtiger diagnostischer Gang, da er bei den Folgen anfängt, sie zu Symptomen macht und diese auf Ursachen bzw. Hypothesen zurückführt.

Eine Liste der Indikatoren ist im Folgenden zu finden. Zur Verdeutlichung werden Beispielfragen aufgeführt.

Indikator: Verhalten
Das Verhalten von traumatisierten Betroffenen in der Schule ist eines der offensichtlichsten Indikatoren für schwere Belastungen. Nicht immer schmeißen Schüler und Schülerinnen mit Stühlen, Materialien, Schimpfwörtern und zeigen damit Symptome, die sich schnell und sicher identifizieren lassen. Auch internalisierendes Verhalten wird sich nicht immer in seiner „Urform" zeigen (Rückzug, Stille, Trauer). Schule „färbt" Symptome.

- Zeigt das Kind eine „Mir doch egal"-Haltung?
- Sagt das Kind Sätze wie: „Ich kann das eh nicht", „das habe ich nie gelernt?"
- Hört das Kind auf, sich im Unterricht zu beteiligen?
- Beteiligt sich das Kind plötzlich sehr stark im Unterricht und lernt viel, nur um bei einem Misserfolgserlebnis alle Anstrengungen komplett einzustellen?
- Wirkt das Kind so, als möchte es Lehrkräften etwas mitteilen (rumdrucksen, nach der Stunde im Klassenzimmer bleiben, etc.)?
- Wirkt das Kind unzufrieden oder frustriert?
- Zeigen Strafen keine Wirkung?
- Verschlimmern Strafen das Verhalten des Kindes?
- Verlässt es unerlaubt das Schulgelände und schert sich nicht um Ermahnungen?
- Erzählt das Kind stolz von Alkoholerfahrungen, verharmlost es Rauchen und Kiffen?
- Wirkt es müde oder stark gereizt?
- Erzählt das Kind von Mobbingattacken, die es selber ausgeführt hat („dem Opfer habe ich eine geklatscht")?
- Hat das Kind große Schwierigkeiten, Materialien in Ordnung und vollständig zu halten?
- Verstrickt sich das Kind in unüberschaubare Lügen, Entschuldigungen, Ausflüchte?
- Beklagt sich das Kind häufig über Ungerechtigkeiten, die ihr durch Mitschüler widerfahren und schwer nachzuvollziehen sind?
- Hat das Kind regelmäßig Wutausbrüche, zeigt Aggression? Stört es den Unterricht?

Indikator: Pause
Die Pause ist ein stark unterschätztes Werkzeug zur Einschätzung von Belastungen. In keinem anderen Setting können soziale Kompetenzen und Interaktionen so gut beobachtet und Vergleiche zu anderen Kindern gezogen werden.

- Spielt das Kind alleine?
- Spielt das Kind überhaupt nicht?
- Schaut es ängstlich über den Schulhof?
- Ist das Kind auf dem Schulhof anwesend?
- Gerät es in Konflikte?
- Ist es in der Raucherecke?

- Steht es bei einer Gruppe von Kindern, scheint aber überhaupt nicht dazuzugehören oder fühlt sich unwohl?
- Tut sich das Kind häufig weh?

Indikator: Zeugnis

Zeugnisse werden bisher nur in Fördergutachten als Indikator gesehen und hier meistens nur in Bezug auf die Anzahl der schlechten Noten und der Wiederholungen. Zeugnisse sind häufig nicht mehr und nicht weniger als amtliche Dokumente, die feierlich ausgeteilt werden. Für traumatisierte Kinder sind sie mitunter Beleg für ihre fürchterliche Lage, die Ungleichheiten und Diskriminierungen, die Gewalt, die ihnen angetan wurde und im Allgemeinen für ein sehr ungerechtes Leben. Noten müssen *vermittelt* werden. Sie sollten vor allem einer Interpretation unterliegen und nicht einfach nur abgeheftet werden. Sie sagen mehr aus, als nur „versetzt“, „Versetzung gefährdet“ oder „nicht versetzt“.

- Ist das Zeugnis sehr schlecht?
- Können manche Fächer wegen mangelnder Teilnahme nicht bewertet werden?
- Gibt es Brüche im Notenbild?
- Sind Noten nur bei manchen Lehrkräften gut, bei anderen überhaupt nicht?
- Sind die praktischen Fächer (Werken, Technik, Kunst) mehr als zwei Noten besser als jene mit einem kognitiven Schwerpunkt (Mathematik, Biologie, Physiker etc.)?
- Ist das Arbeitsverhalten schlecht bewertet?
- Ist das Sozialverhalten schlecht bewertet?
- Blieb das Kind sitzen? Wenn ja, warum?
- Hat es einen Nachteilsausgleich?
- Wird es nach den Richtlinien der Förderschule unterrichtet?

Indikator: Tests/Arbeiten

Tests und Arbeiten beinhalten alles, was traumatisierte Kinder nicht sehr gut beherrschen. Das erfolgreiche Bestehen von Tests erfordert eine langfristige Lernplanung, ein konstantes Lernen, Konzentration, schlaues Vorgehen (wo liegen die Punkte? Was kann ich schon gut?) und Frustrationstoleranz während des Tests. Letztere ist auch gefragt, wenn die Tests zurückgegeben werden und das Ergebnis schlecht ausfällt. Eine weitere Herausforderung ist die Zeit zwischen dem Schreiben des Tests und der Rückgabe. Meist ist schon längst ein anderes Thema begonnen worden, schließlich sind Tests Leistungsüberprüfungen, die am Ende eines Themas geschrieben werden. Kinder müssen den Bezug rückwirkend herstellen und auch die Ergebnisse dieses Bezugs auf das gegenwärtige Lernverhalten und Thema (genug gelernt, nicht genug gelernt) übertragen können.

- Werden Noten plötzlich schlechter?
- Reagiert das Kind auf schlechte Noten sehr stark? (Vergräbt Gesicht in den Armen, legt Kopf auf den Tisch, ist nicht mehr ansprechbar)
- Ist nur ein Teil des Tests ausgefüllt?

- Zeigt das Kind einen großen Wissensrückstand?
- Sind Mappen vollständig oder werden sie überhaupt abgegeben?
- Werden Hausaufgaben gemacht?

Indikator: Zeugniskonferenzen und Pädagogische Konferenzen
In pädagogischen Konferenzen und Zeugniskonferenzen werden Noten sehr schnell abgehandelt, weil es viel Zeitdruck gibt. Günstig wäre hier eine dritte Konferenzart. So wären die Vier Weisen gut geeignet, bei Verdachtsfällen eine traumasensible Interpretation des Zeugnisses zu leisten. Sie könnten sich beispielsweise bis zu 3 Kinder heraussuchen und hierzu eine Art „intensiv-pädagogische" Konferenz einberufen. Eine Zeugniskonferenz oder pädagogische Konferenz sollte auf folgende Indikatoren geprüft werden:

- Wird sehr emotional (Wut, Frustration, Resignation) über ein Kind berichtet?
- Wird sehr emotional und lange über Noten diskutiert?
- Werden ein Kind und seine Problemlage sehr lange behandelt (länger als zehn Minuten)?
- Bleibt das Ergebnis dieser Diskussionen offen und wird an den Sozialpädagogen bzw. Sonderpädagogen verwiesen?
- Gibt es verschiedene „Stellungen" im Kollegium (Kind ist… faul vs. belastet, renitent vs. gibt sich Mühe)?

Indikator: Akte
Die Akte ist ein Dokument, das in einem Schrank im Sekretariat liegt. Sie wird meistens von der Sekretärin hervorgeholt, wenn sie etwas hinzufügen muss oder von Gutachterinnen und Gutachtern, die im Rahmen der Feststellung eines Förderbedarfs durchschauen und sie auf Indikatoren prüfen. Eher selten wird die Akte von Lehrkräften herausgenommen, um sich ein Bild von einem Schüler oder einer Schülerin zu machen. Manche Lehrkräfte behaupten gar, dass sie erst einmal ohne die Informationen in der Akte arbeiten wollen, um sich ein eigenes Bild zu machen. Sind es traumatisierte Kinder, die in ihrem Unterricht sitzen, gefährden sie damit diese Kinder, da sie keine Möglichkeit haben, Beziehungen und Haltungen sowie Reaktionen auf Verhalten im Voraus zu planen und damit verlässlich zu handeln. Ein kurdisches Kind muss anders angesprochen werden als ein arabisches, ein Muslim anders als ein Christ, ein armes Kind anders, als ein Kind aus einer reichen Familie. Wirkfaktoren, wie sie in der Akte meist festgehalten werden, wirken und sollten nicht außer Acht gelassen werden.

- Ist die Akte außergewöhnlich dick?
- Gibt es psychologische Gutachten?
- Gibt es Fördergutachten?
- Gibt es Entwicklungsprotokolle wie Förderpläne oder Individuelle Lernentwicklungspläne?
- Was sagen diese Pläne, auch im Verlauf mehrerer Jahre, über das Kind aus?

- Gibt es Gutachten von Logopäden, Ergotherapeuten, Medizinern?
- Hat das Kind Schulen in Schweden, Ungarn, in der Türkei besucht (Länder, über die geflüchtet wird)?
- Ist die Zahl der Klassenkonferenzen, Sanktionen, Beschlüsse besonders hoch?

Indikator: Fördergutachten
Traumatisierte Kinder haben häufig einen festgestellten Förderbedarf im Bereich des Verhaltens (E/SE) und/oder Lernens (L). Die Gründe hierfür wurden ausführlich erläutert. Ein Fördergutachten ist, wenn es gut gemacht ist, eine Sammlung aller Diagnosen, Missstände, Ungleichheiten, Defizite, Stärken und Schwächen des Kindes. Es zeigt die Zustände im Elternhaus auf, die Wünsche, Sorgen und Hoffnungen der Familie. Weiterhin führt es eine Diagnostik auf, die sich entweder auf das Verhalten oder die Lernleistungen bezieht. Meistens sind auch Intelligenztests zu finden. Regelschullehrkräfte (und übrigens auch Förderschullehrkräfte) sind häufig von den Bezeichnungen dieser Tests und der Erläuterung der Ergebnisse eingeschüchtert und überfordert. Gutachten sind in einer Fachsprache geführt, die nicht zu den Kernkompetenzen von Regelschullehrkräften gehört. Diese Gutachten sind gefüllt mit Indikatoren! Sonderpädagogen haben gelernt, auf diese zu achten und sie zu kombinieren, wenn auch noch nicht zu dem Ausmaß, das benötigt wird.
Lehrkräfte sollten hier die Kooperation von Sonderpädagogen suchen, um Gutachten erläutert und „übersetzt“ zu bekommen. Die Gutachten enthalten folgende aussagekräftige Informationen:

- Vollständige Anamnese, die auf viele Wirkfaktoren hinweist: Eltern, Migration, Freunde, Krankheiten, Diagnosen, etc.
- Schlussfolgerungen zu Belastungen und Ressourcen (positiv oder negativ aufgeladene Wirkfaktoren)
- Hinweise zur Förderung der Kinder, die zwar nicht traumasensibel sind, aber guter Lehre entsprechen.

Indikator: Förderpläne
Förderpläne oder z.B. individuelle Entwicklungspläne (ILE) sind Dokumente, die meist in Schubladen verschwinden und schnell kurz vor Abgabe der Vollständigkeit halber angefertigt werden. Förderpläne geben aber nicht nur Aufschluss über verschiedene Desiderate der Kinder und Jugendlichen, sondern sind ein fantastisches Instrument der Hilfeplanung.

- Zeigen die Hilfepläne über Jahre immer wieder die gleichen Herausforderungen?
- Sind bestimme Bereiche immer wieder schlecht bewertet?
- Weist der Plan Standardformulierungen (Förderpläne als Pflicht) oder individuelle Formulierungen (Förderpläne als Unterstützungswerkzeug) auf?

Indikator: Wirkfaktoren
Die Wirkfaktoren haben einen enorm starken Einfluss auf die (Lern-) Entwicklung von Kindern und Jugendlichen. Lehrkräfte können diesen auch ohne sozialpädagogi-

sche Kompetenzen in Erfahrung bringen. Die Akte gibt Anhaltspunkte für Ungleichheiten, Diskriminierungen und allgemein negative Ladungen für Wirkfaktoren. Auch Gespräche mit und Kommentare von den Eltern und Kindern sind aufschlussreich. Ihr Wohnort, ihre Kleidung, ihr Aussehen, ihre Sprache, ihr Geruch spielen eine Rolle. Die folgende Liste ist nur ein kleiner Ausschnitt aus den möglichen Beobachtungen die auf diese negativen Ladungen hinweisen. Im Kapitel Wirkfaktoren werden diese ausführlich erläutert. Unter diesem Punkt ist auch die Anamnese zu finden.

- Gibt es ein Erlebnis, von dem Sie wissen, dass es das Kind sehr stark beeinträchtigt hat?
- Hat das Kind einen Migrationshintergrund?
- Ist das Kind ein Kurde?
- Ist das Kind ein Jezide?
- Ist das Kind geflüchtet?
- Lebt das Kind in einer Wohngegend, die einen hohen Migrationsanteil und schlechte ökonomische Versorgung aufweist?
- Sind die Eltern unkooperativ?
- Verstehen die Eltern nicht, was ihnen erklärt wird?
- Ist die Mutter/der Vater alleinerziehend?
- Haben die Eltern unterschiedliche Wohnorte und Nachnamen?
- Ist das Kind ständig müde und überreizt und prahlt es mit Erfolgen in Fortnite?
- Trägt das Kind billige Kleidung, mit vielen Aufdrucken, mit Totenköpfen oder rechtsradikalen Texten?
- Sind die Schuhe in einem sehr schlechten Zustand?
- Riecht das Kind nach Schimmel oder Zigarettenrauch?
- Hat das Kind häufig dreckige Hände und Dreck unter den Fingernägeln?
- Ist das Kind adipös?
- Ist das Kind stark überschminkt?

Indikator: Lehrkräfte

Lehrkräfte sind ständig im Kontakt mit Schülern. Sie befinden sich in *Beziehung* mit ihnen. Geschieht dies unreflektiert, sind (Gegen-)Übertragungen möglich. Lehrkräfte werden beeinflusst, die Schüler-Lehrer-Beziehung wird beeinträchtigt, es kommt zu Manipulationen, Übernahmen und Reaktionen beider Seiten, die kaum gesteuert werden können. Das (negative) Verhalten von Lehrkräften darf nicht verurteilt werden, sondern muss als Hilferuf und vor allem Indikator gesehen werden, der eine Einschätzung, traumasensible Hilfemaßnahmen und damit Unterstützung für die Lehrkraft möglich machen.

- Fühlen sich Lehrkräfte nicht ernst genommen, wirkungslos, überfordert?
- Nehmen Lehrkräfte das Verhalten des Kindes und seiner Eltern als Angriff war?
- Brechen Lehrkräfte den Kontakt zu Eltern und dem Kind ab?
- Reden Lehrkräfte sehr schlecht über Kinder („dieses Kind ist dumm und faul“)?
- Werden Lehrkräfte handgreiflich, körperlich (festes Anpacken, Schubsen, Rangeln)?
- Schreien Lehrkräfte im Unterricht?

- Haben sie einen großen Katalog von Strafen für Vergehen im Unterricht?
- Droht die Lehrkraft häufig mit Strafen und dem Gang zum Schulleiter?
- Spricht eine Lehrkraft immer wieder von negativen Einzelerlebnissen mit Schülern, die unter anderem Jahre zurückliegen?

Zusammenfassung:
- Indikatoren sind wichtige Werkzeuge zur Einschätzung von schwer belasteten Kindern.
- Indikatoren werden gesammelt und in Bezug zueinander gesetzt.
- Indikatoren erhärten einen Verdacht oder entkräften ihn.
- Indikatoren erfordern Wissen über Trauma, Lebensumstände, Belastungen.

II Screening

Frau P. stellt fest, dass Justin unter einer starken Belastung leidet. Sie bezieht seine Stimmungswechsel und wechselnde Tagesform auf den Grad der Konflikte zu Hause.
Er fällt durch Stören auf, hat einen großen Rückstand und beherrscht Grundlagen nicht. Die Grundschule wollte abwarten, ob sich sein Verhalten mit dem Schulwechsel ändert (was es offensichtlich nicht tat). Er findet keine Freunde und sitzt allein auf dem Pausenhof. Seine Partizipation und seine Leistungen schwanken stark. Frau P. trifft sich mit der Mutter, die unter Tränen von ihrer Scheidung nach langen Konflikten erzählt. Der Vater ist nun ausgezogen. Justin wohnt bei seiner Mutter, möchte aber zu seinem Vater, der aber gar nicht die Zeit hat, sich im ihn zu kümmern, da er voll berufstätig ist. Justin hat noch zwei jüngere Schwestern, die viel Raum und Zeit der Mutter einnehmen. Seine Mutter und sein Vater geraten zum Beispiel bei Übergaben und in Fragen des Unterhalts weiterhin in Streit. Justin gibt seiner Mutter die Schuld an der Trennung. Es kommt zu vielen Konflikten zu Hause und einer Isolation Justins in seinem Zimmer vor seinem Computer. Seine Mutter schilderte der Lehrkraft, wie sie selber psychologische Hilfe in Anspruch nahm, diese aber abbrach.
Frau P beschließt, weitere Schritte zu gehen und nicht zu hoffen, dass sich alles wieder beruhigt. Frau P. führt das Screening „CRIES-13" mit Justin durch und erfährt, dass er viele Items auf der Liste mit „oft" ankreuzt. Sie nimmt dies zum Anlass, die 4 Weisen zu kontaktieren und ihre Meinung durch weitere Screenings zu erbitten. Sie erhofft sich außerdem eine starke Entlastung, da dieser Prozess beginnt, ihr nahezugehen.

1. Bereich: Das Kind

Screening wird in Deutschland immer häufiger verwendet, z.B. im Kontext von Vorsorgeuntersuchungen. Es bedeutet, dass eine Untersuchung geleistet wird, die *vor* einer handfesten Diagnose steht und dieser zuarbeitet. Deshalb sind haben sie keine hohe Schwelle, sind schnell und einfach auszufüllen und geben einen zügigen Überblick.

> „Screeningverfahren sind also diagnostische Instrumente, die den Lehrkräften in den Schulen helfen können, mit geringem Aufwand sowie schnell und zuverlässig zu ermitteln, bei welchen Kindern möglicherweise ein Entwicklungsrisiko besteht, um ggf. notwendige Schritte anzubahnen" (Hartmann/Methner 2019, 50).

Folgende Screenings können schnell und zuverlässig einen Verdacht bestätigen oder entkräften und vor allem von Regelschullehrkräften, Sonder- und Sozialpädagogen durchgeführt werden.

- Symptome der posttraumatischen Belastungsstörung oder Anpassungsstörung durch „Structure of the Children's Revised Impact of Event Scale (CRIES)" (Chen et al. 2012; Perrin/Meiser-Stedman/Smith 2005) oder
- Anzeichen von starker Ängstlichkeit: „Screen for Child Anxiety Disorder (SCARED)" (Birmaher 1997)

Die Lehrkraft setzt diese Fragebögen ein, wenn sie einen begründeten Verdacht hegt, dass das Kind schwer belastet sein könnte. Diesen möchte sie erhärten oder entkräften. Wird der Verdacht bestätigt, können Experten hinzugezogen werden („4 Weisen") und eine fundierte Diagnose sowie weiterführende Perspektiven von Sonderpädagogen und Sozialarbeitern gewonnen werden. Sie hat einen Verdacht entwickelt, indem sie die Indikatoren für Traumafolgestörungen in der Schule beachtet hat und Hinweise auf eine mögliche schwere Belastung fand.
Die Itemliste des „CRIES-13" Fragebogen ist im Anhang zu finden oder auf der Webseite (Stand 9/2020):

> https://www.childrenandwar.org

Auf dieser Webseite sind mehrere frei zugängliche und kostenfreie Screeningwerkzeuge zu finden. Die Autoren der Verfahren möchten vielen Personen die Möglichkeit geben, traumatisierte Kinder zu erkennen, um sie weiterleiten zu können. Sie sind weitgehend unbekannt an deutschen Schulen und sollten in den Alltag einfließen. Lehrkräfte sind natürlich keine Therapeuten. Screenings lassen sich aber auch durch sie durchführen. Der Zweck ist keine Diagnose, sondern eine vorgeschaltete Einschätzung, die zu einer Weiterleitung (zum Beispiel in den Kreis der 4 Weisen) führt.

2. Bereich: Wirkfaktoren

*Frau P. beschließt, weiter nachzuforschen. Zeitgleich werden Sonder- und Sozialpädagogen ebenso weiterfragen: Wo „leidet" Justin? Wo erfährt er Belastungen, die sich negativ auf seine Schulleistungen auswirken? Wo hat er Ressourcen und Stärken? Wo findet er Unterstützung? Frau P. und ihre Kolleg*innen entscheiden sich dafür, die Wirkfaktoren und besonders die Familie eingehender zu betrachten.*

Die Wirkfaktoren werden im Sinne Kurt Lewins (vgl. Bogner 2017) und Vernooij/Wittrocks (2008) aufgeteilt und mit Ladungen versehen. Jeder Wirkfaktor hat fünf Felder, die positiv oder negativ geladen werden können. Dies hat den Vorteil, dass

der Ausschlag in jede Richtung wirken kann und nicht nur eine Bewertung erfolgt. Die Bewertungen werden nach bestem Wissen und Gewissen, Haltungen, Einstellungen (siehe vorangegangene Kapitel) ausgefüllt, in die Runde der 4 Weisen gebracht und diskutiert. Eine Ladung/Bewertung von 4 oder mehr negativen Ladungen bedeutet, dass der Wirkfaktor nicht mehr bloß ein Risiko für die Entwicklung des Kindes bedeutet, sondern ein Täter ist. Der Wirkfaktor wirkt in diesem Fall derart stark, dass er Traumafolgestörungen direkt auslöst.
Nachfolgend finden Sie das Einschätzungswerkzeug „Traumakreis“:

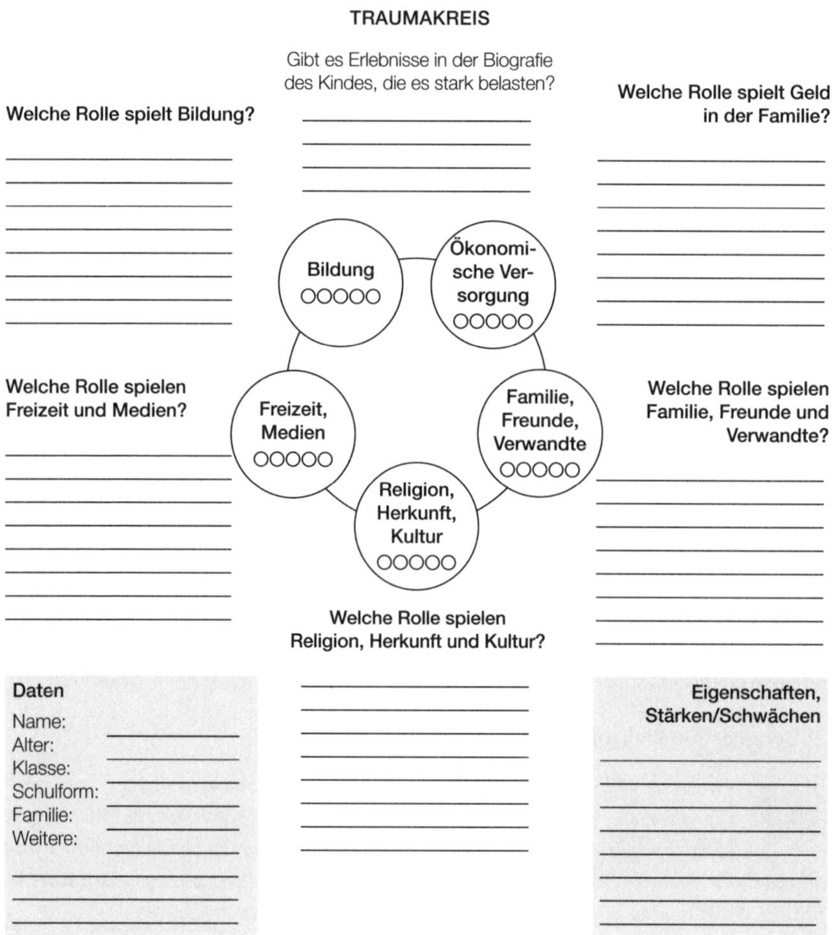

Abb. 10: Traumakreis

Der Wirkfaktor Familie ist bei Justin nicht komplett negativ geladen, da er eine Mutter hat, die zwar überfordert ist, aber äußerst gute Absichten hat und sich kümmern möchte. Der Vater ist ebenfalls eine Ressource, da er ebenso guten Willens ist, sich weiterhin um seine Kinder zu kümmern. Die beiden positiven Ladungen spiegeln dies wieder. Nichtsdestotrotz ist die Familie eine starke Belastung für Justin und bekommt damit drei negative Ladungen. Diese werden am runden Tisch der 4 Weisen Grund für eine Intervention seitens des Sozialpädagogen und Sonderpädagogen sein.

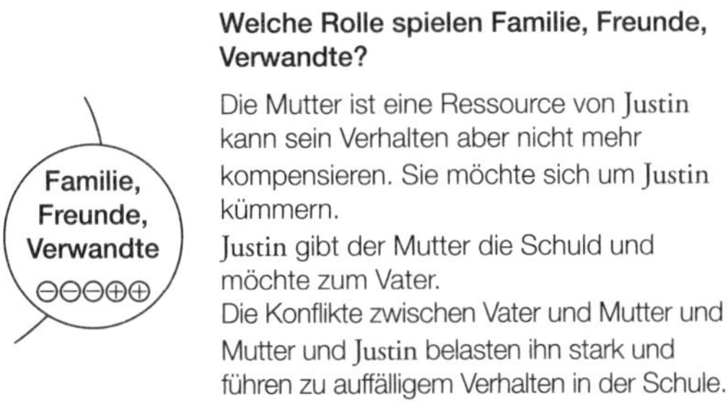

Abb. 11: Wirkfaktor Familie, Beispiel „Justin"

Frau P. beginnt sich weitere Gedanken zu machen. Wenn er die ganze Zeit vor seinem Computer hängt und nichts anderes macht, was ist mit dem Wirkfaktor Medien? Sie fragt ihn. Er druckst zuerst herum, dann berichtet er von Fortnitespielen und Chats mit seinen Freunden. „Was man halt so macht". Sie stellt fest, dass die Zeit, die er im Netz verbringt, äußerst schädlich für ihn ist. Er isoliert sich, verliert soziale Kontakte in der analogen Welt, vermeidet den Kontakt mit der Mutter und sich selbst. Die Medien sind für ihn auch ein Tor zur Welt, zu Freunden und Informationen. Er hat regen Kontakt mit anderen Spielern in Fortnite und Freunde auf der ganzen Welt gefunden. Er betreibt einen eigenen Youtube Kanal, auf dem er Videos von sich beim Spielen zeigt.

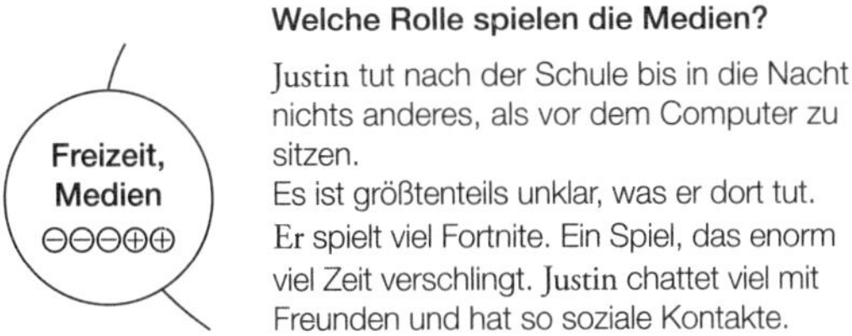

Abb. 12: Wirkfaktor Medien, Beispiel „Justin"

Frau P. fragt, wie es Justin geht und wie die Situation zu Hause ist. Er sagt, dass es „scheiße" ist. Er darf sich das Computerspiel nicht kaufen und beklagt, dass, seit der Vater ausgezogen ist, kaum Geld da ist. Frau P. ruft bei der Mutter an und fragt, ob sie Hilfe bei der Beantragung von Unterstützung braucht, z.B. der Nachhilfe nach Paragraph 35a.
Die Mutter ist erleichtert, dass sie mit diesen Sorgen nun nicht mehr allein ist. Sie berichtet, dass sie schon lange keine Arbeit mehr hatte. Sie ist gelernte Einzelhandelskauffrau, möchte und kann aber keine Arbeit übernehmen, weil sie die kleinen Geschwister und Justin zu versorgen hat. Dass sie nun weniger Geld zur Verfügung haben, macht ihr zu schaffen, kann damit aber umgehen und hat noch einiges Erspartes auf dem Konto. Sie nimmt die Hilfe der Lehrkraft an. Diese gibt es weiter an die Sekretärin, die Kontakt mit der Mutter aufnimmt und Leistungen organisiert. Es brauchte einige Anläufe, aber nach einiger Zeit ist die Hilfe implementiert.

Welche Rolle spielt Geld in der Familie?

Die Mutter hat nur wenig Geld zur Verfügung und bezieht Leistungen von Ämtern. Justins Vater ist voll berufstätig, möchte aber nicht den vollen Umfang des Unterhalts zahlen.
Geld ist ein großes Thema in der Familie. Justin möchte sich Dinge kaufen, für die kein Geld da ist.

Abb. 13: Wirkfaktor ökonomische Versorgung, Beispiel „Justin"

Die Wirkfaktoren spielen eine große Rolle im Leben von Kindern, Jugendlichen und Erwachsenen. Sie zu untersuchen, ist eine der Hauptaufgaben von Lehrkräften, da die Belastungen, die dort entstehen, nicht getrennt von der Schule gesehen werden können. Ihre positive Aufladung muss in Kooperation mit Experten geschehen.

3. Bereich Schulleistungen

Die ersten Hilfemaßnahmen sind angelaufen und zeigen Wirkung. Der Unterricht wird flüssiger, da Justin weniger stört. Tut er es doch, kann dieses Verhalten durch ein vertrauensvolles und geschicktes Vorgehen von Frau P. unterbunden werden. Die Familie beginnt, erste Schritte zu tun. Sie beginnen, miteinander zu reden. Nach einem halben Jahr kommen die Zeugnisse. Justin zeigt einige Verbesserungen. Er ist sehr stolz auf sich. Einige Fächer bleiben aber weiterhin schlecht. Die Vier Weisen beraten und kommen zu dem Schluss, dass es an der Beziehung zwischen der Fachlehrkraft und Justin liegt. Ein neues Hilfebündel wird geplant. In Gesprächen mit dem Sozialpädagogen, der Sonderpädagogin und dem Psychologen gewinnt Justin mehr Selbstvertrauen und eine höhere Frustrationstoleranz. Die Fachlehrkraft beginnt, einige grundsätzliche Dinge im Unterricht zu ändern. Er war sich nicht bewusst, eine derartige Wirkung zu haben. Die Veränderung wird Zeit brauchen, ist aber auf dem Weg.

Der Bereich der Schulleistungen wurde zum großen Teil schon in den Indikatoren aufgeführt. Sie sind ein gutes Einschätzungswerkzeug, da Noten so valide und gültig sind bzw. sein sollten, wie kaum ein Test. Dieser Schritt unterscheidet sich von dem „Verdacht". Hier werden Noten als Feedbackinstrument genutzt, da durch diese Schulerfolg oder -misserfolg gemessen werden kann. Dieser Verdacht wird verschriftlicht. Dieser steht in direktem Bezug zur Bewältigungsleistung von Betroffenen.

Zusammenfassung:
- Die kombinierte Erfassung der Belastungen und des Zustands des Kindes, der Wirkfaktoren und der Schulleistungen ergibt ein vollständiges Bild, das zu einem ganzheitlichen und effektiven Maßnahmenbündel führt.
- Screenings können von Lehrkräften ausgeführt werden.
- Der Zweck des Screenings ist die Weiterleitung an und Kooperation mit Experten.
- Die Einschätzung der Wirkfaktoren ist der zentralste Bereich, da zu vermuten ist, dass Belastungen aus diesen stammen.
- Screenings stehen nach der Indikatorsammlung und erhärten oder entkräften den Verdacht auf Belastungen, bzw. traumatische Erfahrungen.

Gütekriterien traumasensibler Einschätzung

✓ **Verlässlichkeit:**
Akteure erfassen zuverlässig die Zusammenhänge, die wirklich erfasst werden müssen. Sie geben sich Mühe, Aspekte, die schwer zugänglich sind, wie z.B. die familiäre Situation, so gut wie möglich einzuschätzen. Sie können so alle positiven und negativen Ladungen einschätzen.
Die 4 Weisen sind in ständiger Kommunikation miteinander und bieten so einen verlässlichen Rahmen, den die Schule zu jeder Zeit nutzen kann.

✓ **Vertrauen:**
Informationen werden vertraulich behandelt und verbleiben im Kreis der Akteure. Die Familie ist in diesen Prozess nach Möglichkeit mit einbezogen. Informationen werden nicht um jeden Preis gewonnen. Geben Bereiche, wie z.B. die Familie keinen Einblick, darf dieser nicht forciert werden, außer es gibt konkrete Anzeichen der Kindeswohlgefährdung. Das Kind wird in den Einschätzungsprozess einbezogen und über jeden Schritt aufgeklärt. Sollte der Prozess das Kind stark belasten, muss dieser erneut durch die vier Weisen untersucht und neu gestaltet werden.
Die Akteure vertrauen einander und ihren Kompetenzen.

Kommunikation

Die Schlange ist mittlerweile recht lang. Hannes steht etwa 5 Meter vor dem Eingang der Waldorfschule und fragt sich, ob er noch rechtzeitig in den Unterricht kommt.
Schon gerät die Schlange wieder in Bewegung. Der Lehrer, der am Eingang steht, hielt einen kurzen Plausch mit einem Schüler. Nun läuft es wieder. Jeder Schüler wird mit Handschlag begrüßt, auch Hannes, der zwar leicht genervt von dem Prozedere ist, es aber auch angenehm findet, als der Lehrer ihn begrüßt: „Hallo Hannes, schön das Du heute da bist." Hannes murmelt ein kaum verständliches „Guten Morgen" und schlurft davon.

In Waldorfschulen gibt es den Brauch, jeden einzelnen Schüler mit Handschlag und Namen vor der Haupteingangstür zu begrüßen. Das ist eine gewaltige Anstrengung, gewiss, doch lohnt sie sich. Jeder Schüler fühlt sich willkommen, angenommen und aufgehoben. Die Schüler merken, dass Lehrkräfte es gut mit ihnen meinen. Unterricht wird einfacher.

Herr Dirks hat schlechten Atem. Er raucht Pfeife. Wenn der Mathelehrer einem Schüler etwas erklärt, beugt er sich von hinten über ihn, um nach seinem Stift zu greifen und das Arbeitsblatt zu erklären. Der Lehrer kommt sehr nah. Die Atemwolke und Körpergerüche hüllen den Schüler ein. Der einzige Wunsch des Schülers ist es nun, dem Gestank zu entkommen, während im Hintergrund die Erklärungen vorbeirauschen. Nach einer Weile hört er: „Ja, passt du denn überhaupt auf? Wozu erkläre ich Dir das denn?"

Körpergerüche sind die Gesten des Körperkontakts. Dieser gehört zur Kommunikation ebenso wie das gesprochene Wort, das Unterschätzen dieses Einflusses ebenfalls. Berührung kann nicht bewusst genug eingesetzt werden. Gerüche und Geräusche, die man meist unbewusst äußert oder ausströmt, müssen reflektiert werden. Berührungen, Worte, Gesten können gezielt eingesetzt werden, um Schüler zu loben oder andere besondere Situationen zu würdigen. Sie können überaus effektiv sein. Sprache bekommt im Kontext Trauma eine große Bedeutung, da hier eine der größten Schwächen von traumatisierten Kindern liegt. Ähnlich wie bei autistischen Kindern haben sie Schwierigkeiten, Sprache und Mimik richtig zu deuten. Die Auswirkungen davon macht Downey (2007, 6) deutlich:

> „We read their faces and gestures and we make quick, often accurate, assumptions about what they might be thinking. We do this all time, checking out our assumptions with questions, looks and gestures. It is a large part of our communication with others, our ongoing inter-subjective relationships, and if we can't do it we place ourselves at a great disadvantage".

Cole et al. (2005, 24) führen das Beispiel eines Jungen auf. Dieser beschreibt, wie er sich im Unterricht fühlt, wenn die Lehrkraft spricht.

"I could see the math teacher's mouth moving in the classroom but couldn't hear a thing. It was as if I were in a soundless chamber. She was smiling and clearly talking, I just couldn't process a word of it. I had been an excellent math student, but the day she told me I was 'spacey' and unfocused was the day I stopped connecting to math. My grades dropped and they took me out of the advanced classes."

Sprache beeinflusst grundlegende Fähigkeiten im Lesen und Schreiben, die Fähigkeit, Sprache zu benutzen „and how and why the child communicates" (Cole et al. 2005, 24). Ist komplexe Kommunikation gefordert, wie zum Beispiel im Rahmen einer Diskussion, so sind traumatisierte Kinder schnell überfordert. Ihre Problemlösefähigkeit ist damit stark eingeschränkt. Generell gelten nach Cole et al. (2005) drei Grundsätze im Bereich traumasensibler Sprache:

1. **Nutzung vielseitiger Wege der Präsentation von Informationen.** Sie können schriftlich, verbal, als Bild, im Rollenspiel geschehen und viele andere Formen annehmen.
2. **Verarbeitung von Informationen**. Traumatisierte Kinder brauchen differenzierte Strategien für die Informationsverarbeitung. Sie sollten mehr Vor- und Nachbereitungszeit bekommen, häufiger Inhalte wiederholen und üben.
3. **Identifizierung und Verarbeitung von Gefühlen**. Traumatisierte Kinder sollten lernen, Gefühle auszudrücken, über sie zu sprechen und mit ihnen umzugehen.

Zusammenfassung:
- Sprache ist sehr komplex.
- Die Bewältigung von sprachlichen Herausforderungen ist für traumatisierte Kinder sehr schwer.
- Die Aufnahme und Verarbeitung von Informationen ist für Betroffene eine Herausforderung.

Im Folgenden werden die Bereiche der Sprache genauer betrachtet. Die Erläuterungen sollen als Impulse gesehen werden, Kommunikation im Klassenzimmer genauer zu hinterfragen, sich selber und seine Wirkung auf Schülerinnen und Schüler zu reflektieren. Für Referendare bieten die folgenden Ausführungen eine Chance, die ersten Unsicherheiten des Unterrichtens zu überwinden, Studierende bekommen hier einen spannenden Einblick in die Praxis.

Sprache

Herr S. ist wütend. Dieser freche Bursche stört den Unterricht, unterbindet jede seiner Diskussionen und sagt zum Schluss noch etwas Abfälliges über seine neue Jacke. Herr S. erwidert, dass er sie von seiner Frau bekommen hat und bemerkt seinen Fehler sofort, als alle Schüler anfangen zu kichern. Der kann was erleben!

Verhält sich ein Kind „daneben" und stört ständig den Unterricht, gerät man relativ schnell in Wortgefechte und beginnt, sich zu rechtfertigen. Ein Kind, das ausfallend wird, *tut etwas mit einem*. Es fällt schwer, neutral und ruhig zu bleiben. Aber genau das müssen Lehrkräfte tun. Sie sollten **Ruhe bewahren**. Haben sie sich einen Katalog überlegt, der genau regelt, welches Verhalten zu welchem Grad geduldet wird und was passiert, wenn diese Regeln nicht eingehalten werden, können Lehrkräfte sich daran festhalten.

Sprache in der Schule ist das Hauptwerkzeug einer jeden Lehrkraft. Sie transportiert Wissen, Lob und Anerkennung, verurteilt und straft. Wichtig ist deshalb nicht nur, dass Lehrkräfte ruhig bleiben, sondern auch **Aussagen treffen, die unmissverständlich** sind, zu jeder Zeit gelten und sinnvoll sind. Das bedeutet zum Beispiel für Arbeitsanweisungen: „Bearbeitet alle Aufgaben des Arbeitsblattes und zeigt sie mir, wenn ihr fertig seid. Ihr habt 15 Minuten Zeit. Bitte beachtet die Regeln zur Einzelarbeit“ anstatt von: „Ihr könnt jetzt das Arbeitsblatt angehen“. Das gilt ebenso für die Haltung, die durch Sprache zum Ausdruck gebracht wird. „Jonas, das war keine gute Arbeit. Ich weiß, dass Du es besser kannst.“ anstatt von: „Meyer, du bist zu dumm zum Brot schneiden! Nächstes Mal sehe ich eine Vier!“ Sprache kann verletzend wirken, auch wenn Lehrkräfte es nicht so meinen.

Lehrkräfte sollten vermeiden, **sich anzubiedern**. Sollten Sie in meinem Alter sein, ist es schwierig zu vermitteln, dass man erstens die Backstreetboys cool fand, die beste Freundin beim Tod von Curt Cobain einen Nervenzusammenbruch erlitt und Sie jetzt Lady Gaga „echt abgefahren finden“ (ist die schon wieder „out“?). Man erntet im besten Fall rollende Augen. Ebenso verhält es sich mit der Sprache. Vor kurzem sagte ein Schüler, dass er sich „abgemault“ hätte, ein vortreffliches Wort für „hinfallen“, das uns aber verwehrt bleiben muss. Erwachsene fallen hin, sie stürzen, aber sie „maulen sich nicht ab“ und „legen sich nicht auf die Fresse“.

Die **Aussprache** gehört zum eigenen professionellen Duktus, der unbedingten Vorbildcharakter haben sollte. Wer als Lehrer oder Erzieher zum Beispiel „isch“ statt „ich“ sagt, verwehrt dem Schüler Bildungs- und gesellschaftliche Aufstiegschancen, weil er nicht lernt, zu sprechen, wie es sich für Bewerbungssituationen, Präsentationen, Reden und mitunter im alltäglichen Gebrauch gehört.

Traumatisierte Kinder profitieren von diesem Sprachgebrauch. Sie erfahren Sicherheit, weil er nicht von Emotionen gefärbt ist, mit denen sie zuerst umgehen müssen und weil die Sprache gleich und vorhersagbar bleibt, frei von Anschuldigungen und Beleidigungen ist, auch von und für Lehrkräfte(n).

Wenn Lehrkräfte Emotionen dem Kind gegenüber ausdrücken möchten, so sollten sie dies direkt und **ohne Floskeln** tun. Sätze wie: „Leider, leider muss ich Dir heute eine Fünf geben.“ Wenn Lehrkräfte nicht betroffen oder wirklich traurig sind, dürfen sie keine Anspielungen darauf machen. „Leider“ impliziert, dass es Lehrkräften leid tut, und dass sie es eigentlich gar nicht wollen. Lehrkräfte fordern von dem Kind nun zwei Dinge: Erstens, dass es die Fünf emotional bewältigt und nächstes Mal besser ist und zweitens, dass es irgendwie schaffen muss, das Befinden der Lehrkraft einzuordnen und dahingehend zu handeln. Ein traumatisiertes Kind wird die

Fünf vernachlässigen und sehr damit beschäftigt sein, das Vertrauensverhältnis zur Lehrkraft zu hinterfragen und ab sofort in anderen Situationen zu testen.
Das führt zu verschiedenen sprachlichen Anforderungen:

- Verwendung klarer Ansprache, klarer Aussagen, die keiner Interpretation bedürfen
- Keine Verwendung von Sprache, die Jugendliche verletzt oder beleidigt, auch wenn es gut gemeint ist
- Abgrenzung der eigenen Sprache zur Jugendsprache und dem Einsatz des Vokabulars
- Bilden Sie vollständige Sätze.
- Verwendung friedlicher Sprache
- Vermeidung der Wörter: „eigentlich, vielleicht, sicherlich“
- Vermeidung von „Betroffenheitsfloskeln“: Leider.../Es tut mir leid, aber.../ Mir tut es echt weh, dass...

Das zehn-Sekunden-Gespräch

Eines der einfachsten Tools im Traumawerkzeugkoffer ist ein Gespräch, das nicht länger als zehn Sekunden dauert, aber dafür jeden Tag geführt wird. Es wird stark unterschätzt. Bewusst eingesetzt wird es so gut wie nie. Dabei ist es ein wunderbares Werkzeug zum Beziehungsaufbau und -erhalt!

Dennis geht es nicht gut. Die Lehrkraft beobachtet ihn im Unterricht, wie er nervös und dann abwesend in den Raum starrt und fahrige Antworten gibt. Die Lehrkraft erfährt von einem Kollegen, dass er in einer Wohngruppe lebt. Sie möchte ihm helfen, sich zu stabilisieren, Sicherheit in der Schule zu erfahren.
Die Lehrkraft begegnet ihm jeden Morgen in der Pausenhalle und macht sich einen Plan, ihn dort anzusprechen.
Tag 1: „Guten Morgen Dennis, gut geschlafen?“- Verwunderung. Grummeln.
Tag 2: „Guten Morgen Dennis, gut geschlafen? – „Ja.“ – „Super!“
Tag 3: „Guten Morgen Dennis, gut geschlafen? – „Ja.“ – „Super! Was gab's zum Frühstück?“ – „Toast.“
Tag 4: „Guten Morgen Dennis, gab es wieder Toast zum Frühstück?“ – „Ja. Ich hatte drei.“ „Wow! Alles Gute!“
Tag 5: „Guten Morgen Dennis, wie viel Toasts hattest Du zum Frühstück heute?“ „Ich hatte fünf!“ „Unglaublich. Magst Du Toast?“ – „Ja, sehr gerne.“
Tag 6: „Guten Morgen Dennis, schon wieder Toast?“ „Ich hatte heute wieder fünf. Dieses Mal waren alle mit Honig. Das war geil.“
Tag 7: „Na? Wie viel Toasts waren es heute?“ – „Wieder fünf Toasts.“ – „Was machst Du dir denn sonst immer drauf?“ – überlegt angestrengt- „Marmelade, Nutella,...“
Tag 8: „Hey, na? Wie viele?“ „Heute nicht soviel.“ Er guckt betroffen. „Was ist los? Alles in Ordnung?“ – „Nein, habe Stress mit dem Betreuer. Ist grad' nich' so gut.“

Tag 9: „Guten Morgen Dennis, du siehst nicht gut aus. Brauchst du Hilfe? Möchtest du sprechen?" Dennis schaut auf den Boden. „Ja, ich glaube schon". „Komm, wir suchen einen ruhigen Ort. Möchtest du, dass noch jemand mitkommt?"

Was wie ein eher banales Vorgehen klingt, ermöglicht einen kontrollierten und geplanten Einstieg in die Welt von Dennis. Durch die Aufnahme von Informationen und das (ehrlich gemeinte!) Signal: „Ich höre Dir zu! Deine Welt ist mir wichtig!" fühlen sich Schüler aufgenommen. Sie kommen zur Ruhe und erhalten Sicherheit. Zehn-Sekunden-Gespräche schaffen eine Atmosphäre für Kinder, in der sie sich gehört, gesehen und verstanden fühlen. Traumatisierte Kinder haben dieses Angebot meist nur unzureichend erfahren. Sie brauchen dies für ihre Entwicklung, ihr Gedeihen. Schüler werden zuerst verwirrt sein und das Verhalten der Lehrkraft ablehnen, weil es gegen viele unausgesprochene (negative) Konventionen und Verträge zum Bindungsverhalten zwischen ihnen beiden verstößt. Auch das Kind muss diese Sicherheit neu lernen. Wenn Lehrkräfte dieses Angebot stabil vermitteln, werden sie Erfolg haben.

Aufklären und Grenzen vermitteln

Wenn Grenzen zu Lehrkräften überschritten werden (verbale oder physische Angriffe, Manipulation), müssen sie dem Kind vermitteln, dass Grenzen überschritten wurden oder ihr Beziehungsangebot nicht das erfüllen kann, was sich das Kind wünscht. Nun ist es die Aufgabe der Lehrkräfte, das Gespräch mit dem Kind zu suchen, um es aufzuklären und gleichzeitig das Beziehungsangebot stabil zu halten. Einerseits Grenzen neu ziehen zu müssen und dem Kind zu verdeutlichen, dass es weiterhin einen vertrauten Ansprechpartner in Lehrkräften sehen kann, ist ein schwieriger Spagat. Häufig kommt es zu einem Zerwürfnis, weil beide Seiten sich verletzt fühlen. Lehrkräfte müssen sich deshalb auf diese Situationen vorbereiten. Diese Gespräche erfordern viel Feingefühl seitens der Lehrkraft vor dem Hintergrund, dass es meistens *ihr Fehler* war, dass Grenzen überschritten wurden, weil Lehrkräfte es als Erwachsene besser wissen müssten.
Folgende Aussagen sind in dieser Art von Gespräch wichtig:

Ich bin Dein Lehrer. Das hat seine Vor- und Nachteile. Ich kann Dir sehr viel beibringen, was Du über Mathematik, Deutsch, Englisch und andere Fächer wissen musst. Ich kann Dein Helfer hier in der Schule sein, ich kann Dir helfen, eine neue Zukunft zu finden. Ich kann die Situation (bei Dir zu Hause) aber nicht ändern. Ich kann Dir dabei helfen, Hilfe zu finden. Hier bist Du in Sicherheit. Dafür kann ich sorgen.

Diese Kernaussagen zu vermitteln, bedeutet mitunter auch, dass Lehrkräfte über Ihren Schatten springen und lernen müssen, das Verhalten des Kindes und ihr eigenes sowie ihre Beziehungsgestaltung zu versachlichen und sich in Erinnerung rufen, dass sie Helfer sind und immer sein werden.

Gespräche führen

Ein gutes und wirksames Gespräch ist wie ein Theaterstück. Es hat einen Anfang, einen Mittelteil und ein Ende.
Für den **Anfang** stellen Sie sich die Frage, wie Sie ein Kind begrüßen möchten. Tut eine Lehrkraft dies bewusst und direkt („Hallo David, schön Dich zu sehen!") und weiterhin mit dem Signal, dass sie an der Welt des Kindes interessiert ist („Hallo David, schön, Dich zu sehen. Wie geht es Deinem Bruder?"), wird das Gespräch von Beginn an durch Sicherheit gekennzeichnet.
Im **Mittelteil** geht es um die Vermittlung von Inhalten. Beteiligte sollten sich vorher Gedanken darüber machen, was sie mitteilen wollen und vor allem, was sie nicht mitteilen wollen. Allzu oft gerät man vom „Steinchen zum Stöckchen". Lehrkräfte sollten Inhalte in klare, einfache Botschaften verpacken und sich eher zu wenig vornehmen, als zu viel. Zu einem Aufklärungsgespräch mit einem Kind zu überschrittenen Grenzen gehört die Diskussion von Noten meist *nicht* dazu. Dafür ist ein eigenes Gespräch notwendig, Haltungen und Einstellungen sind ein wichtiger Teil dieses Gesprächs. Die Beispiele geben Impulse, unter welchen Prämissen es zu führen ist.

Tab. 9: Gespräche führen

Gesprächsinhalt	Beispiel
Vermittlung von Respekt und Anerkennung für die bisherigen Bewältigungsversuche	Ich weiß, Du hast es nicht leicht… Was Du bisher geleistet hast, war… Aufführung von Leistungen des Kindes, auch im traumabezogenen Kontext.
Vermittlung von Zukunftsperspektiven	Die nächste Arbeit bestehen und Erfolg genießen, Ausbildung und Job, Familie gründen
Vermittlung von Chancen und Möglichkeiten	Schule bietet Aufstiegschancen, Sicherheit, Übersichtlichkeit, die Möglichkeit für ein gutes Leben
Stärkung des Selbstwertgefühls	Du bist stark, sonst wärst Du nicht hier. Du kannst/schaffst das. Ressourcen aufzählen
Übersetzen von Verhalten und Handlungen	Verhalten, Strafen, Reaktionen von Institutionen und Mitmenschen erklären „Er/sie tut/ich tue das, weil…" Wirkung des Schülers auf Menschen spiegeln und übersetzen Lösungen aufzeigen
Aufzeigen von Taten und Folgen	Positive und negative Folgen von Handlungen aufzeigen Alternative Handlungswege aufzeigen „Konfliktspirale" durchbrechen

Leon muss zu einem Gespräch mit der Klassenlehrkraft. Er hat sich gerade mit einem Mitschüler ein heftiges Wortgefecht geliefert und ihn dann geschlagen. Er wohnt in einer Wohngruppe. Seine Mutter ist drogenabhängig.
Die Lehrkraft muss ihm nun vermitteln, dass sie dieses Verhalten nicht toleriert und gleichzeitig muss sie ihm Mut machen, es das nächste Mal zu schaffen, sich aus der Situation zu entfernen oder sich anders zu wehren. Sie weiß, dass er es nicht einfach hat und große Schwierigkeiten hat, sich zu stabilisieren. Sie weiß auch, dass sie den großen Spagat zwischen Strafe und Vertrauen bewältigen muss. Sie sagt sinngemäß:
„Dennis, ich weiß, dass Du gerade andere Probleme hast. Du tust Dein Bestes um alles zu schaffen. Du musst eines verstehen: Gewalt ist nicht richtig. Du darfst niemanden schlagen. Ich werde dir dabei helfen, die Konsequenz der Schule zu bewältigen und danach einen neuen Start zu schaffen. Schule ist wichtig! Sie ermöglicht dir, dich weiter zu entwickeln und deine eigene Familie versorgen zu können."

Gespräche zu führen, heißt, sie zu kontrollieren. Gleichzeitig ist es der Schüler, der sich mitteilen muss und damit Inhalte anbietet. Das bedeutet, dass sie nicht die Inhalte kontrollieren, sondern den **Rahmen steuern**, in dem sich das Kind bewegen und Sicherheit erfahren kann.
Diesen sicheren Gesprächsrahmen erzeugen Sie mithilfe von fünf verschiedenen Gesprächsbestandteilen. Sie wurden leicht überarbeitet aus dem Buch „Gespräche führen mit Kindern und Jugendlichen" von Conny Melzer entnommen, das an dieser Stelle wärmstens empfohlen werden soll (Melzer 2012). Unten sind diese Bestandteile und ihre Bedeutungen aufgeführt.

Direktes, persönliches Ansprechen
- Mit dem eigenen Namen ansprechen
- Direkte Rede/verallgemeinernde Aussagen vermeiden („man")
- Suggeriert eine Form der Wertschätzung
- Betont die Eigenaktivität der Beteiligten

Anteilnahme zeigen, aktives Zuhören
- Nicht unterbrechen
- Ermutigende Worte und Gebärden nutzen
- Den Sprecher anschauen
- Zugewandte Körperhaltung
- Gesprächspausen zulassen

Konkretisieren
- Vertiefende Fragen
- Die schwierige Situation wird genau untersucht
- Wer, wo, wie, was?

Dialogkonsens
- Den Kern wiedergeben
- Es kurz halten
- Die eigenen Worte des Kindes benutzen
- Die Aufmerksamkeit auf wichtige Punkte richten
- Ordnung in verwirrende Geschichten bringen

Ansprechen von Gedanken/Verbalisieren von Gefühlen
- „Als… war, was ging da in dir vor?“/„Was denkst Du?“
- Wie fühlst Du Dich?
- Mitteilung unter anderem mithilfe von Gefühlskarten

Siegbert schlägt eine traumapädagogische Gesprächsführung vor. Sie besteht hauptsächlich aus vier Komponenten (Siegbert 2016). Sie sind so gut, dass sie in Gänze abgedruckt werden sollen:

Benennen von Krisen, Gefühlen und schwierigen Situationen zur Entlastung
- „Ich sehe, dass du traurig/wütend/verärgert bist …“
- „Das, was dir passiert ist, war sehr schlimm. Damals warst du noch (so) jung/klein und konntest nichts anderes machen.“
- „So wie du damals reagiert hast, reagieren viele Menschen, wenn eine Situation nicht normal ist.“
- „Dass du manchmal wütend oder traurig bist (dich nicht konzentrieren kannst, nicht gut schläfst, vergesslich bist usw.), ist ganz normal. Auch andere Mädchen und Buben, die so wie du geflüchtet sind, sind unglücklich (traurig, vergesslich usw.).“

„weil“ statt „warum/wieso“ – das Konzept des guten Grundes
- Warum-Fragen verstärken Schuldgefühle. Schüler fühlen sich nicht verstanden.
- „Warum hast du die Hausübung nicht gemacht?“ „Wieso läufst du schon wieder herum?“
  Besser:
- „Du hast die Hausübung nicht gemacht, weil …?“ oder „Du sitzt nicht auf deinem Platz, weil …?“

„und“ statt „aber“
- Das Wort „aber“ impliziert Kritik und bedeutet damit negative Gefühle für Schüler.
- „Du hast die Mathematikhausübung gut gemacht, aber im Diktat sind viele Fehler. Du bist wütend, aber den Radiergummi musst du zurückgeben.“
  Besser:
- „Du hast die Mathematikhausaufgabe gut gemacht (geben Sie hier am besten eine ausführlichere Rückmeldung darüber, was gut gelungen ist) und das Diktat schreibst du bitte zur Übung noch einmal in dein Heft.“ „Ich sehe, dass du

wütend bist, darüber sprechen wir gleich, wenn du möchtest (warten Sie hier die Reaktion auf Ihr Gesprächsangebot ab und vermitteln Sie durch Ihr ruhiges Abwarten Ihr Interesse und Ihre Gesprächsbereitschaft) und den Radiergummi gibst du XY jetzt bitte zurück."

Vermeidung von doppeldeutigen Botschaften (‚Double Bind')
Werden widersprechende Informationen geäußert, verwirrt dies Schüler und wird Unruhe erzeugen. Sagt eine Lehrkraft: „Tue was du willst, aber enttäusche mich nicht!", haben nicht nur traumatisierte Kinder Schwierigkeiten, eine klare Botschaft aus dieser Aussage zu ziehen.

Körperkontakt

Körperkontakt wird im Schulalltag kaum wahrgenommen, ist aber eine ständig stattfindende Kommunikation, die kaum reflektiert wird. Es ist daher nötig, dass wir ein „Kontaktbewusstsein" entwickeln. Vor allem in der Grundschule ist dies ein Thema, da viele Kinder Körpergrenzen noch nicht kennen, Lehrkräfte umarmen, liebkosen, auf den Schoß wollen, streicheln und küssen. Sie entwickeln durch das Erleben von Gewalt „Körperschemastörungen" (Cole et al. 2005, 43), können also ihren Körper nicht so nutzen und wahrnehmen, wie dies nicht traumatisierte Kinder tun. Daher ist unreflektierter Körperkontakt eventuell gefährlich und kann Kinder erneut traumatisieren.
In der weiterführenden Schule sind es Rempler, Umarmungen, etc, die Übergriffe darstellen und Grenzen von Lehrkräften verletzen. Diese Grenzen können sie in einem Gespräch unter Berücksichtigung der oben genannten Punkte klarstellen. Sinngemäß:
„Ich finde es unangemessen, wenn du mich umarmst oder küsst. Ich bin eine Lehrkraft und weder deine Freundin noch deine Mutter oder Oma. Du kannst mir die Hand geben oder wir einigen uns auf eine Begrüßung, die für uns beide angemessen ist. Was meinst du?"
Wird Körperkontakt mit Emotionen verknüpft, geschehen sie aus dem Affekt, so begegnet nicht die Lehrkraft dem Schüler, sondern die Privatperson. Dies stellt eine Grenzverletzung dar. Da diese Handlungen meist nicht mit der Intention ausgeführt werden, Schüler zu verletzen, ist es schwer diese zu reflektieren. Lehrkräfte sollten sich deshalb angewöhnen, ihre Handlungen vorher zu planen, *wie und* wo sie berühren möchten oder ob dies überhaupt notwendig und angebracht ist. Jede Geste kann als Diagnostikmittel oder Teil einer Interventionsstrategie gesehen werden, wenn Lehrkräfte sie planvoll und professionell einsetzen. Zum Beispiel: Wie reagiert ein Kind, wenn ich es berühre? Beschwert es sich, sagt es mir höflich, dass es das „nicht so mag", zuckt es zurück? Wird es aggressiv? Wie müssen Lehrkräfte ihr Verhalten anpassen?

Ein Schüler, der dauernd Schulregeln bricht, keine Leistungen und hohe Belastungsreaktionen zeigt, kommt in die Klasse von Frau M. Berührungen sind für ihn schwierig. Die Lehrkraft überlegt sich, dass er vielleicht eine andere Art von Berührung braucht. Nach einer Weile gelingt ihr erster „Fist-Bump“. Mit der Zeit entwickeln beide eine komplizierte Abfolge dieser Begegnung. Der Schüler beginnt, am Schulleben teilzunehmen.

Jeder kennt den „Fistbump“. Er wurde besonders durch Barack Obama gepflegt, der es verstand, diese Form der Berührung mit maximalem Effekt einzusetzen. Der ehemalige Präsident berührte auf diese Weise Mitarbeiter von Fastfoodrestaurants, seine Frau, Stormtrooper, Gesprächspartner in Interviews, Kinder, Senatoren und Gouverneure. Die Ghettofaust zeigt übergeordnet die einzelnen Bestandteile von Berührung und wie sie reflektiert werden müssen.
Wenn man Berührung bewusst ausführt, so hat sie ein klares **Kontaktziel:** Würdigung der Person und Begrüßung. Sie ist unverbindlich, aber klar und für jeden sichtbar.
Die Ghettofaust bietet eine **konvexe Kontaktform.** Sie ist nach außen gerichtet und umschließt das Gegenüber nicht. Traumatisierte Schüler und Schülerinnen können sich diesem Kontakt schnell entziehen, beide haben die Möglichkeit, die Berührung sofort zu beenden. Bei einem Handschlag oder einer Umarmung, einer **konkaven** Berührung, ist dies nicht so. Sie umschließt den anderen. Hier gibt es ein Machtgefälle, dass bedacht werden muss und erfordert viel Empathie und die Fähigkeit, die Körpersprache des anderen deuten zu können. Einer der beiden Begrüßenden muss bei einer konkaven Berührung den anderen auch wieder loslassen (können).
Die **Kontaktfläche** eines „Fistbumps“ ist begrenzt. Nur die Oberseite eines Teils der Finger wird berührt. Für traumatisierte Kinder ein nicht unwesentlicher Aspekt von Berührung!
Das **Kontaktgewicht**, der Impact ist gut steuerbar. Möchte der Schüler eher eine starke Berührung, „die auch ein bisschen zwiebelt“, oder ist es eine leichte Berührung?
Die **Kontaktzeit** ist stark begrenzt. Die Fäuste verweilen nicht aneinander, sie reiben nicht. Der Schüler bekommt keine schwitzenden Hände zu spüren, sondern eine kurze, abgeschlossene Berührung.
Der **Kontaktweg** ist begrenzt und vorgegeben. Anders als bei einer Umarmung kennt die Faust nur ein Ziel: Die andere Faust anzustoßen. Eine Umarmung (konkav) hat verglichen damit unendlich viele Nuancen: Wie lange dauert sie? Wird am Rücken gestreichelt? Umschließen die Arme den Körper des anderen komplett oder wird Luft dazwischen gelassen? Wer lässt los?
So ist die **Körperdistanz** ebenso wichtig: Wie viel Abstand liegt zwischen dem eigenen Körper und dem des Gegenübers? Der Fistbump bietet eine recht große Distanz.

Lehrkräfte sollten sich bewusst sein, was für eine Wirkung Körperkontakt in jeglicher Form hat. Der Fistbump ist ein gutes Beispiel dafür, wie differenziert Körperkontakt gesehen werden kann und häufig muss.

Gesten

Gesten gehören zur Sprache. Wir sind keine Roboter und unterstreichen unsere Aussagen mit Körpersprache. Wir zeigen mit dem Finger, fuchteln damit herum, schütteln den Kopf, nicken. Was tut es mit einem Schüler, wenn auf ihn gezeigt wird? Es ist eine Art Berührung, die über eine große Distanz funktioniert. Nur selten ist man sich der Wirkung bewusst. Sie kann als sehr offensiv wahrgenommen werden. Wie unterschiedlich die Interpretation von Gesten ist, zeigen uns die Italiener, die äußerst obszöne (und sehr lustige) Gesten in ihrem Sprachgebrauch verankert haben, die für uns bedeutungslos sind. Japaner haben Schwierigkeiten damit, auf andere Personen zu zeigen, weil es als unhöflich gilt. Inder nicken auf für uns befremdliche Art seitwärts.

Auch das Erscheinungsbild, also das Äußere einer Lehrkraft bedeutet Kommunikation. Wenn Lehrkräfte auf Arbeitsblätter zeigen, Stifte in die Hand nehmen – sind ihre Fingernägel sauber? Dies spielt (nicht nur) im arabischen Raum eine sehr große Rolle. Klappern Armbänder, klingeln Ketten oder Armreifen, kann es sein, dass dies nicht nur ablenkend wirkt, sondern sogar Trigger bedeutet, die Lehrkräfte nicht identifizieren können. Genauso verhält es sich mit Kleidung: Bedeckt diese Stellen, die verdeckt bleiben sollten? Schaut der Bauch heraus, wenn Lehrkräfte sich strecken und auf etwas zeigen? Können Kinder die Poritze sehen, wenn Lehrkräfte sich bücken? Im Referendariat, so fürchterlich nutzlos es auch war, bekommen Lehramtsanwärter die Aufgabe, vor jedem Unterricht den Bück- und Strecktest auszuführen. Bleibt alles an Ort und Stelle, wenn ich mich bewege? Eine gute Idee.

Kommunikation in Abwesenheit des Kindes

Welche Beziehung Lehrkräfte zu einem Kind haben, zeigt sich nicht nur im Unterricht oder in der Pause, sondern auch wenn das Kind nicht anwesend ist.

Ehrlichkeit und Vertrauen im Beziehungsangebot sind an die Bedingung geknüpft, dass Lehrkräfte es ehrlich meinen. Beziehung geht über die bloße Interaktion mit dem Kind hinaus.

Wenn Lehrkräfte miteinander über Schüler sprechen, so tun sie dies manchmal abfällig und abwertend („dieser dumme Schüler"). Man kann nach so einem Gespräch nicht wieder in den Unterricht gehen und eine Beziehung anbieten. Die innere Einstellung passt nicht zur äußeren Handlung und wird damit auch nicht von einem traumatisierten Kind angenommen werden. Es nimmt Lehrkräften ihre Haltung nicht ab. Mehr noch, das Kind kann verstört reagieren und der Unterricht wird unmöglich (was wiederum eine Konsequenz für das Kind nach sich zieht). Deshalb ist es wichtig, abwertende Witze und abfällige Bemerkungen zu vermeiden und auch Kollegen auf dies hinzuweisen.

Zusammenfassung:
- Kommunikation ist sehr vielseitig (Gespräche, Gesten, Sprache, Körperkontakt, Geruch, Aussehen) und muss deshalb differenziert betrachtet werden.
- Traumasensibel geführte Gespräche brauchen einen Rahmen, Vorbereitung und damit einen Aufbau.
- Gespräche über das Kind sollten nicht abfällig oder abwertend geführt werden.

Gütekriterien traumasensibler Kommunikation

Verlässlichkeit:
- Lehrkräfte setzen Kommunikation bewusst ein.
- Es gibt keine „spontane" Kommunikationsreaktion.
- Kommunikation wird nicht durch Gefühle geleitet.
- Grenzen der Kommunikation werden aufgezeigt.
- Die Kommunikation bleibt langfristig gleich.
- Lehrkräfte zeigen ihre Gesprächsbereitschaft und weisen gegebenfalls Zeiten aus.

Vertrauen:
- Lehrkräfte reden nicht abfällig über Kinder und Jugendliche.
- Lehrkräfte sind sich der sensiblen Inhalte in Gesprächen bewusst.
- Verbale Angriffe werden nicht persönlich genommen.
- Lehrkräfte sind sich der Herausforderungen von traumatisierten Kindern bewusst und reagieren entsprechend sensibel.

Beziehungen

Herr W. ist ein resoluter Mann. Er duldet keine Störungen und keine „dämlichen Kinder, die faul auf der Haut liegen". Seine immer korrekte Kleidung zeugt von seiner immer korrekten Haltung. Er ist nie ungerecht, nie unfair und behandelt alle Kinder gleich.
Justin ist dieser Meinung nicht. Die Trennung von seinen Eltern bereitet ihm derart großen Kummer, dass er nicht mehr zuhört, Bauch- und Kopfschmerzen hat und seine Hefte immer öfter vergisst. Justin weiß genau, was passieren wird. Er hat es oft genug bei anderen Schülern gesehen, die Hausaufgaben, Hefte, Mitarbeit vergaßen oder verweigerten. Da ist Herr W. unerbittlich.
Herr W. ist nicht sehr beliebt. Herrn W. stört das sehr, weil er denkt, dass die gleiche Behandlung gut für alle ist. Außerdem ist er so doch prima durch seine letzten 25 Berufsjahre gekommen! Justin beginnt, die ersten Montage zu schwänzen, an denen er Herrn W. in Physik hat. Die Tage, an denen er da ist, wird er von Herrn W. gemaßregelt und

bekommt Strafen für die fehlenden Hausaufgaben. „Soso, Meyer, das gibt wieder einen Strich." Der Stift kratzt über das Papier. Die Stille in der Klasse ist greifbar. „Deine Eltern werden darüber informiert werden müssen". Justin ist entsetzt. Jetzt auch noch das? Die nächsten Tage an der Schule werden furchtbar. Seine Klassenlehrerin beobachtet, wie Justin nun auch Mitschüler drangsaliert. Seine Noten stürzen ins Bodenlose.

Die Beziehungsgestaltung von Bezugspersonen und traumatisierten Kindern ist einer der wichtigsten Bestandteile der traumasensiblen Hilfen, genauer: Haltungen und Einstellungen, die diese überhaupt erst möglich machen.
Fühlen (schwer belastete) Kinder sich nicht angenommen oder sogar abgewertet, „greifen sie verstärkt auf ihre Muster zurück" (Kühn 2018, 15). Das heißt, sie bleiben aggressiv, verweigernd, renitent, weil sie nicht *wollen können*. Diese Strategien haben sich bewährt: Kinder werden in Ruhe gelassen, müssen keine Leistungen im Unterricht zeigen, bekommen den Stempel „unbeschulbar". Ab diesem Zeitpunkt gibt es nur noch marginale Konsequenzen, die sie kaum zu berühren scheinen. Durch fehlende Abschlüsse und die Feststellung von Förderbedarfen aber werden Kinder in ihrer Entwicklung gehindert, weil Konsequenzen und Förderungen vor dem falschen Hintergrund angeboten werden. So spielen

> „Bindungserfahrungen mit […] wichtigen Bezugspersonen (z.B. Therapeutinnen) eine entscheidende Rolle, ob das nötige Vertrauen entstehen kann und die alten oder vielleicht auch neue adaptive Bindungsrepräsentationen (re-)konstruiert werden. Eine sichere Bindung und entsprechend unterstützende Bezugspersonen können die Stressverarbeitung auf jeden Fall verbessern" (König 2018, 70).

Umso größere Wirkung hat der Verlust von Bezugspersonen oder dem Vertrauen, das Beziehungen inne wohnt. So können Vernachlässigung und Missbrauch sowie der Verlust von Bezugspersonen zu Brüchen führen, die ein Leben lang bestehen bleiben (vgl. König 2018).
Nicht alle Kinder zeigen, dass sie Bindung brauchen, wenige fordern diese ein. So zeigte eine Studie von Lennertz, dass (geflüchtete) Kinder ebenso schweigen können und

> „sich bei Kummer, Ärger oder Angst für längere Zeit in ihr Zimmer zurückzuziehen ohne das Erlebnis später noch mal mit einer Bezugsperson zu besprechen. Ein Mädchen ließ sich auf solche Fragen gar nicht erst ein, sondern sagte, nie traurig zu sein oder Kummer zu haben" (Lennertz 2006, 254f).

Unangemessene Beziehungen, wie zum Beispiel desorganisierte Bindungsmuster, die von Unstetigkeit und emotionsgeladener Kommunikation geprägt sind, schaden Kindern, verunsichern und überfordern sie (Kühn 2018). Kühn stellte für die Interaktion mit herausfordernden Schülern einen Fragenkatalog auf, der hilft, Interaktion und damit Haltungen zu schärfen (Kühn 2018, 27).

- Was sind meine konkreten Erwartungen an Schüler?
- Welche Aufgaben ergeben sich daraus für Schüler?

- Wo liegen die Verantwortlichkeiten von Schülern?
- Was sind meine Konsequenzen und wie stufe ich sie ab?

Herr W. stellt sich diese Fragen nicht. Er sollte es aber. Es ist seine Pflicht als Lehrkraft, die Bedingungen einer Beziehung zu Schülern planvoll zu betrachten. Eine „gleiche Beziehung für alle", die sich durch Noten, Bewertungen und fachliche Inhalte definiert, wird nicht für jeden einzelnen Schüler funktionieren. Nicht jeder hat die emotionalen und kognitiven Kapazitäten, sich mitzuteilen. Wie zum Beispiel: „Herr W., meine Eltern haben sich gerade getrennt und ich vergesse Hausaufgaben, weil ich an nichts anderes denken kann und große Angst vor der Zukunft habe. Vielleicht sehe ich meinen Vater nie wieder. Ist es möglich, die Hausaufgaben für einige Zeit auszusetzen?"

Haltungen und Einstellungen

Ein Sonderpädagoge spricht Herrn W. an. Er fragt, ob er Justin mag. Die Frage verwirrt Herrn W. Wieso ist das wichtig? „Ich bin doch kein Erzieher in einer Kindergartengruppe!" Der Sonderpädagoge antwortet, dass Justin nicht lernt, weil die Haltung von Herrn W. ungünstig ist. Justin braucht mehr Zuwendung und eine differenziertere Haltung, da er gerade so viele Probleme hat. Herr W. ist zum ersten Mal in seinem Berufsleben ratlos. Was soll er tun?

Herstellung von innerer Sicherheit bedeutet vor allem innere Arbeit. Dieses Kapitel wird für betroffene Lehrkräfte nicht einfach. Wenn sie mit traumatisierten Kindern arbeiten, haben sie meist schon „alles getan, was möglich ist", viel Zeit investiert und Frust erfahren. Lehrkräfte wollen nicht hören, dass sie jetzt *an sich* arbeiten müssen. Genau das ist aber notwendig. Haltungen und Einstellungen werden, müssen, sich mit der „Traumabrille" ändern. Diese Arbeit schützt Lehrkräfte. Sie hält sie gesund. Kühn zeigte einige Fragen auf, die helfen, das eigene Verhalten zu reflektieren. Sie erfasst, adaptiert, recht gut die grundlegenden Haltungsfragen (Kühn 2018, 45):

- Wie drückt sich meine Haltung aus? Was kommt bei den Schülern an? Was ist daran hilfreich, was nicht?
- Wie vermittle ich Schülern die Inhalte? Was ist an meiner Anregung von Sachinhalten hilfreich, was nicht?
- Wie korrigiere ich das Schülerverhalten? Was ist daran hilfreich, was nicht? Was kann ich verbessern?
- Wie wertschätze ich Schüler? Wie lobe ich sie? Was ist daran hilfreich, was nicht? Was kann ich verbessern?

Grundhaltungen spielen eine übergeordnete Rolle. Schon mehrmals wurde in den vorangegangenen Kapiteln erwähnt, wie wichtig es ist, Sicherheit herzustellen. Diese Sicherheit besteht aus Verlässlichkeit und Vertrauen. In der Beziehungsgestaltung

zu traumatisierten Kindern ist es nicht anders. Diese zwei Merkmale kennzeichnen eine wertvolle und heilende Beziehung, die alle beteiligten Akteure schützt.
Als weiteres übergeordnetes Merkmal soll der folgende Leitsatz dienen:

! **Auffälliges Verhalten ist eine normale Reaktion auf ein unnormales Ereignis.**

Dieser Leitsatz ist eine der zentralen Haltungslinien traumasensibler Hilfen. Er hilft, um mit Verhalten umzugehen, das nicht in einen Klassenkontext passt, wie Aufstehen, schreien, Unordentlichkeit, Persistenz des auffälligen Verhaltens, etc. Es hilft, außerdem zu erkennen, dass (offensives) Verhalten nicht Lehrkräften gilt, sondern höchstens der *Rolle* der Lehrkraft. Verhalten kann versachlicht werden. Verstehen Lehrkräfte die Dynamik, die hinter diesem Satz steht, so werden sie automatisch ihr Verhalten anpassen. Traumatisierte Kinder sind nicht böse, nicht „schlecht", renitent oder asozial. Sie versuchen, ihre Erinnerungen an Ereignisse zu bewältigen. Das gelingt ihnen meistens eher schlecht als recht. Bewältigungsversuche zeigen sich in aggressivem Verhalten, Ungehorsam, Verweigerung und vielem mehr, das, wird es nicht vor dem Hintergrund einer Traumafolgestörung betrachtet, gänzlich andere, negative Folgen für Schüler hat. Diese Folgen (Konsequenzen, Strafen, Belehrungen, Ausschluss) verstärken das Verhalten der Schüler und Schülerinnen und die Reaktionen der Lehrkräfte. Dieser Kreislauf kann durchbrochen werden, wenn Beziehungen und Haltungen *verlässlich und vertrauensvoll angeboten* werden und auf einer grundsoliden, vertrauensvollen, wertschätzenden Haltung aufbauen. Beginnen Lehrkräfte, die Leistung eines Schülers aufgrund seiner Belastung zu interpretieren, werden sie diese auch anerkennen können. Nach dieser Erkenntnis ist es eine Leistung, 30 Minuten im Unterricht sitzen zu können oder überhaupt zur Schule zu kommen. Leistungen, so klein sie auch sein mögen, können gewürdigt werden.
Folgende Haltungen dienen als Beispiele, um zu verdeutlichen, was traumasensible Haltungen ausmacht.

✓ *Kinder verdienen Respekt und Wertschätzung für vergangene Bewältigungsversuche, keine Strafe.*
Für traumatisierte Kinder ist das Leben kein Pappenstiel. Sie haben Dinge erlebt, die uns nur in Albträumen passieren. Trotzdem kommen sie zur Schule (zumindest manchmal) raffen sich auf und *geben sich Mühe*. Das Problem dabei ist, dass diese Mühe nur selten anerkannt wird, da mit ganz anderen Maßstäben und Kategorien gearbeitet wird. Zur Schule zu kommen, obwohl das Kind Gewalt erlebte, ist nicht einfach und verdient Anerkennung. Schule hat dafür aber keine Kategorie, um diese Leistung zu würdigen. Traumatisierte Kinder reagieren „allergisch" auf Drohungen, Kritik, Bestrafung. So sind Aussagen in dieser Richtung zu vermeiden, „böse" zu reagieren oder mit Eltern, der Schulleitung

oder einem Verweis zu drohen. Auch das Denunzieren von Schülern, das „Breitwalzen“ schlechter Angewohnheiten ist absolut fehl am Platz. An Stelle dieser Haltungen muss eine unterstützende treten, die Mut- und Hoffnungslosigkeit erkennt und gegenseitige Achtung pflegt (vgl. Schöneich 2011).

✓ *Das Verhalten von Kindern wird aufgrund ihrer Erkrankung interpretiert.*
Kinder die stören, stören selten aus Boshaftigkeit. Sie tun es, weil sie gelangweilt oder überfordert sind. Traumatisierte Kinder sind selten gelangweilt. Sie sind von vielen Dingen im Unterricht (z.B. Dauer) überfordert und fühlen sich bedroht. Sie haben keine Kontrolle über sich oder ihr Umfeld.

✓ *Lehrkräfte sind sich ihrer Rolle bewusst und haben diese fest umrissen.*
Lehrkräfte an Regelschulen sind Spezialisten für die Lehre, den Unterricht. Sie sind keine Therapeuten, keine Verwandten, keine Kumpel, keine Freunde, wohl aber Wegbegleiter, Vertraute, Unterstützer und Mentoren. Sie sind auch die Verteiler von Konsequenzen bzw. Durchsetzer von Regeln, die das gemeinschaftliche Leben an der Schule stützen. Dies lässt sie erkennen, wo ihre Rolle aufhört und wo der Privatmensch beginnt. Es lässt Lehrkräfte außerdem erkennen welche Macht sie haben, wie diese genutzt wird, wo sie beginnen, Täter zu werden.
Diese Rollengrenze darf nie verletzt werden! Sie kann nach Reflexion überarbeitet und angepasst werden. Ein Kind sollte sie nie von sich aus übertreten dürfen. Die Lehrerautorität sollte integer sein und so gehalten werden. Schüler und Lehrer verbleiben in ihren Rollen (Kühn 2018, 27).

✓ *Hilfen und Unterstützung werden Kindern nur nach Regeln gegeben.*
Wenn eine Lehrkraft einem Kind helfen möchte, dann muss sie dies nach Regeln tun. Emotional motiviertes Handeln, das nicht abgesprochen ist, über die Lehre hinausgeht, Schulregeln verletzt oder sie neu interpretiert ist ineffektives Handeln, das Lehrkräfte und Kinder belasten wird. Regeln müssen eingehalten werden.
Das gilt auch für Verhalten im Unterricht. Hat eine Lehrkraft die Regel für ein traumatisiertes Kind aufgestellt, dass es nach dem dritten Stören raus muss, muss es raus. Auch wenn es weh tut. Gibt es noch eine inoffizielle, *aber von allen anerkannte* Regel der „letzten Chance“, wird diese gewährt. Machen Sie diese jedoch offiziell. Regeln bestimmen auch Zuständigkeiten. Stellen Lehrkräfte z.B. eine Regel für sich auf, die besagt, dass sie mit Eltern nur über Schulleistungen sprechen, tun sie genau das. Was Lehrkräfte dann *nicht* tun sollten, ist, sich auf Gespräche einzulassen, die die Familienbiografie betreffen, auch wenn es das Elternteil einfordert oder anbietet. Das Einhalten von Gesetzen und Regeln *schützt* Lehrkräfte, auch wenn es als kalt, eingrenzend, beengend und vor allem unfair empfunden wird.

✓ *Kriterien für Leistung und Erfolg werden angeglichen.*
Natürlich können Lehrkräfte nur Noten vergeben. Was aber wäre, wenn eine Anerkennung von Leistungen auch anders funktionieren würde? Stellen Sie sich eine Schule vor, die Kinder *lobt.* „Das hast Du gut gemacht./Ich bin stolz auf

Dich./Ich kann mir vorstellen, wie anstrengend das für dich war." Noten sind nur ein kleiner Teil der Anerkennung. In Erinnerung bleibt das Lob. Die Anerkennung durch die Lehrkraft. Diese kleinen Sätze haben eine enorme Wirkung auf Schüler und sind stark unterschätzt. Die Folge sind glänzende Augen, offene Münder, motivierte Schüler, die Traumata überwinden können.

✓ *Erwartungen werden angepasst.*
Haltungen, die in der Transaktionsanalyse „Antreiber" genannt werden (Kühn 2018), sind besonders schädlich für traumatisierte Kinder, da sie Erwartungen formulieren, die sie kaum ausfüllen können, besonders nicht auf einen Imperativ folgend.

Die fünf Antreiber werden angemessteneren, traumasensiblen Aussagen gegenüber gestellt:

Tab. 10: Antreiber

Antreiber	Traumasensible Aussage
„Sei perfekt!"	Du bist ein toller Mensch! Im Bereich XY hast du dein Potential noch nicht ausgeschöpft. Das kannst du besser!
„Beeil dich!"	Brauchst du mehr Zeit? Ich kann dir noch die Pause geben, falls du das möchtest. Danach jedoch musst du abgeben.
„Sei stark!"	Du hast schon so viel Stärke gezeigt. Das sieht man daran, dass du dich anstrengst und zur Schule kommst. Bitte lasse nun nicht nach. Es wird sich lohnen!
„Streng dich an!"	Ich weiß, dass du schon viel Energie aufwendest, um hier zu sein. In Bereich XY solltest du jedoch noch ein wenig mehr investieren. Es ist wirklich nicht schwer für dich, weil du so klug bist.
„Sei gefällig!"	Wenn du es schaffst, XY nicht mehr zu tun, wird diese Stunde besser laufen, alle können besser aufpassen und haben weniger Stress. Versuch es doch mal!

✓ *Kinder werden in die Schulgemeinschaft bewusst integriert.*
Kinder, die belastende Wirkfaktoren erlebt haben, sind häufig nicht sehr gut in die Schulgemeinschaft integriert. Entweder haben sie sich derart ‚daneben benommen', dass sie keiner mehr bei sich haben möchte oder sie ziehen sich von selber zurück und stehen allein auf dem Schulhof. Es ist die Aufgabe der Lehrkraft, diese Kinder wieder zurück in die Gemeinschaft zu führen und für das Kind zu werben.

✓ *Die eigene (geistige) Gesundheit wird wertgeschätzt und gepflegt.*
Schützen Sie sich selber! In Flugzeugfilmen, die dazu da sind, Passagiere aufzuklären, wird man aufgefordert, bei Druckabfall zuerst seine eigene Atemmaske aufzusetzen. Das ist natürlich nicht egoistisch gemeint, im Gegenteil: Wenn eine Lehrkraft sich *nicht* zuerst um sich kümmert, sich gesund und Abstand hält, wird sie sich nicht um das Kind kümmern können, weil sie zu nah dran steht und selber betroffen wird. Der emotionale Anteil der Entscheidungen, die vermeintlich zugunsten des Kindes gehen, ist hoch und verstärkt die Problematik, da Beteiligte zunehmend gefordert werden.

Nimmt man diese Beispiele und die zugrundliegende Haltung, dass **auffälliges Verhalten eine normale Reaktion auf ein unnormales Ereignis** ist, so ergibt sich ein anderes Bild der verfügbaren und notwendigen Hilfen in der folgenden Tabelle. Sie zeigt auch die Eskalation (1 -6), die sich aufbaut, wenn nicht traumasensensibel agiert wird.

Tab. 11: Eskalationsstufen

Stufe	Verhalten/ Reaktion des Kindes	Tradierte Haltung	Traumasensible Haltung (Beispiele)	Traumsensible Intervention
1	Schüler redet dazwischen	Sanktion, Aufklärung über Regeln	Gibt es Störfaktoren, die nicht bekannt sind? Ist das Kind überfordert oder gelangweilt?	Frage an den Schüler, was er braucht, damit er nicht mehr dazwischen redet. Anpassung des Unterrichts. Evtl. kleine Pause für alle.
2	Schüler klaut das Lineal seines Mitschülers	Sanktion, Aufklärung über Regeln, Konfliktmanagement	Braucht er Hilfe damit, sein eigenes Lineal zu besorgen?	An Eltern: Schüler braucht ein Lineal, nachfragen, kümmern.
3	Schüler macht respektlose Kommentare Mitschülern gegenüber	Sanktion, Aufklärung über Regeln, Konfliktmanagement	Kennt er die Regeln des Umgangs miteinander?	Erläuterung der Umgangsregeln und der Konsequenzen bei Missachtung.
4	Schüler beleidigt die Lehrkraft	Sanktion	Wirkt meine Rolle als Lehrkraft bedrohlich? Wie kann ihm Beziehung angeboten werden?	Bewusstmachung der eigenen Rolle. Angriff nur auf diese. Gespräch suchen, Feedback zur Wirkung und Folgen von Beleidigungen

Stufe	Verhalten/ Reaktion des Kindes	Tradierte Haltung	Traumasensible Haltung (Beispiele)	Traumsensible Intervention
5	Schüler droht/ zerreißt sein Heft/wird laut/wirft den Stuhl um/haut auf den Tisch	Sanktion	Welche Trigger führen dazu, dass das Kind Gewalt zeigen muss? Was passiert im Leben des Kindes?	Bewusstmachung der eigenen Rolle. Angriff nur auf diese. Schutz von Mitschülern und sich selber. Mit dem Schüler rausgehen, Gespräch suchen Ursachen suchen! (Wirkfaktoren)

Die aufgeführten, exemplarischen Impulse helfen dem Kind, „wieder auf den Weg zu kommen“. Sie bieten eine helfende Hand, wenn ein Schüler beginnt, in einen Strudel von auffälligem Verhalten zu rutschen, aus dem er nur noch herauskommt, wenn er rausfliegt. Eine traumasensible Betrachtung hilft Lehrkräften, die Situation zu versachlichen, einen kühlen Kopf zu bewahren und auffälliges Verhalten als das zu interpretieren, was es ist: Eine normale Reaktion auf ein unnormales Ereignis, das weder gegen sie noch gegen andere gerichtet ist, sondern einen Bewältigungsprozess darstellt, in dem Lehrkräfte als Kollateralschaden auftauchen.

Die Aufgabe von Lehrkräften ist es, dies verstehen zu lernen. Sie werden nicht angegriffen (wirklich nicht!), außer sie lassen dies zu und wahren nicht den nötigen Abstand. Es ist ihre *Rolle*, die Attacken der Schüler aushalten muss. Hierzu werden im Folgenden Rollen und andere Aspekte aufgeführt.

Zusammenfassung:

- Kinder verdienen Respekt und Wertschätzung für vergangene Bewältigungsversuche, keine Strafe.
- Das Verhalten von Kindern wird aufgrund ihrer Erkrankung interpretiert.
- Lehrkräfte sind sich ihrer Rolle bewusst und haben diese fest umrissen.
- Hilfen und Unterstützung werden Kindern nur nach Regeln gegeben.
- Kriterien für Leistung und Erfolg werden angeglichen.
- Erwartungen werden angepasst.
- Kinder werden in die Schulgemeinschaft bewusst integriert.
- Die eigene (geistige) Gesundheit wird wertgeschätzt und gepflegt.

Beziehung zu traumatisierten Kindern

Herr K. verbringt viel Zeit mit seinen Schülern. Er ist sehr beliebt und alle Kinder mögen ihn. Für jeden Schüler hat er ein offenes Ohr. Die Schüler strengen sich sehr an, weil sie ihm gefallen wollen und möchten, dass er stolz auf sie ist. Er kümmert sich nicht nur um die Schüler, sondern auch um die Eltern. Bald weiß er nicht mehr, wo er aufhören soll. Die Probleme nehmen kein Ende. Seine Ehe und seine Familie beginnen unter dem Stress zu leiden. Er träumt von den Eltern, hat Angst, dass seine Schüler versagen und Probleme nicht allein bewältigen können.

Die Schüler-Lehrer-Beziehung ist ein stark unterschätzter Wirkfaktor und kann Wunder wirken aber ebenso negative Folgen haben! Ihre planvolle Umsetzung ist zentral für die Bewältigung von traumatischen Erinnerungen. Es hat einen weiteren Effekt: Nur wenige Kinder werden Englisch, Mathematik, Physik oder Chemie lernen, weil sie es wollen oder das Fach sehr lieben. Sie werden in der Schule lernen, weil sie es für Lehrkräfte tun, weil sie Vorbild sind (und Noten geben), weil die Beziehung zur Lehrkraft da ist und sie ihr vertrauen. Weil die Kinder *sie mögen,* weil Lehrkräfte die Repräsentanten des Schulkosmos sind. Indem Lehrkräfte durch Beziehung das Lernen ermöglichen und ihre Frustrationstoleranz erhöhen, helfen sie Kindern, Perspektiven und Wege zu entwickeln, ihre Ziele zu erreichen. Sie bekommen durch das Beziehungsangebot die Möglichkeit, Aufwand einzuschätzen, der notwendig ist, schulischen Erfolg zu erringen.
Hierfür ist jedoch die genannte Haltung und professionelle Kommunikation notwendig. Sagen Lehrkräfte zu einem Kind: „Müller, du bist zu dumm zum Brot schneiden! Das kannst du besser!“ werden sie keine erfolgreichen Lerner bekommen. Beleidigungen bleiben Beleidigungen, auch wenn sie nett gemeint sind. Belastete Schüler werden sich dies merken.
Eine Studie (Hehmsoth 2017) ergab folgende Merkmale einer sicheren Beziehungsgestaltung für traumatisierte Kinder: Vertrauensvoll, sicher, verlässlich, stabil, wertschätzend, respektvoll, nah und distanziert, professionell, authentisch, reflektiert, optimistisch, ruhig und gelassen, feinfühlig, sensibel, aufmerksam, liebevoll, autoritär, klar, strukturiert, transparent und offen, tolerant, rücksichtsvoll und mitfühlend. Grundschullehrkräfte äußerten diese, als sie nach ihren Vorstellungen gefragt wurden. Die Äußerungen treffen ziemlich gut die Haltung, die benötigt wird. Außerdem zeigen sie, dass die Relevanz einer sinnvollen Beziehung im pädagogischen Bauchgefühl von Lehrkräften bereits verankert ist. Lehrkräfte liegen also häufig richtig, wenn sie sich nach diesem richten. Beziehungen zu Kindern können enorm hilfreich sein (Fuchs 2009), benötigen aber eine Professionalisierung. Das heißt, das pädagogische Bauchgefühl gibt eine Richtung vor, die aber noch genauer eingegrenzt werden kann und muss. So gibt es Grenzen von Beziehungen, die häufig nicht klar gezogen werden, wenn Lehrkräfte zum Beispiel ein sehr enges Verhältnis zu Schülern haben, sich duzen, umarmen lassen und dies vielleicht vereinnahmend wirkt („Nur du verstehst mich!“). Eine Schüler-Lehrer Beziehung birgt deshalb auch viele Gefahren durch Vernachlässigung der Rollengrenzen, des Bewusstseins für Nähe und Abstand, einer ‚kalten‘ Reflexion. Herr K.’s Beispiel zeigt, wie diese Grenzen immer wieder neu gezogen und reflektiert werden müssen.

Eine vertrauensvolle und verlässliche Schüler-Lehrer-Beziehung hilft Kindern mit der Bewältigung ihrer Erlebnisse und mit dem Lernen.
Sie bergen aber einige Gefahren, wenn sie nicht planvoll umgesetzt wird.

Rolle

Herr K. lässt sich von den Kindern duzen. Er mag die Nähe der Kinder und das Gefühl, ihr Freund und Vertrauter zu sein. Immer öfter verlässt er die Rolle der Lehrkraft und schlüpft in jene des Sozialarbeiters, Psychologen und Kumpel.

Lehrkräfte bewegen sich in verschiedenen Rollen in der Schule. Diese sind unter anderem ein Ergebnis der vielen verschiedenen Akteure und Verantwortungsbereiche in einer Schule, mit der eine Lehrkraft zu tun hat. Nach Sinha (2010) sind Lerngruppen, Eltern, Kolleginnen und Kollegen, die Schulleitung, das Schulamt, das Ministerium und die Gesellschaft, die Ansprüche formulieren und nach denen die eigene Rolle ausgelegt werden muss. So agieren Lehrkräfte als Lehrkräfte, aber auch als Erzieher, als Mentoren, Bestrafer, Kollegen, Ratgeber, Ausführer, Delegierer und vieles mehr. Lehrkräfte müssen sich nach diesen Rollenansprüchen richten, haben aber Möglichkeiten, ihre eigene Rolle individuell auszugestalten und müssen dies tun. Dies geschieht, wenn Merkmale wie Vorbild, Autorität, Authentizität, Macht, Ängste und (Selbst-)Wahrnehmung, Nähe und Distanz mit einbezogen werden. Herr K. wird über kurz oder lang Schwierigkeiten haben, diese Rollen, die sehr nah am Schüler sind, aufrecht zu erhalten. Er wird in Spannungen geraten, deren Kompensation ihn sehr viel Kraft kostet.

Rollen müssen abgegrenzt und fest umrissen sein.
Von diesen Rollenbildern sollte nicht abgewichen werden, außer die Entwicklung des Kindes macht dies notwendig.
Lehrkräfte sind keine ‚Kumpel', sondern Mentoren.

Vorbild

Frau M. kommt häufig zu spät. Sie hat eine Leitungsfunktion in der Schule und hat immer viel zu tun. Manchmal kommt der Unterricht zu kurz. Als ihr Deutschunterricht im vollen Gange ist, kommt ein Schüler herein, nuschelt etwas und setzt sich, um dann herzhaft zu gähnen. Frau M. ist wütend. Sie ruft lautstark in die Klasse hinein, dass der Schüler draußen warten müsse. Sie wird ein ernsthaftes Gespräch mit ihm führen. Eine Schülerin entgegnet mutig, dass Frau M. auch öfter zu spät käme. Frau M. antwortet entrüstet, dass das etwas völlig anderes sei.

Möchten Lehrkräfte ‚gute' (leistungsstarke, ausgeglichene, partizipative) Schüler und Schülerinnen bekommen, so gehört dazu eine Vorbildfunktion.
Folgende Fragen verdeutlichen den Zusammenhang des eigenen Verhaltens mit der Wirkung auf Schüler und ihrer Rechte (Sinha 2010, 35):

- Es fällt Ihnen schwer, pünktlich zu sein – wie gehen Sie mit Schülerinnen und Schülern um, die zu spät kommen?
- Sie benötigen im Unterricht erst einmal einen Kaffee – wie gehen Sie mit Kaffee trinkenden Schülerinnen und Schülern um?
- Sie haben im Unterricht immer eine Wasserflasche dabei, weil der Flüssigkeitsverlust sonst zu hoch ist – ist das etwas anderes, als Kaffee zu trinken?

Sie zeigen die vielen kleinen Entscheidungen im Alltag auf, die zur eigenen Rollenklärung beitragen. Nimmt eine Lehrkraft einen genießerischen Schluck aus der eignen Kaffeetasse und dürfen das betroffene Kinder nicht, werden Lehrkräfte Fragen beantworten müssen, warum dieses Verhältnis so ausgestaltet ist.
Merken Schüler Diskrepanzen des Lehrerhandelns im Zusammenhang mit Schülerhandeln an, sollten diese Gelegenheiten als Chancen genutzt werden um Rollen zu klären und welche Vorteile es bringt, diese Rollen zu beherrschen (Beherrschung gesellschaftlicher Anforderungen, Integration, Akzeptanz). Ob Lehrkräfte nun eher solche sind, die sich ‚herausnehmen', etwas tun zu dürfen, was Schüler nicht dürfen oder ob sie Lehrkräfte sind, die sich den gleichen Regeln ergeben wie Schüler ist eine wichtige Frage und muss individuell entschieden werden. Wichtig ist, dass darüber mit den Kindern und Jugendlichen geredet wird.

Gute, verlässliche Vorbilder helfen traumatisierten Kindern, ihre Traumata zu bewältigen, da sie Ziele und Perspektiven entwickeln können.

Autorität und Macht

Herr W. hat nun eine Antwort auf die Frage des Sonderpädagogen gefunden. Er wird einfach ein bisschen strenger. Der Junge muss Autorität lernen, seine Eltern haben das ja offensichtlich nicht geschafft. Das bringt dem Kerl Grenzen bei und er wird wieder anfangen zu lernen. Der Sonderpädagoge ist eine linksradikale, strickende und teetrinkende Flitzpiepe. Wenn Justin es nicht schaffen sollte, dann fliegt der Junge halt raus und er hat endlich, endlich einen ruhigen Unterricht.

Autorität ist ein schwieriges Thema, denn Autorität bedeutet einerseits eine starke Strukturierung für traumatisierte Kinder, da die Vorgaben der autoritären Lehrkräfte nicht verhandelbar sind, sehr transparent aber auch bisweilen hart, unflexibel und das Machtgefälle nutzend, dass zwischen Schülern und Lehrkräften herrscht. Genau diese Machtgefälle waren es, die bei betroffenen Kindern zu traumatischen Situationen geführt haben. Gewalt geschieht immer zwischen Täter und Opfer! Ein Täter hat Macht, ein Opfer nicht. Wer Macht hat, wird Täter und ist mächtig, wer sie nicht hat, ist Opfer und *ohnmächtig*. Deshalb gilt für alle Unterstützer von (traumatisierten) Kindern:

Macht macht Täter.

Lehrkräfte sollten sich diesen Satz merken. Sie sind in einer unantastbaren Position, die leicht bequem wird. Außenstehenden oder Schülern, die Dinge ändern wollen, Kritik anbringen möchten, werden teilweise große Hürden in den Weg gelegt. Lehrkräfte sollten bedenken, dass traumatisierte Kinder noch viel weniger Möglichkeiten haben, diese Wege zu gehen, nicht nur, weil sie selber stark belastet sind, sondern auch weil ihre Lebenslagen häufig prekär sind. Eltern haben kaum eine Chance, das Dickicht der Schule zu durchdringen. Wie seltsam manche Kollegendispute auch anmuten mögen, Lehrer verpfeifen sich nicht. Außenstehende, die Kritik anbringen wollen, müssen sich zudem ein bürokratisches System hocharbeiten. Beamte werden nur selten „bestraft", auch hier hält das System dicht. Diese Unantastbarkeit ist eine große Chance, kann aber auch sehr verlockend werden. Referendare mögen dies aufgrund der herausfordernden Prüfungssituationen nicht so stark spüren, langjährige Lehrkräfte sind häufig bereits in diesen Strukturen ‚gefangen'.
Autorität im Unterricht ist deshalb ein zweischneidiges Schwert. Es fördert institutionelle Gewalt durch den Macht- und Gültigkeitsanspruch der Schule und ihrer Mitarbeiter, sie wirkt aber auch richtungsweisend und entwicklungsfördernd, wenn sie als durchsetzungsstark, charismatisch, und wertschätzend empfunden wird. Überzogene Autorität, die mit Strenge, Sanktionen, Strafen, Drohungen, Rache und Vergeltung durchgesetzt wird, schadet traumatisierten Kindern stark.

Autorität wirkt strukturierend und verlässlich.
Autorität verstärkt das Machtgefälle zwischen Schüler und Lehrkraft.

Authentizität

Der unglückliche Herr W. hat immer noch keinen Erfolg mit Justin. Das Verhalten des Jugendlichen ist im Unterricht untragbar geworden. Er wird jede Stunde des Unterrichts verwiesen. Nun also doch die linkradikale Flitzpiepe. Er versucht es mit „nett sein", oder das, was er darunter versteht. Er liest sich in Jugendliteratur ein, eignet sich den Duktus der Jugendsprache und Wissen über Beziehungsgestaltung an. Kurz: Er bereitet sich so korrekt vor, wie er selber auch korrekt ist.
Nach der Stunde spricht er Justin an, fragt ihn nach seinen Eltern, nach seinem Leben. Er möchte sich für Justin interessieren. Justin beginnt, Vertrauen zu ihm entwickeln. Der nächste Test misslingt. Justin schreibt eine Fünf. Herr W. ruft: „Tja, Meyer, das war ein Satz mit X!" Herr W. lächelt dabei und versucht es als Witz. Justin hört schon nach den ersten zwei Wörtern nicht mehr zu. Was hatte er ihm nochmal alles erzählt? Was für ein Arschloch!

Beziehungen beruhen auf Vertrauen und Verlässlichkeit. Diese beiden Eigenschaften verbindet, dass sie nicht vorgegeben oder spontan angeeignet werden können.

Keiner kann über lange Zeit vorgeben, verlässlich zu sein, wenn er es nicht ist, kann Vertrauen nicht gewinnen oder behalten, wenn er manipuliert oder sich anbiedert, vor allem bei seinen alten Haltungen bleibt und sie nicht ganzheitlich umstellt. Schüler merken dies sehr schnell. Sie sind sensibel für die Veränderungen der Lehrkraft und prüfen ihre Aussagen auf Ehrlichkeit, Wertschätzung, Sensibilität und vieles mehr. Schließlich starren sie Lehrkräfte nicht nur ständig an, sie hören ihnen auch ständig zu. Es hilft also nichts: Eine Haltung und damit eine Beziehungsgestaltung werden Lehrkräfte nur verlässlich und vertrauensvoll anbieten können, wenn Lehrkräfte sich mit ihr verbinden. Sie sollten daher Aufgaben- und Verantwortungsbereiche meiden, in denen sie nicht authentisch sein können. Herr W. hat schon einen guten Anfang gemacht, muss sich aber darauf einstellen, dass traumasensible Beziehungen Zeit auf beiden Seiten zum Wachsen brauchen.

Authentizität hilft Kindern bei der Bewältigung weil sie Verlässlichkeit und Vertrauen bedeutet. Sie kann nicht vorgegeben oder spontan erworben werden.

Authentische Beziehungen brauchen Zeit.

Ängste

Frau B. hat jedes Mal Angst, wenn sie in die Klasse geht, die auch Justin besucht. Die Klasse ist berüchtigt für ihr herausforderndes Verhalten. Nur wenig Lehrkräfte kommen mit dieser Klasse zurecht. Frau B. nicht. Ihr Unterricht geschieht meistens um die Tafel und ihr Pult herum und erreicht den Großteil der Klasse nicht. Sie gibt aus Verzweiflung sehr gute Noten. Das Verhalten der Schüler ändert sie damit aber nicht.

Es kann schwierig sein, die eigene Rolle auszufüllen, wenn Lehrkräfte Angst haben, in den Unterricht zu gehen. Referendare und Referendarinnen sind hier wahrscheinlich besonders betroffen. Das ist kein schönes Thema und wird selten ausgesprochen, aber seien wir ehrlich: Schüler sind nicht nur herausfordernd und verhaltensauffällig, sie sind auch Meister der Manipulation, beherrschen mittlerweile digitale Medien sehr gut. Das ist keine gute Kombination. Wollen Schüler Lehrkräften Böses, hat sich bereits eine Dynamik entwickelt, die zu Ungunsten der Lehrkraft kippt. Die Ängste werden mehr, die Hürden größer, der Respekt für die Lehrkraft, das Interesse für das Fach, die Motivation, sich anzustrengen werden weniger. Über kurz oder lang sind Schüler in der Überzahl. Sie werden auch ab einem gewissen Grad ebenso unantastbar wie Lehrkräfte: Haben sie unzählige Bestrafungen, Klassenkonferenzen, Förderbedarfe, kann ihnen nur noch der Verweis drohen. In Anbetracht der Umstände, in denen sich Kinder in diesem Stadium befinden, ist dieser letzte Schritt im Zweifel nur noch Makulatur. Es heißt also, sich mit Schülern gut zu stellen. Das soll nicht heißen, dass man sich anbiedern soll, sondern auf der vielbeschworenen „Augenhöhe“ agiert. Dazu gehört nicht, sich Regeln diktieren zu lassen, sondern diese zu besprechen. Denken Lehrkräfte daran, dass die Aggression und der Hohn nicht ihnen gelten, sondern ihrer *Rolle* als Lehrkraft und dass auffälliges Verhalten nur eine normale Reaktion auf unnormale Ereignisse ist, gelingt es der Lehrkraft, Herrin über den Unterricht zu werden und zu bleiben.

- Ängste der Lehrkraft führen zu Unterricht, der unwirksam ist.
- Ängste kumulieren und werden von allein nicht weniger.
- Ängste müssen ohne Gesichtsverlust an und ausgesprochen werden.
- Lehrkräfte sollten Distanz entwickeln.
- Gelingt dies nicht, muss die Lehrkraft eine andere Klasse unterrichten.
- Schüler und Schülerinnen sind in der Überzahl und können ebenso unantastbar werden wie Lehrkräfte.

Nähe und Distanz

Herr K. träumt nun von seinen Schülern. Mitten in der Nacht wacht er schweißgebadet auf und merkt, dass er ein Detail vergessen hat. Hat er der Mutter gesagt, wie sie bei den Hausaufgaben helfen kann? Hat er sich von dem Flüchtlingskind verabschiedet? Nach einer Weile beginnt er weiter über das Kind nachzudenken. Es beschäftigt ihn sehr. Herr K. besucht es zu Hause und ist schockiert über die Lebensumstände. Er kennt ihn mittlerweile sehr gut, ist Experte für Flüchtlingskinder an der Schule und die Nahostpolitik geworden. Er weiß, was für schreckliche Dinge die Kinder erlebt haben. Sie machen große Fortschritte. Ihre traurigen Augen begleiten ihn jedoch in den Schlaf. Bald muss Herr K. seine Arbeitszeit reduzieren, weil er so belastet ist.

Wie „nah" ist eine Lehrkraft an einem Schüler dran? Wie „nah" muss sie sein, um authentisch, autoritär, rollenbewusst, charismatisch und vieles mehr sein zu können oder es gerade nicht auszufüllen? Hilfreich ist eine bewusste Entscheidung hierzu. „Das heißt, dass Sie sich frühzeitig mit den Anforderungen an Ihre Rolle auseinandersetzen und ein klares Selbstbild entwickeln" (Sinha 2010, 115).
Es gilt, diese Entscheidung verlässlich beizubehalten, auch wenn sie heißt, dass bisweilen Hilfe versagt werden muss. Möchte ein Schüler, dass sie ihm mit seinem schlagenden Stiefvater helfen, so werden Lehrkräfte diese Rolle niemals ausfüllen können und unweigerlich scheitern. Dies würde Vertrauen und Verlässlichkeit erschüttern, die Kinder in diesen Situationen dringend brauchen. Lehrkräfte können dies nur *in der Schule* herstellen. Dies heißt aber auch, dass sie sich mit externen Hilfen auskennen sollten („Vier Weisen") und die Anfrage weiterleiten müssen.
Nähe und Distanz hat sehr viel mit Beobachtung, Erfassung und Einschätzung zu tun. Stehen Sie weit von einem Plakat weg, können Sie nicht erkennen, was seine Aussage ist, wie es aussieht, wie sie überhaupt darauf reagieren können, wollen und sollten. Auch Schüler müssen betrachtet, ihre Stärken und Schwächen gesehen werden können. Dabei gilt es, nicht zu nah heranzutreten. Das Plakat kann nicht überblickt werden, man sieht nur einen kleinen Ausschnitt, den aber übergroß. Er

ist verpixelt und unscharf. Die Gefahr der sekundären Traumatisierung steigt. Es gilt, die Mitte zu finden und sich in dieser zu jeder Zeit wohl zu fühlen.

- Nähe ermöglicht ein genaues Hinschauen, eine effektive Diagnostik und Einschätzung die zu effektivem Handeln führt.
- Nähe kann auch gefährlich sein und sekundäre (bzw. tertiäre) Traumata verursachen.
- Nähe und Distanz zu Kindern sollte bewusst ausgehandelt und festgelegt werden.

Risiken einer Beziehung

Das Risiko einer Beziehung zu einem traumatisierten Kind besteht darin, zu sehr in die Lage des Kindes verwickelt zu werden. Probleme des Kindes, sein Leid, sein Empfinden wird in diesem Moment zu jenem der Lehrkraft. Sie sollte aber unbelastet bleiben.

Übertragung und Gegenübertragung

Herr K. beginnt, häufiger gestresst zu sein. Er schreit nun viel und ist mürrisch. Das Flüchtlingskind bemerkt diese Veränderung und reagiert seinerseits mit Ablehnung, Verweigerung und Isolation. Herr K. antwortet auf dieses Verhalten mit Sanktionen. So ein Lehrer wollte er doch nie werden!

Redet man über Nähe und Distanz muss Übertragung und Gegenübertragung aus der (Psycho-)Therapie mitgedacht werden. (Gegen-)Übertragung bezeichnet eine

> „Verschiebung. Dabei werden Erfahrungen vom ursprünglichen Objekt auf ein anderes, z.B. den Analytiker verschoben, d.h., es werden energetische Besetzungen von einer inneren Objektrepräsentanz auf eine andere verlagert“ (Bettighofer 2016, 18).

Agieren Lehrkräfte mit Schülern so sind sie ihren Gefühlen, ihre Hoffnungen, Meinungen ausgesetzt, genauso, wie Lehrkräfte Einfluss auf Schüler haben. Auch haben die empfangenen Gefühle und Einstellungen wiederum eine Wirkung auf das Gegenüber. Diese Prozesse bezeichnet man als Übertragungen bzw. Gegenübertragungen. Sie gehen weiter, als ein bloßer „Einfluss“, sie verschieben Gefühle und laden sie ab. Nehmen Sie das Bild ein Koffers, den Ihnen jemand in die Hand drückt und „halt mal kurz“ sagt, während er schon außer Sichtweite gerät. Eine Rollenübernahme kann deshalb sehr belastend sein (Körner 2018). In diesem Moment leidet nicht nur das traumatisierte Kind, sondern auch die Lehrkraft. Dies ist eine sehr ungünstige Voraussetzung, um einem Kind zu helfen.
Hilfreich hierbei sind Sachlichkeit und eine sehr bewusste Reflexion der Gefühle, die von einem Kind geweckt werden oder eigene traumatische Spuren aktivieren.

- Übertragung und Gegenübertragung sind eine der wichtigsten zu kennenden Dynamiken in der Arbeit mit traumatisierten Kindern.
- Sie haben einen großen Einfluss auf unsere Arbeit.
- Man kann sich nur sehr bewusst gegen sie wehren und Kreisläufe durchbrechen.

Manipulation und Sexualisierung

Herr K. rutscht immer tiefer in seine Belastungsspirale. Ihm passieren nun schwere Fehler, die ihm sonst nicht passiert wären. Er macht sich deshalb große Vorwürfe. In einer Unterrichtsstunde ist er sehr in Gedanken. Er versucht, eine Lösung zu finden während er einem Mädchen aus der 8. Klasse hilft. Er steht vor ihrem Tisch und beugt sich herunter. Er vergisst über seine eigenen Gedanken seine Vorsicht, denn auch das Kind vor ihm ist hoch belastet. Es wurde gerade aus der Familie heraus und in Obhut genommen. Plötzlich beginnen die anderen Mädchen zu kichern. Herr K. wird aus seinen Gedanken gerissen. Das Mädchen, dem er hilft, schreit spitz auf. „Iiiiiih! Herr K. hat auf meine Titten gestarrt! Voll lange!" Herr K. ist erschrocken. Wirklich? Wie konnte das passieren?

Traumatisierte Kinder können sehr manipulativ sein. Sie finden Schwachstellen und testen diese auf ihre Belastbarkeit. Spüren sie Unsicherheit, werden sie diese im Zweifel nutzen.

Traumatisierte Jugendliche und Kinder, die Grenzverletzungen erlitten haben, deren Grenzen nicht beachtet wurden, haben Schwierigkeiten, selber Grenzen zu beachten. So ist es auch mit der Sexualität von Lehrkräften. Haben traumatisierte Kinder und Jugendliche sexuelle Gewalt erleben müssen, so haben sie mitunter feststellen müssen, dass Sex eine Art von Macht ist. Übertragungen geschehen hier schon im Kleinen: Jugendliche loben das Aussehen, den Körper einer Lehrkraft. Die Lehrkraft beginnt, sich dies zu Hause vor dem Spiegel in Erinnerung zu rufen und sich danach zu richten. Sie beginnt, ihre Kleidung danach auszuwählen, was dem Schüler gefallen könnte. Oder der Kommentar ruft genau das Gegenteil hervor: Aversion, Ekel, Wut. Es gilt, sachlich zu bleiben und den Kommentar sachlich anzunehmen. Lassen Sie sich nicht vereinnahmen. Ziehen Schüler(innen) sich aufreizend an, müssen Lehrkräfte dies ansprechen. Sie sollten der Schülerin oder dem Schüler sagen, dass sie nicht in ihren Ausschnitt starren wollen müssen, wenn es sich herunterbeugt und sie ihr auf dem Arbeitsblatt etwas erklären möchten. Entziehen Sie sich diesen Situationen unbedingt und bringen Sie physischen Abstand zwischen sich und die Schülerin (bzw. den Schüler). Bestehen Sie auf diesen Abstand, wenn sich die Kleidung und das aufreizende Verhalten eines Mädchens nicht ändern. Denken Sie daran: Vor Ihnen sitzt keine Schülerin, die sie toll findet, sondern ein schwer traumatisiertes Kind, das gelernt hat, dass sexueller Missbrauch wirksam ist, also andere gefügig macht. Verbalisieren Sie das Verhalten des Kindes und machen es öffentlich (das heißt nicht, das Sie es bloßstellen sollen!). Hier müssen Sie sich zuerst selber schützen. Lehrkräfte sollten auf diese Situationen unbedingt Gespräche (mit weiteren Beteiligten und offener Tür, Kollegen, Supervisoren) folgen lassen. Erfahrungsgemäß lassen Mädchen von diesen Versuchen nach „Veröffentlichung" ab. Es kostet jedoch Mut, das Aussehen des Kindes und seine Wirkung auf Lehrkräfte anzusprechen. Bleiben Lehrkräfte ruhig und deuten das Verhalten als eine normale Reaktion auf ein unnormales Ereignis (!),

werden sie effektiv und sachlich reagieren können. Auf keinen Fall sollte das Verhalten toleriert und „weggeschwiegen“ werden.
Sexualisiertes Verhalten ist kein Angebot oder Kompliment, sondern eine Reaktion auf Gewalterlebnisse. Dieses Verhalten muss sofort angesprochen und die Lehrkraft evtl. aus dem Betreuungsverhältnis genommen werden.

! Sexualisierendes und manipulierendes Verhalten ist ein starkes Warnzeichen!

Die Überlegungen zur Beziehungsgestaltung führen zu folgender Tabelle, die eine gute Übersicht über die Strukturierung von Beziehungen mit Schülern gibt:

Tab. 12: Traumasensible Beziehungsgestaltung

Planbarkeit **Wo? Wann? Was?**	**Faktoren** **Wie?**
Ort • Wo möchten Sie Gespräche führen? • Welche Orte eignen sich besonders gut? Wo kommen sie oft vorbei? Wo herrscht Ruhe? • Wo brauchen Sie einen öffentlichen Raum? **Zeit** • Wann stehen Sie für das Kind zur Verfügung? • Wann *sollten* Sie zur Verfügung stehen? • Wann sind Sie nicht da? • Welche Zeiten eignen sich für Gespräche? **Inhalt** • Was soll ihre Beziehung beinhalten? • Welche Hilfeleistungen sind Sie bereit zu geben? • Was sind Sie bereit *nicht* zu geben? • Was sollen und müssen Sie geben?	**Nähe und Distanz** • Wie nah müssen Sie mit dem Kind arbeiten, damit es Vertrauen gewinnt? • Wie nah *können* Sie dran sein? • Was sind Ihre persönlichen Grenzen? Müssen Sie diese eventuell überdenken? • Wie können Sie ihre Beziehung in einer konstanten Entfernung anbieten, die über die Jahre gleich bleibt? **Machtgefälle/Autorität** • Möchten Sie dem Kind ermöglichen, eine Ausbildung anzufangen und seinen Schulabschluss zu schaffen? • Wenn ja: Handeln Sie dementsprechend. Schlechte Noten und überzogene Strafen nützen niemandem etwas. Seien Sie *für* das Kind und zeigen Sie ihm das! • Sie sind der Boss! Sie entscheiden. Entscheiden Sie sich für das Richtige. **Rolle** • Was ist Ihre Rolle? • Was bedeutet es, Lehrer und „Mentor“ zu sein? • Der „Ewig-Richtige“ oder der „Immer-Unterstützer“? Oder irgendwo dazwischen? • Welche Funktion haben Sie? • Was bedeutet es für Sie, Vorbild zu sein? • Sind Sie sich der Gefahr von Übertragungen bewusst?

Gütekriterien traumasensibler Beziehungen

Verlässlichkeit:

- Lehrkräfte bieten eine Beziehung an, die sich nicht (spontan) ändert und stabil ist.
- Eine Schüler-Lehrer-Beziehung ist vorhersagbar. Schüler und Schülerinnen wissen, was eine solche Beziehung bietet und welche Grenzen sie hat.
- Überschreitungen der Grenzen haben verhandelte Konsequenzen
- Die Beziehung ist (langfristig) planbar. Sie wird bewusst hinsichtlich der Dimensionen Ort, Zeit und Inhalt geplant.
- Lehrkräfte kennen sich mit der Dynamik um (Gegen-)Übertragung aus und können entsprechend handeln.
- Lehrkräfte sind sich der Risiken einer Schüler-Lehrer-Beziehung bewusst.

Vertrauen:

- Schüler und Lehrer wissen, wie sie wechselhaft gesehen werden können und müssen.
- Beziehungen werden nicht (spontan und emotional) aufgrund von Angriffen, Verweigerung oder Verletzungen abgebrochen.
- Beziehungen sind geprägt von Wertschätzung und dem Einbezug von Machgefällen.
- Beziehungen stehen in einem angemessenen Nähe- und Distanzverhältnis.
- Beziehungen werden ausgehandelt.

Selbstschutz und Psychohygiene

Herr K. hat nach langen und schweren Monaten der inneren Arbeit mit einem Supervisor erkannt, wie er den Kindern sicherer begegnen muss. Es war ein schmerzhafter Prozess, weil er ständig das Gefühl hat, nun seinen Kindern nicht mehr gerecht werden zu können. Nach einer Weile ist er sehr erstaunt: Seine Schüler und Schülerinnen scheinen auch mit einem größeren Maß an Eigenverantwortung gut klarzukommen. Er ist ausgeglichener und positiver gestimmt, wenn auch die Vergangenheit einige Spuren hinterlassen hat.

Wenn wir über die Risiken einer Beziehung mit traumatisierten Kindern reden, so müssen besonders die Risiken der Arbeit und des Kontakts mit ‚Überlebenden' thematisiert werden.

Der Anfang dieser Arbeit behandelte die verschiedenen Arten, wie ‚Trauma' entstehen kann: So kann es kumulativ entstehen, über mehrere Generationen hinweg, aber auch wenn Helfer Ereignisse geschildert bekommen, über sie lesen oder von ihnen hören. Erstere nennt man die sekundäre, letzteres die tertiäre Traumatisierung. Diese Dynamiken sind nicht zu unterschätzen. Lehrkräfte werden selber betroffen, leiden mit den Kindern mit und können sich der Biografie des Kindes nicht mehr entziehen. Das Leid der Kinder wird durch Übertragungen zu ihrem eigenen.

> „Überall dort, wo professionelle HelferInnen es mit der Betreuung von traumatisierten Menschen zu tun haben, sind sie in der Gefahr, selber Schaden zu nehmen und die gleiche Symptomatik zu entwickeln wie bei einer posttraumatischen Belastungsstörung" (Scherwath/Friedrich 2016, 189).

Die Erlebnisse der Kinder und Jugendlichen können Teile der eigenen Biografie wachrütteln, die Lehrkräfte verschüttet und versenkt geglaubt haben. Haben Lehrkräfte selber Gewalt als Kind erlebt und nicht verarbeitet, ist die Gefahr groß, dass diese wieder erlebt wird, wenn auch nicht direkt. Eher ist es so, als würde eine bereits geschwächte innere Struktur weiter belastet werden, die dann möglicherweise bricht. „Die Beschäftigung mit traumatischen Erfahrungen berührt [...] [Lehrkräfte] in allen Schichten ihres Seins" (Reddemann 2003, 84).
Sind Lehrkräfte von sekundärer Traumatisierung betroffen, so werden ihre Gedanken fortwährend um das Kind und seine traumatischen Situationen kreisen. Sie werden dies aber nicht auf der Suche nach Lösungen tun, sondern chaotisch, intrusiv handelnd. Lehrkräfte können sich gegen diese Gefühle und Gedanken nicht mehr wehren. Sie tauchen vor dem Schlafengehen und beim Aufwachen, während des Essens, in ruhigen und stressigen Minuten auf. Sie werden hilflose Zuschauer (Scherwath/Friedrich 2016, 191).
Lehrkräfte beginnen, Erschöpfung zu zeigen, motivationslos und müde zu sein. Sie sind häufiger krank. Es ist anzunehmen, dass Lehrkräfte die eigenen Symptome anfänglich nicht als solche identifizieren werden. Kennen sie sich nicht mit der Grundsymptomatik und den Dynamiken von Traumatisierungen, bzw. kumulativen Belastungen aus, so werden sie keine Verbindung ziehen.
Das Erscheinungsbild einer sekundären Traumatisierung unterscheidet sich im Zweifel kaum von der originären des Kindes. Vermeidung, Wiederleben, Nervosität, Übererregung sind Warnzeichen, die unbedingt ernst genommen werden und besprochen werden müssen.

Warum entstehen sekundäre Traumata?
Sekundäre Traumata sind eine Übernahme des Leids der Kinder und/oder eine Aktivierung der eigenen traumatischen Spuren. Diese Dynamik ist immer vorhanden. Sie nennt sich Empathie. Ohne diese würden Lehrkräfte nicht spüren können, wie es dem Kind geht, nachhaken, wenn etwas nicht zu stimmen scheint, Veränderungen bemerken. Sie wird stärker, intensiver, näher und unbewusster, je weniger Lehrkräfte über den Bereich Trauma wissen, je weniger sie auf ein bewusstes Distanz-Nähe Verhältnis achten, eine professionelle Beziehungsgestaltung und angemessene Haltungen. Schlicht: Kennen Sie sich mit „Trauma" aus!
Deshalb ist es wichtig, zuerst *sich selber zu schützen.* Alles andere wäre egoistisch (Scherwath/Friedrich 2016, 197). Bitte erinnern Sie sich an das bereits erwähnte

Beispiel der Sauerstoffmasken im Flugzeug: Lehrkräfte müssen sich diese zuerst selber aufsetzen, um anderen dabei helfen zu können. Tun Lehrkräfte das nicht, werden sie handlungsunfähig und *alle* Beteiligten werden gefährdet.
Wie funktioniert dieser Schutz?
Selbstschutz ist vor allem eine präventive Angelegenheit. Sie schützen sich, in dem sie *Selbstfürsorge* betreiben, auf sich aufpassen.

> „Ich verstehe darunter einen liebevollen, wertschätzenden, achtsamen und mitfühlenden Umgang mit mir selbst und Ernst-nehmen der eigenen Bedürfnisse. Psychohygiene und damit Selbstfürsorge bedürfen entweder einer frühen Erfahrung mit ausreichender Fürsorge oder, wenn sie nicht erfahren werden konnte, eines Trauerprozesses mit anschließender Veränderung im Umgang mit sich selbst" (Reddemann 2003, 82).

Drei Ebenen der Psychohygiene

Reddemann entwickelte mehrere Ebenen dieser Selbstfürsorge (Reddemann 2003, 84), die individuelle, persönliche, die professionelle und die soziale Psychohygiene.

Individuell persönliche Psychohygiene

- Physisch: Schlaf, Ernährung, Bewegung usw.
- Psychophysisch: Entspannung, Balance, Naturkontakt, Meditation Distanzierungstechniken und ggfs. EMDR bei Intrusionen
- Kreativer Ausdruck
- Ausgleichende Aktivitäten
- Spiritualität, Humor
- Sozial: Unterstützungsnetz
- Schöne Umgebung, schön gestalteter Arbeitsplatz
- Wenig zusätzlich Belastendes im Alltag (z.B. Nachrichten im Fernsehen)

Professionelle Psychohygiene

- Ausbildung
- Selbsterfahrung auch im Bereich eigener Traumata (dies ist in den meisten Selbsterfahrungsangeboten nicht selbstverständlich)
- Aufarbeitung der individuellen und kollektiven Verarbeitung der deutschen Geschichte im 20. Jahrhundert
- Setzen von Grenzen
- Supervision
- Erholungszeiten

Soziale Psychohygiene

- Arbeitsplatz: Wertesystem, Supervision
- Kollegiale Unterstützung
- Gesetze, soziales Klima
- Fachgesellschaften, Netzwerke

Reddemann zeigt, dass Selbstfürsorge auf verschiedenen Ebenen läuft und komplexer ist, als das abendliche Teetrinken, um den Tag abzuschließen. Selbstfürsorge hat mit vielen Akteure zu tun, die nicht zwingend im Einflussbereich der Lehrkraft stehen. So muss die Steuerung (Schulleitung) Fortbildungen möglich machen, für eine Organisationsstruktur sorgen, die übersichtlich, transparent, effektiv ist und Feedback ermöglicht. Teamarbeit muss reflektiert und Supervision in Anspruch genommen werden. Diese Supervision dient nicht nur der Qualitätssicherung, sondern auch der Prävention vor Ausfällen von Mitarbeitern, die wegen Überlastung krank werden und wegen Burnout arbeitsunfähig. Für Lehrkräfte sind dies besonders wichtige Faktoren, da Behörden nicht immer Entscheidungen treffen, die mit der eigenen Vorstellung von Professionalität übereinstimmen (wie dies z.B. im Bereich der traumasensiblen Hilfen zu sehen ist).

- Psychohygiene schützt vor Übertragung und Gegenübertragung, sekundären und tertiären Traumata.
- Psychohygiene und Selbstschutz werden auf drei Ebenen ausgeführt, der individuellen, der professionellen und sozialen Ebene.
- Lehrkräfte sind gefordert, sich zuerst selbst zu helfen und zu schützen.

Ressourcen

Herr K. fährt weiter fort, sich stark um sich selbst zu kümmern. Er geht öfter lecker Essen, wendet sich seiner Familie zu und beginnt zu akzeptieren, wenn er die Situation nicht ändern kann und sie außerhalb seines Verantwortungsbereichs liegt. Er hat nun ein starkes Netzwerk von Unterstützern hinter sich.

Scherwath und Friedrich (2016, 195f) nennen den Aufbau innerer Ressourcen als präventive Maßnahmen, um sekundären Traumata vorzubeugen. Die folgende Liste zeigt diese Ressourcen auf:

- Die Fähigkeit zur Affektregulation und Selbstberuhigung zum Schutz vor überflutenden Emotionen
- Die Genussfähigkeit
- Die Fähigkeit der Selbstannahme, also eines liebevollen Umgangs mit sich selbst
- Das Erleben von Kontrolle und Steuerungsmöglichkeiten (Selbstwirksamkeit)

Freilich ist die Umsetzung dieser Ressourcen nicht so einfach, wie es sich anhört. Ein guter und einfacher Einstieg in die Selbstfürsorge ist die Genussfähigkeit. Nehmen Sie sich Zeit, etwas zu genießen! Dies gilt übrigens nicht nur für Lehrkräfte sondern auch für Studierende und Referendare, die in Zeiten von Prüfungsstress wenig Möglichkeiten haben, für sich selbst zu sorgen. Sie müssen aufpassen, sich nicht schon zu verbrennen, bevor sie überhaupt richtig angefangen haben. „Wenn ich aus dem Referendariat raus bin, wird es einfach". Diese Haltung wird nicht reichen. Der Stress wird ein anderer sein, andere Herausforderungen sind zu bewäl-

tigen. Es gilt eine konstante und ausreichende Selbstfürsorge mit genug Ressourcen durchzuführen. Die Anlagen für die Bewältigung für Stress werden früh gebildet. Haben Lehrkräfte die Erfahrung gemacht, dass sie diesen erfolgreich bewältigen können und wo ihre Grenzen liegen, werden sie weniger Schwierigkeiten haben, Herausforderungen zu meistern und dabei gesund zu bleiben.
Auch Lehrkräfte brauchen sichere innere Orte. Es hat sich bewährt, diesen einmal zu beschreiben, sei es als Bild oder in Worten, um sich diesen bewusst zu machen. Wie sieht dieser Ort aus? Wer und was darf sich dort aufhalten? Wer oder was nicht?

!

- Selbstfürsorge braucht Ressourcen, die diese möglich machen.
- Lehrkräfte sind angehalten, diese in Anspruch zu nehmen.

Gütekriterien traumasensibler Selbstfürsorge

✓ **Vertrauen:**
Die Notwendigkeit zur Selbstfürsorge wird von allen Akteuren anerkannt. Alle Beteiligten vertrauen einander, dass die Zeit für Selbstfürsorge nicht missbraucht wird (freie Zeit). Alle Beteiligten wissen, dass die Schwelle zur Belastung von jedem Menschen anders ist und jeder auf unterschiedliche Art und Weise für sich sorgt und unterschiedlich hohe Grade dieser Selbstfürsorge braucht. Hinweise zur Selbstfürsorge („Ich glaube, du brauchst mal Zeit für dich“) werden angenommen und vertrauensvoll behandelt. Dies gilt für alle Belastungen, die durch traumatisierte Schüler entstehen. Lehrkräfte müssen das Gefühl bekommen, dass sie nicht alleine mit Herausforderungen konfrontiert werden.

✓ **Verlässlichkeit:**
Supervision, Intervision, kollegiale Beratung und weitere Angebote sind feste Bestandteile der Teamarbeit und bieten verlässlich Gelegenheit zum Austausch, zum Durchatmen, Kraft sammeln und zur Aufarbeitung von Problemstellungen und individuellen Belastungen.

Strukturierung

Nicht nur der Unterricht benötigt eine grundlegende und durchdachte Strukturierung. Schule ist ein Spiegel der Gesellschaft und steht deshalb vor der Herausforderung, sich immer wieder neu erfinden zu müssen. Die Gestaltung bzw. Strukurierung einer traumasensiblen Schule gehört dazu. Schafft es eine Schule, sich zu den Rahmungen, Haltungen und Vorgehensweisen zu bekennen und an ihnen festzuhalten, beginnt das Schulklima in besonderer Weise zu gedeihen. Hierfür müssen jedoch harte Strukturen geschaffen werden, die verbindlich gelten und der Steuerung und dem Kollegium in einem bisweilen zähen Prozess abgerungen werden müssen.

Die traumasensible Schule nach TLPI

Die Ziele, die eine traumasensible Schule erreichen kann, sind vielfältig. Schule hat nach der „Trauma and Learning Policy Inititative (TLPI)“ viele Möglichkeiten und Ressourcen, die sie nutzen kann (Cole et al. 2005):

- Schule kann zu Familien als Partner in einem Kooperationsprozess sehen und die Beziehungen von traumatisierten Kindern und Erwachsenen innerhalb und außerhalb der Schule stärken.
- Schule kann Schülern helfen, ihre Gefühle und ihr Verhalten zu modulieren und selbst zu regulieren.
- Schule kann Kindern ermöglichen, ihr schulisches Potential zu entwickeln.

Die TLPI hat zur Umsetzung dieser Ziele einen Aktionsplan entwickelt. Sie übernimmt die Struktur des „Flexibel Framework“. Dies ist ein Werkzeug zur Organisationsentwicklung. Durch dieses ist es möglich, ursprünglich nachhaltiges Wirtschaften zu messen und zu überwachen. Es ist derart flexibel, dass es selbst für Schulen geeignet scheint, traumasensible Hilfen zu etablieren. Im Rahmen des Flexibel Framework (im Folgenden unter anderem „Rahmenplanung“) kann ein Aktionsplan gestaltet werden, der Schritt für Schritt vorgibt, was eine Schule braucht, um tatsächlich traumasensibel konzipieren und gemeinsam handeln zu können.

Ziele des Aktionsplans:
Der flexible Rahmenplan kann auf jede beliebige Schule angewendet werden, weil er so allgemein gehalten ist. Der Rahmenplan bietet Richtlinien zur traumasensiblen *grundlegenden* Gestaltung und *Veränderung* der Infrastruktur von Schulen und Unterstützung ihrer Mitarbeiter. Sechs Bereiche werden dafür bearbeitet:

1. Schulweite Infrastruktur und Kultur
2. Weiter- und Fortbildung der Mitarbeiter
3. Kooperation mit externen Kräften, wie Psychologen
4. Unterrichtsbezogene Hilfen für traumatisierte Schüler und Schülerinnen
5. Außerunterrichtliche Strategien
6. Schulregeln,-vorgaben-, -abläufe

Dieser Plan ist ausdrücklich dafür vorgesehen, erweitert, verbessert und angepasst zu werden: “We hope that implementation of the schoolwide approaches that follow will in turn generate new strategies for enhancing and expanding the trauma-sensitive school environment” (Cole et al. 2005, 47). Der vollständige Aktionsplan ist im Folgenden zu finden. Er wurde direkt aus dem Englischen übersetzt.

Schulweite Infrastruktur und Kultur

- *Schulleitung*
- *Etablierung traumsensibler Teams*

  Team 1: Strategieplanung mit Schulleitung, Verwaltung und anderen Verantwortlichen

Team 2: Einschätzung des Bedarfs an Fortbildung der Mitarbeiter und ihrer Bedürfnisse
Team 3: Fallbesprechungen (in diesem Werk die „vier Weisen")
Team 4: Begutachtung der Vorgaben, Gesetze, Rahmenrichtlinien
Team 5: Auf- und Ausbau von Kooperationen mit externen Anbietern, wie Psychologen aber auch Ämtern.
Team 6: Evaluation des Programms

- *Identifizierung und Bearbeitung von Barrieren*
  1. Beispiel: Schulen sehen Trauma als ein Problem, das nur zu Hause passiert.
  2. Beispiel: Lehrkräfte geben bewusst oder unbewusst Schülern oder Eltern die Schuld.
  3. Beispiel: Die Arbeit mit traumatisierten Kindern ist überwältigend und hinterlässt bei Mitarbeitern Hilflosigkeit.
  4. Beispiel: Lehrkräfte müssen ihre Hilfen für die ganze Klasse und die Hilfe für ein sehr bedürftiges Kind einteilen, abwägen, ausbalancieren.
  5. Beispiel: Schulen verfügen über zu wenig Kompetenzen und Ressourcen, um traumatisierten Kindern zu helfen.

Fort- und Weiterbildung der Mitarbeiter

- *Kooperation mit Eltern und Personensorgeberechtigten*
  - Aufbau eines Verständnisses für die komplexen (kumulativen) Folgen von Wirkfaktoren und ihren Bezug zu Gewalt
  - Aufbau eines Verständnisses des rechtlichen Kontextes
  - Entwicklung von Kommunikationsstrategien
- *Unterstützung der Mitarbeiter*
  - Identifizierung der Bedürfnisse
  - Aufbau einer differenzierten Rollenverteilung zwischen Lehrkräften und z.B. Psychologen (siehe Kooperation)
  - Aufbau von Kompetenzen
- *Unterricht*
  - Unterstützung der Schüler und Schülerinnen in der Selbstregulierung ihrer Gefühle, um soziale und kognitive Kompetenzen zu erlernen
  - Aufrechterhaltung hoher didaktischer und methodischer Standards
  - Unterstützung der Schüler und Schülerinnen, sich sicher zu fühlen
  - Aufbau von Strategien zur Einhaltung von Grenzen
  - Reduzierung von Mobbing und Belästigung
  - Mitspracherecht und Beteiligung von Schülern und Schülerinnen stärken
  - Aufbau konstruktiver und stärkenorientierter Ansätze
  - Aufbau eines Verständnisses für die Verbindung von Gefühlen und (auffälligem) Verhalten
  - Vermeidung von Etikettierung und Stigmatisierung

Kooperation mit psychologischen Diensten

- *Unterstützung des Kollegiums und weiteren Mitarbeitern durch geschulte Kräfte*
  - Einbezug vertraulicher Gespräche
  - Einbezug der Möglichkeiten, für Mitarbeiter, ihre Arbeit und ihren Einfluss auf sie zu reflektieren
  - Einbezug der Möglichkeiten daran zu arbeiten, positiv auf traumatisierte Kinder zu reagieren
  - Beratung für die Arbeit im Klassenzimmer und die Reaktion auf Verhalten
  - Beratung für Lehrkräfte in Bezug auf die Arbeit mit (traumatisierten) Eltern
- *Kooperation mit externen Dienstleistern für die Arbeit mit dem Umfeld/Wirkfaktoren*
  - Überweisung an Experten wie Psychotherapeuten
  - Aufbau von Beziehungen zu Familien und/oder Personensorgeberechtigten
  - Aufbau von Beziehungen zu externen Dienstleistern

Unterricht

- *Übergeordnete Lehransätze*
  - Inseln der Kompetenz von Schülern und Schülerinnen nutzen und weiterentwickeln
  - Vorhersagbarkeit
  - Zeitliche Abläufe von Aktivitäten und des Unterrichts strukturieren
  - Übergänge und Brüche durch Vorbereitung mildern
  - Sicherheit herstellen
  - Schriftliche Förder- und Hilfeplanung
  - Gleiche Anforderungen und Leistungsniveaus wie die anderen Schüler und Schülerinnen
  - Herunterbrechen von Abläufen und Lob
- *Sprachbasierte Ansätze für den Unterricht (siehe „traumasensible Kommunikation“)*
  - Nutzung vielseitiger Präsentationsmöglichkeiten von Informationen
  - Strategien zur Verarbeitung von Informationen
  - Identifizierung und Verarbeitung von Gefühlen
- *Angemessene Leistungsbeurteilung*
  - Psychische Evaluation durch Experten für Neuropsychologie, Kindheitstraumata und den Einfluss von Traumata auf Lernen.
  - Evaluation durch Experten für Sprache
  - Entwicklung eines Förderplans in Bezug auf den „guten Grund“ des Verhaltens
  - Evaluation durch Ergotherapie

Außerunterrichtliche Strategien

- Aufbau von Beziehungen mit Kooperationspartnern (Eltern, etc.) außerhalb des Unterrichts
- AG Angebot erhöhen

Schulregeln,-vorgaben-, -abläufe

- *Sanktionen, Strafen, Klassenkonferenzen*
  - Abwägen der Verantwortlichkeit für die Tat und Verständnis für traumabezogene Dynamiken
  - Lehren von Regeln und ihrer Einhaltung
  - Reduktion von Unterrichtsstörungen
  - Aufstellung allgemein gültiger Regeln und Konsequenzen
  - Unterstützung im Aufbau von respektvollen und gewaltfreien Beziehungen
- *Kommunikationsstrukturen*
  - Schweigepflicht und Vertraulichkeit beachten
  - Kommunikation mit Familien traumatisierter Kinder
  - Meldung und Weiterleitung von Verdachtsfällen bei Misshandlung
- *Sicherheitsplanung*
  - Sicherheit in der Weitergabe vertraulicher Informationen, Entbindung Schweigepflicht
  - Sicherer Austausch von Informationen zwischen Schulen
  - Datenschutz beachten
  - Unterstützung von Familien, eine sichere Schule zu finden
  - Durchsetzung von gerichtlichen Anordnungen (z.B. Täterkontakte)
  - Einstweilige Verfügungen dokumentieren
  - Betroffene Beteiligte informieren
  - Fotos von Gewalttätern vorhalten, damit alle Beteiligten diesen oder diese erkennen können
  - Alle Mitarbeiter sollten sich mit vorgegebene Abläufen bei Verdachtsmomenten auskennen und nach ihnen handeln
  - Kooperation mit der Polizei und Gerichten
  - Wenn einstweilige Verfügungen nicht eingehalten werden, sollte dies sofort gemeldet werden.
  - Herstellung von Beziehungen zu behandelnden Ärzten
  - Herstellung eines Zugangs zu kommunalen Hilfeeinrichtungen und Ressourcen für Familien
- *Kollaboration mit kommunalen Einrichtungen*
- *Mitarbeiter als Verbindungsstelle zu externen Dienstleistern*
- *Herstellung von Beziehungen zu Behörden, Trägern, Vereinen, Politik*

Dies ist, soweit bekannt, das erste Mal, dass dieser Plan in der deutschen Fachwelt auftaucht. Es ist höchste Zeit! Wir können viel von den Amerikanern zu diesem Thema lernen. Diese Inhalte sind bisher kaum in die deutsche Traumapädagogik eingeflossen. Besonders die Erfahrungen ihrer politischen Arbeit sind bemerkenswert. Die Ausführung dieses Aktionsplans ist sehr aufwändig. Häufig reichen als Einstieg eine Fortbildung und die Sensibilisierung der Mitarbeiter. Über kurz oder lang werden zumindest Schulen, die hauptsächlich mit schwer belasteten Strukturen zu tun haben, nicht um eine grundlegende traumasensible Strukturierung herumkommen.

Traumasensible Strukturierung von Ort, Zeit und Inhalt

Strukturierung muss nicht grundlegend auf allen Ebenen einer Schule umgesetzt werden. Die Herausforderungen eines solchen Vorgehens sind hoch. Für Lehrkräfte ist ein Einstieg angebracht, den sie im schulischen Alltag umsetzen können. Daher wirken Lehrkräfte strukturierend, wenn sie drei Dimensionen beherzigen:

Ort, Zeit und Inhalt

Diese drei Bereiche wurden schon im Kapitel Beziehung (Planbarkeit) aufgeführt und haben sich bewährt. Lehrkräfte fragen häufig nach konkreten Hilfen und „Anleitungen“: Die dreidimensionale Sichtweise ist als strukturgebender Rahmen hilfreich, schnell umzusetzen, praxisnah und arbeitet besonders zentrale Bereiche der traumasensiblen Schule nach Cole et al. (2005) heraus.

Ort

Der Physiklehrer Herr T. ist verzweifelt. Nach jeder Stunde fehlen Schutzbrillen, sind Gashähne abgeschraubt, unter den Tischen findet sich allerlei Müll. Der Physikraum ist heruntergekommen und braucht eine dringende Renovierung. Im hinteren Bereich, über Schränken, die seit Jahren nicht geöffnet wurden, türmen sich Haufen von Physik- und Chemiegerümpel. Justin nutzt diesen Raum für allerlei Ablenkung von seiner Situation. Den Inhalt des Unterrichts bekommt er schon lange nicht mehr mit. Besonders der ruckelnde Widerstand des Gashahns hat es ihm angetan, der jedes Mal ein bisschen mehr nachgibt. Justin sitzt in der letzten Reihe und fühlt sich dort sehr wohl. An der Wand hängen Regeln für den Fachraum, die aber keinen mehr interessieren. Auch die Dienste werden eigentlich alle von Herrn T. ausgeführt, da sich keiner bemüßigt fühlt, seine Arbeit richtig zu erledigen.

Die Strukturierung der Umgebung ist eine wichtige Voraussetzung, um Kindern die Möglichkeit zu geben, sich auf das Unterrichtsgeschehen zu konzentrieren. Drei der wichtigsten Komponenten dieser Struktur sind

- Ordnung
- Sauberkeit
- Übersichtlichkeit

Eine weitere Komponente ist der Sitzplatz des betroffenen Schülers. Manche Schüler sind ruhiger, wenn sie näher bei der Lehrkraft sitzen (bitte nicht zu nahe, sonst sieht man Kinder nicht mehr), andere ziehen es vor, hinten oder bei der Tür zu sitzen um den Raum im Blick zu haben. Lehrkräfte sollten das betroffene Kind

fragen, wo es sitzen möchte und nach einer Woche nachhaken, ob sich das Kind noch wohlfühlt oder den Platz wechseln möchte. Weiterhin sollte das Kind nahe am Raumanker der Lehrkraft sitzen bzw. am Rand der bevorzugten Laufrouten im Klassenzimmer (aber nicht zu nah). In der Rettungsschwimmerausbildung bekommt man eingeschärft, dass viele Schwimmer direkt vor dem Hochsitz des Rettungsschwimmers ertrinken, weil dort die Aufmerksamkeit am geringsten ist. Genauso verhält es sich mit Kindern, die direkt neben dem Pult der Lehrkraft sitzen oder am Raumanker. Sie bekommen wenig Beachtung, obwohl das Gegenteil beabsichtigt ist. Außerdem wirkt dieser Platz bisweilen stigmatisierend.
Lernen geschieht in der Schule in einer Vielzahl unterschiedlicher Räume:
In **Klassenräumen** hängen häufig die Regeln, Pläne für den Unterricht, der Stundenplan der Klasse, Pläne für Dienste, die Tafel ist ebenfalls mit (pfiffigen) Hinweisen an Magnethalterungen versehen, an den Fenstern hängen transparente Bilder, an den Wänden die Ergebnisse der letzten Referate (nun schon ein Jahr her), auf dem Schrank verstauben unzählige Dinge, die vergessen wurden. Mehrere Pflanzen kämpfen seit Jahren um ihr Überleben.
Klassenräume für traumatisierte Kinder sollten *so ordentlich wie möglich sein* und gleichzeitig Raum lassen können für Unordnung bzw. schnell und gemeinsam wieder aufgeräumt werden können. Laufwege, Beschilderungen und Stationen sollten offensichtlich, aber nicht überladen sein. Regeln müssen nicht nur mit den Kindern anfänglich gemeinsam erstellt werden, sondern auch mit ihnen nach einem festen Zeitraum evaluiert und angepasst werden. Zuviel Pläne, Bilder und Dinge im Raum können verwirrend sein. Versuchen Lehrkräfte, einen Raum zu reduzieren (bitte keinen Kahlschlag), werden sie spürbar mehr Ruhe erhalten.
Tote oder halbtote Pflanzen sollten in keinem Raum vorhanden sein, der Kinder bei der Bewältigung von Gewalt unterstützt.
Spezialisierte Fachräume wie jene für die Naturwissenschaften (Chemie, Physik, Biologie), Werkstätten (Werken, Technik) oder Informatik sind für traumatisierte Kinder schwer zu handhaben. Sie zeichnen sich gegenüber Klassenräumen durch unübersichtliche Laufwege kommen unter anderem lange Reihen, Maschinen, Gruppenwerkbänke, an denen man steht), gefährliche Gegenstände (unter anderem Laugen, Säuren, Messer, Sägen), teure Gegenstände (unter anderem Mikroskope). Und in Kombination: Leicht zu verlierende, teure und gefährliche Gegenstände (unter anderem Zangen, Scheren, Pinzetten, Skalpelle). Weiterhin gibt es räumliche und fachliche Besonderheiten (unter anderem dreh- und schwenkbare Teile wie Wasserhähne, Werkbänke, stehendes Arbeiten, unbegrenzter Arbeitsraum, unübersichtlich lange Arbeitsaufträge, besondere Gerüche, Eindrücke, Fachsprachen, komplexe Zusammenhänge sowie eine klar überlegene Kompetenz in der (illegalen) Verwendung dieser Dinge wie zum Beispiel eines digitalen Endgeräts im Informatikunterricht oder der Zweckentfremdung von spitzen Gegenständen. Diese Kombination aus Besonderheiten machen Fachräume einerseits ideal für schwer belastete Kinder, weil sie viele Möglichkeiten hätten, sich

auszuprobieren und Neugierde zu entwickeln, andererseits gibt es viele Dinge, die ihre Aufmerksamkeit mehr fesseln, als der eigentliche Unterricht. Es sei deshalb geraten, traumatisierte Kinder soweit wie möglich von allen beweglichen Teilen fernzuhalten und die Unter- bzw. Rückseite des Tisches hin und wieder zu kontrollieren. Lehrkräfte werden dort die eine oder andere Überraschung finden. Sind sich Lehrkräfte unsicher, ob sie einen Gegenstand entfernen sollten, sollten sie ihn einmal in die Hand nehmen: Liegt er dort gut und ruft: Wirf mich gegen etwas anderes und schau was passiert! Wenn man daran rüttelt: Kann man es langsam aber sicher aus seiner Halterung bekommen? Sie sehen: Im Zweifel sollten Lehrkräfte den Gegenstand zur Seite räumen. Bei Experimenten teilen Sie traumatisierte Kinder unbedingt mit ruhigen Kindern ein und lassen Sie dieser Gruppe genug Platz. Keiner sollte rempeln oder rangeln können. Haben Sie diese Gruppe immer im Blick.

Lehrkräfte sollten sich immer wieder daran erinnern, dass sie diese Kinder im Blick haben sollten. Immer. Wieder. Diese Kinder und Jugendlichen haben eine unheimliche Begabung, sich „unsichtbar“ zu machen.

Lehrkräfte müssen sehr klare Regeln zum Umgang mit gefährlichen Gegenständen setzen und diese Verstöße sofort und konsequent ahnden. Sie erklären nach der Stunde ihre Reaktion und Beweggründe, wenn das Kind mit sich reden lässt.

Auf dem **Pausenhof** gibt es die größte Anzahl von Schülern und die kleinste Anzahl von Lehrkräften, die Schüler überblicken können. Für traumatisierte Kinder ist das keine günstige Voraussetzung (oder doch, es kommt hier auf die Perspektive an). Schwer belastete Kinder und Jugendliche werden diejenigen sein, die man beim Rauchen erwischt, beim Zündeln, beim Dealen, beim Zeigen von Snuffvideos und dem Schubsen und Mobben von Mitschülern. Traumatisierte Kinder brauchen in unübersichtlichen Settings *mehr* Aufsicht und Struktur, als Kinder, die keine Gewalt erlebt haben und mehr Aufsicht, als im Unterrichtssetting. Manche Kinder können mit diesem Angebot überhaupt nicht umgehen und reagieren in der oben beschriebenen Weise. Lehrkräfte sollten in diesem Fall die Aufsicht verstärken und dem Kind die Möglichkeit geben, in einem Setting Pause zu machen, das besser überblickt werden kann, wie z.B. die Mensa oder ein Aufenthaltsraum bzw. eine Ecke des Schulhofs. Ziel hierbei sollte allerdings die Rückführung in den Kontext der großen Pause sein.

Flure werden als Aufenthaltsräume häufig in Schulen vernachlässigt. Rechnet man einen Unterrichtstag von 6 Stunden an einer regulären Schule, so gibt es 7 Übergänge, in denen sich Kinder in den Fluren aufhalten. Nimmt man dafür durchschnittlich 3 Minuten, kommt man auf gute 20 Minuten, in denen sich Schüler und Schülerinnen unbeaufsichtigt nach dem Klingeln und vor dem Unterricht in engen Fluren aufhalten – eine ganze Pause lang. Sind es in den Augen von Lehrkräften bloße Zwischenstationen, um zum Klassenzimmer zu kommen, sind es für Schüler Aufenthaltsräume, in denen sie auf engstem Raum zusammen rumlümmeln, essen, trinken, kramen, sich unterhalten und streiten. Konflikte und Beschädigungen können hier leicht geschehen.

Auch Vitrinen in Fluren, Räumen und Hallen sollten unbedingt gepflegt werden, neue Impulse geben, die Schule zu einer Gemeinschaft zusammenführen. Werden Räume erhalten und bewusst wahrgenommen, können sich traumatisierte Kinder besser in ihnen zurechtfinden.

- Räume müssen ordentlich, sauber und übersichtlich sein. Fachräume sind besonders herausfordernd für traumatisierte Kinder.
- Die „Regelecke" muss aufgeräumt, reduziert und übersichtlich sein. Regeln sollten evaluiert und angepasst werden.
- Die Pause und der Flur sind stark vernachlässigte Bereiche der Aufsicht und der Struktur.

Zeit

Frau D. hat alle Unterrichtsphasen bis ins Detail ausgearbeitet und Differenzierungen erstellt, damit langsamere Kinder auch mitkommen können. Auch für Justin hat sie extra Aufgaben. Sie weiß, dass er nicht so belastbar ist. Die Kinder sollen ihre Materialien herausholen und dafür auch zu einem Schrank gehen. Es dauert ein wenig, bis alle soweit sind. Kurz vor der Erarbeitungsphase rastet Justin jedoch aus. Er schmeißt seine Stifte weg, das Papier fliegt im Klassenzimmer herum. Frau D. ist ratlos.

Zeit ist eine delikate Angelegenheit in der Schule. Sie steht nur in einem sehr engen Rahmen zur Verfügung. Eine Unterrichtsstunde hat beispielsweise entweder 45 oder 90 Minuten, die Pausen sind 5, 15 und 20 Minuten lang, die Schule beginnt z.B. um 8.00 Uhr und endet ebenfalls zu einer immer gleichen Zeit. Jeder Übergang wird durch ein deutliches Signal angekündigt und beendet. Das sind fantastische Voraussetzungen für traumatisierte Kinder, die durch eine starke Struktur profitieren! Es gilt jedoch eine gute Balance zwischen rigidem Zeitmanagement und Raum für Änderungen, also Flexibilität zu finden. Eine bis ins kleinste Detail getaktete Schule wird nicht die Lebendigkeit erhalten, wie es eine Schule erlebt, die ihre zeitliche Organisation rhythmisiert, also Unterbrechungen zulässt, Pausen und Verlängerungen, Schul- und Sportfeste, Jahreszeitenfeste, gemeinsame Feiern, genug Zeit für Tests.
Unterricht besteht, grob eingeteilt, aus drei Hauptphasen: Einführung, Erarbeitung, Sicherung. Diese drei Phasen bieten Chancen und Herausforderungen. Besonders betrachtet werden müssen auch die Gelenkstellen zwischen diesen Phasen. Die Lehrkraft in unserem Beispiel hätte diese stärker bedenken sollen, denn Justin hatte einige Minuten nichts zu tun und geriet so „aus dem Takt".
Die **Einführung** sollte so ritualisiert wie möglich gehalten werden. Beginnen sollten Lehrkräfte immer ähnlich mit einem Ritual, mit einem Spiel, einer besonderen Begrüßung oder Musik. Diese Zeiten bieten Sicherheit durch Vorhersagbarkeit und Transparenz. Schüler wissen, was kommen wird und können sich darauf einstellen, Kräfte einteilen.

In der **Erarbeitungsphase** ist das Augenmerk auf die Arbeitsform und Zeitvorgaben zu richten. Traumatisierte Schüler werden hier die größten Schwierigkeiten haben. Für Einzelarbeit wird Konzentration benötigt und Ruhe, die schwer für diese Kinder aufzubringen ist, dafür können sie sich in dieser Phase gezielt einem Thema widmen und dieses verstehen lernen. In der Erarbeitungsphase kann und sollte Kindern eine Pause gegeben werden, sollten sie Ermüdung zeigen (und damit meistens stören), um sie dann wieder zum Weiterarbeiten anzuhalten. Diese Pause muss strengen Regeln folgen, da das Kind sonst andere Mitschüler stören wird. Auch die Wiederaufnahme der Arbeit wird schwieriger sein. Geben Sie sich in dieser Phase auch mit kleinen Erfolgen zufrieden. Sollten ursprünglich vier Aufgaben erledigt werden und das Kind schafft nur eine, so kann dies als Erfolg gewertet werden. Das Kind lümmelte zwar auf seinem Stuhl herum, zerstörte erst seine Schere und verstümmelte dann mit der einen Hälfte dieser Klingen sein Radiergummi, es hat aber eine Aufgabe erledigen können! Dies ist ein Erfolg. Das hat die Lehrkraft zusammen mit dem Kind geschafft!

Nun sollten Lehrkräfte daran arbeiten, dass das Kind nächstes Mal eine zweite Aufgabe schafft. Es ist gut, wenn Lehrkräfte das Kind daran erinnern, wie es die erste Aufgabe zufriedenstellend (und wahrscheinlich recht schnell) erledigte.

Gruppenarbeit mag wohl eine der größten Herausforderungen darstellen. Hier sind allerhand Kompetenzen gefordert, die weit über das Fachliche hinausgehen. Aushandeln, Kommunizieren, Kompromisse schließen, die Perspektive des Anderen einnehmen sind alles Kompetenzen, die traumatisierte Kinder nur bedingt ausfüllen können. Weiterhin gibt es kaum Möglichkeiten, Krisen schnell und friedlich zu beenden. Lehrkräfte sollten den Schüler oder die Schülerin fragen, ob sie an der Gruppenarbeit teilnehmen wollen. Wollen sie dies nicht, so bekommen sie Aufgaben, die sie allein in einer ruhigeren Ecke bearbeiten können. Ziel ist die Beherrschung dieser Situationen. Lehrkräfte sollten deshalb sichere Gruppenarbeitsphasen gestalten, die sich durch absolute Verlässlichkeit und Vertrauen auszeichnen, wie zum Beispiel durch die Kombination verschiedener Schüler, über eindeutige Arbeitsaufträge, passende Anforderungsgrade. Die **Abschlussphase/Ergebnissicherung** sollte ebenso ritualisiert erfolgen. Nach der Präsentation der Ergebnisse ist ein gemeinsamer Abschluss notwendig, Lob, Anerkennung, positive Reflexion des Unterrichtsgeschehens. Am Ende des Unterrichts wird das Kind erschöpft sein. Es zeigt dies aber nicht durch Müdigkeit, sondern durch Störungen Ihres Unterrichts. Versuchen Sie deshalb, Zusammenfassungen kurz zu halten und auf das Arbeitsverhalten der Schüler einzugehen. Lehrkräfte sollten involvieren und fragen: Was war gut? Was war nicht so gut? Wo konntet ihr euch konzentrieren, zu welchen Ergebnissen seid ihr gekommen? Lehrkräfte sollten Schüler loben, Kritik gekonnt verpacken und diese anhand von Beispiel verdeutlichen, ohne das Kind zu denunzieren oder die Probleme „breit zu walzen".

Für welche Arbeitsform sich Lehrkräfte auch entscheiden, es ist notwendig, dass sie diese vorstrukturieren und eng begleiten.

Ebenso wichtig wie die Planung der Hauptphasen im Unterricht ist die Gestaltung der Übergänge zwischen ihnen. Diese Momente werden Kindern die größten Schwierigkeiten bereiten, weil es erstens heißt, etwas zu beenden und zweitens, dass man sich auf etwas neues einlassen muss und dass drittens ein Moment des Wartens zwischen diesen beiden Punkten besteht, der enorm unangenehm sein kann. Diese Zeit besteht aus der Organisation von Materialien, Warten, Aufstehen und Hinsetzen und wird nur schlecht gemeistert. Es gibt zu viele Dinge, die beachtet werden müssen: Laufwege, soziale Kontakte mit Mitschülern, verhandeln von Materialien, kreativen Anspruch ausfüllen, Ruhe einhalten, nichts vergessen.

Lehrkräften sei geraten, die Materialien für traumatisierte Kinder bereits gesammelt parat zu haben, um ihnen diese an den Tisch zu bringen. Meistens haben diese Kinder viele Materialien sowieso nicht dabei, weshalb Lehrkräfte einen Vorrat davon anlegen sollten. Gleichzeitig sollten traumatisierte Kinder aber unbedingt lernen, mit dieser Art von Situation umzugehen. Lehrkräfte sollten deshalb ebenso daran arbeiten, die Phasen der Übergänge so übersichtlich und geradlinig wie möglich zu halten.

Rituale haben eine große, heilende Wirkung auf traumatisierte Kinder und Jugendliche. Begrüßungen, Energizer, Spiele, Lieder und Gedichte eignen sich hervorragend, um Kindern ein Gemeinschaftsgefühl und Sicherheit durch vorhersagbare und verlässliche Strukturen zu vermitteln. Es mag wie der Unterrichtsbeginn in einer Grundschule anmuten (und damit infantil, naiv, banal), aber dem ist nicht so. Denken Sie an das Beispiel Waldorfschule: Dort wird nicht nur jeder Schüler begrüßt, sondern auch jeden Morgen ein Gedicht aufgesagt. Keiner findet dies peinlich oder unangemessen. Es stärkt die Klassengemeinschaft.

Es gibt in der Schule viele **Pläne**. Sie regeln den Ablauf von Unterricht, dem Unterrichtstag, der Pause, der Dienste, etc. Diese Pläne sind gut und richtig und helfen Kindern, die traumatisiert sind. Sie bleiben aber ohne Bedeutung, wenn Lehrkräfte ihnen diese Bedeutung nicht zumessen. Dies geschieht in Form von Visualisierungen (ein bestimmter Ort im Klassenzimmer), verbalen Erklärungen und Erinnerungen, nonverbalen Aspekten, wie Piktogrammen, die mit einem schlichten Bild Phasen einleiten. Pläne müssen übersichtlich gehalten werden. Eine ganze Wand voller Pläne ist so wirkungsvoll wie der Schwarzwald bei Nacht. Kinder werden nichts erkennen oder den Sinn nicht erschließen können. Sie werden Angst bekommen, den Überblick zu verlieren. Pläne zu Diensten oder Pausen teilen Lehrkräfte in dem Moment mit, indem sie wichtig werden und wiederholen sie gegebenenfalls.

Dienste können sehr wichtig für Kinder sein. In der Grundschule sind sie noch stolz, die Tafel wischen, das Datum anschreiben zu dürfen. In der weiterführenden Schule sind es unter anderem Assistenzdienste, die der Lehrkraft helfen, zum Beispiel das Austeilen von Arbeitsblättern oder die Durchführung kleiner Bestandteile des Unterrichts wie Präsentationen und Rituale.

Der Entzug von Diensten wird manchmal als Strafe eingesetzt, dabei sind sie wundervolle Mittel, um Kindern ihre Wirksamkeit zu zeigen! Ein störendes Kind sollte nicht isoliert, sondern „König werden". Übertragen Sie dem Kind Aufgaben, die es bewältigen kann und die es mit Stolz erfüllen. Aufgaben, die nur das Kind erledigen darf (z.B. in jüngeren Klassen, die Tafel zu wischen oder bei älteren Schülern das Erledigen von wichtigen Botendiensten während der Unterrichtszeit) Mitschüler werden sich eventuell beschweren, aber diesen Umstand nach einer Weile akzeptieren. Lehrkräfte erläutern schlicht, dass andere Kinder andere Aufgaben brauchen. Kein Kind wird dies über längere Zeit stören. Das traumatisierte Kind aber fühlt sich gebraucht, wertvoll und gesehen. Das störende Verhalten wird zurückgehen.

- Jede Phase im Unterricht muss genau geplant werden.
- Unterricht muss dennoch flexibel gehalten werden.
- Gelenkstellen brauchen eine starke Strukturierung.
- Unterricht braucht Rituale.

Inhalt

Ahlke ist ein Kind, das viel Gewalt erleben musste. Nicht nur wurde es sehr früh aus ihrer Familie herausgenommen, es leidet auch unter den ständigen Misserfolgserlebnissen in der Schule, den Strafen und Konsequenzen, die ihr Verhalten hat. Sie ist in der 7. Klasse und in Deutsch auf dem Stand einer Viertklässlerin. Ihre Handschrift ist ungelenk und krakelig. Sie kann Linien nicht einhalten, schreibt die „6" verkehrt herum und beherrscht keine elegante Linienführung in der Schreibung der Buchstaben. So fängt sie das „P" mal von unten, mal zuerst mit dem Strich an, um dann „den Kopf" hinzuzufügen. Sie verwechselt häufig „k" und „ck", „d" und „t". Auch Strategien, wie die richtige Schreibweise herzuleiten ist, zeigen keine Verbesserung. Sie bekommt ein Gutachten und ist nun „Legasthenikerin".

Es ist bisher nur sehr wenig über die Ausgestaltung von Fächern geschrieben worden. Fachspezifische Auswirkungen sind kaum festgehalten.
Auch hier gilt eine übersichtliche und reduzierte Handhabung der Inhalte.
Lehrkräfte können Raum zum Experimentieren geben, aber keine „Fallen" einbauen, keine Sackgassen oder irreführende Informationen. Vermitteln Lehrkräfte Inhalte, sollten diese möglichst auf vielfältige Weise präsentiert werden (enaktiv, ikonisch, symbolisch).
Siebert (2016) folgerte, dass Körperschemastörungen, also die Fehlwahrnehmung des eigenen Körpers, eine Folge von Gewalt sein können. Sie haben Auswirkungen auf den Unterricht und damit seine Gestaltung. Traumatisierte Kinder zeigen eine ungelenke, unsaubere Handschrift, keine Ordnung auf dem Blatt Papier. Saubere Blöcke sollten vorgehalten und die notwendige Anzahl von (Arbeits-)Blättern ausgeteilt werden. Blätter sollten genaue Vorgaben zu Datum, Name, Aufbau und Vorbereitung haben. Bestenfalls teilen Lehrkräfte ein Muster aus oder malen es an die Tafel. Wenn Schüler oder Schülerinnen schreiben sollten, müssen sie dies auf liniertem Papier tun. Kariertes Papier wird ausschließlich zum Rechnen benutzt.
Die Nutzung der Schreibwerkzeuge sollte vorgegeben werden und nur diese auf dem Tisch vorhanden sein.

Arbeitsblätter sind einfach zu strukturieren. Lehrkräfte sollten hier nur ein Thema pro Blatt zur Bearbeitung geben. Es gibt auf diesen keine mehrfachen Lösungen, nur eindeutige Lösungswege. Sie beginnen leicht und enden mit einem mittleren Anforderungsgrad. Wie immer gilt es, kleine Erfolge zu würdigen. Schlussendlich sind dies auch Bereiche, in denen traumatisierte Kinder besondere Herausforderungen haben.

! Die Erforschung fachspezifischer Auswirkungen ist dringend notwendig. Andere Fächer haben unterschiedliche Herausforderungen und benötigen unterschiedliche Voraussetzungen und Hilfen für traumatisierte Kinder.

Strukturierung von Rahmenrichtlinien

Wie umfassend die Strukturierung einer Schule ist, wurde schon gezeigt. Richtlinien wie Kinderschutzkonzepte, Vorgehen und Abläufe bei Verdachtsfällen, bei einstweiligen Verfügungen von Gerichten, Schutz vor Täterkontakten, Informationswege und nicht zuletzt die Kooperation benötigen Rahmungen, die zusammen erarbeitet und auf Papier festgehalten sind. Diese Dokumente werden gemeinschaftlich erstellt und festgehalten. Sie werden vor dem Hintergrund der Herstellung von Sicherheit für Kinder entwickelt. Rechtliche Bestimmungen wie Erlasse sind bestimmend und müssen befolgt werden. Diese sind nicht immer im Einklang mit notwendigen Hilfen. Aus diesem Grund gehört zur Strukturierung auch die Arbeit mit Politik, Behörden, Ämtern. Ein wichtiger Teil der Strukturierung von Hilfen sind ebenfalls Förderpläne, Individuelle Entwicklungspläne. Sie sind stark unterschätzt und häufig nur als Notwendigkeit ausgeführt.

Gütekriterien traumasensibler Strukturierung

✓ **Verlässlichkeit:**

- Die Strukturen werden auf allen drei Ebenen traumasensibel angeboten: Ort, Zeit und Inhalt
- Die angebotenen Strukturen sind belastbar und halten den starken Beanspruchungen durch traumatisierte Kinder stand.
- Die Strukturen sind langfristig verfügbar.
- Werden bekannte Strukturen in absehbarer Zeit verändert, müssen diese vorbereitet und die Übergangsphase begleitet werden.
- Strukturen sollten im Zweifel eher zu kleinschrittig angelegt werden.

✓ **Vertrauen:**

- Die angebotenen Strukturen werden nach den Bedürfnissen der Schüler und Schülerinnen gestaltet.

- Schüler und Schülerinnen werden aktiv in die Gestaltungsprozesse miteinbezogen.
- Strukturen können verändert werden, wenn sie nicht mehr den Bedürfnissen entsprechen.

Unterricht

Herr D. ist Kunstlehrer. Kunst ist für ihn mehr als ein Unterrichtsfach. Es ist eine Berufung. Er ist selber Künstler und stellt dadurch hohe Ansprüche an seine Schüler hinsichtlich der Arbeitsdisziplin, der Motivation und der Ergebnisse. Für Justin ist das Fach Kunst etwas sehr Schwieriges. Es hat kaum Struktur, man ist sich selber überlassen und muss ständig widerstehen, anderes zu tun. Herr D. weiß das und betrachtet Justin mit Sorge. Er weiß, dass er Potential besitzt, erkennt aber nicht, warum er so große Schwierigkeiten hat. Er zerreißt sein Blatt und hat meist den Kopf auf dem Tisch. Ein Kollege sagt zu ihm auf dem Flur: „Ja, wusstest du nicht? Justin hat ein paar schlimme Dinge erlebt, da ist es doch kein Wunder, dass er keinen Bock auf Schule hat.“

Traumatisierte Kinder fallen im Unterricht meist durch zwei Hauptmerkmale auf: Sie zeigen Verhalten, das nicht „angemessen“ ist, also den Unterricht stört oder das Lernen der Schüler verunmöglicht. Zweitens zeigen Kinder Merkmale auf, die mit ihrem Umfeld, ihrer Lebenssituation, ihren *Wirkfaktoren* zu tun haben, häufig negativ geladen sind und starke Belastungen darstellen. Traumatisierte Kinder sind mit diesen Faktoren verknüpft, die Einflüsse auf sie ausüben. Schüler und Schülerinnen leiden unter Armut, hohem Medienkonsum, haben selber Gewalt erlebt, einen Migrationshintergrund oder werden gemobbt. Traumatisierte Kinder haben keine gerade, harmonische Biografie, sondern eine, die gekennzeichnet ist von Brüchen und Lücken (Umzüge, Krankheit, lange Abwesenheiten von der Schule), verworrenen Geschichten, die oft relativ alt (quasi tradiert) sind. Sie können von Außenstehenden schwer nachvollzogen werden. Die Biografie ist außerdem gezeichnet von Ungleichheiten und Diskriminierungen, die Kinder erleben. Traumatisierte, bzw. schwer belastete Kinder sind überproportional häufig von Nachteilen und ungleicher Behandlung betroffen oder gerade durch diese schwer belastet.
Zusammenfassend ergeben sich zwei Merkmalsbereiche für traumatisierte Kinder:

1. Verhalten
2. Biografie (Wirkfaktoren)

Eingegangen werden soll im Folgenden auf das Verhalten von traumatisierten Kindern, das sie im Unterricht zeigen.
Traumatisierte Kinder ärgern Mitschüler, stören den Unterricht durch Zwischenrufe, dauerndes Basteln und Nesteln an Lernmaterialien in ohnehin schlechtem Zustand. Sie zeigen eine stark beeinträchtige Selbstwirksamkeit und damit verbundenes niedriges Selbstbewusstsein. Ihre Frustrationstoleranz ist eher niedrig, ihre

Impulskontrolle ebenfalls. Sie neigen dazu, Dinge zu vergessen und zu verschleppen (Cole et al. 2005).

Warum tun sie das?
Greifen wir den Anfang dieses Buches noch einmal auf und schauen in die vergangenen Kapitel: Dort lässt sich die zentrale Erklärung zur Entstehung von Traumata finden (Wie entstehen Traumata?). Hier wird aufgeführt, was die Folgen des Erlebens von Gewalt sind. Ein Opfer beginnt entweder „einzufrieren", also sich innerlich und äußerlich zurückzuziehen oder begibt sich in den „Kampfmodus", der Körper fährt alle Systeme hoch. Das Kind ist enorm wachsam und hat übermäßig viel Energie. Eine Folge dieses Prozesses sind Symptome, die sich ausführlich beschrieben unter der Akteurin Psychotraumatologie bzw. Klassifikationssysteme finden lassen:

1. Wiedererleben
2. Vermeidung
3. Übererregung
4. Dissoziation

Die Symptome, die traumatisierte Kinder in der Schule zeigen, unterscheiden sich von jenen, die im ICD und DSM gezeigt werden, weil sie eine Folge der Hauptsymptome sind und daher eher komorbide Störungen des Grundkomplexes Posttraumatische Belastungsstörung und verwandter Bereiche darstellen. Die „flight" und „freeze" Prozesse führen dazu, dass das Kind übermäßig erregt wird („highly aroused"). Es kann in diesem Zustand kaum noch Entscheidungen treffen, die seine Entwicklung langfristig fördern. Sie sind selber durch den eigenen Kontrollverlust belastet (Downey 2007).
Diese Symptome stellen Kinder in der Schule nicht ab. Mehr noch, sie werden durch fehlende traumasensible Haltungen verstärkt· Sie sind schwerer zu erkennen, als in klinischen Settings wie einer Therapiepraxis. Es gibt kaum evidenz-basierte Forschung zu diesem Thema. Wegweisend für die Entwicklung dieses Bereichs sind Cole et al. (2005), die wichtige Werke verfasst haben, wie z.B. „Helping Traumatized Children Learn" (Teil 1 und 2). Ein Großteil der folgenden Kapitel stützt sich auf diese Veröffentlichungen. Ihre Aufzählung der Beeinträchtigungen in der Schule erfolgt am Ende der Erläuterungen anderer Autoren zu diesem Thema.

Merkmale von traumatisierten Schülern bewegen sich meist in den Bereichen Verhalten und Wirkfaktoren.
In diesen Bereichen zeigen Kinder Auffälligkeiten und erfahren Ungleichheiten, Benachteiligung, Diskriminierung und Mangel.

Schulische Beeinträchtigungen traumatisierter Kinder

Herr D. spricht mit dem Sozialpädagogen. Dieser bestätigt die Aussage des Kollegen und fügt viele weitere negativ aufgeladene Wirkfaktoren hinzu, die Justin belasten. Herr D. steht der Mund offen. Und all das soll mit meinem Kunstunterricht zu tun haben?

Cole et al. (2005), Downey (2007) und Meyer (2015) sowie andere Autoren sind sehr wichtig für die Entwicklungen der traumasensiblen Hilfen in der Schule, und werden hier aufgeführt.
Grundsätzlich haben traumatisierte Kinder größere Schwierigkeiten, schulischen Aufgaben nachzukommen (Meyer 2015). Meyer veröffentlichte zu den Auswirkungen von Traumata in der Schule ein hilfreiches „Flowchart" (Meyer 2015, 8). Sie beschreiben auch die komorbiden Störungen der PTBS, die in diesem Werk schon häufiger erwähnt wurden und eine große Rolle spielen.

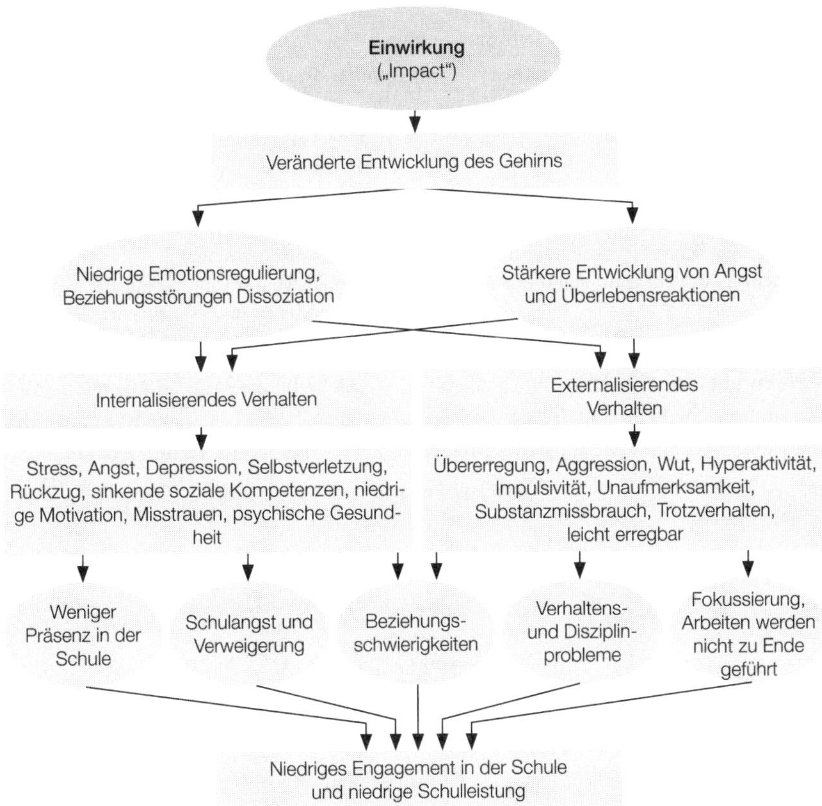

Abb. 14: Flowchart Trauma (Meyer 2015)

Lehrkräfte müssen sich mit Symptomen und ihrer Entstehung und Auswirkungen beschäftigen, um Hilfen besser und vor allem zielführend planen zu können. Traumatisierte Kinder brauchen andere Hilfeansätze als Kinder, die tatsächlich eher ‚faul' oder ‚langsam' sind. Lehrer spielen eine wichtige Rolle bei der Bewältigung von Traumata (Meyer 2015,10).

Eine der wichtigsten Beeinträchtigungen von traumatisierten Kindern in der Schule ist die Fähigkeit, Inhalte zu erinnern.

> "They forget things, leave their clothes where they fall, leave their toys and other mess for others to clean up after them, don't seem to pay attention to things others tell them; they can seem thoughtless and uncaring due to that thoughtlessness" (Downey 2007, 6).

Downey teilt schulbezogene Smyptomatik in schulische Leistung („acadamic performance") und Beziehungen („sozial relationships") (Downey 2007, 6):

Tab. 13: Einfluss von Traumata auf die Schule und Beziehungen (Downey 2007, 6)

Impacts on academic performance	Impacts on social relationships
• Reduced cognitive capacity • Sleep disturbance (causing poor concentration) • Difficulties with memory (making learning harder) • Language delays (reducing capacity for listening, understanding and expressing)	• Need for control (causing conflict with teachers and other students) • Attachment difficulties (making attachment to school problematic) • Poor peer relationships (making school an unpleasant experience) • Unstable living situation (reducing learning, and capacity to engage with a new school)

Meyer und Downey führen eindrücklich vor, wie vielfältig die Ausprägungen sein können und welche Folgen sie für das Lernen haben können. Er führt eine weitere Grafik auf, die verdeutlicht, wie stark die einzelnen Folgen miteinander verbunden sind.

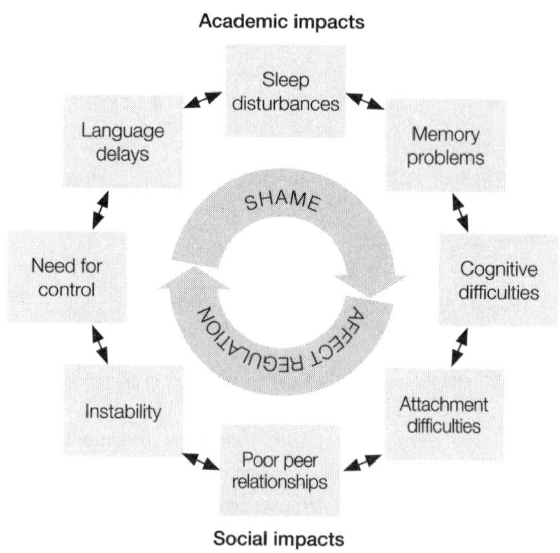

Abb. 15: Academic Impacts (Downey 2007)

Nach Downey haben Schüler und Schülerinnen Probleme, Freundschaften zu knüpfen (poor peer relationships) und Anschluss an soziale Gruppen zu finden und Schwierigkeiten, überhaupt Beziehungen zuzulassen (attachment difficulties). Ihr Handeln ist mit einer grundlegenden Instabilität (instability) und Unsicherheiten verbunden, die Kinder zeigen. Die einzelnen Faktoren sind miteinander vernetzt und haben Einfluss aufeinander. Dies macht das Symptombild von traumatisierten Kindern in der Schule komplex, vereinfacht jedoch die Möglichkeit, Rückschlüsse zu ziehen.
Auch Icj und Ugwu konstatieren, dass Stress, der durch Gewalt entsteht, das Gehirn beeinflussen kann. Sie beschreiben eine stark erhöhte Aktivität, die das Erinnerungsvermögen, logische Schlussfolgerungen, Problemlösungen oder die Regulierung von Gefühlen und Verhalten beeinträchtigen (Icj/Ugwu 2019).

Die Beeinträchtigungen in der Schule, unter denen traumatisierte Kinder leiden, sind vielfältig.
Beeinträchtigungen sind, ähnlich wie Wirkfaktoren voneinander abhängig.

Herausforderungen für die Schule

Herr D. schaut hin. Er entdeckt eine Vielzahl von belastenden Wirkfaktoren, die einen Einfluss auf dessen Lernen hat. Er fragt seine Klassenlehrerin, Frau P. Diese sagt, dass sie sich bereits mit den anderen Weisen getroffen hätte und sie zu einigen Planungen gekommen sind. Sie wundere sich, warum Herr D. davon nichts mitbekommen hat. Herr D. gibt zu, ein wenig von seinem eigenen künstlerischen Schaffen abgelenkt gewesen zu sein. Er zeigt nun ein starkes Interesse an Justin, auch, weil er sein Potential erkennt und Kunst ein guter Vermittler ist.

Die im Folgenden vorgestellten Bereiche und ihre Herausforderungen bzw. Problemstellungen für die Schule sind umfassend und betreffen fast jeden Aufgaben- und Leistungsbereich der Schule. Sie werden im Folgenden aufgeführt und erläutert (vgl. Cole et al., 2009).

Tab. 14: Herausforderungen für die Schule I

Bereich	Problemstellung
1. Sprache und Kommunikation • Lernen und verarbeiten verbaler Informationen • Soziale und emotionale Kommunikation • Problemlösung und Analyse	SuS haben Schwierigkeiten, wichtige Informationen zu erfassen und zu verarbeiten, die verbal vermittelt werden. Komplexe Kommunikation (zum Beispiel eine Diskussion auf hohem Niveau) überfordert sie. Kinder können nur schwer Bedürfnisse und Gefühle formulieren. SuS sind vor Herausforderungen gestellt, wenn sie Ideen und Konzepte aus unzusammenhängenden oder komplexen Inhalten entwickeln müssen.

Bereich	Problemstellung
2. Organisation von (narrativem) Material	Lernmaterialien können nicht in Ordnung gehalten werden, sind schmutzig und zerknittert. Hefte sind unvollständig oder fehlen gänzlich. SuS haben Schwierigkeiten Aufträge auszuführen, Regeln zu befolgen.
3. Beziehung von Ursache und Folge	SuS können nur bedingt eine Beziehung zwischen ihrem Verhalten und ihren Taten sowie den darauffolgenden Konsequenzen erkennen. Strafen und Sanktionen bleiben deshalb weitgehend wirkungslos.
4. Perspektivwechsel/ -übernahme	Empathie ist für traumatisierte Kinder kaum aufzubringen und damit auch Verständnis und Mitgefühl für Mitschüler und Lehrkräfte. Die Problemlösefähigkeit ist beeinträchtigt, wenn die Voraussetzung ist, den Sachverhalt aus einer anderen Perspektive zu sehen.
5. Aufmerksamkeit im Unterricht	SuS haben große Schwierigkeiten, dem Unterricht zu folgen, weil sie ängstlich sind und Furcht empfinden oder übererregt sind. SuS sind damit beschäftigt, die Stimmung der Lehrkraft zu bestimmen und ihr ganzes Umfeld auf Bedrohungen zu prüfen.
6. Emotionsregulierung	Fehlende Emotionsregulierung führt zum Verlust der Impulskontrolle, (Auto-) aggressionen, Schwierigkeiten, Signale zu deuten, chronische Unsicherheiten, auch bezogen auf die Vertrauensbildung zu anderen.
7. Exekutivfunktionen	SuS leiden unter Perspektiv- und Hoffnungslosigkeit, können keine Ziele entwickeln oder Pläne schmieden. Ihnen fehlt das Verständnis, bzw. das Überblicken des Weges, der nötig ist, Ziele zu erreichen.
8. Motivation und Engagement für das Lernen	Die Motivation, sich Inhalte anzueignen ist gering. SuS haben starke Leistungsrückstände bezüglich des vermittelten Stoffes und sind zum Teil auf dem Stand einiger Klassen darunter.

In diesem Kapitel wird auf die verhaltensbezogenen Komponenten gesondert eingegangen. Die Bereiche Sprache, Kommunikation und Organisation werden im Kapitel Unterricht genauer erläutert. Wenn Übersetzungen gemacht wurden, die nicht wortwörtlich geschehen sind, wurde die englische Übersetzung angefügt (Cole et al. 2005, 23ff).

Verhalten im Klassenzimmer

Weiterhin wurden speziell für das Setting ‚Klassenzimmer' (Verhalten im Kontext des Unterrichts) einige Besonderheiten zusammengetragen, sie werden ebenfalls näher in Bezug auf die negativen Auswirkungen in Unterricht und Schule beschrieben (vgl. Cole et al., 2009).

Tab. 15: Herausforderungen für die Schule II

Bereich	Problemstellung
Reaktionen und Impulsivität	SuS können ihre Emotionen und Impulse nur schwer kontrollieren. Die Reaktionen sind Übererregung. Heftige emotionale Regungen (wie z.B. Beleidigungen) können durch Trigger ausgelöst werden und damit äußerst plötzlich, aus dem Zusammenhang und unvermittelt auftreten.
Aggression	SuS zeigen häufiger aggressives Verhalten. Ursprung dieses Verhaltens kann eine fehlende oder missverstandene Handlung oder ein Kommentar sein (siehe auch Emotionsregulierung und Reaktionen und Impulsivität)
(Oppositionelles) Trotzverhalten	SuS verweigern die Ausführung von Aufträgen und Handlungsanweisungen. Sie haben in diesen Situation keine Kontrolle über ihre Handlungen. Dies ist wichtig wissen, um Frustration der Lehrkräfte vorzubeugen.
Rückzug	SuS, die sich zurückziehen, werden weniger von Lehrkräften als gefährdet oder traumatisiert eingestuft. SuS entkoppeln sich von dem Geschehen im Klassenzimmer und gehen gedanklich wandern
Perfektionismus	Häufig werden unrealistische Erwartungen an SuS gestellt, die traumatisierte Kinder nicht erfüllen können. SuS versuchen (zwanghaft) Ordnung in ein unüberschaubares Leben zu bringen.

Beziehungen

Der Themenkomplex **Beziehungen** muss auch durch den Bezug zu Traumafolgestörungen ergänzt werden. Für die negativen Folgen in der Schule ist daher die folgende Tabelle aufschlussreich (vgl. Cole et al., 2009):

Tab. 16: Herausforderungen für die Schule III

Bereich	Problemstellung
Beziehungen zu Schulpersonal (Lehrkräfte, Pädagogische Mitarbeiter, Integrationshelfer, Sekretärinnen, Hausmeister, etc.)	Durch unsicheres Bindungsverhalten und um Kontrolle zu erhalten, verhalten sich Kinder herausfordernd und konfrontativ.
Beziehungen zu Peers	SuS verfügen nicht über altersgemäße soziale Fähigkeiten. SuS kaschieren ihre Unsicherheiten mit einer „Erstschlagsmentalität“. SuS verunsichern und verängstigen Peers.

Die Beeinträchtigungen betreffen viele Bereiche von Schule. Kommunikation und Beziehungen sind die hauptsächlichen Beeinträchtigungen.

Cole et al. (2005), TLPI, haben einen wichtigen Beitrag zur Entwicklung dieses Bereichs beigetragen. Unbedingte Leseempfehlung!

Trauma und kognitives Lernen

Herr D. hat eine Idee. Er geht zu Justin und fragt ihn, was ihm helfen würde, mehr am Kunstunterricht teilzunehmen. Er fände es schade, wenn sein Potential brach liege.

Justin antwortet, dass er zu Hause beim Lernen immer Musik hören würde. Herr D. ist erstaunt. Das tut er zu Hause beim Malen auch immer! Sie verabreden, dass jede Stunde ein Teilnehmer Musik mitbringen darf. Sie einigen sich auf eine dezente Lautstärke, dass beleidigende Inhalte nicht gespielt werden und dass Herr D. das letzte Wort in der Auswahl hat. Schließlich ist es sein Atelier! Es ist seiner Meinung nach sehr laut und überhaupt nicht die Atmosphäre, die sich Herr D. vorgestellt hat, aber es scheint zu funktionieren. Justin beginnt, das erste Bild zu malen.

Kommen wir zum Thema „Lernen". Bisher wurden Zusammenhänge beschrieben, die zeigten, welche Folgen Traumata für Kinder haben. Wir haben festgestellt, dass die Förderung traumatisierter Kinder über das bloße Differenzieren hinausgeht. Wie kann man sich einer „Differenzierungsstufe für traumatisierte Kinder" zumindest nähern? Hierfür muss klar werden, was bei den Kindern überhaupt los ist, *warum* es nicht mehr klappt. Die Voraussetzungen müssen genauer in den Blick genommen werden, die Kinder für das Lernen benötigen. Dies sind hauptsächlich zwei Dinge: Ein funktionierendes Gehirn und Ausdauer in Konzentration und Motivation. Genau diese beiden Bereiche sind traumatisierten Kindern größtenteils verstellt.

Trauma ist kein Mysterium, nichts Abstraktes oder Esoterisches. Psychotraumata sind messbar und veranstalten im Gehirn eine Menge Chaos. Sie blockieren wichtige Zugänge und öffnen andere, die Kinder am Leben und am Lernen hindern. Stellen Sie sich ein Rockkonzert vor, eine Band, die Sie nicht mögen, wie zum Beispiel Capital Bra. Versuchen Sie dann vor den 3 Meter hohen Boxentürmen eine Erörterung zu schreiben. Ihr Denken, ihr Fühlen, ihr *Gehirn* wird da nicht mitmachen.

Es gibt also zwei Wege, bezogen auf körperliche und seelische Veränderungen, die den Einfluss von Traumata auf das Lernen kennzeichnen.

Neurobiologie- Beeinträchtigungen des Gehirns

Die Musik im Kunstraum wurde ein liebgewonnenes Ritual im Kunstraum. Das Unterrichten macht Herrn D. nun sehr viel mehr Spaß, besonders, weil er Justin für das Fach begeistern konnte. Sein Ausdruck, sein Duktus versprechen viel Talent. Herr D. bemerkt eine weitere Veränderung in Justin, wenn er den Kunstraum betritt: Kommt er herein, hören seine Augen auf, die Umgebung abzusuchen, er verliert seine Anspannung und wirkt weniger aggressiv. Natürlich ist Justin immer noch Justin, aber seine Alarmbereitschaft scheint nachzulassen, wenn er sein Handy in den Lautsprecher stöpselt.

Trauma hat einen enormen Einfluss auf die Entwicklung und Funktion des Gehirns.

Die Neurobiologie oder Gehirnforschung ist kaum Bestandteil der Pädagogik. Sie sollte es aber sein. Die Forschungen in dieser Disziplin sind äußerst relevant für das Verhalten von Kindern und schlussendlich für den Unterricht in Schulen. Die Schwelle zum Verstehen dieser Zusammenhänge ist hoch: Komplexität und Fachsprache verhindern einen einfachen Zugang. Glücklicherweise wurden nicht nur handfeste Folgen für die Entwicklung und Funktion des Gehirns in Folge von Psychotraumata beschrieben, sondern auch ihre Auswirkungen. „Psychoedukation" bedeutet, Kindern und Jugendlichen diese Zusammenhänge zu erklären und ihnen so die Möglichkeit zu geben, das Geschehen in ihnen richtig zu deuten. Da wir Pädagogen Kindern und Jugendlichen ähneln, die kaum Ahnung von diesen Zusammenhängen haben, sollen Studierende, Referendare und Lehrkräfte im Folgenden psychoedukativ aufgeklärt werden. Sie werden merken, dass die Fachbegriffe umbenannt wurden um Bilder zu schaffen.

Die drei relevanten Teile sind:

1. Der Hirnstamm: Das „Eidechsengehirn"
   Zuständigkeit: Körperfunktionen, Atmung, Schlafen, Hunger, regelt Kampf- und Flucht
2. Das Mittelgehirn: Das „Katzengehirn"
   Zuständigkeit: Reize, Sinne, Gleichgewicht, Bewertung von Reizen
3. Das Großhirn: Das „Professorengehirn"
   Zuständigkeit: Logik, Ich-Sinn, Umgang mit Gefühlen, bewusste Emotionen, Sprache, Denken, Planen, Handeln

Diese Teile funktionieren eigentlich sehr gut miteinander. Sagt eine Lehrkraft zu einem Schüler: „Gleich gibt es Hausaufgaben, bitte macht sie Dienstag", antwortet das Katzengehirn: Das wird total doof und langweilig, da habe ich keine Lust drauf. Das Professorengehirn springt an und mahnt zu Logik: Hausaufgaben sind Pflicht, sie unterstützen das Verstehen des Themas, die Lehrkraft wird eine positive Reaktion zeigen.

Holt ein Familienmitglied einen Gegenstand heraus, mit dem er das Kind häufig schlägt, wird das Katzengehirn zu einer Art Alarmanlage. Sie „überspringt“ das Professorengehirn und gibt die Führung an das Eidechsengehirn ab. Dieses fährt den Körper hoch. Atmung und Herzfrequenz werden beschleunigt, die Kinder werden überwach und bereit, zu kämpfen oder zu fliehen. Sie stehen nun „unter Strom“. Das Professorengehirn, das zentral für Schulleistungen ist, wird kaum noch wirksam, bzw. kann sich nicht mehr durchsetzen.
Dies ist ein archaisches Notfallprogramm, das uns vor langer Zeit geschützt hat und eigentlich etwas Gutes ist. Betroffenen ist jedoch gemein, dass sie die Erfahrung eines *Opfers* machten. Sie konnte sich der Situation durch Flucht nicht entziehen und nicht dagegen ankämpfen. Kinder bleiben so in ständiger Alarmbereitschaft, die besonders stark hochgefahren wird, wenn Dinge, Sätze, Gefühle diese Kinder triggern, also an das Geschehene erinnern.
Daraus folgt für den Unterricht:

1. Kinder haben kaum Kapazitäten durch das fehlende ‚Professorengehirn‘ (Gedächtnis, Erinnerung, Sprache)
2. Kinder sind in Alarmbereitschaft und können sich durch fehlende ‚Katzengehirn‘-Anteile angenehmen Reizen weniger gut zuwenden.
3. Kinder werden in erhöhte Alarmbereitschaft versetzt, wenn sie getriggert werden, Funktionen anderer Gehirnareale werden weiter zurückgedrängt.

Gewalt hat Auswirkungen auf die Entwicklung und Funktionsweise des Gehirns.
Die Verhaltensweisen im Unterricht sind unter anderem auf diese Veränderungen zurückzuführen.

Verhalten

Drei Wochen später ist Herr D. gestresst. Eine Ausstellung seiner Kunstwerke läuft nicht so, wie er sich das vorgestellt hatte. Kaum ein Bild ist bisher verkauft. Zu Hause kriselt es. Er bekam heute außerdem 2 Vertretungsstunden in Fächern, die ihm gar nicht liegen. Kurz: Die Stimmung ist allgemein sehr schlecht. Zu Beginn des Unterrichts vergisst er das Musikritual. Darauf angesprochen reagiert er mürrisch, dass dies heute ausfallen müsse. Er brauche Ruhe und die Schüler sollen anfangen zu arbeiten. Aus der ruhigen Stunde wird nichts.
Justin dreht derart auf, dass nicht nur das Bild kaputt geht, das er die letzten Wochen malte, sondern auch ein Schüler von einem fliegenden Stift getroffen wird. Herr D., ein sehr feinfühliger Mann, ist entsetzt. Was ist passiert?

Die zweite Perspektive, Beeinträchtigungen in der Schule zu betrachten, ist jene des Verhaltens. Die Einwirkungen von Gewalt und die Umschaltung im Gehirn haben direkte Auswirkungen auf viele Bereiche des Verhaltens. Führt man sich das Beispiel des Konzerts vor dröhnenden Boxen vor Augen, so kommt man zu folgender Aussage:

Schulisches Lernen ist nachrangig.

Aus diesem Grund sind die aufgeführten Kompetenzen hinsichtlich der Haltung und Interpretation von Verhalten so wichtig. Deshalb wurde am Anfang dieses Buches das Beispiel der Gruppe schwer verletzter Sportler aufgeführt. Vor der schulischen Leistung steht die Stabilisierung der Kinder und Jugendlichen. Diese muss aufrecht erhalten werden. Herr D. hat dies nicht umsetzen können. Lernen kann überaus stark zu diesem Prozess beitragen, nur muss dieses traumasensibel gerahmt werden, sonst überfordert es Betroffene, hat sehr viel negative Konsequenzen für sie und geht im Allgemeinen nur selten gut aus. Folgende Bereiche des Verhaltens werden von Traumata im Kontext schulischen Lernens stark beeinflusst:

- Fähigkeit zur Regulierung von Verhalten
- Eingeschränkte Impulskontrolle
- Entwicklung und Übernahme von Perspektiven
- Konzentration, Frustrationstoleranz
- Wichtige Informationen werden übersehen und nicht zusammengefügt.
- Schüler werden von negativen Emotionen überwältigt (sie empfinden z.B. Angst, fühlen sich wertlos).
- Die Orientierung im Raum wird beeinträchtigt (Stundenplan, Abläufe, Räume, Sitzordnung, etc. sind nicht mehr zugänglich oder erschließen sich nicht).
- Die Fähigkeit zu Struktur und Ordnung wird stark gemindert (Wochenpläne, Hausaufgaben, selbstständiges (Er-)Arbeiten, Referate, Mitbringen von Geodreieck und Zirkel, etc. werden unmöglich).
- Partizipation ist eingeschränkt (kaum noch Kontakte zu Mitschülern, zu Lehrkräften)

Umgang mit auffälligem bzw. störendem Verhalten

Eines der wichtigsten Werkzeuge im Unterricht mit traumatisierten Kindern besteht aus dem reflektierten, gekonnten und liebevollen Umgang mit jenem Verhalten, das Unterricht verbrennt wie ein gutes Buch im Lagerfeuer. Im Folgenden erfahren Lehrkräfte, wie sie traumatisierten oder schwer belasteten Kindern begegnen können, die auffällige Verhaltensweisen zeigen.

Herr D. beginnt umgehend, die Situation zu analysieren. Das war ein Rückschlag um mehrere Wochen! Das schöne Bild! Er stellt wichtige Fragen zu sich selber, Justin und den fürchterlichen Momenten im Unterricht. Er stellt diese Fragen in einem stillen Moment zusammen, während er das Bild von Justin Stück für Stück wieder zusammenklebt, das er zerriss.

Um Dinge einfach und übersichtlich zu halten, kann Verhalten in zwei Bereiche geteilt werden: Das nach außen gerichtete (externalisierend) und das nach innen gerichtete (internalisierend).

Externalisierendes Verhalten äußert sich unter anderem in Wut und Aggression (Lenhard 2016). Renitenz, Aufmüpfigkeit, fehlender Respekt und Mobbing sind Verhaltensweisen, die Lehrkräfte am ehesten bemerken werden, weil sie am meisten Auswirkungen auf den Unterricht haben.

Internalisierendes Verhalten äußert sich still und unscheinbar. Die Kinder verstummen, haben Angst, fühlen sich wertlos. Sie melden sich nie und wirken traurig. Diese Kinder sind schnell vernachlässigt, weil sie unscheinbar wirken, schreien aber genauso nach Hilfe, wie Kinder, die wütend sind. Man vergisst sie schnell. Begegnet man einem Kind, das von Trauer gezeichnet ist, so fällt es schwerer, dies zu erkennen, als wenn man einem Kind gegenübersteht, aus dessen Mund ein steter Strom von zünftigen Beleidigungen fließt.

Tab. 17: Externalisierendes und internalisierendes Verhalten

externalisierendes Verhalten	internalisierendes Verhalten
Wut, Aggression, Renitenz, Respektlosigkeit, Zerstörung, Gewalt gegen Dinge und Personen, Mobbing	Trauer, Angst, Depressionen, Gefühl von Wertlosigkeit, Unterwürfigkeit, blinder Gehorsam bei Mitschülern und Lehrkräften, Gewalt gegen sich selber (Selbstverletzung), eigene Zerstörung durch z.B. Magersucht, Bulimie, Drogen

Versucht man, psychotraumatologische Symptomstrukturen auf sonderpädagogische Verhaltenseinordnungen zu übertragen, kommt man zu folgendem Ergebnis: Verhalten von traumatisierten Kindern wie Vermeidung und Wiedererleben wird in beide Kategorien fallen, da diese Symptome sich nur indirekt als Auffälligkeiten zeigen (Aggression, Trotz, u.a.), die Dissoziation kann eher den internalisierenden Störungen zugeordnet werden und die Übererregung den externalisierenden Störungen.

Lehrkräfte werden unterschiedliche Herangehensweisen benötigen, um diesen Verhaltensweisen begegnen zu können. Ein stilles Kind braucht eine andere Ansprache als ein vorlautes Kind. Gleich bleibt die Haltung, die Lehrkräfte bereits in den vorangegangenen Kapiteln verinnerlichten und sich an 2 Leitlinien orientiert:

✓

1. **Lehrkräfte erkennen die Versuche, das Erlebte zu verarbeiten, an.**
2. **Lehrkräfte interpretieren das Verhalten des Kindes als normale Reaktion auf unnormale Erlebnisse.**

Verhalten wird erst dann zu einem Problem, wenn es eskaliert ist. Sei es in Form von Depressionen und Selbstverletzung oder Stühlen, die durch den Klassenraum fliegen. Eskalation braucht eine gewisse Zeit, bis sie sich entfaltet, bis ein Konflikt entsteht. An dieser Stelle sei erwähnt, dass das ausufernde Verhalten von traumatisierten Kindern weniger einer herkömmlichen *Eskalation* entspricht, sondern eher einer *Perkolation*. Diese ist am besten mit einem Kaffeefilter zu vergleichen: Am Anfang tropft das Wasser auf das Pulver und sammelt sich in den Hohlräumen, wird aufgesogen. Nach einer Weile rinnt es aber hindurch, weil eine Verbindung geschaffen wurde, es ist nicht mehr zu stoppen. Es gibt nichts, was die ausufernden Spitzen dieser Kinder noch zurückhalten würde. Hier bekommt der Begriff Kumulation eine weitere wichtige Bedeutung, da das stetig tropfende Wasser durchaus mit kumulierenden Belastungen verglichen werden kann. Es wird ebenfalls deutlich, dass Verhalten von traumatisierten Kindern nicht einfach unterbunden werden kann, oder die Erlebnisse zurückgehalten oder „zurückgesteckt" werden können. Auffälligem Verhalten kann damit nur begegnet werden, wenn die Ursache angegangen, also das tropfende Wasser ausgeschaltet wird.

Herkömmliche, tradierte Reaktionen auf das externalisierende Verhalten von Kindern sahen bisher folgendermaßen aus. Um den Sachverhalt zu verdeutlichen, wurden hier Beispiel zusammengetragen, die teilweise überspitzt dargestellt sind:

Tab. 18: Reaktion auf externalisierendes Verhalten

	Verhalten/Reaktion des Kindes	**Verhalten/Reaktion der Lehrkraft**
Eskalation ↓	Schüler redet dazwischen	• Aufforderung der Lehrkraft, dies zu unterlassen
	Schüler piekst seinen Mitschüler und klaut ihm sein Lineal	• Aufforderung der Lehrkraft, dies zu unterlassen • Ermahnung • Androhung von Strafen
	Schüler macht respektlose Kommentare Mitschülern gegenüber	• Klärt Mitschüler auf („wenn das noch einmal passiert, meldest Du dich, ok?")
	Schüler beleidigt Lehrkraft	• Lehrkraft stellt Ultimatum („noch einmal, dann...")
	Schüler bedroht Lehrkraft/zerreißt sein Heft/wird laut/wirft den Stuhl um/haut auf den Tisch	Lehrkraft schickt den Schüler hinaus

Eine Eskalation mit einem Schüler, der durch internalisierende Verhaltensmuster auffällt, wird anders aussehen, aber nicht minder schwer ausfallen. Es ist sogar sehr wahrscheinlich, dass diese Eskalation kaum Folgen für den Unterricht hat. Umso stärker sind diese für den betroffenen Schüler, weil er aus dem strukturierenden und im eigentlichen Sinne heilenden Rahmen der Schule fällt.

Tab. 19: Reaktion auf internalisierendes Verhalten

	Verhalten/Reaktion des Kindes	Verhalten/Reaktion der Lehrkraft
Eskalation ↓	Schüler meldet sich nicht	• Schüler wird dazu aufgefordert, sich mehr zu melden
	Schüler ist zunehmend isoliert und hat keinen Kontakt zu Mitschülern	• Schüler wird dazu ermuntert, „mit den anderen zu spielen“
	Schüler hat zunehmend mehr Fehltage, die aber entschuldigt sind	• Lehrkraft ruft Eltern an. • Konferenzen • Abmahnungen
	Schüler hat Wunden an den Unterarmen/blaue Flecken/sieht sehr müde und abgeschlagen aus	• Lehrkraft drückt Sorge aus und bietet Hilfe an • Hilflosigkeit der Lehrkraft, des „Systems“
	Schüler kommt nicht mehr zur Schule	• Lehrkraft übergibt an Landesschulbehörde und Schulleitung

Die Ausprägungen haben unterschiedliche Folgen und rufen ebenso unterschiedliche Reaktionen hervor. Kinder, die zu einem externalisierenden Verhalten neigen, bemerkt man schnell, es gibt eine Menge Handlungsvorgaben, offizielle und inoffizielle, die Lehrkräften zur Verfügung stehen. Im zweiten Beispiel des Kindes mit internalisierenden Verhaltensmustern, geht es eher darum, Anzeichen zu erkennen und zu handeln. Hier ist es mitunter schwer, überhaupt einen Handlungsbedarf zu erkennen. *Warnzeichen* geben beide, nur sind diese sehr unterschiedlich ausgeprägt. Eine **traumasensensible Vorgehensweise** unterscheidet sich von der herkömmlichen. Bisher reagierten Lehrkräfte auf Verhalten, indem sie den Katalog der Schule, des Studiums, der Erfahrung anwendeten. Verhalten „A“ hat die Konsequenz „B“ zur Folge. Erfüllung der zehn Merkmale guten Unterrichts? Check!

Neu ist nun: Wird ein auffallendes Verhalten festgestellt, so muss nach dem *Ursprung dieses Verhaltens* gefragt werden. Dabei ist zuerst gar nicht entscheidend, ob und welche Antwort man bekommt. Viel wichtiger sind innere Fragen, die Lehrkräfte durch diesen Prozess an sich selber richten. Das pädagogische Bauchgefühl wird aktiviert und meldet: Etwas ist nicht in Ordnung. Entlang folgender Fragen wird dieses Gefühl versachlicht:

- Fühlt sich das Kind bedroht?
- Braucht es meine Hilfe?
- Ist es überfordert?
- Denkt es gerade an die traumatischen Erlebnisse?
- Was stört ihn?
- Ist er von irgendetwas abgelenkt?
- Ist der Unterricht nicht strukturiert genug?
- Was ist zu Hause los?
- Steht es unter Stress? Woher kommt dieser?

Warum stört denn ein belastetes Kind überhaupt? Es wird kaum deshalb stören, weil die Lehrkraft eine verlogene Hündin ist, der man nicht trauen kann. Es wird stören, weil es selbst gestört wird, weil es unter Stress steht, weil es versucht, die Belastungen zu kompensieren, die auf ihm lasten. Deshalb ist es so wichtig, sich und das Kind zu fragen, und es *betrachten zu lernen*. Lehrkräfte müssen dem Schüler das Gefühl geben, dass er mit seinen Problemen gesehen wird. Aufrichtige Anerkennung ist etwas, dass diese Kinder nur sehr selten bekommen. Äußerungen von Lehrkräften, die dies zum Ausdruck bringen, werden ein enormes Gewicht haben. Manchmal braucht es sehr klare Ansagen, um traumatisierten Kindern Grenzen zu zeigen. Der Umgang mit den Folgen von Verhalten, das verletzend ist, den Unterricht stört, andere Mitschüler denunziert und gefährdet ist ein schwieriges Thema. Traumasensible Hilfen für auffälliges Verhalten werden Lehrkräfte nicht in Formularen oder Anleitungen finden. Kein Verstärkerplan, kein Protokoll über den Aufenthaltsort oder das Benehmen im Unterricht oder in der Pause wird Beziehungsgestaltung ersetzen und die Haltung gegenüber traumatisierten Kindern. Sie finden deshalb die Hilfen für diese Situationen hauptsächlich in den Kapiteln „Beziehung", „Haltung", „Kommunikation" und „Kooperation". Möchten Lehrkräfte auffälligem Verhalten im Unterricht begegnen, sollten sie die Aspekte der sieben Säulen der traumasensiblen Hilfen befolgen. Sie sollten in Kooperation mit Experten treten (Vier Weisen). Ihr Handeln, ihre Beziehung, ihre Haltung, ihre Kommunikation und ihr Unterricht müssen verlässlich und vertrauensvoll sein. Ein Thema, das genauerer Betrachtung bedarf, ist die Strafe.

- Externalisierende Verhaltensmuster sind einfacher zu erkennen als internalisierende.
- Durch tradiertes, das heißt herkömmliche Reaktionen von Lehrkräften wird dieses Verhalten verstärkt.
- Das pädagogische Bauchgefühl wird durch dieses Verhalten aktiviert. Hierfür sind Leitfragen wichtig.

Strafen

Herr D. spricht mit Justin über die Situation. Er sagt, dass er verstehe, wie wichtig ihm die Musik ist. Er sagt, dass er ab sofort dieses Ritual wieder durchführen wird. Er müsse aber auch verstehen, dass die Musik manchmal nicht angebracht ist. Er fährt fort, dass er Verständnis für seine Reaktion habe, aber dass er diese nicht tolerieren kann. Er verletzte einen Mitschüler. Die Konsequenz für ihn sei nun, eine Möglichkeit zu finden, sich bei dem Mitschüler zu entschuldigen. Das Ausrasten im Unterricht ahndet Herr D. nicht. Er ist der Meinung, dass dieses auch sein Verschulden war.

Kinder brauchen Grenzen. Diese Grenzen werden nicht durch Liebe, Zuneigung und Wärme gegeben, sondern durch Autorität, Strenge und Sachlichkeit (nicht:

Kälte). Grenzen schaffen Distanz und ermöglichen es, die eigene Rolle zu wahren und dem Kind zu helfen, dies ebenso zu tun.

Grenzen sind bis zu einem gewissen Grad das Ergebnis eines Aushandelns. Jeder Lehrer ist anders. Manche erlauben Schülern mehr und ermöglichen eine alternative Auslegung der Regeln.

In letzter Instanz werden Grenzen aber immer von Lehrkräften definiert werden müssen. Sie sind die Erwachsenen. Sie passen Art und Höhe der Strafe an das Vergehen an, entscheiden, wann Regeln als gebrochen gelten.

Um Grenzen wahren zu können, gibt es Strafen. Tritt ein Schüler über Absperrungen und bricht damit Regeln, wird er bestraft. Diese Strafen haben bisher eine Vielzahl von Ausformungen angenommen. Lehrkräfte lassen Schüler Texte abschreiben, sie dürfen nicht mehr am Unterricht teilnehmen, müssen „ich darf nicht…" 20 Mal schreiben, etc. Die Liste ist sehr lang und jede Lehrkraft hat ein Repertoire dieser Strafen, die sich bewährt haben oder eben nicht.

Auch traumatisierte Kinder müssen Strafen bekommen. Nennen wir sie aber an dieser Stelle *Konsequenzen*, so wird ihnen eine andere Bedeutung zugemessen. Konsequenzen beginnen bei dem ersten Anzeichen von Verhalten, das Lehrkräfte als auffällig betrachten und stehen nicht erst an letzter Stelle nach erfolgten Ermahnungen. Sie stehen in direktem Bezug zum Vergehen. Schmiert ein Schüler Wände voll, so muss er sie sauber machen. Stört ein Schüler den Unterricht, so muss er das Versäumte mit der Lehrkraft nachholen. Diese Nachholstunde ist aber keine Zeit der Ermahnungen und Abschreiben von Schulregeln, sondern ein tatsächliches Aufholen des Stoffes. Verletzt ein Schüler einen anderen, so muss er sich bei dem Schüler entschuldigen und etwas tun, dass das Verhalten wieder gut macht. 100 Mal zu schreiben, dass man nicht schlagen darf oder eine Klassenkonferenz werden nicht genügen und werden das Verhalten verschlimmern. ‚Konsequenzen' stehen in einem direkten Zusammenhang mit der Art des Regelbruchs. Dieser Zusammenhang wird dem betroffenen Kind erklärt.

Auch traumatisierte Kinder brauchen Grenzen und müssen die Einhaltung dieser erfahren. Ab wann sollte man intervenieren? Ab wann sollte man Konsequenzen umsetzen? Hierfür gibt es im Allgemeinen drei Faustregeln:

Faustregel 1: Jedes Verhalten, das physisch oder psychisch Beteiligte gefährdet, muss unterbunden werden.

Faustregel 2: Verhalten, das als normale Reaktion auf ein unnormales Ereignis verstanden wird, kann bis zu einem gewissen Maß toleriert werden, wenn 1. nicht betroffen ist.

Faustregel 3: Verhalten im Unterricht muss den Schülerinnen und Schülern immer gespiegelt werden, besonders positives.

Die Faustregeln gelten als Orientierung im Dickicht der Schulvergehen. Sollten Lehrkräfte sich fragen, ob ein Vergehen überhaupt als solches deklariert werden

sollte (z.B. freche aber kluge Antworten, sehr effektive Verteidigung bei einer körperlichen Auseinandersetzung), richten sie sich nach diesen Faustregeln.
Das Ziel einer Strafe ist es, das Verhalten des Schülers zu bessern. Er soll nicht mehr den Unterricht stören und Lernen können. Dies gelingt aber nur, wenn er den *Sinn* sieht und versteht. Wenn er bereit ist, zu erkennen, dass sein Verhalten Konsequenzen hat, wenn es die Grenzen seiner Umgebung verletzt und wenn er versteht, dass diese Regeln dem Umgang miteinander einen wichtigen Rahmen geben. Sie ermöglichen Schülern Teilhabe und Integration. Konsequenzen sollen zeigen, dass man nicht fahrlässig durch seine Umwelt stapfen und alles zerstören kann, was sich dort befindet. Die *Konsequenz* ist eine Hilfe zur Orientierung im unübersichtlichen Wirrwarr der Welt. Daher gilt folgender Merksatz für die Planung und Umsetzung von Konsequenzen:

! Konsequenzen sollten regelgerecht ausgeführt werden,
einen Sinnbezug aufweisen und fair sein.

Für traumatisierte Kinder gilt dies mehr als für unbelastete Kinder. Sie haben Vertrauen und Sicherheit verloren. Strafen bzw. Konsequenzen verdichten das Gefühl der Frustration, des Gefühls, unfair von allen behandelt und nicht verstanden zu werden. Lehrkräfte brauchen daher ein differenzierteres Verständnis von Strafen. Drei Aspekte kennzeichnen es:
1. Einhaltung der Regeln
2. Umsetzung der Konsequenzen
3. Begleitung durch Gespräche

Regeln müssen eingehalten werden und gelten. Immer. Sie dürfen nicht verwahrlosen. Bei der Verletzung von Grenzen, dem Bruch von Regeln müssen die angekündigten Konsequenzen folgen. Konsequenzen werden immer von Gesprächen begleitet. In diesen werden die Umstände erklärt, der Bezug von Vergehen und Konsequenz erläutert und die Perspektiven nach der Maßnahme aufgezeigt. Vor allem wird von der Lehrkraft eine Haltung gezeigt, die verdeutlicht, dass positives, das heißt angepasstes Verhalten möglich ist und eine Vielzahl von Perspektiven bietet.
Die „eine Strafe für alle" gibt es nicht. Konsequenzen bestehen aus verschiedenen Bausteinen. Den einen oder anderen wenden Lehrkräfte sicherlich schon an. Eine Konsequenz ist aber nur dann erfolgreich, wenn alle Schritte beherzigt werden.
- Aufstellen und Erläuterung der Grenzen (Regeln, Vorgaben, Rahmungen, Richtlinien)
- Innere Fragen. Betrachtung des Kindes
- Bestimmte Anzahl von Erinnerungen/Ermahnungen bei Verletzung der Grenzen
- Auswahl der Konsequenz in Abhängigkeit vom Vergehen
- Anpassung der Höhe der Konsequenz in Abhängigkeit vom Vergehen
- Einbettung der Konsequenz in ein einführendes Gespräch (Erläuterung der Maßnahme im Zusammenhang mit dem Vergehen)

- Durchführung der Konsequenz
- Einbettung der Konsequenz in ein abschließendes Gespräch (Evaluation der Konsequenz, Gefühle thematisieren)
- Abwarten, beobachten, unterstützen

Werden Konsequenzen nicht derart gerahmt, wird das Verhalten der Kinder auffälliger werden. Sie werden sich nicht verstanden, aber bestätigt fühlen, dass alle gegen sie sind und keiner sie versteht. Die mühevoll aufgebaute Beziehung zu dem Schüler ist in diesen Situationen in Gefahr.

Fassen wir noch einmal die traumasensiblen Hilfen für Schüler mit auffälligem Verhalten zusammen:

- Die Haltung von Lehrkräften ist entscheidend, die aufgrund einer Einschätzungs- und Einordnungsleistung gewonnen wird: Auffälliges Verhalten ist eine *normale* Reaktion auf ein *unnormales* Ereignis.
- Es gibt zwei Arten von Verhalten: Externalisierend und internalisierend.
- Internalisierendes Verhalten ist schwer zu entdecken.
- Traumatisierte Schüler und Schülerinnen brauchen Regeln und die Einhaltung dieser.
- Strafen sollten als Konsequenzen gesehen werden, die einen Bezugsrahmen aufweisen.
- Konsequenzen sollten immer in Gesprächen *vermittelt* werden.

– Strafen sollten als Konsequenzen gesehen werden.
– Konsequenzen sollten regelrecht ausgeführt werden, einen Sinnbezug aufweisen und fair sein.
– Konsequenzen müssen durch Überlegungen und Gespräche gerahmt werden.
– Konsequenzen orientieren sich an drei einfachen Faustregeln.
– Konsequenzen müssen vermittelt und individuell angepasst werden.

Zehn Merkmale guten Unterrichts

Herr D. denkt nach. Nun, da er mit Justin über den Unterricht gesprochen hat, was kann er denn machen, um so etwas zu verhindern? Es ist ja nicht so, als würde die Musik das einzige Problem sein. Er hat immer noch Schwierigkeiten, Aufgaben zu beginnen, sich zu konzentrieren, Arbeitsaufträge zu behalten. Herr D. erinnert sich an sein Referendariat. Wie wäre es, einfach mal ‚richtig guten Unterricht' auszuprobieren? Er setzt sich hin und arbeitet die nächsten Stunden nach den zehn Merkmalen von Meyer aus.

Sie haben bisher eine Menge über traumasensible Hilfen für die Schule erfahren. Obwohl Sie die meisten effektiven Hilfen in den vorangegangenen Kapiteln der

traumasensiblen Säulen finden werden, soll im Folgenden auf den Gegenstand „Unterricht" näher eingegangen werden. Endlich!
In der Traumapädagogik kommt es hauptsächlich auf Haltungen und Werte an, die zu verlässlichem und vertrauensvollem Handeln führen. Sind diese Haltungen und Beziehungen etabliert, bieten Lehrkräfte und Referendare effektiven, guten Unterricht an. Arbeitsblätter zum Beispiel werden in Folge dieser Haltung aufgrund der Prämisse erstellt, traumatisierten Kindern das Lernen zu ermöglichen und sind damit verlässlich und vertrauensvoll gestaltet (ein Thema, keine Fallen, Eindeutigkeit). Ebenso verhält es sich mit der Methodenauswahl und didaktischen Aufbereitung der Inhalte. Lehrkräfte beherrschen diese Elemente ihres Berufs sehr gut. Sie gehören zu ihren Kernkompetenzen. Wie also können Schüler wieder lernen und an Ihrem Unterricht teilnehmen? Traumatisierte Kinder werden hauptsächlich unter zwei Bedingung wieder beginnen zu lernen: Indem Lehrkräfte das Umfeld verlässlich vorbereiten (Strukturierung, Kooperation) und die Schüler ihnen vertrauen (Beziehung, Haltung, Kommunikation).
Dieses Vorgehen erfordert nur geringen Mehraufwand (mit Ausnahme der Kooperation), denn *guter* Unterricht ist traumasensibler Unterricht. Hinzu kommt Ihr nun vorhandenes Wissen zu Entstehung von Traumata und dem Umgang mit traumatisierten Kindern. Daher ist guter Unterricht mit einer traumasensiblen Haltung bereits ein sehr guter Schritt in die richtige Richtung. Es gilt:

Guter Unterricht ist traumasensibler Unterricht!

Was guter Unterricht ist, wurde eindrücklich in Hilbert Meyers Standardwerk „Was ist guter Unterricht?" (Meyer 2016) erläutert und soll in dieses Werk einfließen. Diese Vorstellungen sind bereits etabliert, Standard jedes Wissenskanons von Studierenden, Referendaren und Lehrkräften und vor allem empirisch gesichert. Diese zehn Merkmale sind es, auf denen Unterricht aufgebaut wird. Sie zeigen eine große Hinwendung zum Schüler oder zu der Schülerin. Sie offenbaren, dass eine ganze Menge an Ideen zu Tage tritt, wenn man die Perspektive der Schüler konsequent einnimmt und ein Modell entwickelt, dass ihre Bedürfnisse passgenau abdeckt. Diese Einstellung ähnelt der traumapädagogischen, Ähnlichkeiten können viele gefunden und Übertragungen damit erleichtert werden.
Alle der zehn Merkmale guten Unterrichts können als traumasensibel etikettiert werden, nur sind manche effektiver als andere. Viele der genannten Aspekte wurden bereits in den vergangenen Kapiteln erwähnt und finden in den folgenden Zeilen eine Zusammenfassung.

Klare Strukturierung des Unterrichts

Strukturierung der Lernumgebung, der Inhalte, der Lernorte und der Lernzeit ist eine wichtige Voraussetzung für die Bewältigung von Belastungen. Prozess-, Ziel-

und Inhaltsklarheit hilft, Übersicht zu schaffen, auch über die Bedrohungen, Anforderungen und notwendige Leistungen. Klarheit schafft außerdem einen Zusammenhang zwischen Anfang, Weg und Ziel und damit Plausibilität.

Interessant ist die gleichzeitige Forderung nach Struktur *und* Freiräumen. Dies deckt sich stark mit traumapädagogischen Ansätzen. Traumatisierte Kinder brauchen Entwicklungsräume. Diese definieren sich durch Sicherheit und bewusste Möglichkeiten zum Ausprobieren.

Rollenklarheit ist eine enorm wichtige Kompetenz, die Kindern eine starke Führung entlang des Unterrichts gibt und damit des kognitiven Lernens, der Anstrengungen, Entbehrungen, Hürden und Gefahren. Klarheit der eigenen Rolle bedeutet, selber sicher zu sein und genau zu wissen, was die eigenen Kompetenzen sind und was nicht, welche Bereiche ausgefüllt werden und welche nicht. Da traumatisierte Kinder fast alle Bereiche der Schule negativ beeinflussen können, ist dies eine wichtige Eigenschaft.

Regeln und die konsequente Einhaltung sowie die Ausführung von Konsequenzen bekommen eine besondere Bedeutung, wenn man das häufig offensive Verhalten von Betroffenen bedenkt. Hier könnte eine Erweiterung sinnvoll sein, wie z.B. ein System der zweiten Chancen.

Rituale sind ein fester Bestandteil der Hilfen für traumatisierte Kinder. Sie produzieren Verlässlichkeit und Vertrauen durch Gewohnheit und einen zuweilen intimen Rahmen.

Dieser Bereich ist unter anderem in folgenden Kapiteln dieses Buches zu finden:

- „Strukturierung“
- „Sicherheit“ in Bezug auf Verlässlichkeit
- „Strafen“
- „Soziale Arbeit und Trauma“
- „Medienkonsum“
- „Schule“
- „Kooperation“
- „Körperkontakt“
- „Haltung“
- „Unterricht“
- „Beziehung/Rollen“

Hoher Anteil echter Lernzeit

Effizientes Zeitmanagement wird Lehrkräfte vor Stress schützen. Sie werden mehr Zeit zur Verfügung haben, um präventiv, z.B. im Selbstschutz zu arbeiten. Effizientes Zeitmanagement ermöglicht ebenso Differenzierungen und Zeit für das Üben, für die Vor- und Nachbereitung von Unterricht, nicht nur für Lehrkräfte. Traumatisierte Kinder sollten so gut wie möglich auf den Inhalt der Stunden vorbereitet werden. Sind Lehrkräfte pünktlich, werden sie verlässlich wirken. Ist der Tagesablauf rhythmisiert anstatt durchgetaktet, werden Freiräume bei gleichzeitig hohem

Strukturgrad erreicht werden. Traumatisierte Kinder werden mehr Möglichkeiten haben, sich in sicheren Rahmungen in sozialer, kognitiver und emotionaler Hinsicht auszuprobieren.
Dieser Bereich ist unter anderem in folgenden Kapiteln dieses Buches zu finden:

- „Kooperation"
- „Strukturierung"
- „Soziale Arbeit und Trauma"
- „Unterricht"

Lernförderliches Klima
Gegenseitiger Respekt und Wertschätzung sind zentrale Bestandteile der Traumapädagogik. Durch Kommunikation und kooperatives Handeln im Klassenzimmer wird die Bewältigung von Traumata erleichtert, weil Regeln verständlich sind, eingehalten werden und der Gegenstand Unterricht verlässlich und vertrauensvoll behandelt wird. Durch die Beständigkeit und Stabilität des lernförderlichen Klimas gibt es keine negativen Überraschungen, die traumatisierte Kinder triggern, reizen, verwirren und frustrieren. Ein lernförderliches Klima beinhaltet auch eine gute Beziehung zur Lernkraft, die von Vertrauen geprägt ist. Schüler können nachfragen, Fehler machen und sich entwickeln.
Dieser Bereich ist unter anderem in folgenden Kapiteln dieses Buches zu finden:

- „Haltung"
- „Beziehung"
- „Kooperation"
- „Kommunikation"
- „Selbstfürsorge"

Inhaltliche Klarheit
Klare Aufgabenstellungen bewirken, dass Aufträge übersichtlich werden und damit der Anforderungsaufwand in Bezug zur eigenen Verfassung. Inhaltliche Klarheit sollte hier mit dem Kind verbunden werden und seinen situativ bedingten Fähigkeiten zur Anstrengung und Problemlösung. „Fallen", falsche Wege, doppeldeutige Aussagen, mehrere Themen pro Arbeitsblatt sind keine traumasensiblen Merkmale. Weniger ist mehr! Eine ausführliche und verbindliche Ergebnissicherung ermöglicht Betroffenen, Erfolgserlebnisse zu haben, da sie entlang klarer Kriterien erreicht werden. Traumasensible Hilfen sehen hier noch eine Erweiterung hinsichtlich der Beziehung vor, da Erfolg auch immer mit Lob und Verstärkung begleitet werden sollte. Erfolge sollten übergroß zelebriert werden.
Dieser Bereich ist unter anderem in folgenden Kapiteln dieses Buches zu finden:

- „Strukturierung"
- „Haltung"
- „Unterricht"
- „Beziehungsgestaltung"

Sinnstiftendes Kommunizieren

Nicht nur Unterrichtsgespräche der Lehrkraft sind eine wichtige Komponente traumasensiblen Handelns, sondern vor allem Therapie, Beratung und Förderung. In diesen Gesprächen wird die Bewältigung von Gewalterlebnissen nicht nur begleitet, sondern das Kind aktiv befähigt, Bewältigungsstrategien zu entwickeln und zu verfolgen. Das Unterrichtsgespräch ist eine starke Ergänzung und Fortführung dieser Kommunikationshaltung. Die Meinung, Einstellung und das Feedback der Schüler sind *die* grundlegenden Informationen zur Hilfe von Schülern. Der Vorschlag, dies in Form von Tagebüchern zu tun, generell die Erfahrungen der Überlebenden derart ernst zu nehmen, dass sie Grundstein für Hilfeansätze sind, geht sogar noch über die deutsche Entwicklung der Traumapädagogik heraus. Die USA haben den Ansatz der „Survivor" Forschung weiterentwickelt.
Unter anderem in folgenden Kapiteln dieses Buches zu finden:

- „Kommunikation"
- „Akteurin: Psychotherapie"
- „Akteurin: Sonderpädagogik"
- „Akteurin: Sozialpädagogik"

Methodenvielfalt

Methodenvielfalt ist einer der wenigen Bereiche, die zwar einen guten Ansatz für traumasensible Hilfen bieten, aber eingeschränkt werden sollte. So kann es sein, dass traumatisierte Schüler und Schülerinnen von dem geforderten ‚methodischen Feuerwerk' überfordert werden. So stellen z.B. Stationsarbeiten, ‚freies' Arbeiten, in dem man sich selber die Methode und Thema aussuchen kann, eine Herausforderung dar. Eigeninitiative, Abwägen der eigenen Stärken und Schwächen benötigt Kompetenzen, die traumatisierten Kindern häufig verstellt sind. Wohl aber sollten Methoden, die angewendet werden, sehr gut beherrscht und durchdacht werden. Wo gibt es Lücken, Brüche, Übergänge?
Unter anderem in folgenden Kapiteln dieses Buches zu finden:

- „Unterricht"
- „Sprache"/„Kommunikation"

Individuelles Fördern

Freiräume sind für traumatisierte Kinder nur schwer zu beherrschen, wenn sie nicht strukturiert werden. Sie müssen genau geplant und zeitlich fest umrissen werden. Sie müssen außerdem mit Tätigkeiten gefüllt werden. So sind Freiräume nicht wirklich „frei". Sie bieten jedoch keine Anforderungen, die Druck erzeugen, wie Arbeitsblätter, Tests und Hausaufgaben. Geduld und Zeit sind enorm wichtige Faktoren, besonders, weil traumatisierte Kinder sich nicht sofort ändern werden. Sie werden sich gegen die Veränderungen wehren, Schwierigkeiten haben, das Angebot anzunehmen, bis sie (emotional) begriffen haben, dass es bleibt und Beständigkeit hat.

Innere Differenzierung ist etwas sehr Gutes. In Zeiten der Inklusion wird dies auch zunehmend gefordert. Kinder sollen lernen, das Arbeiten in einem Klassenkontext zu meistern. Dies ist aber eine der größten Herausforderungen für traumatisierte Kinder. Warum nicht zuerst woanders anfangen und erst einmal das Lernen überhaupt lernen? Traumatisierte Kinder brauchen Pausen, Möglichkeiten zur ruhigen Einzelarbeit mit Begleitung eines Erwachsenen oder reifen Schülers, dem das Kind vertraut. Integration bzw. Inklusion sollte hier anfänglich nicht im vollen Umfang greifen, wenn diese umgesetzt werden soll. Die Diagnose spielt in der Differenzierung eine natürliche Rolle. Ohne die Einschätzung des Lernstands ist eine Einteilung der Kinder zwecks Differenzierung nicht möglich. Eine bloße Einschätzung hinsichtlich des Lernens ist unzureichend und denkt die Herausforderungen von schwer belasteten Kindern nicht mit, die eine umfassendere Form durch Einbezug der Wirkfaktoren benötigen.
Unter anderem in folgenden Kapiteln dieses Buches zu finden:

- „Haltung“
- „Diagnose“
- „Akteurin: Psychotherapie“
- „Akteurin: Sonderpädagogik“
- „Akteurin: Sozialpädagogik“
- „Kooperation“
- „Freizeit“

Intelligentes Üben

Üben im Kontext Unterricht mit traumatisierten Kindern bekommt einen wichtigen Stellenwert, wenn man mehrere Aspekte betrachtet: Betroffene haben Schwierigkeiten, Inhalte zu erinnern und häufig einen großen Leistungsrückstand zu fachbezogenen Inhalten und Grundlagen. Dies erfordert einen sehr großen Raum für das Üben. Üben kann zudem in übersichtliche Abschnitte geteilt werden, wie zum Beispiel 15 Minuten Phasen in Mathematik. Dies fördert die Fähigkeit, ‚an etwas dran zu bleiben‘. Üben hat außerdem durch seine Gleichmäßigkeit planmäßigen Erfolg. Dieser wird sichtbar und kann durch Unterstützung besonders hervorgehoben werden. Üben lässt traumatisierte Kinder aufholen und am Unterricht teilnehmen. Ihnen muss allerdings klargemacht werden, erstens, was der Vorteil dieser Teilnahme ist und zweitens, dass der Aufwand des Übens *vor* diesem Vorteil steht.
Unter anderem in folgenden Kapiteln dieses Buches zu finden:

- „Trauma und Lernen“
- „Diagnostik“
- „Kooperation/Förderplanung“
- „Unterricht“
- „Strukturierung“

Transparente Leistungserwartungen

Die Gleichung Leistung= Lernangebot+Leistungsvermögen+ Einsatz (Meyer 2004, 113) eignet sich hervorragend für die Herausforderung traumatisierter Kinder hinsichtlich ihrer Passung in der Schule. Wenn Kinder *nicht wollen können*, brauchen sie ein Lernangebot, dass ihr Interesse weckt, ihnen aber auch gleichzeitig Sicherheit bietet. Ihr Leistungsvermögen hängt von Tagesformen und den Wirkfaktoren im Leben des Kindes ab und sollte einbezogen werden, z.B. in Form einer Verschiebung des Tests für das Kind. Noten sind Bestandteil der Schule. Sind sie es nicht, so bleiben Beurteilungen. Ein Kind ist aufgefordert diese anzunehmen. Bekommt ein Kind morgens schlechte Noten, weil es am Abend vorher Gewalt erlebt hat, wird es die Note als unfair erleben und nicht annehmen, darauf reagieren und sich entwickeln können. Noten müssen deshalb *vermittelt* werden. Zu gute Noten helfen keinem (sie haben bei Lehrer- oder Schulwechseln stark negative Folgen). Sich für die bessere zu entscheiden, hat noch keinem geschadet. Noten zu vermitteln heißt auch, sie verbal zu begleiten. Lehrkräfte sollten Noten erklären und ihren Ursprung herleiten. Dabei sollten sie nicht vergessen, die guten Seiten aufzuzählen, auch wenn es nicht viele sind oder sie gar aktiv danach suchen müssen.
Unter anderem in folgenden Kapiteln dieses Buches zu finden:

- „Unterricht“
- „Akteurin Sonderpädagogik“
- „Wirkfaktoren“

Vorbereitete Lernumgebung

Dieses Merkmal ist ausführlich im Kapitel Strukturierung erläutert worden. Eine durchdachte, ordentliche Lernumgebung ist sehr wichtig für traumatisierte Betroffene. Sie ähneln in dieser Hinsicht autistischen Kindern. Hinzugefügt werden sollte eine Ecke im Klassenzimmer, die Kindern einen Rückzugsort gibt. Sie können dort, auch mitten im Unterricht, Zuflucht suchen und ihre Erregung bzw. Nervosität abbauen. Normalerweise ist dies ein Sofa oder eine andere gemütliche Kissenecke, die auch nicht traumatisierte Kinder gerne nutzen, um zu lesen, zu reden oder auszuruhen.
Unter anderem in folgenden Kapiteln dieses Buches zu finden:

- „Strukturierung“
- „Unterricht“

Zusammenfassung der zehn Merkmale guten Unterrichts

Alle zehn Merkmale sind traumasensibel. Sie stehen damit im Kontext einer besonderen Haltung zu Einschätzung, Differenzierung, Hingabe, Liebe zum Detail, Respekt und vielem Anderen, wie sie auch die Traumapädagogik verinnerlicht hat. Auch wenn diese Merkmale eine gute Richtlinie für traumasensibles Handeln sind, so gilt es zu differenzieren: Die Arbeit mit traumatisierten Kinder erfordert eine sensible Vertiefung der Einschätzung dieser Kinder, der Kommunikation mit ihnen, dem Aufstellen von Regeln und ihrer Einhaltung, sowie allen Bereichen der Strukturierung und Teilbereichen der zehn Merkmale. Auch wird es Regelschullehrkräften nicht möglich sein, Unterricht nach diesen Gütekriterien anzubieten, wenn sie nicht Kooperation und Wissensaustausch mit Experten wie Sonderpädagogen, Sozialarbeitern und Psychologen wagen. Es verwundert daher nur wenig, dass Wirkfaktoren kaum vorkommen. Es zeigt, wie unterrichtsbezogen diese Merkmale sind. Wirkfaktoren haben, wie ausführlich aufgeführt, einen erheblichen Einfluss auf die Planung, Durchführung und Evaluation von Unterricht. Gründe hierfür können in der Komplexität der Wirkfaktoren zu finden sein und damit der Schwierigkeit, ihren Einfluss zu überblicken. Traumatisierte Kinder werden von ihrem *Umfeld* schwer belastet. Dies hat direkte Folgen für den Unterricht und kann nicht außer Acht gelassen werden.

Die Merkmale führen bisweilen über das Ziel hinaus. Studierende und Referendare könnten den Eindruck bekommen, es wäre ein Vorteil, viele verschiedene Methoden, Arbeitsplätze, Visualisierungen, Regeln, Pläne, Materialstationen einzubauen, eine stundenlange Planung mit dem Gefühl durchzusitzen, ja das Richtige zu tun. Der Autor erlebte dies während seines Referendariats selbst. Diese Vielfalt wird Kinder überfordern. Sie wird spätestens dann ‚zurückschlagen', wenn das Angebot aufhört, zuverlässig zu sein, also nicht mehr in dem Umfang angeboten werden kann. Für traumatisierte Kinder gilt: Weniger ist mehr, dafür sollte es stark strukturiert werden, um Freiräume lassen zu können. Unterricht gleicht in dieser Hinsicht dem Stoff Kalium: *Ein* Stoff kann flüssig und fest *gleichzeitig* sein, *wenn* die *richtige* Temperatur herrscht (Mann 2019).

Gütekriterien traumasensiblen Unterrichts

Vertrauen:
Die Lehrkraft prüft ihre Handlungen und Planungen im und für den Unterricht, ob sie dazu führen, dass das Kind Vertrauen in ihre Rolle als Lehrkraft und Ansprechpartnerin bekommt. Sie bezieht mit ein, dass dieser Prozess lang dauert, da das Kind dieses Vertrauen erst aufbauen muss. Die Lehrkraft missbraucht dieses Vertrauen nicht. Strafen erschüttern das vertrauensvolle Verhältnis zwischen Lehrkraft und Schüler bzw. Schülerin. Strafen sollten nur nach sehr reiflicher Überlegung gegeben und wie beschrieben gerahmt werden.

Verlässlichkeit:
Unterricht ist ritualisiert und folgt einen stringenten Aufbau sowie einem didaktischen Schwerpunkt. Alle Handlungen der Lehrkraft sind vorhersagbar und transparent für Schüler und Schülerinnen. Falls notwendig, werden Sinn und Aufbau der Handlungen erläutert. Die Lehrkraft gibt an, wann, wo und für welche Bereiche sie Ansprechpartnerin ist und hält sich an diese Rahmung.

5 Literaturempfehlungen

Die Literaturlage im Bereich der traumasensiblen Hilfen bzw. der Traumapädagogik kann aufgrund der beteiligten Disziplinen und ihrer Entstehung in der Praxis recht unübersichtlich werden. Befinden Sie sich gerade in der Vorbereitung auf eine Facharbeit oder sind Sie schlicht interessiert am Weiterlesen, gibt es einige Autoren und Werke, die im Zusammenhang mit diesem Thema relevant sind. Sie sind im Folgenden aufgeführt, haben jedoch nicht den Anspruch auf Vollständigkeit. Die Traumapädagogik ist ein sehr schnell wachsendes Feld mit entsprechend hoher Anzahl von Veröffentlichungen. Die vorgestellten Werke und Autoren sind jene, die sich im Verlauf der Erstellung dieses Werk und in der zuvor erfolgten Forschung als nützlich erwiesen haben.

Martin Kühn war einer der Mitbegründer der Traumapädagogik. Er gibt mit seinem Fortbildungsinstitut wichtige Impulse für die Weiterentwicklung der Traumapädagogik. Durch die ständigen Bemühungen dieses Instituts um Vernetzung konnte schon eine große Fachgemeinschaft geformt werden. Seine Ausführungen zum „sicheren Ort" haben die Traumapädagogik maßgeblich geprägt. Es gibt viele verschiedene Praxishandbücher und Leitfäden für die Traumapädagogik. Dies wurde anfänglich dargestellt. Einige Handbücher heben sich jedoch in ihrer Art und Ausführlichkeit sowie in ihrem Praxisbezug von anderen ab:

Bausum, J., Besser, L.-U., Kühn, M. & Weiß, W. (Hrsg.):Traumapädagogik: Grundlagen, Arbeitsfelder und Methoden für die pädagogische Praxis. Weinheim

Baierl, M.; Frey, K. (Hrsg.): Praxishandbuch Traumapädagogik. Lebensfreude, Sicherheit und Geborgenheit für Kinder und Jugendliche. Vandenhoeck & Ruprecht

Zimmermann, D. (2017): Traumatisierte Kinder und Jugendliche im Unterricht. Ein Praxisleitfaden für Lehrerinnen und Lehrer. Beltz

Eine wichtige Veröffentlichung ist ohne Zweifel das Positionspapier der Bundesarbeitsgemeinschaft Traumapädagogik. Sie ist das Ergebnis langen internen fachübergreifenden Ringens.

BAG Traumapädagogik (2011): Standards für traumapädagogische Konzepte in der stationären Kinder und Jugendhilfe.

Dieses Werk ist auf der ebenso empfehlenswerten Seite des Fachverbands zu finden: www.fachverband-traumapaedagogik.org

Ein weiteres wichtiges Buch der Traumapädagogik wurde von Wilma Weiß geschrieben. Es besitzt einige Ansätze, wie zum Beispiel die Selbstregulation, die im Lauf der Weiterentwicklung der Traumapädagogik vernachlässigt wurden, jedoch weiterhin relevant sind.

Weiß, W. (2011): Philipp sucht sein Ich. Zum pädagogischen Umgang mit Traumata in den Erziehungshilfen. Beltz Juventa

Zum Studium der Traumapädagogik gehört der Einbezug der Psychologie, Psychotherapie, Psychotraumatologie. Sie bilden die Grundlagen für die Interventionen, die in der Schule umgesetzt werden. Es ist unbedingt notwendig, dass die Sprache dieser Fachbereiche gelernt wird. Es herrscht ein anderer „Duktus“, als in der Pädagogik. Empfohlen werden kann an dieser Stelle die Autorin Michaela Huber. Sie hat in der Grundlagenforschung viel erreicht und versteht es, Grundlagen sehr gut und anschaulich zu erklären. Sie hat viel Praxiserfahrung.

Huber, M. (2003): Trauma und die Folgen. Trauma und Traumabehandlung Teil 1 und 2, Junfermann

Sollten Sie weiter in die Psychotraumatologie eintauchen wollen, was an dieser Stelle unbedingt zu empfehlen ist, bieten sich die Werke von Fischer und Riedesser an, die sehr ausführlich diese Grundlagen erläutern.

Fischer, G.; Riedesser, P. (2009): Lehrbuch der Psychotraumatologie, Ernst Reinhardt Verlag

Beckrath-Wilking et al. haben ein starkes Werk verfasst, dass selten in der weiterführenden Literatur wiedergefunden wurde. Es soll an dieser Stelle aufgeführt werden, da es durch seine Breite sehr hilfreich war.

Beckrath Wilking, U.; Biberacher, M.; Dittmar, V. Wolf Schmid, R. (2013): Traumafachberatung, Traumatherapie und Traumapädagogik. Ein Handbuch für Psychotraumatologie im beratenden, therapeutischen und pädagogischen Kontext. Paderborn: Jungfern Verlag

Im englischsprachigen Bereich finden sich einige Autoren, die maßgeblich an der Weiterentwicklung des Bereichs Psychotrauma beteiligt sind. Van der Kolk ist stark mit der Entwicklung der Posttraumatischen Belastungsstörung im DSM verbunden. Er entwickelte weiterhin die Developmental Trauma Disorder, die für pädagogische Bereiche als Diagnose und Grundlage für Hilfeplanungen sehr vielversprechend ist. Sie greift die Entwicklung von Kindern und öffnet damit den Therapieraum. Levine ist ebenfalls ein Autor, der aus dem englischsprachigen Raum gelesen werden sollte:

Levine, P. (2011): Sprache ohne Worte. Wie unser Körper Trauma verarbeitet und uns in die innere Balance zurückführt. München: Kösel

Van Der Kolk, B. (2014): The Body keeps the Score. Brain, Mind, and Body in the Healing of Trauma. Penguin Books

Weiterhin sind Veröffentlichungen von SAMHSA (Substance Abuse and Mental Health Services Administration) relevant, das die Traumapädagogik fundiert und weiterentwickelt:

www.samsha.gov

Die Initiative TLPI (Trauma and Learning Policy Initiative) hat zwei äußerst wichtige und kaum beachtete Werke veröffentlicht, die auch in diesem Buch teilweise zum ersten Mal übersetzt wurden. Sie sind auf folgender Website zu finden:

www.traumasensitiveschools.org

6 Abschluss

Kommen wir zum Startpunkt dieser Reise zurück und reflektieren unsere Abreise: Die Athleten im anfangs genannten Beispiel werden gerade versorgt, der Wettbewerb verschoben. Ihr Mozzarella-Tomate-Sandwich beginnt wieder verlockend auszusehen und Sie beißen herzhaft hinein. Sie wissen nun, dass die Sportler zuerst heilen müssen, um an dem Wettbewerb teilzunehmen. Sie sind beruhigt. Sie wissen, dass es unmöglich ist, zu lernen, aufzupassen, sich anzustrengen, zu arbeiten, wenn Kinder und Jugendliche schwer verletzt sind. Ihnen ist nun klar, dass die Stabilisierung, dass die Unterstützung durch ihr Beziehungsangebot, durch Kommunikation, Haltung und Einstellung an erster Stelle steht, nicht der Unterricht. Dies wird sie manches Mal in eine schwierige Situation bringen, denn Erlasse, Curricula und allgemein das System Schule lassen Ausnahmen nur in sehr geringem Maße zu. Sie werden hierfür eine Lösung finden, denn Sie wissen, dass es nicht anders geht. Im Zuge der Forschung zu diesem Werk wurde klar, dass Traumata im Kontext der Pädagogik zwar mit physischen Traumata, bzw. Verletzungen zu vergleichen sind. Es ist jedoch weniger der Schlag auf den Kopf („Schädel-Hirn-Trauma"), Psychotraumata in der Schule stellen sich als eine Art „Klemmen" dar. Schüler und Schülerinnen können sich, unter anderem durch das enge Korsett der Schule, nicht befreien. Der Druck hält durch negativ aufgeladene und vernetzte Wirkfaktoren an und nimmt ihnen die Fähigkeit, zu wollen. Sie haben deshalb verstanden, dass „Trauma" aus sehr viel mehr besteht, als nur der einen Ursache. Psychotrauma ist eine Spektrum-Störung, da es so viele Bereiche belastet und negativ beeinflusst. Es entwickelt Facetten und Vielschichtigkeiten. Kinder und Jugendliche benötigen deshalb eine multiprofessionelle und interdisziplinäre Unterstützung. In diesem Werk wurde diese Hilfe von den „4 Weisen" übernommen, ein Team aus Psychologen, Sonderpädagogen, Sozialpädagogen und Regelschullehrkräften. Die Etablierung von kooperativen Hilfesystemen ist unabdingbar für unser Schulsystem. Nur durch die Zusammensetzung von Kompetenzen können wir Strategien zur Bewältigung von traumatischen Erfahrungen planen und umsetzen. Sie als Studenten und Studentinnen der beteiligten Fachdisziplinen sind in der Wissenschaft und Ihrer späteren Praxis gefordert, neue Wege zu finden, diesen Kindern zu helfen. Belastungen erfahren unsere Schulen momentan überaus viel und stark. Nicht nur traumatisierte Kinder, auch die Corona-Pandemie, Klimawandel, Inklusion und vieles mehr machen es zunehmend schwer, sich allein auf das Unterrichten beschränken zu können.

Wir brauchen deshalb eine *Belastungslehre* nicht nur in der Sonderpädagogik. Gehen wir von Belastungen aus, die Kindern das Lernen erschweren oder unmöglich machen, können wir ganz anders handeln, weil wir als Lehrkräfte so andere Prioritäten bekommen und Herausforderungen besser einordnen können. Schulschwierigkeiten haben häufig nicht mit Intelligenz zu tun. Unsere Welt dreht sich schneller und gefährlicher. Sie belastet Kinder und macht ihnen die Bewältigung von traumatischen Erfahrungen und damit das schulische Lernen schwer. Sollten alle Hilfesysteme versagen und Sie doch ganz allein vor diesen heraufordernden Kindern stehen, besinnen Sie sich auf Ihre Ausbildung und gestalten Sie einen Unterricht, wie Sie ihn selbst gerne gehabt hätten. Denken Sie daran: Guter Unterricht ist traumasensibler Unterricht! Dies schließt das wichtigste Werkzeug mit ein, dass Sie zur Verfügung haben: Ihre Beziehung und Haltung, die durch Liebe, Zuneigung, Respekt, Ausdauer, Toleranz, einem gesunden Verhältnis von Nähe und Distanz und vielem mehr geprägt ist. Es gibt ein Sprichwort „Liebe mich dann, wenn ich es am wenigsten verdiene". Ein hohes Ziel, dass Kraft kostet, es zu erreichen.

Ich bin mir der Herausforderungen für den Unterricht und Ihre Person sehr bewusst. Ich weiß, dass dieser Weg sehr viel Kraft kosten wird. Noch mehr Kraft wird es allerdings kosten, wenn Sie weitermachen wie bisher. Reden Sie miteinander. Tauschen Sie sich aus und rufen Sie nach Hilfe. Keinem ist geholfen, wenn Sie alle Last alleine tragen. Ihre Aufgabe ist schwer und wird sehr lange dauern. Kinder stabilisieren nicht von einem Tag auf den anderen. Sie sind aber nicht allein! Ein ganzes Schulsystem, Behörden, Schulleiter, Supervisoren, Kollegen, Sonder- und Sozialpädagogen und viele mehr stehen Ihnen zur Verfügung. Nutzen Sie diese Kompetenzen.

Wir konnten erkennen, dass das neu vorgestellte Modell der *Wirkfaktoren* überaus gut geeignet ist, um Belastungen in ihrer Breite, Ausprägung und ihren Abhängigkeiten voneinander zu erfassen. Sie sind vielfältig, tiefgreifend, komplex. Das dreidimensionale Modell der Wirkfaktoren greift diese Anforderungen, mit denen die Überlebenden und nicht zuletzt Sie als Lehrkraft zu recht kommen müssen, vollständig. Es zeigt die Kumulation, also die Häufung und Vernetzung der Wirkfaktoren und führt diese in den Bereich der Schule. Ihre Eigenschaft, geladen werden zu können, erweist sich als sehr hilfreich. Als Student oder Studentin werden Sie häufig vor dem Rätsel Resilienz gestanden haben. Nun haben Sie zumindest einen Impuls, dieses Rätsel angehen zu können.

Sitzen Sie gerade an einer Hausarbeit oder einer Prüfung, an Ihrem Schreibtisch während der Unterrichtsvorbereitung, so können Sie sich sicher sein, dass die beschriebenen Problemstellungen und Beispiele auf sie zukommen werden. Garantiert. Sie *müssen* sich auf diese vorbereiten, sonst werden Sie viele Schüler und Schülerinnen verlieren. Dies wird Sie im Zweifel mehr belasten.

Ich hoffe sehr, dass dieses Buch Ihnen in Ihrem Studium, Ihrer Praxis geholfen hat. Ich habe versucht, dieses so anschaulich wie möglich zu gestalten, damit

Studenten und Studentinnen, die kaum Praxiserfahrung bekommen, sich mit diesen Inhalten verbinden können. Dieses Werk zieht erstmals einen konstanten schulischen Rahmen um den Bereich traumatisierte Kinder und verschweigt auch nicht die unangenehmen Seiten von Schule. Es gibt einen fast vollständigen Einblick in den Schulalltag, seine Tücken und Chancen. Nutzen Sie diese Erkenntnisse in Ihrer Forschung und Ihrer Vorbereitung auf die Praxis. Helfen Sie mit, Belastungen von Kindern in der Schule neu zu greifen.

Unsere Reise ist nun zu Ende und hat gleichzeitig erst begonnen. Ich wünsche Ihnen alles Gute auf Ihrem Weg, sei es im Studium oder in der Praxis. Bedenken Sie, dass Sie dieses Wissen immer wieder brauchen werden, denn schwere Belastungen wird es immer geben und im zunehmenden Maße. Sie werden Hilfe bekommen, wenn Sie diese einfordern. Denken Sie daran: Sie sind nicht allein.

Verzeichnisse

Abbildungen

Tabellen

Literaturverzeichnis

Aichberger, M. (2015): The Epidemiology of Post-traumatic Stress Disorder: A Focus on Refugee and Immigrant Populations. In: Ocak, M. (Hrsg.): Trauma and Migration. Cultural Factors in the Diagnosis and Treatment of Traumatized Immigrants. Springer, S. 33-38

Alsaker, F. (2020): Identitätsentwicklung. In: Wirtz, M. (Hrsg.) Dorsch. Lexikon der Psychologie. Internet: https://m.portal.hogrefe.com/dorsch/identitaetsentwicklung/, Zugriff am 17.03.2020

American Psychiatric Association (2013): Diagnostic and statistical manual of mental disorders. 5th ed. Arlington, VA: American Psychiatric Association

Amman, B.; Kirndörfer, E. (2018): Jugendliche im Kontext von Migration und Postmigration. Zwischen Heimatgefühl und Alltagsdiskiminierung. Beltz Juventa

Aufenanger, S. (2008) Mediensozialisation. In: Sander, U.; Gross, F.; Hugger, K. (Hrsg.): Handbuch Medienpädagogik. VS Verlag für Sozialwissenschaften, S. 87-92

Bäärnhielm, S.; Mösko, M. (2015): Cross-Cultural Communication with Traumatised Immigrants. In: Ocak, M. (Hrsg.): Trauma and Migration. Cultural Factors in the Diagnosis and Treatment of Traumatized Immigrants. Springer, S. 39-55

BAG Traumapädagogik (2011): Standards für traumapädagogische Konzepte in der stationären Kinder- und Jugendhilfe. Internet: BAG Traumapädagogik. https://www.google.com/url?sa=t&rct=j&q=&esrc=s&source=web&cd=2&ved=2ahUKEwiyhvTojJ3nAhUBIMUKHaEoB94QFjABegQIAhAB&url=https%3A%2F%2Ffachverband-traumapaedagogik.org%2Fstandards.html%3Ffile%3Dfiles%2Fbag-trauma%2FDokumentationen%2520und%2520Protokolle%2Fpositionspapier_11-2011.pdf&usg=AOvVaw15ftPQUM0aG7k3cVkmfULW, Zugriff am 24.01.2020

Baierl, M. (2016): Mit Sicherheit ein gutes Leben: Die fünf sicheren Orte. In: Baierl, M.; Frey, K. (Hrsg.): Praxishandbuch Traumapädagogik. Lebensfreude, Sicherheit und Geborgenheit für Kinder und Jugendliche. 3. unveränderte Auflage. Vandenhoeck & Ruprecht, S. 56-79

Baierl, M. (2016): Liebe allein genügt nicht, doch ohne Liebe genügt nichts: Werte und Haltung in der Traumapädagogik. In: Baierl, M.; Frey, K. (Hrsg.): Praxishandbuch Traumapädagogik. Lebensfreude, Sicherheit und Geborgenheit für Kinder und Jugendliche. 3. unveränderte Auflage. Vandenhoeck & Ruprecht, S. 47-55

Baierl, M. (2016): Dir werde ich helfen: Konkrete Techniken und Methoden der Traumapädagogik. In: Baierl, M.; Frey, K. (Hrsg.) Praxishandbuch Traumapädagogik. Lebensfreude, Sicherheit und Geborgenheit für Kinder und Jugendliche. 3. unveränderte Auflage, S. 80-107.

Baierl, M. (2016): Gemeinsam können wir dich halten: Vernetzung. In: Baierl, M.; Frey, K. (Hrsg.): Praxishandbuch Traumapädagogik. Lebensfreude, Sicherheit und Geborgenheit für Kinder und Jugendliche. 3. unveränderte Auflage. Vandenhoeck & Ruprecht S. 80-120

Becher, U. (2008): Bildung-Ressource zur Bekämpfung von Armut. In: Herz, B.; Becher, U.; Kurz, I.; Mettlau, C.; Treu, H.; Werdermann, M. (Hrsg.): Kinderarmut und Bildung. Armutslagen in Hamburg. VS Verlag für Sozialwissenschaften, S. 41-58

Beckrath-Wilking, U.; Biberacher, M.; Dittmar, V. Wolf-Schmid, R. (2013): Traumafachberatung, Traumatherapie und Traumapädagogik. Ein Handbuch für Psychotraumatologie im beratenden, therapeutischen und pädagogischen Kontext. Paderborn: Jungfern Verlag

Bettighofer, S. (2016): Übertragung und Gegenübertragung im therapeutischen Prozess. 5. überarbeitete Auflage. Kohlhammer

Bick, C. (2011): Unterrichtsgestaltung mit beziehungstraumatisierten Jugendlichen. Internet: http://docplayer.org/27219540-Unterrichtsgestaltung-mit-beziehungstraumatisierten-jugendlichen-christine-bick-st-elisabeth-verein-marburg.html, Zugriff am 14.05.2020

Birmaher, B.; Khetarpal, S.; Cully, M.; Brent, D.; McKenzie, S. (1997):The Screen for Child Anxiety Related Emotional Disorders (SCARED): Scale Construction and Psychometric Characteristics. Journal of the American Academy of Child & Adolescent Psychiatry, Volume 36, Issue 4, S. 545 – 553

Blum, S.; Endreß, M.; Kaufmann, S.; Rampe, B. (2016): Soziologische Perspektive. In: Wink, R. (Hrsg.): Multidisziplinäre Perspektiven der Resilienzforschung. Springer, S. 151-197

Blumentritt, L. (2016): Veränderte Schulzeit – veränderte Freizeit? Freizeitkonstruktionen von Kindern am Beispiel der gymnasialen Schulzeitverkürzung. Beltz Juventa

Boban, I.; Hinz, A. (2009): Integration und Inklusion als Leitbegriffe der schulischen Sonderpädagogik. In: Opp, G.; Theunissen, G. (Hrsg.): Handbuch schulische Sonderpädagogik. UTBS, S. 29-35

Böhnke, P.; Dittmann, J.; Goebel, J. (2018): Einleitung. In: Böhnke, P.; Dittmann, J.; Goebel, J. (Hrsg.): Handbuch Armut. Ursachen, Trends, Maßnahmen. UTB Barbara Budrich, S. 9-20

Bonfadelli, H.; Bucher, P. (2008): Quantitative Perspektiven. In: Bonfalli, H.; Bucher, P.; Hanetseder, C.; Hermann, T.; Ideell, M.; Moser, H. (Hrsg.): Jugend, Medien und Migration. Empirische Ergebnisse und Perspektiven. VS Verlag für Sozialwissenschaften, S. 15-154

Brinks, S.; Dittmann, E. (2018): Unbegleitete minderjährige Flüchtlinge – Herausforderung und Chance der Kinder- und Jugendhilfe. In: Fröste, J.; Faas, S.; Stauber, B. (Hrsg.): Flucht. Herausforderungen für Soziale Arbeit. Springer VS, S. 125-137

Bründel, H. (2011): Kapitel 2: Interne Konflikte und Krisen. In: Macha, H.; Witzke, M. (Hrsg.): Familie. Handbuch der Erziehungswissenschaft 5. Auflage, Schöningh UTB, S. 471-480

Budnik, I.; Theunissen, G. (2009): Pädagogisch-therapeutische Ansätze. In: Opp, G.; Theunissen, G. (Hrsg.): Handbuch schulische Sonderpädagogik. UTB, S. 481-486

Buhr, P.; Huinik, J. (2011): Armut im Kontext von Partnerschaft und Familie. In: Berger, P.; Hank, K.; Tölke, A. (Hrsg.): Reproduktion von Ungleichheit durch Arbeit und Familie. VS Verlag für Sozialwissenschaften, S. 201-236

Bundeskriminalamt (BKA): Polizeiliche Kriminalprävention im Bundeskriminalamt. Internet: https://www.bka.de/DE/IhreSicherheit/Praevention/Kriminalpraevention.html, Zugriff am 29.04.2020

Bundespressekonferenz (2019): Zahlen kindlicher Gewaltopfer nach der polizeilichen Kriminalstatistik 2018. Internet: https://www.kindervertretung.de/downloads/Pressekonferenz%206.%20Juni%202019%20PKS%202018.pdf, Zugriff am 29.12.2019

Bundeszentrale für politische Bildung (BpB) (2020): Asylanträge in Deutschland. Internet: https://www.bpb.de/gesellschaft/migration/flucht/265708/asylantraege-und-asylsuchende, Zugriff am 10.05.2019

Busse, S. (2007): Familie und Schule. In: Ecarius, J. (Hrsg.): Handbuch Familie. VS Verlag für Sozialwissenschaften, S. 321-342

Bussmann, K. (2007): Gewalt in der Familie. In: Ecarius, J. (Hrsg.): Handbuch Familie. VS Verlag für Sozialwissenschaften, S. 637-651

Butterwegge, C. (2010): Armut von Kindern mit Migrationshintergrund. Ausmaß, Erscheinungsformen und Ursachen. Verlag für Sozialwissenschaften

Butterwegge, C. (2016): Armut. PapyRossa Verlag

Calmbach, M.; Borgstedt, S.; Borchard, I.; Thomas, P.; Flaig, B. (2016): Wie ticken Jugendliche 2016? Lebenswelten von Jugendlichen im Alter von 14 bis 17 Jahren in Deutschland. Springer

Carter, M. (2005): A Decade of Progress: Dare to Act Affirms Vision. In: SAMHSA News 2005 January/February, Volume 12, Number 1. Office of Communications

Chen Z., Zhang Y., Liu Z., Liu Y., Dyregrov A. (2012): Structure of the Children's Revised Impact of Event Scale (CRIES) with Children and Adolescents Exposed to Debris Flood. In: Scott, J. (Hrsg.): PLoS ONE 7(8): e41741. Internet: https://doi.org/10.1371/journal.pone.0041741, Zugriff am 26.05.2020

Chiossi, C. (2014): Neuronale Grundlagen der Persönlichkeit nach Gray: Ein Vergleich von Ego-Shooter-Spielern und -Nicht-Spielern. Dissertation. Internet: https://opus.bibliothek.uni-wuerzburg.de/opus4-wuerzburg/frontdoor/deliver/index/docId/9309/file/Dissertation_ClarissaChiossi.pdf, Zugriff am 10.04.2020

Colbert, H.; Kurz, I. (2008): Armut isoliert. In: Herz, B.; Becher, U.; Kurz, I.; Mettlau, C.; Treu, H.; Werdermann, M. (Hrsg.): Kinderarmut und Bildung. Armutslagen in Hamburg. VS Verlag für Sozialwissenschaften, S. 97-110

Cole, S.; Greenwald O'Brien, J.; Gadd, M.; Ristuccia, J.; Wallace, D.; Gregor, M. (2005): Helping Traumatized Children Learn. Supportive school environments for children traumatized by family violence. Massachusetts Advocates for Children Trauma and Learning Policy Initiative

Czarnitzki, B.; Herz, B.(2008): Armut macht Angst und demütigt. In: Herz, B.; Becher, U.; Kurz, I.; Mettlau, C.; Treu, H.; Werdermann, M. (Hrsg.): Kinderarmut und Bildung. Armutslagen in Hamburg. VS Verlag für Sozialwissenschaften, S. 79-90

Detjen, S. (2015): Geschichte eines Satzes. „Der Islam gehört zu Deutschland". Internet: https://www.deutschlandfunkkultur.de/die-geschichte-eines-satzes-der-islam-gehoert-zu-deutschland.1895.de.html?dram:article_id=308696, Zugriff am 06.05.2020

Deutsches Institut für Medizinische Dokumentation und Information (DIMDI) im Auftrag des Bundesministeriums für Gesundheit (BMG) unter Beteiligung der Arbeitsgruppe ICD des Kuratoriums für Fragen der Klassifikation im Gesundheitswesen (KKG) (2018): ICD-10-GM Version 2019, Systematisches Verzeichnis, Internationale statistische Klassifikation der Krankheiten und verwandter Gesundheitsprobleme, 10. Revision

Deutsches Institut für Medizinische Dokumentation und Information (DIMDI) im Auftrag des Bundesministeriums für Gesundheit (BMG) unter Beteiligung der Arbeitsgruppe ICD des Kuratoriums für Fragen der Klassifikation im Gesundheitswesen (KKG) (2019): ICD-11 MMS Version 2019 („frozen release"). Internet: https://icd.who.int/browse11/l-m/en#/http://id.who.int/icd/entity/1448597234, Zugriff am 09.04.2020

Deutsches Institut für Psychotraumatologie. FachberaterIn für Psychotraumatologie (DIPT) (2020). Internet: http://www.dgptw.de/weiterbildung/fachberater.html, Zugriff am 15.03.2020

Deutschsprachige Gesellschaft für Psychotraumatologie (DeGPT) (2020): Über die DeGPT. Internet: https://www.degpt.de/ueber-die-degpt/aufgaben-und-ziele-der-degpt.html, Zugriff am 15.03.2020

Diefenbach, H. (2007): Kinder und Jugendliche aus Migrantenfamilien im deutschen Bildungssystem. Erklärungen und Befunde. VS Verlag für Sozialwissenschaften

Diehl, C.; Diewald, M.; Fangerau, H.; Fegert, J.; Hahlweg, K.; Leyendecker, B.; Scheiwe, K.; Schuler-Harms, M.; Spieß, K. (2010): Ausgewählte Befunde und rechtlicher Rahmen der Teilhaberealität. In: Fillip, S.; Geralch, I.; Keil, S.; Ott, N.; Scheiwe, K. (Hrsg.): Migration und Familie. Kindheit mit Zuwanderungshintergrund. Wissenschaftlicher Beirat für Familienfragen. Springer VS, S. 81-128

Diehl, C.; Gerlach, I.; Leyendecker, B. (2010): Einleitung. In: Fillip, S.; Geralch, I.; Keil, S.; Ott, N.; Scheiwe, K. (Hrsg.): Migration und Familie. Kindheit mit Zuwanderungshintergrund. Wissenschaftlicher Beirat für Familienfragen. Springer VS, S. 17-35

Driers, M. (2014): Reslienzförderung durch soziale Unterstützung von Lehrkräften. Junge Erwachsene in Risikolage erzählen. Dissertation. Springer VS

Downey, L. (2007): Calmer classrooms. A guide to working with traumatised children. of Communities, Child Safety and Disability Services Department of Education, Training and Employment. The Victorian Commission for Children and Young People

Ecarius, J.; Hößl, S.; Berg, A. (2012): Peergroup-Ressource oder biographische Gefährdung? In: Ecarius, J.; Eulenbach, M. (Hrsg.): Jugend und Differenz. Aktuelle Debatten der Jugendforschung. Springer VS, S. 161-182

Eckhardt, J. (2013): Kinder und Trauma: Was Kinder brauchen, die einen Unfall, einen Todesfall, eine Katastrophe, Trennung, Missbrauch oder Mobbing erlebt haben. Vandenhoeck und Ruprecht

Eichenberg, C.; Zimmermann, P. (2017): Einführung in die Psychotraumatologie. Ernst Reinhardt

Evers-Wölk; Opielka, M. (2016): Neue elektronische Medien und Suchtverhalten. Forschungsbefunde und politische Handlungsoptionen zur Mediensucht bei Kindern, Jugendlichen und Erwachsenen.

Farwer, L. (2015): Was bedeutet MMORPG Einfach erklärt. Internet: https://praxistipps.chip.de/was-bedeutet-mmorpg-einfach-erklaert_42987, Zugriff am 08.04.2020

Faszie, N.; Riesmeyer, C.: Neumann, K. (2019): Jugend-Medien-Extremismus. Wo Jugendliche mit Extremismus in Kontakt kommen und wie sie ihn erkennen. Springer VS

Felitti, V.; Anda, R.; Nordenberg, D.; Edwards, V.; Koss, M.; Marks, J. (1998): Relationship of Childhood Abuse and Household Dysfunction to Many of the Leading Causes of Death in Adults. The Adverse Childhood Experiences (ACE) Study. In: American Journal of Preventive Medicine. 14, S. 245–258.

Ferring, D.; Willems, H. (2014): Macht und Missbrauch in Institutionen. Konzeption, Begriffsbestimmung und theoretische Perspektiven. In: Willems, H.; Ferring, D. (2014): Macht und Missbraucht in Institutionen. Interdisziplinäre Perspektiven auf institutionelle Kontexte und Strategien der Prävention. Springer VS, S. 13-26

Fessel, R. (2015): Täter im Internet. Eine Analyse individueller und struktureller Erklärungsfaktoren von Cybermobbing im Schulkontext. Springer VS

Fischer, G.; Riedesser, P. (2009): Lehrbuch der Psychotraumatologie, 4. Auflage. Basel/München: Ernst Reinhardt Verlag

Flatten, G.; Gast, U.; Hofmann, A.; Knaevelsrud, C.; Lampe, A.; Liebermann, P.; Maercker, A.; Reddemann, L.; Wöller, W. (2011): S3- Leitlinie. Posttraumatische Belastungsstörung. ICD-10: F43.1. In: Gahleitner, S. (Hrsg.): Trauma und Gewalt, 5.Jahrgang, Heft 3/2011, Klett-Cotta, S. 202-210

Fleischer, S.; Hajok, D. (2016): Einführung in die medienpädagogische Praxis und Forschung. Kinder und Jugendliche im Spannungsfeld der Medien. Beltz Juventa

Fooke, I. (2016): Psychologische Perspektiven der Resilienzforschung. In: Wink, R. (Hrsg.): Multidisziplinäre Perspektiven der Resilienzforschung. Springer, S. 12-45

Fritz, A.; Hussy, W.; Tobinski, D. (2018): Pädagogische Psychologie. 3. Auflage. UTB

Fröhlich-Gildhoff, K. (2016): (Psycho)Therapie. In: Hederich, I.; Biewer, G.; Hollenweger, J.; Markowetz, R. (Hrsg.): Handbuch Inklusion und Sonderpädagogik. Klinkhardt, S. 325-331

Fromm, M. (2017): Lernen und Lehren: psychologische Grundlagen für Lehramtsstudierende. UTB

Fuchs, B. (2007): Zur Geschichte der Familie In: Ecarius, J. (Hrsg.): Handbuch Familie. VS Verlag für Sozialwissenschaften, S.17-35

Gall, L. (2013): Geschichte der Familie im 19. und 20. Jahrhundert. 3. Auflage. Oldenbourg

Ganguin, S.; Sander, U. (2008): Identitätskonstruktion in digitalen Welten. In: Sander, U.; Gross, F.; Hugger, K. (Hrsg.): Handbuch Medienpädagogik. VS Verlag für Sozialwissenschaften, S. 422-427

Gillece, J. (2017): Annual Report. Option Year 3: 2016-2017. Substance Abuse and Mental Health Services Administration's National Center for Trauma-Informed Care and Alternatives to Restraint and Seclusion (NCTIC). Internet: https://www.nasmhpd.org/sites/default/files/NCTIC_AnnualReport_OY3.pdf, Zugriff am 20.01.2020

Göbel, K.; Buchwald, P. (2017): Interkulturalität und Schule. Migration – Heterogenität – Bildung. Schöningh

Götte, P. (2018): Migration und Familie. Eine Problemskizze. In: Baader, S.; Götte, P.; Gippert, W. (Hrsg.): Migration und Familie. Historische und aktuelle Analysen. Springer VS, S. 3-20

Göttlich, U. (2008): Jugendkulturen und Medien. In: Sander, U.; Gross, F.; Hugger, K. (Hrsg.): Handbuch Medienpädagogik. VS Verlag für Sozialwissenschaften, S. 460-465

Gomolla, M.; Radtke, F. (2009): Institutionelle Diskriminierung. Die Herstellung ethnischer Differenz in der Schule. 3. Auflage. VS Verlag für Sozialwissenschaften

Grawe, K.; Donati, R.; Bernauer, F. (2001): Psychotherapie im Wandel: Von der Konfession zur Profession. 4. Auflage. Hogrefe

Grund, S. (2015): Erinnert ihr euch noch an diese alten Handygames? Internet:
https://www.androidpit.de/alte-handy-smartphone-nokia-klassiker, Zugriff am 08.04.2020

Hänsel, D.; Schwager, H. (2003): Einführung in die sonderpädagogische Schultheorie. Beltz

Hamburger, F.; Hummerich, M. (2007): Familie und Migration. In: Ecarius, J.; Eulenbach, M. (Hrsg.): Jugend und Differenz. Aktuelle Debatten der Jugendforschung. Springer VS, S. 112-136

Hammerich, K.; Franke, B. (2012): Freizeit- oder ein Beispiel für fast beliebige Problemzuschreibungen. In: Albrecht, G.; Groenemeyer, A. (Hrsg.): Handbuch soziale Probleme. 2. Auflage. Springer VS, S. 572-600

Hartmann, B.; Methner, A. (2019): Leipziger Kompetenz-Screening für die Schule. Diagnostik und Förderplanung: Soziale und emotionale Fähigkeiten, Lern- und Arbeitsverhalten. 2. aktualisierte Auflage. Reinhardt

Hausmann, C. (2006): Einführung in die Psychotraumatologie. UTB Facultas

Haverkamp, F. (2008): Gesundheitliche Ungleichheit und neue Morbidität. In: Huster, E.-U.; Boeckh, J.; Mogge-Grotjahn, H. (Hrsg.): Handbuch Armut und soziale Ausgrenzung. 3. Auflage. Springer VS, S. 479-502

Heber, D.; Grimm, F.; Lotto, C. (2016): Traumapädagogik erfolgreich implementieren: Beschreibung der Weiterentwicklung einer Jugendhilfeeinrichtung. In: Baierl, M.; Frey, K. (Hrsg.): Praxishandbuch Traumapädagogik. Lebensfreude, Sicherheit und Geborgenheit für Kinder und Jugendliche. 3. unveränderte Auflage. Vandenhoeck & Ruprecht S. 276-291

Hederich, I.; Biewer, G.; Hollenweger, J.; Markowetz, R. (Hrsg.) (2016): Handbuch Inklusion und Sonderpädagogik. Klinkhardt

Hehmsoth, Carl-Conrad (2017) Vorstellungen von Grundschullehrer_innen zu Grundlagen der Psychotraumatologie und dem Umgang mit traumatisierten Kindern in der Grundschule. Dissertation, Universität Oldenburg.

Herz, B.; Kurz, I. (2008): Einleitung: Kinderarmut und Bildung. In: Herz, B.; Becher, U.; Kurz, I.; Mettlau, C.; Treu, H.; Werdermann, M. (Hrsg.): Kinderarmut und Bildung. Armutslagen in Hamburg. VS Verlag für Sozialwissenschaften, S. 7-10

Herzog, W. (1994): Pädagogik und Psychologie. Nachdenken über ein schwieriges Verhältnis – In: Zeitschrift für Pädagogik 40, 3, S. 425-445, Internet: https://www.pedocs.de/volltexte/2016/10846/pdf/ZfPaed_1994_3_Herzog_Paedagogik_und_Psychologie.pdf

Hesse, I.; Latzko, B. (2011): Diagnostik für Lehrkräfte. 2. Auflage. UTB

Hillenbrandt, C. (2017): Evidenzbasierte Praxis im Förderschwerpunkt emotional-soziale Entwicklung. In: Stein, R.; Müller, T. (Hrsg.): Inklusion im Förderschwerpunkt emotionale und soziale Entwicklung. 2. erweiterte Auflage. Kohlhammer

Hirsch, M. (2004): Psychoanalytische Traumatologie – Das Trauma in der Familie. Psychoanalytische Theorie und Therapie schwerer Persönlichkeitsstörungen. Stuttgart: Schattauer

Hirschauer, M.; Bullmann, H. (2010): Lehrerprofessionalität im Zeichen von Heterogenität-Stereotype bei Lehrkräften als kollegial zu bearbeiteten Herausforderung. In: Hagedorn, J.; Schurt, V.; Steber, C.; Waburg, W. (Hrsg.). Ethnizität, Geschlecht, Familie und Schule. Heterogenität als erziehungswissenschaftliche Herausforderung. VS Verlag für Sozialwissenschaften, S. 351-374

HRK Hochschulrektorenkonferenz. Die Stimme der Hochschulen (2020): Grundlagen. Internet: https://www.hrk.de/positionen/beschluss/detail/profilelemente-von-universitaeten-und-fachhochschulen/, Zugriff am 27.01.20

Huber, Michaela. 2003. Trauma und die Folgen. Trauma und Traumabe-handlung Teil 1. 4. Auflage, Junfermann, Paderborn

Hummrich, M.; Terstegen, S. (2020): Migration. Eine Einführung. Springer VS

Hurrelmann, K. G; Quenzel, G.; Schneekloth, U.; Leven, I.; Albert, M.; Utzmann, H.; Wolfert, S. (2019): Jugend 2019 – 18. Shell Jugendstudie, Beltz

Huster, E.-U.; Boeckh, J.; Mogge-Grotjahn, H. (2008): Armut und soziale Ausgrenzung: Ein multidisziplinäres Forschungsfeld. In: Huster, E.-U.; Boeckh, J.; Mogge-Grotjahn, H. (Hrsg.): Handbuch Armut und soziale Ausgrenzung. 3. Auflage. Springer VS, S. 3-26

Icj, A.; Ugwu, C. (2019): Impact of Trauma on Neurodevelopment and Learning. In: Archives of neurology. Iris publishers

Idel, T.; Ullrich, H.; Baum, E. (2012): Kollegialität und Kooperation in der Schule. Zur Einleitung in diesem Band. In: Baum, E.; Idel, T.; Ullrich, H. (Hrsg.): Kollegialität und Kooperation in der Schule. Theoretische Konzepte und empirische Befunde. Schule und Gesellschaft Band 51. Springer VS. S. 9-28

Immerfall, S.; Wasner, B. (2011): Freizeit. Barbara Budrich, UTB

Ingenkamp, K.; Lissmann, U. (2008): Lehrbuch der pädagogischen Diagnostik. 6. Auflage. Beltz

Jegodtka, R.; Luitjens, P. (2016): Systemische Traumapädagogik. Traumasensible Begleitung und Beratung in psychosozialen Arbeitsfeldern. Vandenhoeck & Ruprecht

Jöckel, S. (2018): Computerspiele. Nutzung, Wirkung, Bedeutung. Springer VS

Junke, K. (2020): Snuff. Lexikon der Filmbegriffe. Internet: https://filmlexikon.uni-kiel.de/index.php?action=lexikon&tag=det&id=517, Zugriff am 17.02.2020

Klemm, U. (2011): Kapitel 3: Externe Konflikte und Krisen in Familien In: Macha, H.; Witzke, M. (Hrsg.): Familie. Handbuch der Erziehungswissenschaft 5. Schöningh UTB, S. 483-492

Klicpera, C. (2019): Psychische Störungen im Kindes- und Jugendalter. Facultas

König, L. (2018): Bindung in Therapie und Beratung. Ein ressourcenorientierter Ansatz für die Arbeit mit Kindern. Beltz

Körner, J. (2018): Die Psychodynamik von Übertragung und Gegenübertragung. Vandenhoeck und Ruprecht

Köttgen, C. (2008): Armut macht Kinder und Jugendliche psychisch krank. In: Herz, B.; Becher, U.; Kurz, I.; Mettlau, C.; Treu, H.; Werdermann, M. (Hrsg.): Kinderarmut und Bildung. Armutslagen in Hamburg. VS Verlag für Sozialwissenschaften, S. 125-136

Krüger, H. (2009): Kinder und Jugend in der Moderne. In: Opp, G.; Theunissen, G. (Hrsg.): Handbuch schulische Sonderpädagogik. UTB, S. 36-43

Krüger, H. (2012): Schulische Bildungsbiographien, Peers und soziale Ungleichheit. In: Ecarius, J.; Eulenbach, M. (Hrsg.): Jugend und Differenz. Aktuelle Debatten der Jugendforschung. Springer VS, S. 149-160

Küey, L. (2015): Trauma and Migration: The Role of Stigma. In: Ocak, M. (Hrsg.): Trauma and Migration. Cultural Factors in the Diagnosis and Treatment of Traumatized Immigrants, Springer, S. 56-68

Kühn, A. (2018): Lehrer-Schüler-Beziehungen konstruktiv gestalten. Erfolgreicher Umgang mit Verhaltensauffälligkeiten. Reinhardt Verlag

Kühn, M. (2011): „Macht Eure Welt endlich wieder zu meiner!". Anmerkungen zum Begriff der Traumapädagogik. In: Bausum, J., Besser, L.-U., Kühn, M. & Weiß, W. (Hrsg.):Traumapädagogik: Grundlagen, Arbeitsfelder und Methoden für die pädagogische Praxis. Weinheim. 2. Auflage, S. 24-37

Kuhlmann, C. (2008): Bildungsarmut und soziale „Vererbung" von Ungleichheiten. In: Huster, E.-U.; Boeckh, J.; Mogge-Grotjahn, H. (Hrsg.): Handbuch Armut und soziale Ausgrenzung. 3. Auflage. Springer VS, S. 431-456

Kultusministerkonferenz (KMK) (2020): Statistische Veröffentlichungen der Kultusministerkonferenz. Sonderpädagogische Förderung in Schulen 2009-2018. Internet: https://www.kmk.org/fileadmin/Dateien/pdf/Statistik/Dokumentationen/Dok223_SoPae_2018.pdf, Zugriff am 15.04.2020

Kunczik, M.; Zipfel, A. (2008): Gewaltdarstellungen. In: Sander, U.; Gross, F.; Hugger, K. (Hrsg.): Handbuch Medienpädagogik. VS Verlag für Sozialwissenschaften, S. 449-453

Lange, V. (2017): Inklusive Bildung in Deutschland. Ländervergleich. Friedrich Ebert Stiftung. Internet: http://library.fes.de/pdf-files/studienfoerderung/13493.pdf, Zugriff am 17.04.2020

Lenhard, W. (2016): Psychische Störungen bei Jugendlichen. Ausgewählte Phänomene und Determinanten. Springer

Lennertz, I. (2006): Bindungsmuster bei Flüchtlingen. In: Leuzinger-Bohleder, M. (Hrsg.); Haubl, R. (Hrsg.): Bindung, Trauma und soziale Gewalt Psychoanalyse, Sozial- und Neurowissenschaften im Dialog. Vandenhoeck & Ruprecht

Lennertz, I. (2011): Trauma und Bindung bei Flüchtlingskindern: Erfahrungsverarbeitung bosnischer Flüchtlingskinder in Deutschland. Vandenhoeck und Ruprecht

Leser, I. (2018): „Ich bin geboren bei Deutschland". Vorstellungen von Kindern über ihre migrationsspezifische Herkunft. In: Baader, S.; Götte, P.; Gippert, W. (Hrsg.): Migration und Familie. Historische und aktuelle Analysen. Springer VS, S. 255-276

Levine, P. (2011): Sprache ohne Worte. Wie unser Körper Trauma verarbeitet und uns in die innere Balance zurückführt. 2. Auflage. München: Kösel

Levine, P. (2012): Vom Trauma befreien: Wie Sie seelische und körperliche Blockaden lösen. München: Kösel Verlag

Linke, T. (2015): Sexualität und Familie. Möglichkeiten sexueller Bildung im Rahmen erzieherischer Hilfen. Psychosozial Verlag

Lohaus, A.; Dorsch, H. (2015): Die Förderung psychosozialer Kompetenzen im Schulalter. In: Wild, E.; Möller, J. (Hrsg.): Pädagogische Psychologie. 2. überarb. Auflage, Berlin, Heidelberg: Springer, S. 421-440

Mahler, R. (2006): Resilienz und Risiko. Ressourcenaktivierung und Ressourcenförderung in der stationären Suchttherapie. Integrative Modelle in Psychotherapie, Supervision und Beratung. Springer VS

Mann, A. (2019): Neuer Aggregatzustand: Materie ist gelichtet fest und flüssig. National Geographic. Internet: https://www.nationalgeographic.de/wissenschaft/2019/04/neuer-aggregatzustand-materie-ist-gleichzeitig-fest-und-fluessig, Zugriff am 24.05.2020

Markle, R.; Splett, J.; Westen, K. (2014): Effective School Teams: Benefits, Barriers, and Best Practices. In: Weist, M.; Lever, N.; Bradshaw, C.; Owens, J. (Hrsg.): School of Mental Health. Research, Training, Practice, and Policy. 2. Auflage. Springer, S. 59-74

Markowetz, R. (2016): Freizeit. In: Hedderich, I.; Biewer, G.; Hollenweger, J.; Markowetz, R. (Hrsg.): Handbuch Inklusion und Sonderpädagogik. Klinkhardt, S. 459-465

Mays, D. (2016): Wir sind ein Team Multiprofessionelle Kooperation in der inklusiven Schule. Ernst Reinhardt

McInerney, M.; McKlindon, A. (2014): Unlocking the Door to Learning: Trauma-Informed Classrooms &Transformational Schools. Education Law Center

Medienpädagogischer Forschungsverbund Südwest (2018): KIM Studie 2018. Kindheit, Internet, Medien. Basisuntersuchung zum Medienumgang 6-13 jähriger. Internet: https://www.mpfs.de/fileadmin/files/Studien/KIM/2018/KIM-Studie_2018_web.pdf, Zugriff am 01.05.2020

Meemann, J.; Meurs, P. (2019): Resilienzförderung bei Adoleszenz mit Migrations- oder Fluchthintergrund. In: Ziehm, J.; Cornelia, B.; Menzel, B.; Großmann, M. (Hrsg.): Schule migrationssensibel gestalten. Impulse für die Praxis. Beltz, S. 116-136

Melzer, C.; Methner, A. (2012): Gespräche mit Kindern und Jugendlichen führen. Methoden schulischer Beratung. Stuttgart: Kohlhammer

Merten, K. (2008): Medien und Wirklichkeit. In: Sander, U.; Gross, F.; Hugger, K. (Hrsg.): Handbuch Medienpädagogik. VS Verlag für Sozialwissenschaften, S. 479-488

Mertens, B.; Pankofer, S. (2011): Kindesmisshandlung. Körperliche Gewalt in der Familie. UTB Schöningh

Meyer, H. (2016): Was ist guter Unterricht? Cornelsen

Meyer, M. (2015): An Action Research Project Addressing the Impact of Trauma on Students in Schools Through Building a Trauma-Informed School Community. Doctoral Research Project. 2. Internet: https://ecommons.luc.edu/luc_drp/2, Zugriff am 14.05.2020

Myschker, N. (1993): Verhaltensstörungen bei Kindern und Jugendlichen. Erscheinungsformen-Ursachen-Hilfreiche Maßnahmen. 6. überarbeite und aktualisierte Auflage. Kohlhammer

Myschker, N. (2008): Interaktionspädagogischer Ansatz. In: Vernooij, M.; Wittrock, M. (Hrsg.): Verhaltensgestört!?. 2. Auflage. UTB Schöning, S. 61-82

Niedersächsische Landesschulbehörde (2005): Sonderpädagogische Förderung. RdErl. d. MK v. 1.2.2005-32-81027 VORIS 22410, Internet: https://www.landesschulbehoerde-niedersachsen.de/bu/schulen/paedagogische-psychologische-unterstuetzung/mobile-dienste/erlass-sonderpaedagogische-foerderung/view, Zugriff am 20.01.2020

Niedersächsische Landesschulbehörde (2005): Schulinterne sonderpädagogische Beratung an allgemeinen Schulen. RdErl. d. MK v. 01.02.2019-53.4-80 109-10-VORIS 22410. Internet: https://www.mk.niedersachsen.de/startseite/aktuelles/aktuelle_erlasse_und_gesetze/runderlass-schulinterne-sonderpaedagogische-beratung-an-allgemeinen-schulen-173950.html, Zugriff am 20.01.2020

Niedersächsische Landesschulbehörde (NLSchB)(2020): RZI – Regionale Beratungs- und Unterstützungszentren Inklusive Schule. Internet: https://www.landesschulbehoerde-niedersachsen.de/organisation/dezernate/rzi, Zugriff am 17.04.2020

Opp, G. (2016): Sonderpädagogische Klassifizierungen. In: Hederich, I.; Biewer, G.; Hollenweger, J.; Markowetz, R. (Hrsg.): Handbuch Inklusion und Sonderpädagogik. Klinkhardt, S. 146-150

Opp, G.; Theunissen, G. (2009): In: Opp, G.; Theunissen, G. (Hrsg.): Handbuch schulische Sonderpädagogik. UTBS, S. 11-17

Opp, G.; Theunissen, G. (2009): Ein Blick in die Zukunft: Perspektiven schulischer Sonderpädagogik. In: Opp, G.; Theunissen, G. (Hrsg.): Handbuch schulische Sonderpädagogik. UTB, S. 585-590

Paus-Hasebrink, I. (2013): Zum Umgang mit Medien in sozial benachteiligten Familien. Eine Langzeitstudie zur Mediensozialisation von Heranwachsenden. In: Gaisbauer, H.; Kapferer, E.; Koch, A.; Sedmak, C. (Hrsg.): Armut und Wissen. Reproduktion und Linderung von Armut in Schule und Wissenschaft. Verlag für Sozialwissenschaften., S. 247-270

Perrin, S.; Meiser-Stedman, R.; Smith, P. (2005): The Children's Revised Impact of Event Scale (CRIES): Validity as a Screening Instrument for PTSD. Internet: https://core.ac.uk/download/pdf/29109413.pdf, Zugriff am 26.05.2020

Peters, U. (2014): Institutionelle Selbstverpflichtung. Ein Ansatz zur situations- und einrichtungsbezogenen Prävention. In: Willems, H.; Ferring, D. (2014): Macht und Missbrauch in Institutionen. Interdisziplinäre Perspektiven auf institutionelle Kontexte und Strategien der Prävention. Springer VS, S. 227-241

Peukert, R. (2007): Zur aktuellen Lage der Familie. In: Ecarius, J. (Hrsg.): Handbuch Familie. VS Verlag für Sozialwissenschaften, S. 36-56

Philllip, E. (2014): Multiprofessionelle Teamentwicklung. Erfolgsfaktoren für die Zusammenarbeit in der Schule. Beltz

Polat, A. (2015): Trauma und Sozialisation. Zu den Auswirkungen von Flüchtlingserfahrungen auf die nachfolgende Generation. Springer

Popp, K.; Melzer, C.; Methner, A. (2017): Förderpläne entwickeln und umsetzen. 3. überarbeitete Auflage. Ernst Reinhardt

Qureshi, A.; Falnas Bague, I.; Ghali, K.; Collazos, F. (2015): Cultural Competence in Trauma. In: Ocak, M. (Hrsg.): Trauma and Migration. Cultural Factors in the Diagnosis and Treatment of Traumatized Immigrants. Springer, S. 159-175

Rathke, S.; Bücken, M.; Fliegenbaum, D. (2019): Praxishandbuch Kinderschutz interdisziplinär. Wie die Kooperation von Schule und Jugendhilfe gelingen kann. Springer VS

Reddeman, L.(2003): Einige Überlegungen zu Psychohygiene und Burnout-Prophylaxe von TraumatherapeutInnen. Erfahrungen und Hypothesen. Bering, R. (Hrsg.): ZPPM – Zeitschrift für Psychotraumatologie und Psychologische Medizin. Themenschwerpunkt Psychotraumatologie in der Medizin. Ansanger

Reichwein, E. (2012): Kinderarmut in der Bundesrepublik Deutschland. Lebenslagen, gesellschaftliche Wahrnehmung und Sozialpolitik. Verlag für Sozialwissenschaften

Rothdeutsch-Grazer, Weiß, W.; Gahleitner, S. (2015): Traumapädagogik – eine junge Fachrichtung mit traditionsreichen Wurzeln und hoffnungsvollen Perspektiven. In: Gahleitner, S.; Frank, C.; Leitner, A. (Hrsg.): Ein Trauma ist mehr als ein Trauma. Biopsychosoziale Traumakonzepte in Psychotherapie, Beratung, Supervision und Traumapädagogik. Beltz Juventa, S.171-185

Rothdeutsch-Granzer, C.; Weiß, W. (2018): Reformerische und emanzipatorische Pädagogik. Inspiration für die traumpädagogische Praxis und Theoriebildung. In: Weiß, W.; Kessler, T.; Brigitta, G. (Hrsg.): Handbuch Traumpädagogik. Beltz, S. 20-32

SAMSHA – HRSA Center for Integrated Health Solutions (2020). Internet: https://www.integration.samhsa.gov/clinical-practice/trauma-informed, Zugriff am 31.01.2020

SAMHSA's National Center for Trauma-Informed Care (NCTIC) (2012): Report of Project Activities Over the Past 18 Months, History, and selected Products. Internet: https://nasmhpd.org/sites/default/files/NCTIC_Final_Report_3-26-12(1).pdf, Zugriff am 20.01.2020

Scharte, B.; Thoma, K. (2016): Resilienz-Ingenieurswissenschaftliche Perspektive. In:Wink, R. (Hrsg.): Multidisziplinäre Perspektiven der Resilienzforschung. Springer, S. 123-150

Scharnagel (2018): Fortnite: Item Shop und Skins – alle Infos. Internet: https://praxistipps.chip.de/fortnite-item-shop-und-skins-alle-infos_101137, Zugriff am 08.04.2020

Schaumburg, H.; Prasse, D. (2019): Medien und Schule. Theorie – Forschung – Praxis. Klinkhardt

Schellong, J.; Hansschmidt, F.; Ehring, T.; Knaevelsrud, C.; Schäfer, I.; Rau, H.; Dyer, A.; Krüger-Gottschalk, A. (2019): Diagnostik der PTBS im Spannungsfeld von DSM-5 und ICD-11. In: Arolt, V.; Bauer, M.; Grond, M.; Oertel, W.; Weiler, C.; Domschke, K.; Voderholzer, U. (Hrsg.): Der Nervenarzt. Ausgabe 7/2019. Springer

Scherwath, C; Friedrich, S. (2016): Soziale und pädagogische Arbeit bei Traumatisierung. 3. aktualisierte Auflage. Ernst Reinhardt

Schmid, M. (2007): Psychische Gesundheit von Heimkindern. Eine Studie zur Prävalenz psychischer Störungen in der stationären Jugendhilfe. Juventa

Schmidtchen, S. (2007): Familie, Familientherapie und Beratung. In: Ecarius, J. (Hrsg.): Handbuch Familie. VS Verlag für Sozialwissenschaften, S. 652-668

Schnell, I. (2016): (Lern-)Behinderung und soziale Ungleichheit – Sonderpädaogik im Förderschwerpunkt Lernen als Sonderpädagogisierung unterprivilegierter Lebensverhältnisse. In: Anhorn, R.; Balzereit, M. (Hrsg.) Handbuch Therapeutisierung und Soziale Arbeit. Springer VS, S. 875-904

Schön, B. (2016): Kindheit und Schule zwischen Subjektorientierung und erzieherischem Deutungsmuster. In: Anhorn, R.; Balzereit, M. (Hrsg.) Handbuch Therapeutisierung und Soziale Arbeit. Springer VS, S. 621-646

Schöneich, S. (2011): Schwierige Schüler?! Wie Lehrer und Schüler besser zusammenarbeiten. Beltz

Schouler-Ocak, M. (2015): Introduction: The Relevance of Trauma Among Immigrants. In: Ocak, M. (Hrsg.): Trauma and Migration. Cultural Factors in the Diagnosis and Treatment of Traumatized Immigrants. Springer, S. 3-8

Schütt, S. (2012): Kooperation in der Schuler. Eine Untersuchung der Orientierungs- und Handlungsmuster von Lehrern.Europäische Hochschulschriften. Reihe XI Pädagogik. Vol. 1020. Peter Lang

Schütte, J. (2013): Armut wird „sozial vererbt". Status Quo und Reformbedarf der Inklusionsförderung in der Bundesrepublik Deutschland. Springer VS

Schumann, B. (2014): Neubewertung der sonderpädagogischen Geschichte? In: Krath, S. (verantw.): bildungsklick.de, Internet: https://bildungsklick.de/schule/detail/neubewertung-der-sonderpaedagogischen-geschichte, Zugriff am 02.04.2020

Schweiger, G. (2013): Subjektivität in der philosophischen Armutsforschung. In: Gaisbauer, H.; Kapferer, E.; Koch, A.; Sedmak, C. (Hrsg.): Armut und Wissen. Reproduktion und Linderung von Armut in Schule und Wissenschaft. Verlag für Sozialwissenschaften, S. 159-176

Seithe, M. (2007). Hilfen zur Erziehung. In: Ecarius, J. (Hrsg.): Handbuch Familie. VS Verlag für Sozialwissenschaften, S. 568-592

Seidler, G. (2013): Psychotraumatologie. Das Lehrbuch. Stuttgart: Kohlhammer

Sesink, W. (2008): Neue Medien. In: Sander, U.; Gross, F.; Hugger, K. (Hrsg.): Handbuch Medienpädagogik. VS Verlag für Sozialwissenschaften, S. 407-414

Short, K. (2014): Key Themes for School Mental Health: Organizational Context, Implementation, and Collaboration. In: Weist, M.; Lever, N.; Bradshaw, C.; Owens, J. (Hrsg.): School of Mental Health. Research, Training, Practice, and Policy. 2. Auflage. Springer, S. xvii-xviii

Siebert, G. (2016): Flucht und Trauma im Kontext Schule. Handbuch für PädagogInnen. UNHCR Österreich. Internet: https://www.unhcr.org/dach/wp-content/uploads/sites/27/2017/02/AT_Traumahandbuch_2017.pdf, Zugriff am 14.05.2020

Sinha, C. (2010): Wie finde ich mich als Lehrer? Rolle und Wirkung im Schulalltag gestalten. Beltz

Sittenthaler, E.; Jonas, E. (2013): Der Schmerz der sozialen Ausgrenzung. In: Gaisbauer, H.; Kapferer, E.; Koch, A.; Sedmak, C. (Hrsg.): Armut und Wissen. Reproduktion und Linderung von Armut in Schule und Wissenschaft. Verlag für Sozialwissenschaften, S. 271-288

Solarova, S. (1983): Einleitung. In: Solarova (Hrsg.): Geschichte der Sonderpädagogik. Kohlhammer, S. 7-11

Spiess, W. (2008): Das konstruktivistische lösungs- und entwicklugsorientierte Denk- und Handlungsmodell. In: Vernooij, M.; Wittrock, M. (Hrsg.): Verhaltensgestört!?. 2. Auflage. UTB Schöning, S. 249-266

Sprung, M. (2018): Traumatische Kindheitserlebnisse: Häufigkeit und Folgen für die biopsychosoziale Gesundheit und Entwicklung. In: Riffer, F.; Kaiser, E.; Sprung, M.; Streibl, L. (Hrsg.): Das Fremde: Flucht – Trauma – Resilienz. Aktuelle traumaspezifische Konzepte in der Psychosomatik. Springer, S. 42-54

Sprung, M.; Kaiser, E.; Riffer, F. (2018): Resilienz und posttraumatische Reifung. In: Riffer, F.; Kaiser, E.; Sprung, M.; Streibl, L. (Hrsg.): Das Fremde: Flucht – Trauma – Resilienz. Aktuelle traumaspezifische Konzepte in der Psychosomatik. Springer, S.205-214

Steiner, B. (2016): Was geschieht, wenn Eltern nicht „gut genug" sind? Österreichische Gesellschaft für angewandte Tiefenpsychologie und allgemeine Psychotherapie (Hrsg.): Imagination 3, S. 25-43.

Stein, M. (2017): Allgemeine Pädagogik. 3. überarbeitete Auflage. Ernst Reinhardt

Stein, R.; Müller, T. (2017): Verhaltensstörungen und emotional-soziale Entwicklung: Zum Gegenstand. In: Stein, R.; Müller, T. (Hrsg.): Inklusion im Förderschwerpunkt emotionale und soziale Entwicklung. 2. erweiterte Auflage. Kohlhammer S. 22-47

Steinebach, C.; Süss, D.; Kienbaum, J.; Kiegelmann, M. (2016): Basiswissen Pädagogische Psychologie. Die psychologischen Grundlagen von Lehren und Lernen. Beltz

Stiftung für Zukunftsfragen (2020): Freizeitmonitor 2019. Internet: http://www.freizeitmonitor.de/, Zugriff am 01.05.2020

Strasburger, V., Wilson, B. (2003). Television violence. In: Gentile, D. (Hrsg.): Media violence and children. A complete guide for parents and professionals, Praeger. S. 57–86

Strasse, P. (2006): „In meinem Bauch zitterte alles" – Traumatisierung von Kindern durch Gewalt gegen die Mutter. S. 53-67, In: Kavemann, B.; Kreyssig, U. (Hrsg.): Handbuch Kinder und häusliche Gewalt. Verlag für Sozialwissenschaften

Suter, L., Waller, G., Bernath, J., Külling, C., Willemse, I., Süss, D. (2018). JAMES – Jugend, Aktivitäten, Medien – Erhebung Schweiz. Zürich: Zürcher Hochschule für Angewandte Wissenschaften.

Szydlik, M. (2007): Familie und Sozialstruktur. In: Ecarius, J. (Hrsg.): Handbuch Familie. VS Verlag für Sozialwissenschaften, S. 78-93

Tagay, S. (2012): Diagnostik von Traumafolgestörungen mittels Fragebogen. In: Özkan, I.; Sachsse, U.; Streek-Fischer, A. (Hrsg.): Zeit heilt nicht alle Wunden. Kompendium zur Psychotraumatologie. Vandenhoeck und Ruprecht, S. 85-108

Terhart (2005): Fremde Schwestern – zum Verhältnis von Allgemeiner Didaktik und empirischer Lehr-Lern-Forschung. Klinkhardt, S. 96-114

Thiedeke, U. (2008): Virtuelle Gemeinschaften, Gruppen und Netzwerke in Neuen Medien. In: Sander, U.; Gross, F.; Hugger, K. (Hrsg.): Handbuch Medienpädagogik. VS Verlag für Sozialwissenschaften, S. 428-431

Thomas, S. (2010): Exklusiv und Selbstbehauptung. Wie junge Menschen Armut erleben. Campus Forschung Band 946. Campus Verlag

Tölke, A.; Hank, K.; Berger, P. (2011): Arbeit, Familie und die (Re-)Produktion sozialer Ungleichheit. In: Berger, P.; Hank, K.; Tölke, A. (Hrsg.): Reproduktion von Ungleichheit durch Arbeit und Familie. VS Verlag für Sozialwissenschaften, S. 7-22

Tophoven, S. (2011): Schulleitung von Kindern und familiale Einkommensarmut. In: Berger, P.; Hank, K.; Tölke, A. (Hrsg.): Reproduktion von Ungleichheit durch Arbeit und Familie. VS Verlag für Sozialwissenschaften, S. 237-259

Trauma and Learning Policy Initiative (TPLI): History and background. Internet: https://traumasensitiveschools.org/about-tlpi/, Zugriff am 13.05.2020

Tully, C. (2018): Jugend – Konsum – Digitalisierung. Über das Aufwachsen in digitalen Konsumwelten. Springer VS

Tulodziecki, G. (2008): Medienerziehung. In: Sander, U.; Gross, F.; Hugger, K. (Hrsg.): Handbuch Medienpädagogik. VS Verlag für Sozialwissenschaften, S. 110-115

Van der Kolk, B. (2005): Developmental Trauma Disorder. Toward a rational diagnosis für children with complex trauma histories. Psychiatric Annals

Van der Kolk, B. (2014): The Body keeps the Score. Brain, Mind, and Body in the Healing of Trauma. Penguin Books
Vernooij, M. (2008): Tiefenpsychologische Ansätze. In: Vernooij, M.; Wittrock, M. (Hrsg.): Verhaltensgestört!?. 2. Auflage. UTB Schöning, S. 15-34
Vernooij, M.; Winkler, U. (2008): Systemische Konzepte am Beispiel der Familientherapie. In: Vernooij, M.; Wittrock, M. (Hrsg.): Verhaltensgestört!?. 2. Auflage. UTB Schöning, S. 199-2018
Vernooij, M.; Wittrock, M. (2008): Verhaltensgestört!? – Zur Mehrperspektivität eines Phänomens. In: Vernooij, M.; Wittrock, M. (Hrsg.): Verhaltensgestört!?. 2. Auflage. UTB Schöning
Vetriglio, A.; Bhugra, D. (2015): Migration, Trauma and Resilience. In: Ocak, M. (Hrsg.): Trauma and Migration. Cultural Factors in the Diagnosis and Treatment of Traumatized Immigrants. Springer, S. 69-79
Vögele, C. (2009): Klinische Psychologie: Körperliche Erkrankungen. Workbook. BeltzPVU
Vogelsang, V. (2017): Sexuelle Viktimisierung, Pornografie und Sexting im Jugendalter. Springer VS

Walker, H. (2014): Infusing the School Mental Health Knowledge Base Into Educational Practice: An Empirical Basis for Positive Change. In: Weist, M.; Lever, N.; Bradshaw, C.; Owens, J. (Hrsg.): School of Mental Health. Research, Training, Practice, and Policy. 2. Auflage. Springer, S. ix-xi
Wegener, C. (2016): Aufwachsen mit Medien. Springer VS
Weiß, H. (2009): Armut und soziale Benachteiligung: Bedingungen einer kontextorientierten Sonderpädagogik. In: Opp, G.; Theunissen, G. (Hrsg.): Handbuch schulische Sonderpädagogik. UTB, S. 85-91
Weiß, W. (2015): Quo vadis Traumapädagogik? Inspirationen, Konzepte, Fragen. In: Jäckle, M.; Wuttig, B.; Fuchs, C. (Hrsg.): Handbuch – Trauma – Pädagogik – Schule. Transcript. S. 634-654
Weiß, W. (2016): Traumapädagogik: Entstehung, Inspiration, Konzepte. In: Weiß, W.; Kessler, T.; Brigitta, G. (Hrsg.): Handbuch Traumpädagogik. Beltz, S. 20-32
Weiß, W. (2011): Philipp sucht sein Ich. Zum pädagogischen Umgang mit Traumata in den Erziehungshilfen. Beltz Juventa
Weist, M.; Lever, N.; Bradshaw, C.; Owens, J. (2014): Further Advancing the Field of School Mental Health. In: Weist, M.; Lever, N.; Bradshaw, C.; Owens, J. (Hrsg.): School of Mental Health. Research, Training, Practice, and Policy. 2. Auflage. Springer, S. 1-16
Weller, K. (2009): Wie nutzen Jugendliche Pornografie und was bewirkt sie? Befunde – Thesen – Hypothesen, Pro Familia Magazin 01/2009, Internet: https://www.profamilia.de/fileadmin/publikationen/7163.pdf, Zugriff am 10.5.2019
Wild, E.; Walter, S. (2015): Familie. In: Wild, E.; Möller, J. (2015): Pädagogische Psychologie. 2. überarbeitete Auflage, Springer, S. 227-278
Wild, E.; Möller, J. (2015): Pädagogische Psychologie. 2. überarbeitete Auflage, Springer
Wink, R. (2016): Resilienzperspektive als wissenschaftliche Chance. Eine Einstimmung zu diesem Sammelband. In: Wink, R. (Hrsg.): Multidisziplinäre Perspektiven der Resilienzforschung. Springer, S. 1-11
Wittig, T. (2008): Digitale Ungleichheiten. In: Huster, E.-U.; Boeckh, J.; Mogge-Grotjahn, H. (Hrsg.): Handbuch Armut und soziale Ausgrenzung. 3. Auflage. Springer VS, S. 457-478
Wolff, M. (2014): Missbrauch von Kindern und Jugendlichen in Institutionen. In: Willems, H.; Ferring, D. (2): Macht und Missbraucht in Institutionen. Interdisziplinäre Perspektiven auf institutionelle Kontexte und Strategien der Prävention. Springer VS, S. 151-166

Zemp, M.; Bodemann, GH. (2015): Neue Medien und kindliche Entwicklung. Ein Überblick für Therapeuten und Pädagogen. Springer
Zimmermann, D. (2017): Traumatisierte Kinder und Jugendliche im Unterricht. Ein Praxisleitfaden für Lehrerinnen und Lehrer. Beltz